D0916539

Théorie
et pratiques
en organisation
communautaire

Remerciements

▼

Nous tenons tout spécialement à exprimer notre gratitude à nos collaborateurs immédiats, à ceux et celles qui ont rédigé ou collaboré à un ou quelques-uns des textes présentés dans ce livre. Qu'il soit reconnu ici que ce travail a été en bonne partie une œuvre collective par l'inscription de chacun de ces textes dans un cadre général admis de tous, par la soumission de ces derniers à la critique collective dans le cadre d'un séminaire de réflexion à mi-chemin de sa réalisation, et enfin par la soumission de chacun d'eux à la critique externe, c'est-à-dire de partenaires non impliqués directement dans la production même de ce livre.

Nous tenons également à remercier la Communauté scientifique Réseau (Université du Québec) pour l'aide financière accordée dans le cadre du séminaire de recherche qui s'est déroulé en cours de réalisation de cet ouvrage. Merci également au département des sciences humaines de l'Université du Québec à Hull (UQAH) et à l'École de service social de l'Université Laval pour leur soutien logistique, de même qu'au vice-rectorat aux ressources humaines (VRRH) de l'UQAH pour la mise en disponibilité partielle de l'un des coordonnateurs de toute cette opération (dégrèvement de cours à l'hiver 1990).

Nous remercions ici tous les auteurs et évaluateurs de ce livre, issus de nombreuses disciplines des sciences humaines (travail social, sociologie, psychologie, sciences politiques, géographie, sciences de l'éducation et droit), issus aussi, de par leur implication au sein de l'univers fort diversifié de la pratique d'organisation communautaire, tantôt des groupes populaires, des groupes communautaires, des groupes de jeunes, des groupes de femmes ou des groupes du troisième âge, tantôt du milieu rural ou du milieu urbain, tantôt du secteur public (les services sociaux et de santé de première ligne), du secteur communautaire, de presque toutes les régions du Québec et de la plupart des universités québécoises. Que soient donc ici remerciées toutes ces personnes.

Avant-propos

▼

LAVAL DOUCET

LOUIS FAVREAU

UNE DÉMARCHE D'ANALYSE INSPIRÉE PAR UN COURANT D'ORGANISATION COMMUNAUTAIRE AMÉRICAIN

Proposer une théorie englobante de l'organisation communautaire, quand il existe plus d'une centaine de définitions de ce concept, représente tout un défi. Nous y avons renoncé, jugeant la documentation disponible sur les pratiques d'organisation communautaire encore trop fragmentaire pour nous engager dans une telle opération.

Nous avons donc choisi de décrire et d'analyser l'état de la pratique en organisation communautaire en nous inspirant d'un courant explicatif du communautaire[1]. Reçus avec enthousiasme, à une époque de grande effervescence sociopolitique, les trois «modèles» d'organisation communautaire élaborés par Rothman – le développement local (communautaire), le planning social et l'action sociale – n'ont pas connu un succès égal au cours des trois dernières décennies. Au Québec, après un premier essai, ces modèles ont été remplacés par d'autres systèmes explicatifs...

Un fait étonnant survient cependant à la fin des années 80. Réunis en colloque, plus de 350 travailleurs et organisateurs commu-

---

1. Celui-là même lancé par Jack Rothman en 1968 dans son désormais célèbre «Three models of community organization practice». Ce texte est reproduit dans F. COX, J. ERLICH et al. (1987). *Strategies of Community Organization*, Itasca, Illinois, Peacok Publishers. Quatrième édition, après celles de 1970, 1974 et 1979.

nautaires de CLSC font le point sur leurs pratiques et sur l'action communautaire et refont le constat de Jack Rothman : un manque d'identité de l'organisation communautaire par rapport à d'autres pratiques sociales, une confusion des concepts puisqu'on utilise souvent de façon indifférenciée les termes «action communautaire», «travail communautaire», «développement communautaire», « intervention communautaire» ou «intervention collective». Ce qui révèle un bagage théorique insatisfaisant pour un bon nombre.

Faut-il ressusciter la typologie de l'organisation communautaire développée par Jack Rothman? Non, il n'était pas mort partout... Il n'avait cessé d'inspirer intervenants, professeurs, chercheurs et éditeurs comme en témoignent des auteurs comme Wharf[2], pour qui cette typologie est d'un grand secours pour la recherche; Roberts, qui après avoir coédité deux classiques du travail social coédite à nouveau en collaboration avec S. Taylor[3] en ajoutant, aux trois modèles de Rothman, les deux suivants: liaison communautaire ainsi que développement de programmes et coordination de services. L'ouvrage de Cox, Erlich et Rothman[4], livre-cénacle de la théorie des trois modèles, propose d'envisager l'organisation communautaire comme une perspective de la macro-pratique au même titre que l'administration et la politique sociale pour intégrer les méthodes de changement social qui «visent des cibles au-dessus du niveau de l'individu, du groupe et de la famille, c'est-à-dire les organisations, les communautés et les entités régionales et nationales[5]». Cette dernière ouverture théorique reste toutefois, pour nous, objet de débat dans la mesure même où une des spécificités québécoises de l'organisation communautaire se situe depuis trente ans au niveau du micro-développement[6].

À l'heure où la pratique québécoise de l'organisation communautaire est en processus de clarification tant sur le plan théorique que sur

---

2. B. Wharf (1979). *Community Work in Canada,* Toronto, McClelland et Stewart.

3. R. Roberts (1970). *Theories of Social Casework,* Chicago, Chicago University Press.

   R. Roberts (1976). *Theories of Social Work with Groups,* New York, Colombia University Press.

   R. Roberts et S. Taylor (1985). *Theory and Practice of Community Social Work,* New York, Colombia University Press.

4. F. M. Cox, J. Erlich *et al.* (1987). *Op. cit.*

5. *Ibid.,* p. 3.

6. Voir à ce propos le texte d'introduction générale de L. Doucet et L. Favreau: «Théories et pratiques en organisation communautaire: mise en perspective autour de trois "modèles"».

le plan pratique, il nous semble opportun de réexaminer le champ de cette pratique à la lumière de ce filon explicatif. En plus de constituer un test d'aptitude pour cet effort de systématisation, le présent exercice vient combler un besoin ressenti, soit celui de disposer d'un ouvrage de base en langue française à l'attention des étudiants issus des différentes disciplines d'intervention sociale, notamment en travail social, en psychologie communautaire, en santé communautaire, en animation culturelle, en récréologie, en gérontologie sociale..., par lequel nous tentons de couvrir cet ensemble de pratiques coiffées par la notion d'organisation communautaire et dont l'inspiration, à la fois sociale et historique, provient pour beaucoup des États-Unis.

Nous cherchons donc, par le biais du présent ouvrage, à mener plus avant la réflexion sur l'organisation communautaire en mettant à contribution des collaborateurs et collaboratrices de tous les secteurs, horizons et régions du Québec, qui ont pour la plupart l'expérience de cette pratique, de ce mode d'intervention que seule jusqu'à maintenant la discipline du travail social (à l'intérieur des sciences humaines) a véritablement repris à son compte et assumé pleinement.

LE SCÉNARIO DE RÉALISATION DE CE LIVRE: UNE MÉTHODE COLLECTIVE SOUS LA DIRECTION DE DEUX COORDONNATEURS

Le scénario réalisé fait appel à des collaborateurs spécialisés dans l'étude, la recherche, l'enseignement ou la pratique d'une forme (modèle) d'organisation communautaire. C'est la réplique de l'exercice conduit par Taylor et Roberts dans leur dernier livre.

La démarche entre la première version de chaque auteur et le produit fini a nécessité de franchir un certain nombre d'étapes dont: la rédaction par les collaborateurs d'une première version et le retour des textes aux coordonnateurs pour les colliger, les analyser, voire proposer des reformulations aux auteurs; la distribution à tous les collaborateurs de l'ensemble des textes et la tenue d'une session de deux jours de réflexion et d'analyse à Québec en mai 1990; la reprise par chacun et chacune de son texte en vue d'incorporer les commentaires et suggestions et rédiger la deuxième version, laquelle a été soumise à l'évaluation par des pairs à l'externe, c'est-à-dire des personnes non impliquées directement dans la réalisation de cet ouvrage. L'évaluation (au moins deux par auteur) a été retournée à chacun des auteurs, qui nous ont finalement tous retourné une troisième version, celle-là finale.

LE REGROUPEMENT DES PRATIQUES D'ORGANISATION COMMUNAUTAIRE: UN PLAN DIRECTEUR COMMUN À TOUS LES COLLABORATEURS

Autour de quel cadre d'analyse chaque contribution devait-elle s'articuler? Nous avons retenu dix points, en partie inspirés par Taylor et Roberts, qui pouvaient servir de repères à chacun des auteurs, ce qui fut suivi avec plus ou moins de rigueur par chacun. Cette grille de questions proposait d'aborder de front des questions cardinales liées à l'histoire, aux fondements, aux stratégies et aux principaux moyens de cette pratique sociale qu'est l'organisation communautaire. À partir de cela, chacun pouvait évoluer à sa guise, libre d'aborder l'ensemble ou une partie seulement de ces questions.

Les caractéristiques de base du modèle d'organisation communautaire présenté

Chaque modèle comporte habituellement quelques traits distinctifs qui le caractérisent ou qu'il partage avec d'autres. On dira par exemple de la stratégie de développement local qu'elle se distingue par sa portée sociale et économique et qu'elle vise l'amélioration de la qualité de vie de toute la communauté, mais qu'elle partage avec la stratégie d'action sociale de travailler avec des communautés locales défavorisées.

Les principaux développements historiques

L'examen du développement historique peut être révélateur. S'agit-il d'un «modèle» qui traverse les conjonctures changeantes ou s'avère-t-il plus approprié dans certaines circonstances?

Les postulats sur la nature de la société et les processus de changement

Le milieu social n'est-il qu'un agrégat d'intérêts personnels où les puissants dominent tant que la lutte de classe ne vient pas briser les inégalités? Quel pouvoir la raison technocratique a-t-elle sur le changement social?

Les fondements des sciences politiques, sociales et comportementales

Les sciences humaines constituent des réservoirs de connaissances sur le fonctionnement de la société, les intérêts et les forces en présence, les valeurs porteuses et les idéologies qui influencent les comportements sociaux. Les stratégies d'organisation communautaire seront inévitablement marquées par les interprétations scientifiques. D'aucuns affirmeront que la combinaison capitalisme-société industrielle introduit une orientation particulière partout où elle s'installe, affectant les modes traditionnels, les valeurs, les rapports sociaux, l'entraide; d'autres estiment que le panorama socio-économique actuel n'est que passager et qu'une société nouvelle sera enfin rendue possible par suite de la dislocation planétaire résultant de la triple crise des valeurs, des institutions et de l'environnement...

Les buts et objectifs

L'organisation communautaire est intentionnelle: elle répond à des buts et à des objectifs. S'agit-il de redresser des inégalités, de répartir plus équitablement le pouvoir, de résoudre des problèmes bien définis comme le chômage, le SIDA ou l'habitation, de relever le niveau socio-économique d'un territoire? Les modèles de pratique répondront alors à des impératifs différents...

Le recrutement et la sélection des personnes et des groupes dans les communautés locales

Qui sont les leaders et les alliés recherchés? Quels pouvoirs ont-ils réellement? Quelle importance accorde-t-on à la formation?

Les processus et structures

Par quelle série d'étapes et de phénomènes successifs faudra-t-il passer pour atteindre le résultat prédéterminé? Pour assurer le progrès socio-économique, est-il juste de procéder d'abord par le social – éducation populaire, animation, comités locaux? La participation active à l'économie sociale est-elle une option prometteuse ou seulement la béquille déguisée d'un système économique mal au point?

Les principes, méthodes et techniques

Les formes que prend la pratique reflètent des systèmes de valeurs présents dans la société, systèmes desquels procèdent, dans une certaine mesure, les principes et méthodes d'action. Bien que souvent interchangeables d'un modèle à l'autre, il arrive que certains moyens et certaines tactiques soient incompatibles, comme le conflictuel en développement local (du moins pour certains auteurs). Un examen des pratiques courantes sous cette rubrique s'avère très révélateur.

Les liens avec d'autres types d'interventions

L'état des rapports, les attentes réciproques, l'interchangeabilité des rôles, la compatibilité idéologique peuvent influencer les formes de pratiques...

Les problèmes non résolus et les débats en cours

Est-il juste de penser qu'en développement local, le social connaît plus de succès que l'économique? Qu'en action sociale, les victoires sont très ponctuelles et ne réussissent généralement pas à changer le cours des événements? Peut-on également supposer qu'en dépit des efforts déployés, les gens à faible scolarité participent moins à la vie communautaire, que la politique sociale permet difficilement de réduire les inégalités, que les marginaux, les déficients, les personnes âgées sont de plus en plus démunies, que l'entraide volontaire et bénévole a plus d'impact que les services professionnels institutionnalisés?

Voilà autant de questions qui seront abordées dans cet ouvrage. Elles trouveront un écho dont la résonance variera en fonction des caractéristiques propres à chaque milieu de pratique. Il appartient au lecteur de se réapproprier cette systématisation de l'expérience d'organisation communautaire et de pousser plus avant sa réflexion et sa pratique.

Table des matières

▼

Introduction

1. Mise en perspective autour de trois « modèles »
   Laval Doucet et Louis Favreau   5

2. L'organisation communautaire de 1960 à aujourd'hui
   au Québec
   Laval Doucet et Louis Favreau   35

**Première partie
Les trois modèles en organisation communautaire**

Stratégie et stratégies en organisation communautaire
   Laval Doucet et Louis Favreau   59

1. Le développement local
   1.1. Le développement local de type communautaire
        Louis Favreau   73

2. L'action sociale
   2.1. L'action communautaire de défense des droits sociaux
        Robert Mayer et Jean Panet-Raymond   97

   2.2. L'action politique locale: une autre forme
        d'organisation communautaire
        Louis Favreau et Yves Hurtubise   119

2.3. L'action conscientisante
      Yves Hurtubise   147

2.4. L'éducation populaire et la transmission
      du savoir
      Julio Fernandez   161

3. Le planning social

3.1. L'approche communautaire
      Pauline Gingras   187

3.2. L'organisation communautaire en CLSC
      Yves Hurtubise   201

3.3. L'action communautaire environnementale en CLSC
      Laval Doucet   213

Deuxième partie
Les différents champs de pratique en organisation communautaire

Communautés et champs de pratique:
les trois moteurs de l'action collective
en organisation communautaire
      Laval Doucet et Louis Favreau   235

1. L'organisation communautaire avec des communautés
   locales «économiquement défavorisées»

1.1. L'organisation communautaire
      en milieu urbain d'un grand centre
      Jean-Robert Primeau   245

1.2. L'organisation communautaire
      en milieu semi-urbain/semi-rural
      William A. Ninacs   257

2. L'organisation communautaire avec des groupes
   sociaux ou communautés de type «identitaire»

2.1. L'organisation communautaire avec des jeunes
      Jean-François René   275

2.2. L'organisation communautaire avec des femmes
      Danielle Fournier et Linda Gagnon   293

2.3. L'organisation communautaire
      avec des personnes âgées
      Alain Pilon   307

2.4. L'organisation communautaire
      avec des groupes ethniques
      André G. Jacob   329

3. L'organisation communautaire avec des groupes d'intérêts

  3.1. L'organisation communautaire avec les assistés
     sociaux et sans-emploi, locataires,
     consommateurs...
     Réjean Mathieu et Clément Mercier   351

Troisième partie
L'organisation communautaire dans le tiers monde

L'organisation communautaire dans les pays
du tiers monde: l'Afrique et l'Amérique latine
     Laval Doucet et Louis Favreau   379

1. L'organisation communautaire en Afrique

  1.1. L'organisation communautaire
     avec des communautés locales en Afrique
     Yao Assogba   389

2. L'organisation communautaire en Amérique latine

  2.1. L'organisation communautaire
     avec des communautés locales en Amérique latine
     Louis Favreau et Lucie Fréchette   415

Annexe 1
Méthodologie générale d'intervention
en organisation communautaire
     Louis Favreau   437

Bibliographie sélective   449

Notices biographiques   457

Collaborateurs   463

Introduction

▼

1.
Mise en perspective
autour de trois «modèles»

Laval Doucet

Louis Favreau

2.
L'organisation communautaire
de 1960 à aujourd'hui au Québec

Laval Doucet

Louis Favreau

1

Mise en perspective
autour de trois «modèles»

▼

Mise en perspective autour de trois «modèles»

▼

Laval Doucet
Louis Favreau

Voilà déjà trois décennies que l'organisation communautaire a pris racine au Québec sous différentes appellations: «animation sociale» dans les années 60, notamment avec l'expérience du Bureau d'aménagement de l'Est du Québec (BAEQ) et celle du Conseil des œuvres de Montréal (COM); «action communautaire» dans les années 70 avec la venue des CLSC, et «organisation communautaire» avec sa consécration comme profession inscrite dans la convention collective des employés du secteur public[1]; «intervention communautaire» au début des années 80 pour qualifier le travail des groupes, organisations et réseaux appartenant au secteur communautaire[2] (par distinction de celle pratiquée dans le secteur public); et finalement «développement communautaire» dans la deuxième partie des années 80 pour traduire le

---

1. La convention collective des syndicats des affaires sociales stipule qu'un organisateur communautaire est une «personne qui fait l'identification et l'analyse des besoins de la population avec les groupes concernés. Conçoit, coordonne et actualise des programmes d'organisation communautaire afin de répondre aux besoins du milieu et promouvoir son développement. Agit comme personne-ressource auprès des groupes». *Convention collective intervenue entre le MSSS et la FAS (CSN)*, 1987-1988, p. 199.

2. Voir à ce sujet J. LAMOUREUX, R. MAYER et J. PANET-RAYMOND (1984). *L'intervention communautaire*, Montréal, Éd. Saint-Martin.

renouvellement d'une partie de cette pratique, notamment celle des Corporations de développement communautaire[3].

Où en sommes-nous après trente ans de pratique d'organisation communautaire au Québec? Deux ordres de questions seront ici posées: 1) Qu'est-ce qui caractérise l'organisation communautaire, qu'est-ce qui lui donne son identité et son ossature comme pratique sociale? et 2) Quelles sont les possibilités de cette pratique sociale dans les années 90? Quelles sont ses perspectives pour contribuer au renouvellement des groupes et communautés locales qu'elle soutient?

L'ORGANISATION COMMUNAUTAIRE: SON IDENTITÉ, SA SPÉCIFICITÉ

Quelques fondements et sources d'inspiration idéologique de l'organisation communautaire au Québec

Cette pratique sociale, inspirée des mouvements sociaux et des *settlement houses*, devenue par la suite une profession, tire son fondement premier de l'affirmation selon laquelle les problèmes sociaux sont de nature collective et doivent faire l'objet de solutions collectives. En effet, que ce soit dans les milieux de travail ou dans les communautés locales, des groupes sociaux ou des populations vivent des situations d'inégalités sociales, de dépendance, de marginalité et de pauvreté.

Ces inégalités ne sont pas le fruit du hasard: elles s'inscrivent dans des sociétés où le pouvoir économique, politique et social est détenu par une minorité. Car, même dans les sociétés qui se réclament de la démocratie depuis plusieurs siècles, celle-ci n'est pas acquise. Il faut constamment la bâtir, la rebâtir, l'élargir et l'approfondir. En outre, des luttes entre groupes et classes sociales se font jour autour d'un certain nombre d'enjeux liés aux soubassements économiques et politiques de ces sociétés. Enfin, des mentalités, des valeurs, des préjugés forgent, légitiment ou accentuent des discriminations de tous ordres (sexisme, racisme). Face à ces préjugés, des personnes, groupes et communautés locales se sentent souvent incapables de réagir tant ceux-ci sont ancrés dans les mœurs comme dans les structures ou les politiques de ces sociétés.

---

3. Voir à ce sujet la CORPORATION DE DÉVELOPPEMENT COMMUNAUTAIRE DES BOIS-FRANCS (1987). *Fais-moi signe de changement,* actes du colloque provincial sur le développement communautaire, Victoriaville, 1986.

L'organisation communautaire cherche à sa manière, c'est-à-dire par une intervention planifiée de changement social dans les communautés locales, à s'attaquer à ces inégalités, à cette concentration du pouvoir, à ces structures d'oppression et d'exploitation, à ces discriminations. Pour ce faire, elle s'inspire beaucoup des traditions, objectifs et modes d'organisation des mouvements sociaux. Par exemple, aux États-Unis, Saul Alinsky développe ses premières interventions à partir de l'expérience que lui fournit l'observation des syndicats ouvriers.

Au Québec, la pratique de l'organisation communautaire a été influencée par trois courants de pensée liés surtout à la stratégie de l'action sociale (défense de droits collectifs). Elle prend d'abord appui sur l'expérience américaine de lutte contre la pauvreté, soit celle de: Saul Alinsky[4], dans la négociation conflictuelle dans le cadre de l'organisation des quartiers pauvres des grands centres urbains; Ralph Nader, dans la lutte pour la protection des consommateurs contre les grandes entreprises multinationales et toutes les entreprises qui abusent des consommateurs; Martin Luther King, dans le cadre de la non-violence active et de la mobilisation de minorités ethniques socialement discriminées; et César Chavez, pour l'organisation syndicale et communautaire des travailleurs agricoles du Sud des États-Unis[5]. Avec ces différentes contributions, l'expérience américaine d'organisation communautaire a su développer une perspective sociale qu'il est convenu d'appeler la *grassroots democracy*, à savoir l'instauration dans les communautés locales de contre-pouvoirs face aux puissants de ce monde.

De plus l'organisation communautaire québécoise s'appuie sur des traditions d'action politique de la gauche européenne[6]. Dans ce cas, l'accent porte sur la nécessité de la transformation des structures économiques et politiques de la société par l'intermédiaire d'organisations diverses: des syndicats dans les milieux de travail, un syndicalisme de cadre de vie dans les collectivités locales, le développement de formations politiques socialistes favorisant l'avancement d'un projet

---

4. Saul ALINSKY (1976). *Le manuel de l'animateur social*, Paris, Seuil/Point. Voir aussi T. QUINQUETON (1989). *Saul Alinsky, organisateur et agitateur*, Paris, Desclée de Brouwer.

5. Voir J.-M. MULLER (1981). *Stratégie de l'action non violente*, Paris, Seuil, et J.-M. MULLER et J. KALMAN (1977). *César Chavez, un combat non violent*, Paris, Fayard/Cerf.

6. Voir, parmi d'autres, l'expérience du FRAP, du RCM à Montréal et du RP à Québec (*cf.* l'article sur l'action politique municipale comme forme d'organisation communautaire). Voir aussi l'expérience du Centre de formation populaire décrite dans l'article de Marcel FOURNIER (1979). «Le CFP et le mouvement ouvrier: une expérience de formation», *Possibles, 3*, (2), hiver, p. 39-66.

de société axé sur la justice sociale et l'organisation des classes populaires.

Finalement, elle s'inspire d'une tradition chrétienne progressiste latino-américaine. Celle-ci mise surtout sur l'éducation des couches populaires, notamment par des activités d'éducation populaire et de conscientisation[7].

L'organisation communautaire québécoise, dès ses premiers véritables développements (dans les années 60), a une histoire qui lui est propre[8] et des inspirations d'envergure internationale.

Les lignes de force
de l'organisation communautaire québécoise

Dans ses visées d'origine, l'organisation communautaire est une pratique sociale qui vise à combattre les inégalités, la centralisation du pouvoir, les structures de domination et les discriminations vécues par les classes populaires dans la société. L'organisation communautaire s'adresse aux différentes collectivités en visant leur autodéveloppement en tant que communautés *géographiques*: elle intervient pour favoriser le regroupement des populations sur la base de leur quartier, ville ou région, ceux-ci étant considérés comme des lieux significatifs d'appartenance sociale; en tant que communautés *d'intérêts*: elle intervient pour regrouper autour de problèmes sociaux spécifiques des groupes donnés (locataires, sans-emploi, assistés sociaux...); en tant que communautés *d'identité*: elle intervient pour soutenir des catégories sociales prédisposées au regroupement par leur identité (en tant que jeunes, femmes, groupe ethnique ou gens du troisième âge).

En outre, contrairement à la tradition de l'aide sociale, l'organisation communautaire ne s'intéresse pas aux classes populaires (dans leur milieu de travail ou de vie) parce qu'elles sont faibles (psychologiquement, socialement...), mais pour la force réelle et poten-

---

7. Paulo FREIRE (1974). *Pédagogie des opprimés*, Paris, Maspero; G. AMPLEMAN *et al.* (1983). *Pratiques de conscientisation (expérience d'éducation populaire au Québec)*, Montréal, Nouvelle optique, et *Pratiques de conscientisation 2 (logement, alphabétisation, aide sociale, féminisme, syndicalisme, santé, politique)* (1987), Montréal, Collectif québécois d'édition populaire.

8. Voir le texte suivant des auteurs: «Itinéraire du développement de l'organisation communautaire au Québec: de 1960 à aujourd'hui.»

tielle qu'elles peuvent représenter. L'ancienne tradition de la réforme sociale, celle des *settlement houses*, est sa filiation première[9].

L'organisation communautaire mise sur la *démocratie* mais ne considère pas que celle-ci va de soi. La démocratie résulte d'un long et permanent processus, toujours précaire et toujours menacé[10]. Elle a aussi un contenu social déterminant: «La démocratie devrait assurer aux plus faibles les mêmes chances qu'aux plus forts», disait Gandhi[11].

L'organisation communautaire ne vient pas d'abord aider les gens, mais soutenir leur organisation. Elle comporte donc un souci d'efficacité sociale. En d'autres termes, le gage de la vitalité d'une collectivité repose sur son degré d'organisation, sa capacité de générer des institutions qui lui sont propres, à prendre des décisions et à entreprendre les actions collectives qui s'imposent autour d'enjeux connus de tous.

Pour ce faire, l'organisation d'une communauté donnée doit, par l'action collective entreprise, gagner des points, obtenir des victoires, fussent-elles symboliques. Elle cherche à modifier les conditions antérieures, c'est-à-dire de piètres conditions de vie et une mentalité marquée par le fatalisme et le sentiment d'impuissance. Saul Alinsky formule bien ce problème lorsqu'il mentionne que l'oppression réside très souvent dans le conditionnement des pauvres, qui se résignent à leur pauvreté, à leur exclusion et au pouvoir des autres: «Le pouvoir n'est pas seulement ce que l'ordre établi possède, mais bien plus ce que nous croyons qu'il a[12].»

Mais cela n'est pas suffisant. Pour être efficace, l'organisation communautaire doit aussi contribuer à bâtir des organisations dans

---

9. Voir à ce propos R. KRAMER et H. SPECHT (1983). *Readings in Community Practice Organization,* États-Unis, Prentice Hall, p. 2-23.

10. L'expérience du mouvement ouvrier est à cet égard très riche et d'ailleurs bien campée sur cette question, comme l'ont si bien exprimé deux dirigeants syndicaux de la CFDT, J. JULLIARD et E. MAIRE: [...] comme elle est claire et simple, l'explication [...] du phénomène bureaucratique, c'est-à-dire de l'insuffisance de démocratie dans les organisations du mouvement ouvrier! D'un côté, des masses ardentes, toujours prêtes à faire la révolution; de l'autre des directions timorées, obtuses, manipulatrices, guettant sans cesse le moment favorable pour trahir les intérêts de leur base et se vendre à la classe dirigeante. Malheureux mouvement ouvrier, en vérité, incapable de porter à sa tête autre chose que des imbéciles et des traîtres! *Et si contrairement au postulat de base, la démocratie n'allait pas de soi? Si elle était le résultat d'une longue conquête, toujours précaire et toujours menacée?* (*La CFDT aujourd'hui,* Paris, Seuil, p. 147. C'est nous qui soulignons.)

11. Propos de Gandhi tirés de M. JURDANT (1988). *Le défi écologiste,* Montréal, Boréal, p. 1.

12. Cité par T. QUINQUETON (1989). *Op. cit.,* p. 67.

lesquelles la collectivité locale a le sentiment d'augmenter son pouvoir, son influence et où les gens considèrent être en train de changer l'ordre des choses. Harry C. Boyte résume bien la question en citant en exemple le Midwest Academy et son rôle comme centre de formation d'organisateurs communautaires aux États-Unis:

> The Academy's three essential lessons of successful movement building are hammered home again and again: to be effective organizing must win real victories that improve people's lives; it must build organization through which people can gain a sense of their own power and it must contribute to the general change in power relations, democratizing the broader society[13].

Comme nous pouvons le constater, un ensemble de valeurs se développe peu à peu au sein de la pratique québécoise d'organisation communautaire depuis le début des années 60. Cette dernière se définit comme une intervention qui:

1. agit principalement au sein de communautés locales, ce que les Américains appellent un *bottom-up process*, une approche par en bas par opposition au *top-down aproach*, approche par en haut à partir des politiques sociales d'un État;

2. mise sur le potentiel de changement social des communautés locales à partir de l'identification de besoins ou de problèmes suscitant des tensions dans ces communautés;

3. possède une visée de transformation sociale et de démocratisation permanente, y compris à l'intérieur des organisations démocratiques qu'elle a elle-même contribué à mettre sur pied;

4. a une préoccupation centrale d'organisation de nouveaux pouvoirs et services au sein de ces communautés locales;

5. se démarque du travail social traditionnel, de la pratique traditionnelle d'aide sociale (les *charity organizations*), c'est-à-dire qu'elle met l'accent sur les forces, talents, habilités des gens et non pas sur leurs insuffisances.

L'organisation communautaire a non seulement son histoire et des figures de proue qui l'inspire, mais elle a aussi développé un système de valeurs, une pensée sociale qui lui est propre. En effet, ses tout premiers référents sont les classes populaires, la justice sociale, la création de «nouveaux pouvoirs» dans les communautés locales (*grassroots democracy*), l'éducation populaire conscientisante, l'action politique locale...

---

13. Harry C. BOYTE (1980). *The Backyard Revolution (Understanding the New Citizen Movement)*, Philadelphie, Temple University Press, p. 110.

Les principales orientations stratégiques de l'organisation communautaire

Au fil des années, l'organisation communautaire s'est ramifiée et complexifiée à tout point de vue. Hier encore, elle n'était pratiquée que par une poignée d'ex-étudiants issus des sciences sociales et travaillant à la mise sur pied de comités de citoyens et groupes populaires ici et là dans les quartiers les plus démunis des grands centres urbains[14] ou des régions rurales éloignées.

Mais aujourd'hui, elle englobe plus de 350 organisateurs et travailleurs communautaires, qui exercent cette profession dans plus de 150 CLSC à travers toutes les régions du Québec. Elle est aussi pratiquée par un nombre plus considérable encore d'organisateurs communautaires qui travaillent et sont rémunérés par les groupes du secteur communautaire lui-même comme les Coopératives d'habitation et Comités de logement, les Corporations de développement économique communautaire (CDEC), les groupes d'entraide de toute sorte (dans le domaine de la santé et des services sociaux, par exemple), les Maisons de jeunes ou Centres de femmes, les journaux ou stations de radio communautaire, les Associations de défense des consommateurs (ACEF), les garderies populaires, les regroupements de sans-emploi ou d'assistés sociaux, les groupes de défense de l'environnement...

L'organisation communautaire québécoise ne s'en est pas tenue non plus à ses premiers référents. D'autres valeurs se sont inscrites dans sa culture organisationnelle, soit l'économie sociale à partir d'entreprises coopératives ou communautaires, les plans d'intervention, la concertation locale, régionale et nationale entre groupes travaillant sur des problèmes sociaux différents, l'écologie sociale, la solidarité et la coopération internationale...

D'où l'utilité de recourir à une typologie de base, de clarifier les principales traditions d'organisation communautaire au Québec, de cerner de façon plus spécifique les notions qui l'entourent telles que l'action communautaire, le développement communautaire ou l'intervention communautaire, et de mettre ces différentes traditions d'organisation communautaire en perspective.

---

14. Voir à ce propos l'expérience du Conseil des œuvres à Montréal devenu par la suite le Conseil de développement social, et celle de la Compagnie des jeunes canadiens (CJC), décrites et analysées par D. MacGraw (1978). *Le développement des groupes populaires à Montréal (1963-1973)*, Montréal, Éd. Saint-Martin, et par M. Corbeil (1970). «L'animation sociale au Québec», *Relations, 349*, numéro spécial, mai, p. 139-147.

De toutes les typologies développées[15], Jack Rothman a peut-être su dégager, avec le plus de justesse, les principales stratégies (ou «modèles») d'organisation communautaire[16]. Rothman développe sa typologie autour de trois notions cardinales: l'action sociale, le planning social et le développement local. Avant d'aborder ces trois modèles, esquissons ici une première définition générale de l'organisation communautaire.

L'organisation communautaire est une intervention de changement social planifié dans des communautés locales. Selon Kramer,

[elle] réfère à différentes méthodes d'intervention par lesquelles un agent de changement professionnel aide un système d'action communautaire composé d'individus, groupes ou organisations à s'engager dans une action collective planifiée dans le but de s'attaquer à des problèmes sociaux en s'en remettant à un système de valeurs démocratique. Sa préoccupation touche des programmes visant des changements sociaux en relation directe avec des conditions de l'environnement et des institutions sociales[17].

Plus spécifiquement pour le Québec, l'organisation communautaire prend la forme d'une intervention de microdéveloppement, soit une intervention sociale dont le but arrêté est de susciter l'organisation et la mobilisation des populations ou de parties des populations de ces communautés locales en vue de leur assurer plus de force et de pouvoir social. Dans une plus large perspective que celle de Kramer, il s'agit à la fois d'une démarche de participation volontaire (mettant à contribution l'engagement social de leaders des communautés concernées) et d'une démarche de participation suscitée ou provoquée (mettant à contribution des intervenants professionnels ou semi-professionnels engagés par ces populations pour favoriser une meilleure organisation de celles-ci).

---

15. Voir, entre d'autres, celle de Samuel H. TAYLOR et Robert W. ROBERTS (1985). *Theory and Practice of Community Social Work*, New York, Columbia University Press, p. 59-216. Voir aussi Gérald DORÉ (1985). «L'organisation communautaire: définition et paradigme», *Service social, 34*, (2-3), p. 210-230 et R. FISHER (1987). «Community organizing in historical perspective: A typology», F. COX, J. ERLICH *et al. Strategies of Community Organization*, Itasca, Illinois, Peacok publishers, p. 387-397.

16. J. ROTHMAN (1979). «Three models of community organization practice, their mixing and phasing», F. COX, J. ERLICH *et al. Op. cit.*, p. 3-26. Cet article, devenu un classique en matière d'organisation communautaire, constitue une référence incontournable dont nous nous inspirons largement.

17. Voir à ce propos R. KRAMER et H. SPECHT (1983). *Op. cit.*, p. 14. Traduction libre des auteurs.

Pour en arriver à réaliser ces objectifs, l'organisation communautaire, comme tout mode d'intervention, doit être considérée du point de vue 1) des croyances qui ont trait à la capacité de changement des communautés locales, à la capacité qu'ont les communautés locales de modifier le cours des choses, de devenir des acteurs du changement dans certaines conditions; et 2) d'un art ou d'un savoir-faire qui a trait à l'animation des communautés, à l'organisation et à la négociation, à l'information et à la formation de leaders communautaires, à la planification de projets, à la coordination et à la concertation entre différentes composantes d'un milieu... Cet art ou ce savoir-faire s'exerce à l'intérieur de stratégies diverses.

L'organisation communautaire comprend un bagage de connaissances systématisées, à partir d'un ensemble de pratiques et l'apport des sciences humaines concernant la vie des groupes, les pouvoirs, les modes de vie... On lui reconnaît donc sa théorie, ses stratégies et sa méthodologie. Nous verrons ici de façon plus approfondie ce qui la compose sur le plan des «modèles» ou des stratégies qu'elle a su développer au fil de son histoire et des multiples expériences dont elle a été l'instigatrice.

Précisons d'entrée de jeu qu'aucune intervention dans un milieu ou une communauté donnée peut être neutre. Toute intervention sociale a une direction, une trajectoire de changement social. Par exemple, travailler à mettre sur pied un comité de logement ou une coopérative d'habitation: dans les deux cas, on répond à un besoin social dans le domaine du logement et on travaille à l'organisation démocratique d'un milieu. Mais le processus d'intervention diffère substantiellement, les méthodes utilisées ne sont pas les mêmes, les résultats en dernière analyse, en matière de pouvoir social de la communauté concernée, ne seront pas les mêmes. La partie de la population de la communauté concernée sera aussi distincte selon qu'il s'agit d'un comité de logement ou d'une coopérative.

À partir d'un certain nombre de critères de base, il est possible de camper trois stratégies d'organisation communautaire relativement distinctes, soit le développement local (de type communautaire), l'action sociale et le planning social[18]. Ces critères sont: la finalité de l'intervention projetée; le point de départ de l'action collective initiée dans une communauté; les formes d'organisation mises de l'avant au

---

18. Aux fins de ce texte, nous avons délimité cinq critères de base. Il est possible de pousser plus avant les différentes composantes d'une stratégie donnée. Pour ce faire, nous vous renvoyons au tableau, à la fin de chapitre, inspiré de la typologie de J. Rothman et développé à partir de 11 critères.

sein de la communauté; les acteurs impliqués et les principaux moyens mis en œuvre pour les impliquer; le type de structure mis en place pour favoriser un développement durable du changement.

Le développement local

Le développement local est une stratégie d'intervention qui peut brièvement se caractériser par:

— la résolution des problèmes sociaux par un autodéveloppement économique et social de communautés locales vivant dans un contexte de pauvreté;

— l'attention portée sur les problèmes les plus criants liés à l'emploi, au manque d'infrastructures économiques et de services de base;

— la mise sur pied, sur le plan organisationnel, d'entreprises communautaires (de services ou de production de biens), de coopératives, de groupes d'entraide dans les principaux secteurs de la vie des communautés concernées (logement, travail, services sociaux...);

— le travail en partenariat des principaux acteurs de la communauté locale: les organisations populaires et communautaires de même que les syndicats, mais aussi les paroisses et l'élite locale (gens d'affaires);

— des structures autonomes en partie financées, principalement à partir de sources étatiques (fédérales, provinciales et municipales) et parfois privées ou volontaires (communautés religieuses), par exemple une Corporation de développement communautaire.

Au Québec, ce type de stratégie d'organisation communautaire est associé, dans un premier temps, à l'expérience du BAEQ dans les années 60, expérience initiée par le gouvernement dans l'Est du Québec, qui après quelques années abandonne l'effort massif entrepris. L'expérience du développement local se poursuit durant les années 70 dans la même région (le Bas-du-Fleuve), dans le cadre du JAL[19], et ailleurs,

---

19. C'est en 1974 que les 2 000 habitants de trois paroisses (Saint-Juste, Auclair et Lejeune) décident de former une coopérative de développement, la Coopérative de développement agro-forestier du Témiscouata, dite «la Coop du JAL». Voir G. Roy (1979). «L'animation sociale et la mise en place d'entreprises autogestionnaires...», B. Lévesque, *Animation sociale, entreprises communautaires et coopératives*, Montréal, Éd. Saint-Martin, p. 21-36.

principalement dans des régions éloignées des grands centres urbains, mais le développement local prend alors une autre forme, celle d'une relance par les communautés elles-mêmes, indépendamment de l'État[20]. Au cours de la décennie 80, le développement local fait un bond en avant en prenant forme hors des milieux ruraux et des régions éloignées, soit en milieu urbain ou semi-urbain, comme c'est le cas des CDEC à Montréal et des corporations de développement communautaire telle la Corporation des Bois-Francs à Victoriaville[21].

Le planning social (et l'implantation de services)

Voici, très brièvement, quelles sont les caractéristiques de ce type d'organisation communautaire:

1. la résolution des problèmes sociaux des communautés locales par une intervention étatique de proximité[22] à partir d'appareils sociaux qui, investis de pouvoirs et de ressources pour s'attaquer aux problèmes sociaux de l'heure, interviennent sur le plan local (les CLSC) ou sur le plan municipal (les services de rénovation urbaine ou de protection de l'environnement);

2. l'utilisation de la démarche scientifique fondée sur le postulat du recours aux experts pour identifier les problèmes prioritaires, pour concevoir des programmes cadres, pour prescrire des moyens d'implantation de ces programmes dans les communautés locales. Les programmes cadres du MSSS en matière de maintien en domicile dans les CLSC constituent un exemple type;

3. l'implantation, sur le plan organisationnel, de services publics (de première ligne) de santé et de services sociaux de même que des services communautaires financés et partiellement encadrés par l'État dans les communautés locales à partir de populations cibles considérées d'abord comme bénéficiaires ou consommatrices de services;

---

20. Voir G. GAGNON et M. RIOUX (1988). À propos d'autogestion et d'émancipation, Québec, IQRC, p. 28 et ss.

21. Voir L. FAVREAU (1989). «Mouvement populaire et économie communautaire», Mouvement populaire et intervention communautaire (de 1960 à nos jours): continuités et ruptures, Montréal, Éd. du Fleuve/CFP, p. 99-153.

22. Par différenciation avec des organismes d'État plus éloignés du local tels les Conseils régionaux de santé et de services sociaux (CRSSS).

4. l'organisation de la concertation entre les organismes de l'État et les ressources communautaires locales;

5. la participation consultative des populations locales dans le cadre de structures étatiques. Par exemple, les régies régionales issues de la réforme des services de santé et des services sociaux (réforme Côté au début de 1991).

Au Québec, historiquement[23], c'est d'abord avec les Conseils d'œuvres dans les années 60, puis avec les services sociaux et de santé étatiques de première ligne (dans les années 70), que commence véritablement la pratique à grande échelle de ce type de stratégie d'organisation communautaire. Elle relève pour beaucoup de l'expérience des équipes des services d'animation (à l'intérieur des Conseils d'œuvres) puis d'organisateurs de CLSC[24] et, dans une moindre mesure, d'autres intervenants sociaux des mêmes établissements inscrits dans des démarches communautaires à partir de l'«approche communautaire»[25].

Jusqu'à un certain point, cette stratégie n'appartient pas seulement, du moins pour l'expérience québécoise, à l'organisation communautaire mais plutôt, par certains côtés, à un type de pratique d'administration sociale, et donc à ses gestionnaires. Mais des organisateurs communautaires, particulièrement dans les CLSC, sont devenus des acteurs du planning social (études de milieu, diagnostics sociaux et interventions par programmes établis nationalement) au fur et à mesure de la pénétration de ce secteur dans les communautés locales. À cet égard, l'intervention des CLSC dans le domaine du maintien à domicile offre une excellente illustration. Il s'agit d'une politique appliquée à la grandeur du territoire, d'une politique qui bénéficie de sa propre enveloppe budgétaire, d'une politique qui associe tous les CLSC. De cette façon, dans un certain nombre de CLSC, des organisateurs communautaires travaillent à ce dossier sur une base régulière ou ponctuelle, devenant ainsi des agents actifs de planning social (mise sur pied d'une «popote roulante», animation d'un groupe de retraités en voie de mettre sur pied une coopérative d'habitation disposant d'un ensemble de services conçus pour des gens du troisième âge...).

---

23. Voir, à ce propos, un développement précis du planning social à partir des années 60 au Québec dans le texte qui suit des auteurs, *loc. cit.*

24. Voir le Collectif (1990). *S'organiser, s'entraider, s'en sortir*, programmation de l'équipe d'organisation communautaire du CLSC Hochelaga-Maisonneuve, Montréal.

25. Voir, dans la première partie, le texte de Pauline Gingras: «L'approche communautaire» et celui de Yves Hurtubise: «L'organisation communautaire en CLSC.»

Comme nous pouvons le voir, ce type de stratégie participe tout à la fois de l'administration sociale et de l'organisation communautaire. On ne se surprendra pas ici de voir ses actions moins fortement liées à des objectifs de transformation sociale ou même à des objectifs de construction de communautés locales fortes sous l'angle de l'autodéveloppement.

L'action sociale

L'action sociale, que certains auteurs[26] appellent aussi «intervention communautaire», comporte les caractéristiques majeures suivantes:

1. la résolution des problèmes sociaux par les groupes sociaux les plus démunis, plus spécifiquement par un travail de défense de leurs droits;

2. l'attention portée aux problèmes sociaux les plus fortement ressentis par la partie la plus défavorisée des communautés locales;

3. la mise sur pied d'organismes de revendication et de pression permettant le développement d'un rapport de forces qui pourrait leur être favorable;

4. l'organisation d'actions directes, l'éducation populaire et l'information communautaire, la négociation de solutions avec les autorités en place;

5. une action collective entreprise à partir de structures autonomes de type syndical (au sens large de syndicalisme de cadre de vie) fonctionnant sous le mode démocratique des Organismes sans but lucratif (OSBL). Un regroupement d'assistés sociaux, un comité de logement, une association de protection des consommateurs, une association de défense des retraités en sont des exemples types.

Cette orientation stratégique nous renvoie à l'expérience des comités de citoyens (décennie 60) et à celle des organisations populaires de défense de droits sociaux des années 70 et 80. Elle est aussi partie prenante de l'expérience des organismes d'éducation populaire et des initiatives d'action politique locale, dont les plus connues sont le Rassemblement populaire à Québec et le Rassemblement des citoyens de Montréal.

---

26. H. Lamoureux, R. Mayer et J. Panet-Raymond (1984). *Op. cit.*

L'organisation communautaire a donc ses propres stratégies, qui s'articulent autour de trois axes: 1) la défense de droits sociaux, qui peut prendre différentes formes dont l'action sociale de revendication, ou l'éducation populaire, ou encore l'action politique municipale; 2) le planning social, ou l'insertion des services sociaux publics et parapublics dans les communautés locales à partir de structures légères de première ligne (les CLSC et leurs équipes d'organisation communautaire); 3) l'auto-organisation (*self help*) de type coopératif de même que le développement local (en matière de logement, d'aménagement du territoire, de création d'entreprises locales...).

Quel type de stratégie faut-il privilégier?

Face à ces différentes orientations stratégiques ou «modèles» d'intervention se posent spontanément ces questions: Doit-on privilégier une stratégie? Quelle est la meilleure? L'histoire québécoise de ces trente années de pratique d'organisation communautaire nous invite à formuler deux propositions.

Premièrement, ces différents types de stratégies peuvent correspondre à des séquences différentes dans le temps, ils peuvent même constituer des étapes singulières d'un même processus. Par exemple, le planning social qu'on a tendance à opposer à l'action sociale et au développement local. En effet, le planning social a été et est encore parfois identifié à la récupération des revendications populaires par les autorités tandis que l'action sociale se voit octroyer le leadership du changement social en fonction des intérêts des classes populaires.

Or, à regarder de près l'évolution du mouvement populaire au Québec (1960-1990), on constate, dans les années 60, l'émergence de comités de citoyens sans que l'État y soit véritablement impliqué. Cette intervention de type action sociale, en revendiquant la création de centres de santé et de centres communautaires dans les quartiers populaires, finit par provoquer la mise en place de CLSC dans la décennie suivante. Ces mêmes CLSC, quinze ans plus tard, évoluent très souvent vers le planning social. Mais il est encore possible d'envisager, sur le plan local ou régional, le soutien d'organisateurs communautaires de ces mêmes CLSC afin d'instaurer des structures et des groupes d'action sociale. Ajoutons en outre que la jonction entre groupes populaires et intervenants de CLSC est très souvent à l'origine de pratiques de développement local de type communautaire (CDEC et coopératives de travail).

Deuxièmement, le consensus ou le conflit ne caractérise pas de façon satisfaisante une stratégie par rapport à une autre, surtout lorsqu'il s'agit de l'action sociale et du développement local. Par exemple, le développement local a longtemps été considéré comme une approche consensuelle des groupes populaires d'une même communauté avec son élite locale et les pouvoirs en place. Or le développement communautaire s'est aussi affirmé de façon conflictuelle comme une forme de revendication (le JAL, les cultivateurs de la région de Mirabel, les groupes populaires de Pointe-Saint-Charles, Centre-Sud et Hochelaga-Maisonneuve dans la mise sur pied des CDEC à Montréal...) auprès du gouvernement central. Les groupes d'action sociale doivent quant à eux entamer à un moment ou l'autre des négociations et en arriver à certains compromis sur le contenu de leurs revendications.

Il ne faut certes pas croire à la grande coexistence. Car une véritable démocratie, selon Alinsky, «est en fait un conflit permanent et évolutif, interrompu périodiquement par des compromis[27]». Les groupes populaires et communautaires se frottent régulièrement avec les intervenants des CLSC. Les CDEC ne peuvent pas, pour bien faire leur travail, se retrouver constamment sur la première ligne des actions initiées par des organisations de défense de droits sociaux. Des organisateurs communautaires de CLSC ont souvent à faire face à des conservatismes profonds au sein des classes populaires elles-mêmes, conservatismes allant à l'encontre de leurs véritables intérêts à long terme.

Il est donc important de retenir à ce stade-ci que la pertinence et l'efficacité de chacune de ces stratégies d'organisation communautaire sont relatives à des situations données. Selon que l'on est en milieu rural ou en milieu urbain, selon que l'on travaille pour un employeur du secteur communautaire ou du secteur public, selon que l'on travaille dans une communauté locale complètement désorganisée ou disposant déjà d'une certaine impulsion... on mettra en place une démarche qui tentera de démarrer ou de consolider telle ou telle stratégie au sein des communautés locales dans le cadre d'une planification de l'intervention considérée comme processus de longue durée, et non l'affaire de quelques mois.

Il est capital aussi de retenir que ces trois stratégies d'organisation communautaire sont, en tant que tentatives de résoudre des problèmes sociaux, des réponses à des droits différents de chaque communauté locale: 1) droit des communautés locales d'être soutenues dans

---

27. T. QUINQUETON (1989). *Op. cit.*, p. 11.

leur volonté de participer au développement de leur propre communauté sur des bases autonomes; 2) droit des citoyens les plus démunis de s'organiser, de revendiquer et de s'inscrire dans le rapport social de forces de leur société, cela d'une façon avantageuse pour eux; 3) droit des citoyens des communautés locales en tant que contribuables d'obtenir de la part de l'État des services sociaux et de santé de première ligne.

Finalement, mentionnons que chaque stratégie a son histoire particulière (selon les régions et les sociétés), ses ressources et ses moyens particuliers, ses influences dans leur relation aux mouvements sociaux, et également l'apport de certaines disciplines des sciences humaines. C'est pourquoi, par exemple, la stratégie d'action sociale s'inspire beaucoup du syndicalisme, la science politique qui étudie les pouvoirs dans la société est une discipline fort utile dans ce cas, les sources de financement doivent être diversifiées...; la stratégie de développement local s'inspire du mouvement coopératif, la micro-économie est fort utile comme discipline...; la stratégie du planning social s'inspire de la démarche scientifique et des conceptions wébériennes (en sociologie) de l'organisation.

Pour conclure cette section, disons que la présentation des principales stratégies permet déjà de voir plus clair dans les notions souvent associées à l'organisation communautaire telles que l'intervention communautaire, le développement communautaire, l'action communautaire. L'intervention communautaire et l'action communautaire correspondent presque en tout point à la stratégie dite d'«action sociale». Nous croyons que la réintroduction du concept d'action sociale en tant qu'une des stratégies de l'organisation communautaire évite de définir l'organisation communautaire en termes trop exclusifs de défense de droits et de conscientisation. De la même façon, il est plus aisé de parler de développement local pour désigner le développement communautaire, trop longtemps identifié à l'action de gouvernements dans des communautés locales de milieu rural et à celle des Nations Unies dans le tiers monde, ce qui ne correspond plus à la réalité des années 90. Le développement communautaire, ou développement local, est d'abord le fait des communautés locales en milieu rural et urbain dans les pays industriels développés. Le développement local est d'abord, de plus en plus, le fait de groupes locaux y compris dans les pays du tiers monde.

Les appellations «développement communautaire», «action communautaire» ou «intervention communautaire» sont des notions qui recouvrent davantage des stratégies et des méthodes spécifiques d'intervention dans les communautés locales. L'organisation communautaire, du moins au sens où nous l'entendons ici, est un concept générique recouvrant un ensemble de stratégies et de méthodes d'intervention, un ensemble de pratiques liées au changement social par l'action collective dans et avec des communautés locales.

Organisation communautaire et mouvements sociaux: une appartenance sociale spécifique

L'organisation communautaire s'inspire d'abord du mouvement des *settlement houses*, mouvement apparu au XIXe siècle dans les grands centres urbains de l'Angleterre et des États-Unis, pour répondre aux besoins des communautés locales aux prises avec les problèmes de l'urbanisation et de l'industrialisation rapide (logements temporaires, absence de services de santé et de services sociaux, manque d'emplois...). Ce mouvement cherche à développer des actions collectives de services, d'éducation populaire et de revendications avec les populations concernées par opposition aux Charity Organization Societies, initiatrices de la création d'agences sociales et de conseils d'agences sociales misant non pas d'abord sur l'action collective et la réforme sociale mais surtout sur l'aide individuelle et le service, sur la rationalisation de l'aide individuelle et des services. L'organisation communautaire se rattache principalement à l'une des deux grandes traditions qui ont donné naissance au travail social, les *settlement houses*.

Ce n'est donc pas par hasard que l'organisation communautaire québécoise des trente dernières années, surtout l'organisation communautaire de type action sociale et développement local, emprunte beaucoup aux mouvements sociaux. La pratique de l'action sociale emprunte au syndicalisme tout comme celle du développement local au mouvement coopératif. Ces pratiques s'inspirent également, dans ses initiatives sociales de type alternatif (par exemple dans le secteur de la santé et des services sociaux), du mouvement des femmes et du mouvement écologique. On considérera aussi que, réciproquement, les professionnels de l'organisation communautaire favorisent la progression de mouvements sociaux et leur capacité d'intervention au sein des communautés locales.

L'organisation communautaire exercée dans les années 90 n'est plus celle des années 70 ou des années 80. Il existe certes une bonne continuité mais, depuis les années 80, cette pratique traverse une crise. Une crise féconde cependant qui génère, pour les années 90, des possibilités qui peuvent s'avérer prometteuses. Examinons de plus près cette deuxième grande question.

LES POSSIBILITÉS DE L'ORGANISATION COMMUNAUTAIRE DANS LA DÉCENNIE 90

Le malaise de l'organisation communautaire des années 80

Le malaise de l'organisation communautaire au Québec, notamment celle pratiquée en CLSC dans les années 80, se traduit par de l'incertitude de la part d'un certain nombre de ses protagonistes. Dans les années 80, surtout entre 1980 et 1985, on assiste à un double mouvement, soit le repli des mouvements sociaux accompagné d'un non moins grand repli des travailleurs professionnels et semi-professionnels du secteur social[28]. Quelles sont les causes possibles de ce repli de l'organisation communautaire? S'il est certes nécessaire d'aller aux déterminants structurels, aux politiques de l'État et de ses appareils (entre autres les ministères), il convient tout autant de voir l'évolution des communautés locales et celle des intervenants eux-mêmes.

Les communautés locales ont profondément changé sous plusieurs aspects. D'abord, la mobilisation sociale au sein des communautés locales au cours de la décennie 80 apparaît plus faible que celle des années 70[29]. Ce qui s'expliquerait en partie par le fait que la plupart des communautés disposent maintenant de services de santé et de services sociaux étatiques de première ligne. S'il y avait autrefois sur ce plan un grand vide à combler, le Québec des années 90 a maintenant plus de 150 CLSC relativement bien connus de ces communautés et utilisés par celles-ci.

Ensuite, on a cru que les inégalités sociales les plus criantes diminueraient sérieusement sur une période d'une ou deux décennies tout au plus. Or elles ont persisté et sont même devenues plus marquées encore dans certains secteurs et régions[30]. Nombre d'intervenants et de décideurs dans le domaine social se sont interrogés sur l'impact

---

28. Paul R. Bélanger et B. Lévesque (1986). «Mode de vie et éthique du travail» (étude qualitative auprès des travailleurs professionnels et semi-professionnels), communication présentée au 11ᵉ congrès mondial de sociologie, New Delhi, août (texte ronéo, département de sociologie, UQAM).

29. J. Panet-Raymond (1985). «Nouvelles pratiques des organisations populaires... Du bénévolat au service de l'État?», *Service social, 34*, (2-3), p. 340-352.

30. Voir le dossier spécial de la revue *Relations* consacré à cette question: «Le Québec cassé en deux», *545*, novembre 1988, p. 263-281. Voir également le Conseil des Affaires sociales (1989). *Deux Québec dans un*, Chicoutimi, G. Morin Éditeur.

réel de l'organisation communautaire, sur sa capacité d'atteindre les causes des problèmes sociaux, sur sa capacité préventive[31].

Enfin, les communautés locales peuvent aussi être divisées par des conflits d'intérêts entre groupes qui auparavant collaboraient plus spontanément: tiraillements entre groupes communautaires et syndicats du secteur public, mais aussi tensions à l'intérieur du secteur communautaire lui-même, entre coopératives d'habitation et comités de logement, entre jeunes assistés sociaux et leurs aînés au sein d'organismes chargés de leur défense... Elles peuvent être divisées également par la reprise d'initiative des élites locales traditionnelles, un temps mis sur la défensive par la montée de groupes de défense de droits sociaux, élites cherchant à reprendre leur place à la faveur du néoconservatisme ambiant de la décennie 80.

Voilà un premier chaînon de facteurs liés au malaise de l'organisation communautaire: les communautés locales ne sont plus les mêmes.

En deuxième lieu, les organisateurs communautaires ont changé de même que les conditions dans lesquelles ils pratiquent. D'une part, dans les CLSC, les conditions de travail ont changé: le corridor de travail a paru se rétrécir et l'autonomie professionnelle a semblé en partie menacée[32], tandis que dans le secteur communautaire autonome, les conditions de travail des «permanents» sont encore précaires et le financement étatique des groupes presque toujours lié à la complémentarité avec le secteur public.

D'autre part, les convictions des intervenants sur les stratégies les plus pertinentes et les plus efficaces d'organisation communautaire ont changé. Plusieurs font le constat que certaines interventions ont perdu de leur attrait: la stratégie de l'action sociale apparaissait autrefois très mobilisante puis, provisoirement du moins, a finalement suscité moins d'intérêt et moins d'effets d'entraînement. On a reproché à l'organisation communautaire, à tort ou à raison, d'avoir trop peu travaillé sur le développement d'alternatives concrètes dites «constructives».

Finalement, on constate que l'organisation communautaire a changé certaines situations tel l'élargissement de certains droits

31. Y. HURTUBISE et P. PARÉ (1989). *Pratiques d'action communautaire en CLSC*, actes du colloque sur l'action communautaire en CLSC, Université Laval, Centre de recherche sur les services communautaires.

32. Y. HURTUBISE, G. BEAUCHAMP, L. FAVREAU et D. FOURNIER (1989). *Pratiques d'organisation et de travail communautaires en CLSC*, Montréal, RQIIAC.

sociaux, ou encore qu'elle a favorisé la transformation des mentalités tellement fatalistes à l'époque... Par contre, on constate que c'est souvent à recommencer, et que... l'organisation communautaire n'a pas «changé le monde», c'est-à-dire la société dans ses structures les plus décisives, aspiration et utopie créatrice qui motivaient la plupart d'entre eux[33].

De plus, si on considère l'État et ses ministères sociaux, nous devons constater là aussi que les choses ont beaucoup changé... Surtout durant les périodes de récession, on assiste au développement de nouvelles tendances peu susceptibles de consolider l'organisation communautaire.

Du point de vue sociologique, l'organisation communautaire ne fait pas exception à la règle par rapport à ce qui se passe dans l'ensemble de la société. Elle participe de la dynamique générale de transition provoquée par le retour du libéralisme sur le plan des politiques sociales et le repli de la plupart des mouvements sociaux. Le doute s'est alors installé sur la croissance économique et sa valeur réelle, sur les possibilités réelles du plein-emploi, sur l'efficacité réelle de l'État-providence et de son arsenal de services jugés par d'aucuns bureaucratiques et centralisés[34]. L'incertitude se retrouve aussi dans le camp des mouvements sociaux et de l'organisation communautaire (toutes catégories confondues): perte de confiance dans la capacité du travail communautaire d'agir efficacement dans l'organisation de communautés locales et crise du projet de société qui l'anime[35].

Tout cela témoigne finalement d'une crise de légitimité de nombreuses institutions sociales et politiques au cours de cette décennie[36], soit les partis politiques de gauche et plus généralement la politique comme moteur de changement; le mouvement syndical et ses appareils; l'ensemble des services sociaux publics perçus comme éloignés des usagers.

---

33. G. GAGNON (1988). «Le mouvement autogestionnaire québécois», G. GAGNON et M. RIOUX, *op. cit.*, p. 13-140.

34. Voir à ce propos P. ROSANVALLON (1981). *La crise de l'État-providence*, Paris, Seuil, et Jacques T. GODBOUT (1983). *La participation contre la démocratie*, Montréal, Éd. Saint-Martin.

35. Paul R. BÉLANGER et B. LÉVESQUE (1987). «Le mouvement social au Québec: continuité et rupture (1960-1985), *Animation et culture en mouvement*, Sainte-Foy, PUQ.

36. C. OFFE (1984). *Contradictions of the Welfare State*, Grande-Bretagne, First MIT Press Edition.

Tout cela a alimenté la popularité de la thèse du déclin de l'organisation communautaire que plusieurs avaient lié à la récession économique et au désengagement de l'État, au recul des communautés locales (isolement, divisions internes...), aux tentatives de réduire le champ d'action de l'organisation communautaire au sein des CLSC (l'organisation sur le seul plan socio-sanitaire) et au sein du secteur communautaire (la complémentarité obligée de leur travail avec celui du secteur public), à la perte de consensus social des mouvements autour d'un projet de société nouveau...

La reprise de l'organisation communautaire avec l'arrivée des années 90

Durant les années 80, l'organisation communautaire paraît être sur la défensive. En réalité, avec le recul, on peut aujourd'hui considérer qu'elle est en voie de se transformer et, dans certains secteurs, en train de se renouveler substantiellement.

La transition des années 80 aux années 90, sur le plan économique, social et culturel n'a pas consacré le conservatisme social. Il est bien évident que l'État cherche encore aujourd'hui des avenues différentes et moins fortes qu'auparavant pour répondre aux besoins sociaux les plus criants étant donné ses déficits, malgré et à cause de ces derniers. Il est tout aussi clair que le patronat cherche aussi des avenues différentes pour répondre non seulement à la crise du capital mais aussi à l'autre crise, celle du travail, de l'insatisfaction au travail (absentéisme, perte de motivation, épuisement professionnel...). Mais il faut bien considérer ici que les nouvelles avenues, tant du côté de l'État que du côté du patronat, n'ont pas fait l'unanimité et sont loin de s'être mises solidement en place dans l'harmonie et la concertation, et que les mouvements sociaux, leurs militants et intervenants n'ont pas laissé à l'État et à l'entreprise privée le soin de créer seuls l'avenir.

Les incertitudes n'ont pas eu un effet aussi négatif qu'on l'avait d'abord cru: elles ont permis le début d'un renouvellement. Avec les années 90, on constate que les mouvements sociaux n'en sont plus au repli. Après une période de plafonnement, il y a eu relance autour de nouveaux enjeux donnant naissance à de nouveaux groupes et à de nouvelles figures d'organisation communautaire, non seulement au Québec mais ailleurs, notamment aux États-Unis[37].

---

37. L'ensemble de la recherche que nous avons menée sur le mouvement populaire et communautaire à Montréal à la fin des années 80 va dans ce sens. Voir L. Favreau

Quelques exemples peuvent illustrer cette reprise: l'économie communautaire dans les grands centres urbains comme Montréal avec la naissance des groupes tels que les CDEC, les regroupements de jeunes, les Centres de femmes dans des quartiers et les régions défavorisées, les collectifs et regroupements écologiques sur la question du désarmement et de la paix, sans oublier de nouveaux regroupements de défense des personnes âgées ou des organismes communautaires en santé mentale.

À cette reprise de l'organisation communautaire dans des secteurs plus nouveaux, il faut ajouter la vigueur nouvelle du sentiment d'appartenance à des communautés locales, à des quartiers autour desquels on veut redévelopper une identité, participer à l'aménagement de ces territoires (le refus de la «gentrification»), voire initier des interventions de développement économique local. Le quartier Pointe-Saint-Charles dans le Sud-Ouest de Montréal est très révélateur à ce propos[38]. Mentionnons également le refus d'une large partie du secteur communautaire d'être limité à la stratégie étatique de la complémentarité par la revendication, auprès de l'État et des municipalités, d'une reconnaissance de sa contribution comme mouvement ainsi que la revendication d'un financement étatique adéquat et respectueux de l'autonomie d'intervention des groupes.

Signe du changement d'époque et de mentalité, ce renouvellement d'un certain nombre de pratiques sociales s'accompagne également d'une certaine reprise de la réflexion théorique. Aujourd'hui, à la différence des années 70 et même des années 80, on ne se contente plus d'un schéma d'analyse classes dominantes-classes dominées. Aujourd'hui, les rapports hommes-femmes, les rapports entre générations, les rapports à la culture, c'est-à-dire la transformation des modes de vie et les rapports à l'environnement (qualité de vie), interviennent avec plus de force. On ne se satisfait plus d'une analyse simpliste du rôle de l'État (du type «l'État au service de la classe dominante»):

> L'appareil étatique n'est pas une machine bien huilée, au contrôle efficace, supervisée par les laquais du capitalisme. Les politiques de cet État sont souvent inconsistantes et contradictoires car elles

---

(1989). *Op. cit.* Pour les États-Unis, voir Harry C. BOYTE (1980). *Op. cit.* De façon plus spécifique, en ce qui a trait à l'organisation communautaire aux États-Unis, voir J. ROTHMAN (1979). «Macro social work in a thightening economy», *Social Work, 24*, (14), Association nationale des travailleurs sociaux, juillet, p. 274-281.

38. J.-M. GAREAU (1990). *La percée du développement économique communautaire dans le Sud-Ouest de Montréal: le programme économique de Pointe-Saint-Charles (1983-1989)*, Montréal, IFDEC.

reflètent la nature compétitive de l'économie capitaliste et la crise qui la déchire[39].

La situation générale qui s'ouvre aujourd'hui en est une d'équilibre instable. D'un côté, il y a certes progression rampante d'une société duale, du travail précaire, le désengagement de l'État dans certains secteurs, les catastrophes écologiques... De l'autre, il y a émergence d'une économie sociale, une nouvelle vigueur du secteur communautaire, la reprise des débats au sein des mouvements sociaux (dans les syndicats, dans le mouvement national...), la remontée de l'action politique locale, le stoppage des mesures grugeant l'universalité des programmes sociaux, la remobilisation autour de la paix, du désarmement et du développement...

Plus spécifiquement, en ce qui concerne l'organisation communautaire, il faut parler d'oscillation entre deux pôles: d'une part, la volonté étatique de développer la complémentarité du secteur communautaire arrimé au secteur public et une volonté de contenir l'organisation communautaire en CLSC dans la sphère du socio-sanitaire; mais d'autre part, de nouvelles pistes d'organisation communautaire se font jour, notamment sur le plan du développement local et de la défense de l'environnement.

Ce à quoi il faut ajouter le maintien d'un secteur communautaire progressiste refusant la domestication étatique de même que la relance des revendications de la part des professions sociales à partir de leurs syndicats locaux... et peut-être surtout à partir de nouvelles formes de regroupements[40].

EN GUISE DE CONCLUSION

Avec les années 90, on ne peut plus parler de l'organisation communautaire en termes de déclin ou de plafonnement. L'organisation communautaire, dans les CLSC tout comme dans le mouvement populaire et communautaire, diffère certes de celle pratiquée au cours des décennies 70 et 80. En réalité, elle s'est transformée au lieu d'avoir décliné, avec ce que cela comporte de ruptures mais aussi de continuités.

---

39. H. FLEETWOOD et J. LAMBERT (1982). «Bringing socialism home: Theory and practice for a radical community action», G. CRAIG, N. DERRICOURT et M. LONEY, *Community Work and the State*, Londres, Routledge and Kegan Paul, p. 48-59. Propos rapportés dans G. CRAIG (1987). «L'action communautaire et l'État au Royaume-Uni», *Revue internationale d'action communautaire, 17,* (57), printemps, p. 161-171.

40. À ce propos, il faut lire entre autres *Interaction communautaire,* revue des intervenants communautaires en CLSC, qui illustre bien ce que nous avançons ici.

Les possibilités de l'organisation communautaire des années 90 sont plus diversifiées et solides qu'il n'y paraît à première vue. Ainsi, nous pouvons observer, d'une part, le renouvellement de la stratégie de *développement local*. Ce dernier n'est plus confiné au milieu rural et aux régions éloignées des grands centres urbains. Il prend aussi place, et dans certains cas avec beaucoup d'ampleur, dans certains quartiers populaires de grands centres urbains (Montréal) ou régions semi-urbaines comme les Bois-Francs (Victoriaville), l'Outaouais (Buckingham), la Montérégie (Sorel et Longueuil), le Saguenay (Jonquière)... Le développement local est aussi et d'abord une revendication des communautés locales à l'autodéveloppement et non pas, comme dans les années 60, un programme gouvernemental instauré dans les régions défavorisées.

D'autre part, mentionnons le maintien de la stratégie de *l'action sociale* dans bon nombre de secteurs. Moins visible et spectaculaire qu'au cours des années 70 par exemple, elle atteint, dans les années 90, un niveau d'organisation et de politisation des milieux populaires (au sens d'une implication dans les affaires publiques particulièrement sur le plan municipal) qui a singulièrement progressé[41], comme en témoignent les données gouvernementales (établies sur plus de quinze ans, soit de 1973 à 1989) sur la vie associative au Québec à partir de la constitution des groupes et associations en Organismes sans but lucratif (OSBL).

Enfin, la stratégie du *planning social* au sein des ministères sociaux du Québec n'est pas battue en brèche: si le néo-libéralisme a grugé certains services sociaux et de santé en les privatisant, à l'inverse des mesures étatiques commencent à s'imposer dans d'autres secteurs. On peut penser ici à tout le domaine de l'environnement où le gouvernement a été forcé d'intervenir. Du même coup, on a vu s'exercer une pression sur les établissements de services de santé et de services sociaux (CLSC) et une certaine légitimité pour reprendre à leur compte un travail communautaire en matière d'écologie sociale[42].

Cette vue d'ensemble nous amène, en dernière analyse, à la conclusion suivante: peu de synthèses de l'organisation communautaire ont été faites jusqu'à maintenant. La théorisation des pratiques qu'elle a générées reste encore largement à mettre en œuvre. Nous ne pouvons

---

41. S. LANGLOIS *et al.* (1990). *La société québécoise en tendances: 1960-1990*, Québec, IQRC, p. 105-110.

42. À ce propos, voir plus loin l'article de Laval DOUCET: «L'action communautaire environnementale en CLSC».

qu'acquiescer à la remarque de Taylor et Roberts dans la préface de leur dernier livre:

> Virtually every author who has completed a major work on community practice for social workers has commented on the rudimentary nature of theory underlying this approach as compared with other social work methods[43].

Le présent ouvrage se veut une contribution pour favoriser la systématisation de cette pratique qui, au Québec, a près de trente années d'expérience continue. Il est grand temps que nous donnions à cette pratique plus de consistance et d'envergure au point de vue théorique.

---

43.   Voir Samuel H. TAYLOR et Robert W. ROBERTS (1985). *Op. cit.*, p. XII.

Trois modèles de la pratique d'organisation

	MODÈLE A (Développement local)
1. Finalité de l'action communautaire	*Self-help,* capacité communautaire et concertation (accent sur le processus)
2. Postulat sur la structure communautaire et la problématique	Désintégration de la communauté, anomie; faiblesse des relations et de l'aptitude démocratique, communauté traditionnelle statique
3. Stratégie de changement	Implication des différentes couches de la population dans la définition et la résolution de leurs problèmes
4. Tactiques et techniques de changement	Consensus: communication parmi les groupes et discussion de leurs intérêts communs
5. Principaux rôles du praticien	Catalyseur, coordonnateur; formateur habile à résoudre des problèmes et à soutenir la mise en œuvre de nouvelles valeurs éthiques
6. Moyen assurant le changement	Intervention avec de petits groupes de tâche
7. Attitude face à la (aux) structure(s) de pouvoir	Membres de la structure locale de pouvoir comme collaborateurs dans un projet collectif
8. Relations système-client	Communauté géographique entière
9. Postulats relatifs aux divers intérêts des sous-groupes	Intérêts communs, différences réconciliables
10. Conception de la population cliente	Citoyens
11. Conception du rôle du système client	Participants dans un processus d'interaction pour résoudre des problèmes

Ce tableau est tiré de F. COX et J. ROTHMAN (Édits) (1987). *Strategies of Community* La traduction et l'adaptation sont de Laval DOUCET et de Louis FAVREAU.

communautaire selon certaines variables de la pratique

MODÈLE B (Planning social)	MODÈLE C (Action sociale)
Résolution de problèmes communautaires importants (accent sur les tâches)	Redistribution du pouvoir et des ressources; changement institutionnel fondamental (accent sur les tâches ou sur le processus)
Problèmes sociaux importants; santé mentale et physique, habitation, récréation...	Populations désavantagées et dépourvues, injustice sociale, iniquité
Cueillette de données sur les problèmes et décisions quant à l'action la plus rationnelle	Radicalisation des problèmes et regroupement des gens pour intervenir contre les cibles ennemies
Consensus ou conflit	Conflit ou contestation: confrontation, action directe, négociation
Cueilleur de données, analyste, agent de programme, «facilitateur»	Avocat-militant, militant, négociateur, partisan
Intervention auprès d'organisations formelles	Intervention avec des organisations de masse et dans le cadre de processus politiques
Présence de la structure externe de pouvoir comme employeur et parrain	Une ou des structures de pouvoir comme cible d'action à partir de revendications
Communauté entière ou un segment	Un segment défavorisé de la communauté
Intérêts réconciliables ou conflictuels	Intérêts conflictuels difficiles à réconcilier autour de l'enjeu de la rareté de ressources
Consommateurs	Opprimés ou exploités
Consommateurs ou bénéficiaires	Employeurs, associés, membres

Organization, 4e édition, Itaska, Illinois, Peacock Publishers, page 10.

2

Itinéraire du développement
de l'organisation communautaire
au Québec

▼

2.1.

L'organisation communautaire de 1960 à aujourd'hui

▼

Laval Doucet
Louis Favreau

En conformité avec l'idée directrice de cet ouvrage, nous avons opté pour une interprétation de l'histoire de la pratique d'organisation communautaire qui résiste bien à l'épreuve du temps, celle qui sous-tend les modèles de développement local, d'action sociale et de planning social élaborés par Jack Rothman[1].

Depuis le colloque sur l'action communautaire, tenu en 1988 à l'Université Laval, la thèse de Rothman a refait surface après avoir été mise sous le boisseau ou tout simplement ignorée pendant plus d'une décennie. Certains s'en sont en bonne partie inspirés depuis dans leur programme d'action[2]. Nous sommes d'avis qu'une histoire de l'organisa-

La collaboration de Jean-Pierre Deslauriers, Lionel Groulx et Yves Vaillancourt nous fut précieuse dans le cadre d'une table ronde que nous avons organisée sur l'histoire des pratiques en organisation communautaire. Qu'ils en soient ici remerciés. En même temps, nous voulons signaler que nous assumons seuls les propos tenus dans ce texte (N.D.A.).

1. Voir à ce propos notre texte précédent intitulé «Théories et pratiques en organisation communautaire: mise en perspective autour de trois "modèles"». Pour une histoire du mouvement populaire et communautaire – ce qui est en partie distinct de l'histoire de l'organisation comunautaire à proprement parler –, on se référera au chapitre II du livre de L. FAVREAU (1989). *Mouvement populaire et intervention communautaire (de 1960 à nos jours): continuités et ruptures*, Montréal, Éd. du Fleuve/CFP, p. 13- 50.

2. Voir entre autres COLLECTIF (1990). *S'organiser, s'entraider, s'en sortir*, programmation de l'équipe d'organisation communautaire du CLSC Hochelaga-Maisonneuve, Montréal.

tion communautaire au Québec adoptant ce référent ajoute à la compréhension de l'histoire du «communautaire» et à l'histoire sociale générale du Québec.

Est-il besoin de préciser qu'il ne s'agit pas, au sens fort de ce terme, d'une théorie du communautaire mais plutôt d'une étape préliminaire facilitant la description et la classification des principales formes que revêt cette pratique?

L'ORGANISATION COMMUNAUTAIRE ET L'INDUSTRIALISATION DE LA SOCIÉTÉ QUÉBÉCOISE

Après ce préambule, il est donc vraisemblable de s'attendre à une histoire de l'organisation communautaire particulière, c'est-à-dire une histoire dont le choix des repères et des parcours significatifs répondent à cette vision de la pratique sociale.

Mais comment notre histoire québécoise se retrouvera-t-elle dans ce modèle américain? Rappelons ici que l'organisation communautaire est en partie le produit de la société industrielle. Son développement, dans des pays comme l'Angleterre, les États-Unis et le Canada tout au moins, suit comme une variable dépendante les chemins de cette industrialisation.

Les gènes de cette industrialisation, pourrait-on dire, détiennent des codes transculturels qui modèlent jusqu'à un certain point des phénomènes comme l'urbanisation, les migrations, la centralisation bureaucratique, la laïcisation des institutions, l'internationalisation des marchés, la marginalisation sociale, la paupérisation... En d'autres mots, l'industrialisation et son corollaire, le mouvement ouvrier, ont fini par modifier substantiellement les habitudes de vie et les cultures, si bien qu'au Québec même, malgré un contexte socioculturel différent, ces valeurs industrielles et sociales produiront une histoire de l'organisation communautaire qui s'apparente beaucoup à celle de l'Angleterre, des États-Unis et du Canada anglais, mais à des moments différents.

LA FORCE DES SERVICES ET LA FORCE DE LA RÉFORME

La société industrielle sécrète la réponse à certains problèmes sociaux qu'elle génère, sous la forme entre autres de l'organisation communautaire. Il faut comprendre ici que la dynamique qui imprime un sens et donne un contour à cette pratique s'est constituée autour des deux pôles suivants: d'une part une orientation et une pratique qui poussent à développer des services pour aider les marginalisés (pauvres, abandonnés, déclassés, violentés) à se réhabiliter socialement; d'autre part une orientation et une pratique sociale de réforme, plus radicales, qui cherchent plutôt à modifier les facteurs environnementaux que l'on considère à l'origine des mauvaises conditions de vie.

Ces deux courants surgissent dès le milieu du XIXe siècle en Angleterre sous la forme des Charity Organization Societies (1870) et des Settlements. Peu de temps après ils parviennent en Amérique, puis au Québec francophone, quoique sous des aspects différents, du moins pour les derniers.

Ces courants traversent l'histoire du travail social de même que l'enseignement et la recherche dans la plupart des écoles nord-américaines de travail social, allant même parfois jusqu'à diviser les corps professoraux selon ces lignes fondamentales. Mais comment ces courants prennent-ils forme au cours de l'histoire québécoise du travail social?

D'abord, au cours des années 30, est constituée la première Fédération canadienne-française d'œuvres de charité (1932). C'est la version québécoise des lointaines Charity Organization Societies. Nous avons ici une première esquisse du planning social en matière d'intervention sociale.

Pendant les années 60, le premier projet québécois de développement communautaire est créé avec le Bureau de l'aménagement de l'Est du Québec appuyé par l'expertise d'organisateurs communautaires professionnels (1963). Cette expérience s'apparente à celle du Tennessee Valley Authority aux États-Unis[3]. Au cours de cette même période ont lieu les premiers projets d'action sociale par la constitution de comités de citoyens, notamment à Montréal (1963) sous l'instigation du Conseil des œuvres de Montréal (COM) de même que dans plusieurs autres centres urbains du Québec tels que Québec, Sherbrooke et Hull.

Mais comment éviter l'arbitraire dans ce découpage historique? On ne peut retracer l'histoire sans fixer les repères qui ont infléchi le cours des événements. En ce qui concerne l'organisation communautaire, la place prépondérante occupée d'une part par l'Église et d'autre

---

3. Pour en savoir plus long sur l'expérience de TVA voir D. Lilienthal (1953). *TVA, Democracy on the March,* New York, Harper and Bros; J. Dahir (1955). *Region Building Community Development, Lessons from the Tennessee Valley,* New York, Harper and Bros; P. Selznick (1966). *TVA, and the Grass Roots,* New York, Harper and Bros.

part l'essor industriel de l'après-guerre et la montée du mouvement ouvrier justifient le choix de la première période, soit avant 1960. Puis, de 1960 à 1975, un deuxième tournant peut être évoqué avec la Révolution tranquille, la montée du mouvement national, l'émergence de l'État-providence et de plusieurs réformes sociales d'importance. La troisième et dernière phase proposée s'étend de 1975 à nos jours avec le désinvestissement de l'État et la recherche de nouvelles voies pour la pratique communautaire.

L'ORGANISATION COMMUNAUTAIRE DE 1900 À 1960

Les conditions sociales

Avant 1945, la société rurale prédomine encore, ce qui favorise une certaine homogénéité au sein de la population. Les «années folles» de 1920 que connaissent l'Europe et les États-Unis à la suite de la poussée de l'industrialisation n'auront pas le même impact au Québec qui, pour sa part, s'engage plus lentement dans le processus d'industrialisation. Certes la première grande guerre (1914-1918) nous fait participer de façon plus marquée à l'essor industriel, mais il faut attendre la fin de la Seconde Guerre mondiale (1939-1945) pour vraiment entrer de plain-pied dans une société de type industriel.

L'événement marquant de cette période pour l'organisation communautaire est la crise économique de 1929, qui provoque la réaction en chaîne d'une série de catastrophes: un taux de chômage très élevé, des faillites d'entreprise, une économie en chute, des migrations forcées vers les villes... La pauvreté frappe ainsi à maints endroits, accompagnée des problèmes d'analphabétisme et de mortalité infantile. Ce terrible choc socio-économique provoque une remise en question du rôle de l'État, qui devient plus interventionniste en matière de bien-être social sous la poussée du mouvement ouvrier (syndicats et partis politiques de gauche) et sous l'influence des idées de Keynes (1936)[4]. La Deuxième Guerre mondiale amène la reprise de la prospérité avec des usines d'armement fonctionnant à plein rendement et le retour au travail pour le plus grand nombre y compris les femmes qui sont sollicitées pendant le départ du conjoint sous les drapeaux. Cette reprise, qui dure 30 ans (1945-1975), est appelée par certains économistes les Trente glorieuses.

---

4. Voir à propos de Keynes et de son influence sur les politiques sociales québécoises et canadiennes, Y. VAILLANCOURT (1988). *L'évolution des politiques sociales au Québec (1940-1960)*, Montréal, Presses de l'Université de Montréal.

La pensée sociale et politique dominante avant 1960

L'influence de l'Église est omniprésente avant 1960 et c'est un christianisme social monolithique d'orientation conservatrice qui prévaut. D'abord, jusqu'aux années 30, on questionne peu la vision sociale caritative. Seuls les pauvres qui le méritent, qui savent s'aider eux-mêmes doivent être aidés. Il n'appartient cependant pas à l'État de faire ce travail, avance-t-on avec assurance.

La crise de 1929 a comme effet de faire surgir des voix qui interpellent l'Église, soit le mouvement ouvrier, notamment les syndicats et les partis politiques de gauche. À l'intérieur de l'Église même, surtout en Europe, un mouvement qui cherche une réponse à la déchristianisation de la classe ouvrière donne naissance à la Jeunesse ouvrière catholique. Ce courant d'action sociale catholique gagne du terrain en matière de formation professionnelle et trouve son expression la plus significative avec le père G.-H. Lévesque et la Faculté des sciences sociales de l'Université Laval dans les années 40.

Les institutions et les législations

Avec l'industrialisation massive de la société, l'Église ne parvient plus à répondre à tous les besoins sociaux et l'État doit suppléer. C'est ainsi que les besoins d'assistance et les pressions sociales pour y répondre forcent la main de l'État, qui édicte sa première loi sociale d'assistance publique en 1921 pour venir en aide aux organismes de charité.

La crise économique de 1929 et les revendications du mouvement ouvrier terminent l'amorce de la redéfinition du rôle de l'État sur le plan économique et social. L'État se donne alors un rôle de régulateur de la conjoncture économique et sociale. Il rationalise son intervention par des politiques, des services, des institutions.

> Le rapport Marsh en 1943 propose donc une nouvelle conception de l'indigence: du bien-être social on passe à la sécurité sociale en définissant un régime d'assurance contre les risques inhérents à la vie en société qui respecte davantage la dignité des travailleurs[5].

La création d'un ministère canadien de la Santé et du Bien-être en 1944 incarne cette nouvelle philosophie. Au Québec, la crise économique de 1929 est à l'origine de la Commission Montpetit l'année

---

5. Ministère de la Santé et des Services sociaux (MSSS) (1986). *La santé et l'assistance publique au Québec (1886-1986)*, Québec, Gouvernement du Québec, p. 79.

suivante. Le premier résultat de cette Commission sera la mise sur pied d'un département de la Santé et du Bien-être social en 1936, qui traduit bien «la jonction maintenant réalisée entre la politique d'hygiène et la pratique privée de l'assistance[6]».

La pratique privée de l'assistance était jusque-là l'œuvre de l'Église catholique. Le besoin de rationalisation de l'assistance s'étant fait sentir, la réponse va alors venir par le biais de la professionnalisation de l'action caritative. La première agence de service social diocésain voit le jour à Trois-Rivières en 1934 et tous les diocèses du Québec suivront son exemple. Pour assurer le bon fonctionnement de tous ces organismes privés, des Conseils d'œuvre seront mis sur pied pour recueillir les fonds nécessaires, les distribuer rationnellement, implanter les programmes nécessaires et coordonner les services de ces ressources. Québec a son Conseil en 1943, tandis que celui de Montréal voit le jour en 1945.

Voilà donc apparaître une première forme d'organisation communautaire autour des fonctions de développement de programmes et de coordination de services, lesquelles s'inscrivent principalement dans une pratique de planning social. Cette période donne également naissance aux programmes de formation universitaire en travail social. D'abord en milieu anglophone avec l'École de service social de l'Université McGill au début des années 20, puis un peu plus tard chez les francophones avec les Écoles de l'Université Laval et de l'Université de Montréal au début des années 40.

C'est durant l'après-guerre (1945-1960) que l'on observe davantage la transition importante entre le passé d'une société traditionnelle rurale et l'entrée dans la modernité avec la Révolution tranquille et la poussée des mouvements sociaux. Cependant, chez nous, l'Église continue toujours durant ces quinze années à occuper une position centrale dans l'évolution sociopolitique, le régime Duplessis au pouvoir ayant toujours un préjugé favorable à son égard.

Cette alliance entre le gouvernement du Québec et l'Église catholique ne parvient cependant pas à contenir le développement d'une pensée sociale de plus en plus laïcisante, qui réussit progressivement à ébranler le *statu quo* pour finalement mettre en place les conditions nécessaires à l'émergence de la Révolution tranquille.

---

6. *Ibid.*, p. 71.

L'évolution de l'organisation communautaire se manifeste alors de la façon suivante: 1) d'abord le travail d'organisation et d'éducation que connaîtront les unions ouvrières et les coopératives nous apparaît comme une première manifestation de l'organisation communautaire de type action sociale avec son accent sur la prise en charge, la participation, la défense des droits; 2) ensuite, cette période de notre histoire porte aussi la marque de la professionnalisation, surtout du travail social mais aussi de l'organisation communautaire. L'action sociale caritative qui s'est développée dans un réseau d'institutions à parrainage religieux adopte maintenant les formes de la rationalité et du savoir-faire qui s'élaborent dans les milieux d'éducation et de formation. Si les premiers travailleurs sociaux sont surtout formés par l'expérience, c'est de moins en moins le cas avec l'arrivée des nouveaux travailleurs sociaux formés par les Écoles de service social de Montréal, de McGill et de Laval, qui offrent des programmes de formation universitaire en travail social. Cependant, ce dernier type d'intervention plus professionnel est néammoins directement centré sur les services aux personnes et aux familles par l'intermédiaire des agences de service social diocésaines. L'organisation communautaire n'a pas encore véritablement sa place dans la profession.

L'organisation communautaire dispose toutefois de foyers d'expérimentation avec les Conseils d'œuvres et à la Fédération des œuvres de charité diocésaine qui recrutent également des professionnels du service social. Ces Conseils d'œuvres combinent des techniques de gestion et d'administration à celles plus communautaires du développement de programmes et de la coordination de services. Mais le caractère de cette intervention communautaire en est un de soutien aux organismes de première ligne. Il n'est toujours pas question de s'engager dans les projets de réformes socio-économiques, encore moins de mener des actions sociales à caractère conflictuel. La direction religieuse et les conseils d'administration de ces organismes reflètent trop la pensée de l'ordre établi pour y autoriser la moindre contestation.

LA PRATIQUE DE L'ORGANISATION COMMUNAUTAIRE DE 1960 À 1975

Avec la Révolution tranquille, qui suit l'arrivée au pouvoir du Parti libéral, vont prendre place une série de réformes sur le plan national telles que la nationalisation de l'électricité, le développement d'un véritable secteur public dans les domaines de la santé, de l'éducation et des services sociaux. Dans ce contexte, le terrain devient propice à l'expérimentation sociale.

L'organisation communautaire se diversifie et de nouvelles stratégies prennent forme: 1) le développement local de type communautaire
trouve alors une application dans le projet du Bureau d'aménagement
de l'Est du Québec en 1963. Cette grande stratégie de concertation
entre les gouvernements, les élites locales et la population de cette
région vise alors à relever le statut socio-économique d'une région
défavorisée et marginalisée, soit l'Est du Québec; 2) l'action sociale
assure quant à elle son premier décollage en milieu urbain avec les
comités de citoyens soutenus par des services d'animation au sein des
Conseils d'œuvres, travail qui sera poursuivi par la première génération de CLSC à partir des années 1972-1975.

Les conditions sociales et les idéologies

Les Québécois sentent à cette époque que la société accuse un retard,
que le Québec comme société a été maintenu dans un état d'infériorité
culturelle et économique. Une volonté de changement caractérisée par
l'empressement et la détermination, pour ne pas dire l'obstination,
pousse les mouvements sociaux et la population en général à miser sur
l'État québécois comme moteur de changement social et national.

D'une part, la pauvreté et l'inégalité touchent largement le Québec
et l'arsenal de sécurité sociale n'est pas adéquat. Sans compter que les
leviers se trouvent à Ottawa depuis le transfert de pouvoirs survenu
pendant la guerre. D'autre part, nos richesses et nos ressources ont été
exploitées par les Américains et les Britanniques avec la complaisance
du régime au pouvoir. Il est clair pour les Québécois, durant les années
60, qu'«il faut que ça change», comme l'exprime le leitmotiv de l'équipe
libérale qui prend le pouvoir le 22 juin 1960. La montée des sciences
sociales et l'émergence d'une nouvelle élite plus critique à l'endroit de la
pratique des élites politiques traditionnelles et du clergé va entraîner le
Québec vers une nouvelle conception de la modernité.

Enfin, autre trait distinctif de cette période de changements majeurs, on ne se satisfait plus de la stricte représentation du peuple par
ses élus. On cherche de nouvelles avenues, des mécanismes de participation plus directe de la population.

Les institutions et les législations

Les nouveaux élus de 1960 vont entreprendre un travail considérable.
Il y aura un véritable «blitz» sur tous les fronts: en 1961, on crée le

ministère du Bien-être et de la Famille; l'année 1962 voit se renouveler le mandat et l'appui massif pour la prise en charge d'un puissant levier économique, soit celui de la production de l'électricité. Plus qu'une victoire économique, la nationalisation de ce secteur constitue le symbole de la nouvelle identité québécoise en train de se forger. *Maître chez nous,* dit-on pendant la campagne électorale. En 1963, le *Rapport Boucher* remet en cause la gestion privée des affaires sociales et le rôle supplétif de l'État. Ses conclusions feront un appel non équivoque à l'État pour qu'il joue un rôle moteur dans cette sphère de compétence. En 1965 se confirme la progression vers une plus grande autonomie économique avec la création de la Caisse de dépôt, outil puissant de développement qui accompagne l'implantation d'un régime québécois de rentes. Puis, en 1966, la Commission d'enquête Castonguay-Nepveu conduit à une politique globale d'intégration de la santé, du bien-être et de la sécurité sociale. Le tout sera confié au ministère des Affaires sociales créé en 1970, qui deviendra le maître d'œuvre dans l'implantation d'un réseau complet d'institutions comptant pas moins de 800 organismes. C'est ainsi qu'apparaissent en 1972 les premiers CLSC, comme services de première ligne de cet imposant arsenal pour contrer la pauvreté, la maladie, la marginalité et la dépendance sociale. La loi de l'aide sociale de 1969 regroupe alors diverses législations qui touchent les aveugles, les malades, les personnes âgées autour d'un nouveau concept intégrateur, la famille. À cette loi vient s'ajouter quelques années plus tard un régime d'allocations familiales. En 1973, pour assurer un maximum de rendement de cet immense réseau de professionnels, l'Office des professions est mis sur pied dans le but, affirme-t-on, de garantir la protection du public.

Que devient l'organisation communautaire dans un tel contexte de remise en question et de transformation rapide de notre société? C'est à partir de cette période qu'on peut commencer à parler de professionnalisation de l'organisation communautaire grâce à deux foyers de pratiques principaux: d'abord les Conseils d'œuvres en tant qu'organismes de concertation, de développement de programmes et de coordination de services, mais aussi en tant que support provisoire à l'action sociale (par l'intermédiaire des services d'animation), et le BAEQ où s'expérimente une intervention planifiée de développement local et régional de type communautaire.

Les Conseils d'œuvres

Pour illustrer ce type d'action, nous nous servirons de l'exemple du Conseil des œuvres de Montréal (COM), qui occupe un rôle de premier plan dans l'émergence de l'action sociale comme autre forme d'organisation communautaire. À cette époque, les Conseils d'œuvres jouent un rôle déterminant dans l'organisation des services sociaux. Ils se composent d'administrateurs exerçant un certain leadership dans la société et de professionnels, dont des organisateurs communautaires souvent diplômés des écoles de service social. Ce sera d'ailleurs un important lieu de formation pour les étudiants stagiaires.

Ce qui est intéressant de noter au Conseil des œuvres de Montréal notamment, c'est l'évolution qui caractérise la participation des citoyens[7]. Conscient de la nécessité de faire participer la population pour assurer une plus grande efficacité, M. Roger Prud'homme, directeur du COM, propose la mise sur pied d'un premier Conseil de quartier. Le projet initial vise à implanter une agence à Saint-Henri pour stimuler le développement. Un travailleur social spécialisé en organisation communautaire y est affecté et l'histoire nous dit qu'après le projet d'une école et d'une association des parents, ce sera la cause des loisirs, de l'éducation des adultes et finalement de la rénovation urbaine. Quand Michel Blondin prend la tête d'un service d'animation au COM en 1964, les événements entourant la rénovation urbaine favorisent alors l'émergence de comités de citoyens et un sentiment d'appartenance plus vif à leur quartier des gens de Saint-Henri et plus tard de la Petite-Bourgogne (1965), de Centre-Sud et d'Hochelaga-Maisonneuve (1967).

Cette préoccupation de la rénovation urbaine soutenue par un Service d'animation sociale élargi avec les Lagrenade, Gareau et Favreau conduit tout naturellement à prendre en charge la question des conditions socio-économiques de ces classes populaires.

Cette stratégie de participation et de prise de conscience initiée par des professionnels de l'organisation communautaire conduit à la formation de groupes voués à l'action collective d'abord sociale et ensuite politique. Ce fut le cas avec le soutien fourni aux associations de locataires, aux associations de protection des consommateurs (les ACEF), aux comptoirs alimentaires... Mais une partie des leaders de ces organisations et des animateurs sociaux prennent une orientation plus directement politique à partir de la fin des années 60, surtout avec la mise

---

7. Voir à ce propos M. CORBEIL (1970). «L'animation sociale au Québec», *Relations, 349,* mai, Montréal.

sur pied de comités d'action politique, lesquels seront formés d'animateurs sociaux, d'ouvriers à revenu moyen, d'assistés sociaux et d'étudiants. Le regroupement de ces comités donne naissance, en 1970, au FRAP, devenant par là le premier mouvement politique municipal soutenu par des comités de citoyens et des regroupements régionaux de syndicats (CSN, FTQ et CEQ). Cette dynamique se répand plus tard ailleurs au Québec, notamment à Québec avec le Rassemblement populaire (RP)[8].

Le Bureau d'aménagement de l'Est du Québec

Le recensement fédéral de 1956 vient confirmer l'existence de zones importantes du milieu rural où sévit la pauvreté. L'Est du Québec fait partie de ces zones particulièrement défavorisées. Les politiciens cherchent des issues: ils votent en 1961 la loi ARDA sur l'aménagement régional et le développement agricole, qui donne naissance au BAEQ en 1963 et suscite la plus vaste entreprise de développement communautaire qu'ait alors connu le Québec.

Ce projet vise à vaincre la pauvreté par la planification du développement socio-économique et la participation des populations concernées. Planifier avec le concours des populations locales n'était pas tout à fait nouveau. Le Colonial Office de Grande-Bretagne a déjà eu recours à cette stratégie pour aider l'Inde à s'adapter aux conditions nouvelles créées par l'accession à l'indépendance. Après la Deuxième Guerre mondiale, les Nations Unies vont s'en inspirer pour relancer l'économie des pays sous-développés. Plus près de chez nous, aux États-Unis, le New Deal de Roosevelt conduira en 1933 à l'implantation du Tennesse Valley Authority pour assurer le développement global d'une région aux prises avec les problèmes du sous-développement, de la malaria et des inondations.

Mais pour assurer la participation de ces populations, encore faut-il les rejoindre, les convaincre, les former et les assister dans toutes les phases de ce long processus. Pour ce faire, il faut un encadrement et un certain savoir-faire, soit celui des animateurs sociaux.

C'est ce qu'a confié Jean-Claude Lebel, responsable du Service d'animation sociale au BAEQ, aux jeunes diplômés en organisation

---

8. Voir à ce propos, dans la première partie de ce livre, le texte de Louis Favreau et Yves Hurtubise sur l'action politique locale comme forme d'organisation communautaire.

communautaire de l'Université Laval au printemps 1964. Il fut d'ailleurs accueilli avec enthousiasme, lui, porteur d'un projet québécois qui ouvrait aux futurs travailleurs sociaux le monde de l'animation sociale, qui allait transformer les pratiques québécoises de l'organisation communautaire en associant cette dernière à un projet de développement d'ensemble de toute une région.

Il est intéressant de noter le commentaire de Michel Blondin au sujet de l'adoption de ce terme par le Conseil des œuvres de Montréal:

> [...] À l'automne 1964, nous avons commencé à utiliser, pour nous désigner, l'expression d'animation sociale. Cette expression nous avait été suggérée par une équipe qui travaillait en aménagement du territoire en Gaspésie, le BAEQ [...]. Cette équipe avait puisé cette expression au vocabulaire d'une équipe française d'aménagement du territoire qui avait le souci d'associer, en France et en Afrique, les populations concernées aux travaux d'aménagement dont elle avait la charge. L'inspiration venait des chrétiens à préoccupation sociale regroupés autour d'Économie et Humanisme[9].

Travaillant également sur une problématique de pauvreté, à l'instar du BAEQ, l'équipe d'animateurs du Conseil des œuvres de Montréal, composée alors de M. Blondin et H. Ouellet, considère également ce terme comme le mieux adapté à leurs objectifs et modalités de travail. Dorénavant, et pour quelques années, la fortune de ce terme allait gagner tous les secteurs de l'intervention sociale.

Ce qui s'est passé en Gaspésie et aux Îles-de-la-Madeleine va ressembler jusqu'à un certain point aux opérations du COM. D'une part, les comités de citoyens à Montréal se regroupent, se sensibilisent, se forment et passent à l'action dans des secteurs bien précis, à travers une démarche qui devient de plus en plus conflictuelle, et qui mène finalement à la formation d'un parti politique, le FRAP. D'autre part, dans l'Est du Québec, des comités locaux formés de représentants issus de toutes les couches de la population se réunissent sous l'instigation d'animateurs sociaux, étudient leurs besoins et problèmes, se concertent avec leurs vis-à-vis de la zone, développent leurs capacités sociales et proposent un plan global de développement socio-économique respectueux d'une stratégie consensuelle. Ce plan conduit finalement à la mise sur pied d'un Conseil régional de développement qui veille, avec le concours de l'État, à implanter les solutions envisagées.

---

9. P. BÉLANGER *et al.* (1987). *Animation et culture en mouvement*, Sainte-Foy, PUQ, p. 25.

On peut se demander si le BAEQ a vraiment rempli son mandat. Les grands espoirs soulevés ont-ils plutôt rendu plus amer le désenchantement du lendemain, surtout en ce qui concerne certaines des solutions envisagées, comme celle de fermer des villages dans le but supposé de rationaliser développement social et développement économique?

Cependant, tout comme l'animation sociale du COM devait conduire à des prises de conscience sur le plan de l'identité et au renforcement de la capacité sociale des couches défavorisées à intervenir sur la scène sociale et politique, l'animation sociale du BAEQ, par le travail auprès des populations et des comités locaux, contribue à préparer les esprits à compter d'abord sur eux-mêmes, ce qu'ils n'ont pas manqué de faire par la suite en mettant sur pied les Opérations Dignité à la fin des années 70. Cette réaction d'opposition aux politiques de chirurgie sociale proposées par les planificateurs, qui témoigne du renforcement de l'identité régionale et d'une confiance accrue à l'égard du savoir-faire régional pour relancer le développement global, atteste d'un changement qualitatif de la fibre sociale. Voilà ce qui semble être un legs, du moins partiellement, de l'animation sociale.

LES PRATIQUES DE L'ORGANISATION COMMUNAUTAIRE DE 1975 À NOS JOURS

Les conditions sociales et les idéologies

Un certain nombre de courants sociopolitiques ont imprégné cette période, marqué le cours du temps et influencé le développement de l'organisation communautaire: certains ont une portée internationale, tandis que d'autres sont plus spécifiques au Canada et au Québec. Ce sont le nationalisme québécois, le marxisme, l'écologisme, le féminisme et le néo-libéralisme.

Relancé avec enthousiasme au moment de la Révolution tranquille, le nationalisme québécois allait connaître des temps forts notamment avec la crise d'Octobre 1970 et l'élection du Parti québécois en 1976, avant de s'atténuer avec le référendum de 1980. À la fin des années 80, le nationalisme resurgit et atteint un sommet inégalé (depuis l'échec référendaire de 1980) par suite des négociations et finalement de l'échec de l'Accord du lac Meech (1990).

Le message peut se résumer ainsi: le Québec est différent, il forme une société distincte et cela se reflète dans toutes les sphères de sa culture et de ses institutions. Il y a donc, dans une certaine mesure, une façon de faire typiquement québécoise dans la gestion du social, de ses pratiques et de son organisation communautaire: il nous appartient d'en tracer le contour.

Le courant marxiste, inspiré par la gauche française, se répercute avec force au Québec jusqu'au début des années 80. En synergie avec la recherche d'une conception québécoise de l'organisation communautaire, nationalisme et marxismes (marxisme-léninisme, marxisme libertaire, conscientisation) envahiront la place publique, la pratique de l'organisation communautaire et les milieux d'enseignement.

L'écologisme de type libertaire a lui aussi des liens avec Mai 68, en France, mais il est surtout porté par le vent de libération qui souffle d'Amérique, plus particulièrement de la Californie au lendemain de la guerre du Viêt-nam et des luttes pour l'intégration raciale.

> C'est la contre-culture, contestation globale de la santé postindustrielle. Sont remises fondamentalement en cause les notions de progrès et de croissance à tout prix. La méthode scientifique comme garant ultime de légitimité du discours est fortement contestée. L'écologie, tant comme science que comme mythe, est mise de l'avant et inspire différents mouvements libertaires. Comme tout mouvement social, la contre-culture favorise un type d'action, le travail sur soi à travers un bouleversement radical de toutes les valeurs apprises [...] tout est à redéfinir: les rapports à la terre, à autrui, les relations hommes-femmes, la connaissance, la science[10].

Si l'on peut dire que le marxisme s'est préoccupé d'égalité sociale et économique, l'écologisme s'est quant à lui tourné vers la liberté et la fraternité.

Traversant ces courants, le féminisme progresse largement au cours des années 70, soit parce qu'il bénéficie des discours égalitaires et libertaires du marxisme et du nationalisme, soit parce qu'il leur donne une impulsion. Il n'est pas facile dans cette chaîne d'interdépendance d'identifier causes et effets. Chose certaine, la proposition de ce courant mondial culmine dans la première conférence internationale des femmes tenue à Mexico en 1975.

Les effets sur l'ordre social, sur les valeurs et les pratiques qui découlent de la grande mouvance féministe s'avèrent considérables. Pas un secteur n'y échappe: l'organisation communautaire est interpelée

---

10. Marquita RIEL (1990). «Pratiques de changement collectif individuel de 1960 à nos jours», *Histoire et prospective du changement planifié*, R. TESSIER (dir.), Sainte-Foy, PUQ, p. 74.

vivement, notamment en ce qui concerne les programmes et ressources qui devront être créés ou repensés.

Par ailleurs, le courant du néo-libéralisme reprend de la vigueur au sein des classes dirigeantes, y compris dans les services publics. Il affecte aussi l'évolution de l'organisation communautaire au tournant des années 80. Cette philosophie tend à vouloir déplacer le centre de gravité en matière sociale et économique vers l'entreprise privée, mais cette fois avec la complicité de l'État. La remise en question des responsabilités gouvernementales en matière de sécurité sociale suivie de la politique de privatisation donne un dur coup à l'État-providence et force le réalignement du réseau des affaires sociales, sans oublier le communautaire.

En dernier lieu dans cet ensemble de courants sociopolitiques, il semble opportun de signaler la montée d'un mouvement environnementaliste de portée internationale, qui selon toute vraisemblance pourrait influencer considérablement le développement socio-économique des années 90.

Après la publication de *Halte à la croissance* en 1972 par le Club de Rome et le *Rapport global sur l'an 2000 au Président*[11] en 1981, une imposante étude parrainée par les Nations Unies vient faire le point, en 1987, sur l'état de l'environnement et du développement planétaires; dans son désormais célèbre rapport intitulé *Notre avenir à tous* (*Rapport Brundtland*), la Commission mondiale nous rappelle, entre autres, que la dégradation environnementale et le mal-développement économique poursuivent leur course effrénée et que la recherche de solutions à ces maux devrait tendre vers le développement durable[12]. Voilà d'où vient l'alarme que captent maintenant les sociétés, les gouvernements, les peuples et qui place l'environnement en tête de liste des priorités.

Les institutions et les législations

La Commission Castonguay-Nepveu ouvre la voie à une réforme complète du secteur socio-sanitaire en créant un réseau d'institutions et des programmes. Ces programmes sont souvent à l'image du ministère des Affaires sociales, désireux d'exercer un leadership, préoccupé d'établir des priorités, de planifier, de coordonner et d'évaluer.

---

11. COUNCIL ON ENVIRONMENTAL QUALITY AND THE DEPARTMENT OF STATE (1982). *The Global 2000 Report to the President*, New York, Penguin Books.

12. Voir à ce propos le texte de Laval DOUCET sur «L'action communautaire environnementale en CLSC» dans la première partie de ce livre.

Donc les CLSC apparaissent, dans le sillage de la *Loi sur les services de santé et les services sociaux* de 1971, afin d'offrir des services de premiers recours, des services en milieu scolaire, des soins à domicile et des actions communautaires en plus de promouvoir la santé au travail, l'hygiène maternelle et infantile, la planification des naissances et la bonne alimentation. On crée également les DSC, rattachés à des hôpitaux et orientés vers la communauté, les CSS, qui s'adressent aux personnes faisant face à des besoins sociaux d'adaptation ou de protection, les centres d'accueil offrant des services internes et externes ou à domicile en vue de favoriser la réintégration sociale des personnes en perte d'autonomie. À cela s'ajoutent les centres d'hébergement pour les personnes âgées, les centres de réadaptation pour les jeunes mésadaptés sociaux, les personnes handicapées mentales ou physiques, les alcooliques et les toxicomanes. Enfin, on instaure les conseils régionaux de la santé et des services sociaux (CRSSS) qui doivent «assurer une représentation régionale des intérêts et des besoins de la population, veiller à la prise en charge régionale progressive de l'organisation et de l'utilisation des ressources et services socio-sanitaires, susciter la participation de la population à l'administration et au fonctionnement des établissements, recevoir et entendre les plaintes des usagers[13]».

Cette réforme est donc mise en branle à partir de 1972 avec les plus grands espoirs qu'autorisent simultanément la foi nationaliste, la crédibilité technocratique et l'idéal de la démocratie de participation.

La réforme n'apporte toutefois pas les résultats anticipés. Ce plan cartésien qui consiste à attaquer les besoins par une approche nouvelle est alors encadré par une nouvelle génération de professionnels et technocrates qui, pour assurer le maintien de la trajectoire d'une entreprise de cette envergure, pousse la centralisation plus avant. Peu à peu, on s'éloigne ainsi d'un des objectifs centraux de la réforme, à savoir favoriser la prise en charge et conduire à des stratégies de prévention.

Une volonté de décentralisation se fait sentir à partir de la fin des années 70. La montée des coûts combinée aux effets de la crise économique ne sera pas étrangère à ce revirement et amène le Parti québécois, quelque temps à peine avant sa chute, en 1985, à mettre sur pied la Commission Rochon pour reprendre l'étude de tout le système socio-sanitaire.

---

13. Ministère des Affaires sociales (MAS) (1985). *Le système de santé et des services sociaux au Québec,* Québec, MAS, p. 11.

C'est dans cette conjoncture de restrictions budgétaires qu'est publié en 1987 le *Rapport Brunet,* dont le mandat est d'analyser plus particulièrement les services dispensés par les CLSC.

L'organisation communautaire et les CLSC

La pratique de l'organisation communautaire, qui débute en 1972-1975, en est une de contrastes. Elle va des formes les plus radicales, dans les années 70, à celles plus conformistes qui marquent la fin de l'État-providence.

Empruntant au travail des animateurs sociaux des Conseils d'œuvres, l'implantation des premiers CLSC en 1972 compte un volet d'organisation communautaire de type action sociale. On met l'accent sur le partage du pouvoir avec les populations locales, sur l'approche conflictuelle pour obtenir l'amélioration des conditions de vie, sur la défense des droits des bénéficiaires marginalisés et dépendants économiquement et sur le rôle d'«avocats populaires» que doivent adopter les organisateurs communautaires. Cette stratégie prend forme avec la création de services communautaires contrôlés par les citoyens eux-mêmes[14]. On assiste à l'émergence, entre autres, des cliniques médicales populaires dans Saint-Jacques, Pointe-Saint-Charles et Saint-Henri (1968-1969). Cette orientation, qui préconise les alliances entre organisateurs communautaires et populations défavorisées, donne le ton aux premiers CLSC et au type d'organisation communautaire qui s'y pratique.

Les pratiques communautaires mises de l'avant vont s'inspirer de différents courants, notamment l'analyse des classes sociales (le marxisme), la négociation conflictuelle (Saul Alinsky) et la conscientisation (Paulo Freire). Dans les CLSC, cette pratique de réforme sociale se déploie dans plusieurs secteurs tels le logement, les loisirs, l'éducation populaire, la protection du consommateur, la défense des assistés sociaux, la santé communautaire, les garderies... La marge de manœuvre locale est relativement grande, comme en témoigne ce militant de longue date d'un groupe populaire montréalais:

> Un CLSC, c'est un endroit stratégique, tu as des marges de manœuvre, tu as un certain contrôle de ces appareils-là. Puis il y a aussi des ressources qui peuvent venir de là, qui peuvent être accessibles à la population. Il faut ajouter que les CLSC allaient

---

14. L. Favreau (1989). *Op. cit.,* p. 20.

«s'immiscer» dans les quartiers populaires de manière telle qu'ils pouvaient éventuellement devenir [...] un nouveau pôle de référence et d'attraction par la proximité des services[15].

Les organisateurs communautaires des CLSC connaîtront une étroite synergie avec des groupes populaires qui se multiplient rapidement pendant toute la décennie 70. Réunis en association – le Regroupement des organisateurs communautaires du Québec (ROCQ) –, leur influence s'avère considérable[16]. Grâce aussi à la syndicalisation, les organisateurs communautaires verront leur titre protégé dans les institutions du réseau des affaires sociales.

Un certain nombre d'organisateurs communautaires de cette période la considèrent comme l'âge d'or des pratiques du modèle d'action sociale. La grande autonomie des modules d'organisation communautaire et le pouvoir dont disposent alors ces travailleurs pour intervenir dans des dossiers très délicats comme la défense des droits, la lutte contre les inégalités économiques, contrastent avec la tendance aux contrats de service amorcée dans les années 80.

Le balancier de l'organisation communautaire des années 80 allait connaître un retour percutant. La récession économique a eu pour effet de remettre en cause le rôle de l'État sur le plan des affaires sociales. Elle a aussi suscité des formes nouvelles de partenariat entre le secteur privé et le secteur public et favorisé le désengagement de l'État au profit des organismes communautaires, du bénévolat et de l'entraide, histoire de remettre les finances publiques en bon état.

Le MAS, inspiré en cela par le *Rapport Barclay* (Angleterre, 1982), adopte alors une nouvelle stratégie d'intervention, soit l'approche communautaire.

> Essentiellement, il s'agit d'une stratégie d'intervention qui vise à reconnaître la primauté de la responsabilité des citoyens des réseaux primaires et communautaires, face au développement social des milieux en même temps que la nécessité de développer, de supporter et de privilégier les services d'assistance de type communautaire dans la solution à apporter aux problèmes sociaux des personnes et des communautés[17].

---

15. *Ibid.*, p. 23.

16. En 1978, une étude identifie 500 organisateurs communautaires au Québec. De ce nombre, 56 % sont à l'emploi de l'État dont 39 % aux affaires sociales. Voir à ce propos G. Doré et C. Larose (1979). «L'organisation communautaire, pratique salariée d'animation des collectivités au Québec», *Service social*, 28, (2-3), p. 69-96.

17. Ministère des Affaires sociales (MAS) (1984). *Le partage des responsabilités CSS-CLSC en matière de services sociaux*, Québec, MAS, juin, p. 32.

Du côté de la pratique, ce changement de cap amené par l'approche communautaire pose alors des questions nouvelles:

1. Les conditions d'exercice de cette pratique professionnelle en CLSC feront-elles en sorte de servir les fins d'un projet politique de désengagement de l'État du champ des services sociaux et de santé pour en confier une partie à un réseau privé de sous-traitance reproduisant les mêmes rapports domination/dépendance envers ses utilisateurs?

2. Le champ d'action de l'intervention-animation ne risque-t-il pas d'être de plus en plus restreint aux domaines du maintien à domicile et des problèmes psycho-sociaux et ainsi s'éloigner de l'ensemble des conditions de vie?

3. Le désarroi idéologique et politique ressenti actuellement par bon nombre d'intervenants communautaires favorisera-t-il la paralysie de l'analyse critique et de l'action consciente face aux enjeux socio-politiques sous-jacents à l'approche communautaire[18]?

À la lecture des positions du ministère des Affaires sociales et de la Fédération des CLSC d'une part et des interrogations de nombreux praticiens d'autre part, on peut se demander si les fondements théoriques d'une telle approche ont été suffisamment développés. À cette possible pénurie de fondements, on rétorque que «l'approche communautaire n'est pas l'apanage exclusif des intervenants communautaires, que par exemple un cinquième de tous les projets de nature collective initiés dans les CLSC sont le fait des praticiens sociaux cliniques[19]».

Cette nouvelle formulation de l'organisation communautaire en CLSC fait désormais moins penser à l'intervention sociale de type *grassroot* et davantage à la promotion de programmes visant des clientèles cibles[20] dans une optique de partenariat avec des groupes communautaires de service plutôt que la promotion de meilleures conditions de vie selon les visées des groupes populaires de pression.

La grande commotion provoquée par ces événements n'est pas complètement résorbée, mais le passage du temps a fait son œuvre

---

18. Propos tenus par Denys Bourque au colloque «Animation et culture en mouvement» en octobre 1984 et rapporté dans P. BÉLANGER *et al.* (1987). *Op. cit.*, p. 226.

19. Denis PLAMONDON (1987). «Limites et possibilités de l'intervention communautaire dans le réseau des Affaires sociales», P. BÉLANGER *et al.* (1987). *Op. cit.*

20. Le lecteur pourra référer au *Rapport Brunet* publié en 1987 pour mieux cerner cette nouvelle orientation, et au texte de Pauline GINGRAS dans la première partie du présent livre.

comme il sera démontré au colloque «L'action communautaire en CLSC» tenu en mai 1988 à l'Université Laval. En effet, à cette occasion, plus de 350 personnes, en très grande majorité des praticiens du communautaire, sont venus échanger dans un climat de sérénité des idées sur les pratiques courantes en CLSC. Il ressort de tout cela que le Regroupement qu'ils ont mis sur pied à cette occasion (RQIIAC) reconnaît le CLSC comme un maillon du réseau et qu'à ce titre la solidarité avec la mission oblige. Sans cependant oublier que la mission des CLSC est double: appartenance et mandats du MAS, appartenance et soutien aux communautés locales desservies.

Où loge donc la pratique de l'approche communautaire? Ce qu'il y a de communautaire en elle peut-il se retrouver dans les orientations stratégiques que nous avons dégagées (le développement local, l'action sociale, le planning social)? On serait tenté de faire le rapprochement avec le concept de Community Liaison[21], comme l'ont développé Taylor et Roberts[22]. En effet, on y trouve une grande ressemblance.

Cependant, de plus, il n'est pas impensable de situer cette nouvelle forme de pratique dans le cadre du concept de «macro-practice» (lié particulièrement, selon nous, au planning social) comme l'a proposé J. Rothman.

> [...] l'intervention de type macro regroupe des méthodes de changement professionnel qui s'adressent à des cibles situées au-dessus de l'individu, du groupe ou de la famille, c'est-à-dire des organisations, des communautés et des entités régionales et nationales. La «macro-practice» touche plus particulièrement les aspects des activités de service qui, par nature, ne sont pas cliniques, mais qui mettent plutôt l'accent sur des volets ayant trait au développement de politiques sociales éclairées, au renforcement de la capacité sociale et à la prévention de désordres sociaux[23].

Ne s'agit-il pas là de fonctions qui se retrouvent dans l'approche communautaire? L'avenir nous aidera à mieux voir s'il existe vraiment des passerelles entre elles, des interfaces, et finalement jusqu'où le même professionnel peut aller «outre frontière» pour exercer son art

---

21. Voir L. DOUCET (1989). «Les modèles nord-américains en organisation communautaire: état de l'art», Y. HURTUBISE et P. PARÉ (dir.) (1989). *Pratiques d'action communautaire en CLSC*, Québec, Centre de recherche sur les services communautaires, p. 135-142.

22. Samuel H. TAYLOR et Robert W. ROBERTS (1985). *Theory and Practice of Community Social Work*, New York, Columbia University Press.

23. F. COX, J. ERLICH *et al.* (1987). *Strategies of Community Organization*, Itasca, Illinois, Peacok Publishers (traduction libre).

dans un cadre plus large que le travail dans une communauté locale particulière (micro-développement).

L'organisation communautaire et les Corporations de développement communautaire (CDC ET CDEC)

Il surgit aussi, au cours de la période actuelle, non pas une nouvelle forme d'organisation mais bien une application nouvelle de la stratégie du développement communautaire. La récession de 1981 a engendré un chômage massif et la fermeture de nombreuses entreprises. L'idée de créer son propre emploi est d'abord apparue comme un leitmotiv, un peu étonnant, puis, petit à petit, de plus en plus plausible.

Le renouvellement de la pratique d'action sociale s'impose au début des années 80, d'autant plus que le mouvement populaire qui emprunte ce modèle se sent impuissant à agir concrètement, notamment en matière d'emploi: un coup d'œil au sud du Québec et du Canada en a convaincu plusieurs que les Américains n'ont pas eu tort de mettre en place des centaines de Corporations de développement communautaire depuis le début des années 60. En même temps que cette prise de conscience, particulièrement au sein du mouvement populaire et communautaire de Montréal qui allait donner naissance à des Corporations de développement économique communautaire (CDEC), la région de Victoriaville voit émerger un nouveau modèle québécois de développement communautaire comme forme de regroupement des entreprises, services et groupes communautaires. La Corporation de développement communautaire des Bois-Francs (dont le siège social est à Victoriaville) prend d'ailleurs l'initiative d'un colloque national sur le développement communautaire en 1986[24]. Ce colloque marque un point tournant pour la consolidation des forces du «communautaire» au Québec et fournit l'étincelle qui rend possible deux ans plus tard la naissance du Regroupement québécois des intervenants et intervenantes d'action communautaire en CLSC (RQIIAC) lors du colloque de l'Université Laval.

Depuis 1982, le modèle des Corporations de développement communautaire[25] à été repris à Sorel, à Drummondville, à Longueuil, à Jonquière, à Mont-Laurier, à Buckingham... sans oublier le modèle

---

24. Voir à ce propos le texte de W. NINACS dans la deuxième partie de ce livre.

25. Pour une documentation plus élaborée sur les Corporations de développement communautaire, voir Louis FAVREAU (1989). *Op. cit.*, chapitre 4.

plus centré sur l'économie des CDEC montréalaises. Il est intéressant de noter, à ce jour, comment des CLSC se sont joints et ont souventes fois provoqué ces initiatives.

> Parler de développement pour nous, c'est donc parler de développement communautaire, c'est-à-dire d'un projet global qui vise à améliorer l'ensemble des ressources sociales et matérielles tout en stimulant l'entreprise et l'emploi [...]. Voilà pourquoi l'organisation communautaire du CLSC des Hautes-Laurentides s'est impliquée dans les dossiers dits économiques en 1983 et voilà pourquoi elle juge toujours essentiel d'y consacrer une partie de ses énergies en 1990[26].

Avec les années 90, il est sans doute possible de voir poindre à l'horizon l'utilisation d'une combinaison de stratégies par les intervenants impliqués dans un travail d'organisation communautaire (le *mixing and phasing* dont parle Rothman) plutôt qu'une seule. Cette façon de voir et de faire est probablement rendue possible parce qu'on connaît beaucoup mieux aujourd'hui la portée... et les limites de chacune d'elles.

---

26. Denise JULIEN (1990), «Le CLSC des Hautes-Laurentides et le développement local», *Inter-Action communautaire, IV*, (3), octobre, p. 9.

Première partie

▼

Les trois modèles en organisation communautaire

Stratégie et stratégies en organisation communautaire

Laval Doucet

Louis Favreau

1.
Le développement local

Louis Favreau

2.
L'action sociale

Louis Favreau

Julio Fernandez

Yves Hurtubise

Robert Mayer

Jean Panet-Raymond

3.
Le planning social

Laval Doucet

Pauline Gingras

Yves Hurtubise

Stratégie et stratégies
en organisation communautaire

▼

LAVAL DOUCET
LOUIS FAVREAU

LA PLACE DE LA STRATÉGIE DANS UN PROCESSUS D'ORGANISATION COMMUNAUTAIRE

À l'intérieur d'un processus d'organisation communautaire, la stratégie relève du cheminement à long terme. Une stratégie est l'indispensable trajectoire de longue durée du travail dans une communauté locale: la stratégie a trait à l'interaction dynamique et planifiée de changement social entre les différents acteurs d'une communauté locale autour d'objectifs, de moyens, de ressources, d'échéances... Elle nécessite l'identification des réseaux amis, des réseaux alliés, des réseaux d'adversaires au changement. La stratégie est ce chemin qui structure l'action d'une communauté de façon durable – sur plusieurs années – autour d'un certain nombre de paramètres comme la défense des droits sociaux d'une communauté, la mise en place de structures démocratiques de discussion et d'action, la construction de pôles d'organisation dans différents champs ou secteurs sociaux et économiques, l'implantation de services de santé et de services sociaux de première ligne dans des communautés locales...

De la pratique de l'organisation communautaire développée au Québec depuis trois décennies, il est possible de détacher trois stratégies ou «modèles» ou directions que peuvent prendre des projets d'organisation initiés dans des communautés locales. Dans ce chapitre, nous les décrirons et les analyserons en tenant compte tout à la fois de leur généralité (on peut retracer des stratégies semblables dans d'autres sociétés) et de leur développement spécifique au Québec.

Dans un premier temps, nous verrons que le développement local ou communautaire (texte de Louis Favreau) s'est développé au Québec mais aussi sur le plan international, d'abord sous l'initiative des gouvernements dans les années 50-60, puis par l'initiative des communautés elles-mêmes à partir des années 70-80. Il s'est aussi développé en misant, selon les cas, sur la mise en place d'entreprises et de réseaux dans le secteur de la santé et des services sociaux, ou dans le secteur du logement et de l'aménagement du territoire, ou encore plus directement, dans la production de biens et de services en participant à la construction d'une économie sociale distincte de celle du secteur privé et du secteur public.

Dans un deuxième temps, nous constaterons que l'action sociale s'est structurée de façon fort différente selon qu'elle mettait l'accent sur l'organisation – la défense de droits – (texte de Robert Mayer et Jean Panet-Raymond), ou sur l'éducation – conscientisante ou populaire – (textes de Yves Hurtubise et Julio Fernandez), ou sur l'action politique municipale (texte de Louis Favreau et Yves Hurtubise).

Dans un dernier temps, nous verrons que le planning social a son propre itinéraire qui comporte lui aussi plusieurs volets: 1) l'approche communautaire que les CLSC cherchent à mettre de l'avant dans le cadre d'une intervention multidisciplinaire (santé et services sociaux) de tous leurs intervenants (texte de Pauline Gingras); 2) l'action communautaire des équipes d'organisateurs communautaires en CLSC (texte d'Yves Hurtubise), action communautaire qui inclut d'ailleurs très souvent la défense de droits, le développement local et le planning social proprement dit. Enfin, le texte de Laval Doucet sur l'action communautaire environnementale en CLSC peut être reçu comme une étude de cas illustrant une forme particulière d'intervention où se côtoient autant les ingrédients du planning social que ceux de l'action sociale.

À travers ces huit textes se dessinent bien toute la richesse et toute la diversité des pratiques d'organisation communautaire. Aussi convient-il de prolonger quelque peu l'analyse proposée dans le texte d'ouverture du livre[1] en cernant de plus près: 1) quelques différences et dénominateurs communs de ces trois stratégies de base; 2) la mixité de

---

1. Laval Doucet et Louis Favreau, «Théorie et pratiques d'organisation communautaire: mise en perspective autour de trois "modèles"».

ces stratégies dans leur mise en œuvre concrète au sein de communautés locales; 3) quelques points forts et quelques points faibles de l'organisation communautaire comme elle est pratiquée au Québec.

ACTION SOCIALE ET DÉVELOPPEMENT LOCAL EN TANT QUE STRATÉGIES D'ORGANISATION COMMUNAUTAIRE

Convergence de l'action sociale et du développement local sur le fond et sur la méthodologie générale de base

Traditionnellement opposés, l'action sociale et le développement local méritent que l'on examine de plus près leur complémentarité. L'action sociale est davantage axée sur l'intervention *dans* les communautés locales tandis que le développement local est davantage axé sur l'intervention *avec* des communautés locales. Mais dans un cas comme dans l'autre, elles assurent le renforcement des communautés locales en combinant la résolution de problèmes sociaux et le contrôle de celles-ci sur les décisions, projets, programmes et politiques qui les affectent en tant que collectivités locales. Ces deux stratégies appartiennent bel et bien à l'histoire et au corpus de l'organisation communautaire:

> L'organisation communautaire aide à résoudre les problèmes en aidant les gens à surmonter leurs sentiments d'incapacité. Par sa faculté de stimuler l'aptitude des communautés et des groupes organisés qui les constituent, le développement communautaire rend possible l'action collective conduisant à la prise en charge des décisions, des projets, des programmes et des politiques qui les touchent[2].

En fait, l'origine de la notion de «développement communautaire» (local) nous renvoie principalement au travail social accompli dans les pays en voie de développement et aux régions rurales sous-développées des pays industriels fortement urbanisés, tandis que l'action sociale prend sa tradition dans le travail social communautaire pratiqué dans les quartiers populaires des grands centres urbains des sociétés industrielles développées.

Mais par-delà ces différences d'origine et de sensibilités sociales (ville-campagne, pays du Nord développés ou pays du Sud), ces stratégies d'intervention au niveau des communautés locales – qu'elles soient

---

2. Herbert J. Rubin et Irène S. Rubin (1986). *Community Organizing and Development*, Ohio, Northern Illinois University, Merrill Publishing Company, p. 4-5 (traduction libre).

pratiquées dans les pays du Nord ou du Sud, dans les villes ou les campagnes, par des travailleurs sociaux ou d'autres intervenants – s'articulent autour des quatre composantes communes suivantes[3]:

1. En tant qu'intervention sociale, ces stratégies doivent d'abord être considérées comme un *processus* par lequel une communauté locale passe d'un état à un autre, processus favorisant la sortie de la passivité, de la pauvreté et du faible degré d'organisation à laquelle elle était soumise jusque là;

2. En tant qu'intervention sociale, ces stratégies disposent d'une *méthodologie de base* qui lui est propre pour enclencher une dynamique de prise en charge collective au sein de la communauté locale, une méthodologie pour initier un changement social planifié (des méthodes d'organisation, d'animation, d'information, d'éducation, de planification et de prise de décision, de coordination et de gestion, d'évaluation...);

3. Ces stratégies impliquent la mise en place d'un *programme*, c'est-à-dire que le changement ne peut véritablement s'opérer sans qu'un certain nombre de priorités soient élaborées et initiées conjointement par les leaders du milieu et les intervenants;

4. Ces stratégies, à travers différents projets, cherchent à bâtir un *mouvement*. Un certain nombre de personnes, de groupes, d'organisations se mettent en branle et deviennent progressivement des acteurs du changement, s'inscrivent consciemment dans une dynamique de transformation sociale, c'est-à-dire la transformation de structures et de mentalités, la transformation de leur milieu et de la psychologie personnelle et collective de ses membres.

Si nous examinons ces deux stratégies d'intervention qui ont le plus fait parler d'elles dans l'histoire québécoise de l'organisation communautaire des trente dernières années, soit l'action sociale et le développement local, nous pouvons constater leur complémentarité sous l'angle du processus et du mouvement.

On peut résumer ce qu'ont en commun ces deux stratégies par les caractéristiques suivantes: Dans les deux cas: 1) il s'agit d'une intervention de changement social planifié, c'est-à-dire des efforts organisés

---

3. I. Sanders (1958). «Theories of community development», *Rural sociology, 23,* mars, p. 1-12.

Dan A. Chekki (1979). *Participatory Democracy in Action: International Profiles of Community Development,* Inde, Vikas Publishing House.

pour modifier les «situations problèmes» dans des communautés loca-les. Il s'agit, dans un cas comme dans l'autre, d'une action intentionnée (*purposive action*); 2) l'intervention vise à susciter l'organisation et la mobilisation des populations de ces communautés locales; 3) les visées à long terme sont des visées de prise en charge des communautés par elles-mêmes, d'auto-organisation; 4) il s'agit tout à la fois d'une partici-pation suscitée – par des mouvements, des organismes parapublics ou publics et des organismes non gouvernementaux (ONG) – et d'une participation volontaire s'inscrivant dans une démarche démocratique de changement; 5) il s'agit d'une intervention qui se situe principalement au niveau du micro-développement (communautés locales) et du mezzo-développement (régions), rarement au niveau du macro-développement (niveau national).

Les différences entre l'action sociale et le développement local dans ses principales phases de réalisation

Comment s'engage-t-on dans un processus de changement social plani-fié au sein de communautés locales? Comment procède-t-on? Quelle est sa méthode générale d'intervention?

En action sociale comme en développement local (ou communau-taire), la méthodologie générale de base est sensiblement la même. Elle s'établit en quatre étapes distinctes d'un processus dont la logique est la suivante[4]: 1) l'exploration d'une communauté locale, d'un milieu en vue d'établir un diagnostic d'ensemble; 2) l'organisation et la planification d'actions et d'activités dans le milieu et avec le milieu; 3) l'élaboration et la réalisation de priorités; 4) la vérification et l'évaluation des actions entreprises, des choix sous-jacents, des projets réalisés.

Voilà décrite, de façon très schématique, la méthodologie de base lorsqu'on veut initier un changement social *dans* ou *avec* un milieu donné. Mais la manière de réaliser les principales étapes de l'interven-tion diffère selon que la stratégie privilégiée est l'action sociale ou le développement local. Dans le cadre d'une stratégie de développement communautaire, la dynamique d'intervention s'articule autour de l'ad-dition des forces d'un milieu alors que dans le cadre d'une stratégie d'action sociale, tout s'articule autour de l'importance de construire un rapport de forces qui permettra, à une communauté locale ou à un

---

4. Pour plus de détails sur ce processus et ces phases, voir le tableau 1 de l'annexe 1 à la fin du présent livre, qui porte sur la méthodologie de l'intervention.

groupe donné, d'obtenir des autorités en place une réponse à ses revendications[5].

Le planning social en tant que stratégie d'organisation communautaire: différente sur le fond, semblable sur la manière

Dans le cadre d'une stratégie de planning social, la dynamique d'intervention ne s'articule pas autour de l'addition des forces locales ou de la construction d'un rapport de forces avec les autorités mais bien autour de l'implantation et de la coordination de services de l'État et donc d'organismes de caractère public ou semi-public à l'intérieur des communautés locales. À la différence aussi des deux autres stratégies d'intervention, stratégies pratiquées de façon privilégiée d'abord par le secteur communautaire lui-même, le planning social s'exerce surtout dans le secteur public et par celui-ci (les CLSC par exemple).

C'est aussi un mode d'intervention qui vise plus directement des populations cibles dans le cadre de programmes ayant une dimension nationale (ou dépassant l'intervention dans une seule communauté locale). Par exemple, le travail de maintien à domicile, comme il est pratiqué par les CLSC, illustre bien cette stratégie. De plus, ce mode d'intervention privilégie le partenariat avec le secteur communautaire dans une perspective de rationalisation des services et de complémentarité des deux secteurs, public et communautaire, dans l'offre de services aux communautés locales.

De ce fait, ce mode d'intervention voisine tout autant les modes d'intervention propres à l'administration sociale que ceux propres à l'organisation communautaire. Des recherches et le débat à ce propos restent largement à faire, notamment toute la question des rapports entre d'une part les services sociaux et de santé à caractère public où administrateurs sociaux et organisateurs communautaires se trouvent objectivement associés, et d'autre part le secteur communautaire autonome. En d'autres termes, il s'agit «du rapport et du partage des pouvoirs et des sphères d'action et de responsabilité entre les pouvoirs publics et la société civile[6]».

---

5. Voir les tableaux 2 et 3 et la description de la méthodologie de l'organisation communautaire appliquée au développement local et à l'action sociale dans l'annexe 1.

6. S. Passaris (1981). «Les enjeux de la vie associative en France», *Futuribles, 47*, Paris, septembre, p. 39.

En effet, le secteur communautaire est sans cesse confronté au fait que l'État oscille périodiquement entre une absorption forte ou une absorption faible de l'innovation sociale initiée par les groupes de ce secteur. D'où les deux scénarios suivants:

1. absorption faible de l'innovation sociale, ce qui plus souvent qu'autrement conduit à la sous-traitance de ces groupes, les plaçant dans un rapport de subordination. On confie au secteur communautaire des responsabilités sociales sans lui donner les moyens financiers nécessaires. On balise de façon très serrée toutes leurs initiatives en les insérant dans des programmes;

2. absorption forte de l'innovation sociale, que l'on l'encourage en la reconnaissant et donc en fournissant un financement adéquat. On pratique le partenariat et donc la parité dans les décisions. Dans ce cas, il faut supposer que l'État ne se reconnaît plus et n'est plus reconnu comme le seul «détenteur de l'intérêt commun».

En tout état de cause, le secteur communautaire (ce qu'en France on nomme «secteur associatif») et les intervenants qui les soutiennent doivent porter attention au fait que

[...] deux dangers guettent en permanence les structures associatives:

– la tendance à l'embonpoint de certaines associations qui tentent de reconstituer une véritable administration devenant alors l'unique justification de leur légitimité. C'est l'identifiation par la structure et non par la mission;

– la tendance de la mission de service public à étouffer une vie réelle associative spécifique. L'association tend alors à devenir une structure de service public à gestion privée[7].

En même temps, il ne faut surtout pas sous-estimer la force d'un réseau public de santé et de services sociaux de première ligne disposant d'un certain nombre de programmes communs distribués sur l'ensemble du territoire du Québec (le cas des CLSC). C'est ce qui rend possible l'application de la stratégie du planning social et donne du même coup la possibilité à l'ensemble (et non à quelques-unes) des communautés locales d'améliorer leur sort et d'augmenter leur pouvoir de changement social. Ce qui n'est pas le cas par exemple dans le reste du Canada[8]. Il ne faut pas non plus sous-estimer l'ampleur et la com-

---

7. S. PASSARIS et G. RAFFI (1984). *Les associations*, Paris, Éd. La Découverte, p. 71.

8. J.-B. ROBICHAUD et C. QUIVIGER (1990). *Des communautés actives*, Moncton, Conseil canadien de développement social, Michel Henry Éditeur.

plexité de ces rapports entre le réseau institutionnel et le réseau communautaire, complexité liée à l'érosion de l'État-providence et à sa redéfinition dans la société[9].

Finalement, si on se situe sur le plan de la méthode, la stratégie du planning social reprend à son compte la méthodologie générale développée précédemment: il s'agit bien là, comme en développement local ou en action sociale, d'un processus de changement social planifié avec de la rigueur dans l'exploration d'un milieu, l'élaboration et la réalisation de priorités, la vérification et l'évaluation du travail accompli. Mais là plus qu'ailleurs, les agents principaux de changement seront des experts, professionnels de l'organisation communautaire et même des administrateurs sociaux (par exemple les directeurs généraux de CLSC).

LES TROIS STRATÉGIES D'ORGANISATION COMMUNAUTAIRE: MIXITÉ DES STRATÉGIES DANS L'INTERVENTION AU SEIN DE COMMUNAUTÉS LOCALES

Comme nous l'affirmons dans notre texte d'introduction[10], ces différentes stratégies peuvent correspondre à des séquences différentes dans le temps. Par exemple, si on regarde l'évolution du mouvement populaire au Québec (1960-1990), on constate, dans les années 60, l'émergence de comités de citoyens sans que l'État y soit directement impliqué. Cette intervention de type action sociale, en revendiquant des centres de santé et des centres communautaires dans les quartiers populaires, a finalement provoqué la mise en place de CLSC dans la décennie suivante (à partir de 1972). Ces mêmes CLSC, quinze ans plus tard, évoluent tout naturellement vers le planning social. Après la récession économique de 1981-1982, la jonction entre groupes populaires et intervenants de CLSC est très souvent à l'origine de pratiques de développement local de type communautaire (CDEC et coopératives de travail). On observe donc historiquement une mixité de ces stratégies à l'intérieur de communautés locales, comme le démontrent certaines études[11].

---

9. L. ROBERT (1989). «Le partenariat entre le réseau institutionnel et la communauté: un paradigme à définir», *Nouvelles pratiques sociales*, 2, (1), Sainte-Foy, PUQ.

10. L. DOUCET et L. FAVREAU, *loc. cit.*

11. Hochelaga-Maisonneuve, Pointe-Saint-Charles ou Centre-Sud dans la région de Montréal. Voir L. FAVREAU (1989). *Mouvement populaire et intervention communautaire (de 1960 à nos jours): continuités et ruptures*, Montréal, Éd. du Fleuve/ CFP.

Elles peuvent même constituer des étapes singulières d'un même processus. Par exemple, rien n'interdit à priori à une équipe d'organisateurs communautaires de CLSC de travailler avec une Association de défense des droits des assistés sociaux (ADDS) et un comité de logement, ou avec l'équipe de maintien à domicile du CLSC à l'implantation de services dans ce secteur (où existe certaines formes de planning social) ou encore sur un autre dossier pour aider à la mise sur pied d'une corporation de développement communautaire ou d'une coopérative d'habitation[12].

Dans ce cas, comme dans bien d'autres, il est cependant indispensable de savoir, pour chaque dossier, ce qui est stratégiquement prioritaire, la stratégie choisie fournissant déjà une direction générale au processus engagé, un groupe spécifique de la communauté, des adversaires qu'on devra contourner, affronter ou neutraliser, des ressources internes ou externes sur lesquelles on pourra compter ou au contraire n'en rien attendre...

LES FORCES ET LES FAIBLESSES DE L'ORGANISATION COMMUNAUTAIRE

S'appuyant sur une étude à l'échelle de la planète, Durning affirme que «le travail de base qui ouvrira à un véritable développement avance à grands pas dans de nombreuses régions (du monde) à mesure que les déshérités s'organisent pour combattre la pauvreté et la dégradation de l'environnement. Sans aucun doute, la prolifération de ces groupes est la plus réconfortante des tendances sur le front de la pauvreté[13]».

Nul doute que le micro-développement de milliers de communautés locales à travers le monde constitue la force de cette pratique de l'organisation communautaire. C'est ce processus répété mille fois plutôt qu'une (par des centaines de travailleurs sociaux communautaires, d'intervenants en santé communautaire, de psychologues communautaires, d'éducateurs et d'alphabétiseurs populaires, d'animateurs de loisirs des municipalités et de leaders populaires...) qui a donné naissance à cette capacité des communautés de transformer en projets collectifs d'action les problèmes auxquels ils faisaient face.

---

12. CLSC HOCHELAGA-MAISONNEUVE (1990). *S'organiser, s'entraider, s'en sortir*, programmation de l'équipe d'organisation communautaire du CLSC Hochelaga-Maisonneuve, Montréal.

13. Alan B. DURNING (1990). «Halte à la pauvreté», Lester R. BROWN, *L'État de la planète*, Paris, Economica, p. 245.

Cependant, règle générale, l'organisation communautaire a de la difficulté à se développer à une échelle plus large, à former des regroupements nationaux, à coordonner sur une base autre que locale ou régionale ses efforts, à s'inscrire dans une dynamique nationale... C'est du moins ce que suggèrent les trente années d'histoire de l'organisation communautaire au Québec, de type action sociale ou développement communautaire. Des études sur cette question permettraient sans doute d'en savoir plus long. Nous nous contentons simplement ici de le souligner.

Une autre faiblesse de l'organisation communautaire au Québec doit être ici évoquée. Les praticiens et les théoriciens de l'organisation communautaire au Québec ont très peu intégré l'apport de la psychologie communautaire[14] et l'approche écologique en psychologie[15] de même que ce qui leur correspond dans le domaine de l'intervention, la pratique des réseaux sociaux et des groupes d'entraide[16]. Une des questions clés que pose ce courant est d'identifier comment «intégrer analyse structurelle de la société et modèle de comportement individuel[17]» dans la lutte pour un changement social qui s'attaquerait en profondeur à la pauvreté.

D'où l'intérêt pour les courants de l'anthropologie et de la psychologie qui prennent en compte la capacité d'interaction de la personne avec l'environnement (modèle écologique...), c'est-à-dire qui rend la personne proactive dans son environnement. Nous faisons ici référence

---

14. J. Guay *et al.* (1984). *Manuel québécois de psychologie communautaire*, Chicoutimi, Gaétan Morin Éditeur.

 J. Guay et D. Chabot (1990). *Parrainage social et entraide de quartier*, rapport d'étape, Québec, Centre hospitalier Courchesne/CLSC Haute-Ville/Université Laval, juin.

15. C. Bouchard *et al.* (1988). *Prédire et prévenir les mauvais traitements envers les enfants*, rapport de recherche, Québec, LAREHS/CQRS.

 M. Toussignant (1987). *Utilisation des réseaux sociaux dans les interventions: état de la question et propositions d'action*, document n° 9, Québec, Commission d'enquête sur les services de santé et les services sociaux.

 M. Huberdeau (1988). «Le Laboratoire de recherche en écologie humaine et sociale (LAREHS)», *Réseau*, avril, p. 6.

16. J. Alary *et al.* (1988). *Solidarités (pratiques de recherche-action et de prise en charge par le milieu)*, Montréal, Boréal.

 M. M. T. Brault et L. St-Jean (1990). *Entraide et associations*, Québec, IQRC.

17. J. Alary (1988). *Op. cit.*, p. 39.

aux notions de *réseau social,* de *groupe d'entraide* et *d'approche de quartier*[18].

EN GUISE DE CONCLUSION

Aux stratégies ci-haut développées se rattachent un ensemble de méthodes, de techniques et d'habilités cherchant à résoudre des problèmes spécifiques en cours de réalisation de projets communautaires:

— Comment s'insérer dans un milieu et y gagner une crédibilité?

— Comment analyser un milieu pour y développer des projets d'organisation qui répondent adéquatement à ce milieu?

— Comment transformer les problèmes d'une communauté locale en projets d'action faisables?

— Comment animer des groupes de la communauté et organiser la tenue d'assemblées?

— Comment assurer la formation de leaders communautaires dans un milieu?

— Comment développer la production et la circulation de l'information dans des communautés locales?

— Comment assurer la survie, le financement et la gestion d'organisations dans les communautés locales?

— Comment maintenir la vitalité démocratique dans le fonctionnement des organisations communautaires mises sur pied?

— Comment négocier avec les autorités en place et en arriver à des ententes satisfaisantes et durables?

— Comment gérer les conflits entre groupes d'une même communauté?

— Comment planifier dans le temps et l'espace les projets mis sur pied?

— Comment évaluer le travail accompli et le relancer sur de nouvelles pistes?

— Comment modifier ou changer de stratégie en cours de route?

---

18. *Ibid.*

C. BOUCHARD *et al.* (1988). *Op. cit.*

J. GUAY et D. CHABOT (1990). *Op. cit.*

Cet ensemble de problèmes pratiques auquel est confronté tout travail d'organisation ne trouvera pas ici de réponses directes et immédiates. Il pourrait vraisemblablement faire l'objet d'un prochain livre sur les méthodologies de l'organisation communautaire[19].

Les lecteurs et lectrices de ce livre conviendront cependant qu'avant d'aborder les méthodologies de l'organisation communautaire (le comment s'insérer dans une communauté, l'analyser, y faire de l'animation, de l'information, de l'organisation, de l'éducation, de la négociation...), il faut savoir disposer d'un point de vue général sur cette discipline d'intervention. Le présent ouvrage fournit les indispensables préalables à la pratique de l'organisation communautaire: ses fondements sociaux, son histoire, ses principaux champs d'intervention, ses principales stratégies, ses perspectives, son apport spécifique, ses conditions générales d'exercice...

---

19. L'écho des intervenants et des lecteurs en général à ce premier livre donnera la mesure des possibilités d'en faire un deuxième, en continuité avec celui-ci, mais centré cette fois sur les méthodologies de l'organisation communautaire.

1

Le développement local

▼

1.1.

Le développement local de type communautaire

▼

LOUIS FAVREAU

Des expériences de développement local fort significatives ont émergé à l'échelle internationale dans les pays en voie de développement comme dans les pays industrialisés. Citons, à titre d'exemples, l'expérience de Mondragon au pays basque en Espagne[1], celle des Corporations de développement économique communautaire aux États-Unis[2] et de Villa el Salvador au Pérou, en Amérique latine[3].

Au Québec même, des expériences de développement local ont fait ou sont à faire leurs preuves, comme le JAL dans le Bas-du-Fleuve[4], les CDEC à Montréal[5], la Corporation de développement communautaire

1. P. BELLEVILLE (1987). «Un ensemble coopératif qui a passé le cap de la crise: Mondragon», *Économie et humanisme, 296,* juillet-août.

2. Stewart E. PERRY (1987). *Communities on the Way (Rebuilding Local Economies in the United States and Canada),* New York, State University of New York Press.

3. J.-M. RODRIGO (1990). *Le sentier de l'audace (les organisations populaires à la conquête du Pérou),* Paris, L'Harmattan et FAVREAU, L., L. FRÉCHETTE, R. LACHAPELLE et A. Zapata (1992). «Une expérience réussie d'organisation communautaire: Villa el Salvador, Pérou», *Nouvelles pratiques sociales,* 5, (2), printemps.

4. G. ROY (1979). «L'animation sociale et la mise en place d'entreprises...», *Animation sociale, entreprises communautaires et coopératives,* Montréal, Éd. Saint-Martin, p. 21-36.

5. L. FAVREAU (1989a). «L'économie communautaire des quartiers populaires d'un grand centre urbain: le cas de Montréal», *L'autre économie, une économie alternative?,* Sainte-Foy, PUQ, collection Études d'économie politique, p. 277-293.

   J.-M. FONTAN (1988). «Le développement économique communautaire à Montréal», *Possibles, 12,* (2), printemps, p. 183-195.

des Bois-Francs à Victoriaville[6], le Carrefour Jeunesse-emploi dans l'Outaouais[7] et bien d'autres moins visibles mais néanmoins révélatrices.

LE DÉVELOPPEMENT LOCAL COMMUNAUTAIRE

Histoire et courants du développement local communautaire au Québec

Nous ne pouvons passer outre une rétrospective de l'histoire du développement communautaire au Québec. On peut affirmer, dans un premier temps, que dans les années 30-40, l'Église joue un rôle prépondérant dans l'intervention sociale en vue d'améliorer les conditions de vie des classes populaires. Déjà, à cette époque, il existe des tendances divergentes. D'un côté, un courant majoritaire impulse des œuvres de charité; mais de l'autre, les premiers balbutiements de l'action collective de type communautaire se font sentir avec l'apparition des mouvements d'action catholique comme la Jeunesse ouvrière catholique (JOC) et la Ligue ouvrière catholique (LOC), qui regroupe les adultes. Ces mouvements, surtout la LOC, travaillent à l'organisation des premières coopératives d'habitation en milieu urbain (à Montréal, à Québec, à Hull...).

Pendant les années 50, parallèlement au développement coopératif des mouvements d'action catholique, on assiste à la percée timide de l'influence nord-américaine du travail social professionnel et de ses trois méthodes (le *case work*, le *group work* et le *community development*). En réalité, la méthode dite du *community development* n'opère pas de décollage, le travail social centrant ses interventions essentiellement sur l'aide individuelle et familiale dans le cadre d'agences sociales de quartier.

Les années 60 peuvent être considérées différemment: c'est la décennie du développement, de la valorisation de la participation des citoyens, de la nécessité de la planification économique et sociale. C'est aussi celle de l'émergence du développement local de type communautaire (dite aussi animation sociale à cette époque). Cette stratégie

---

6. W. NINACS (1989). «Le développement communautaire dans les Bois-Francs: 20 ans d'expérience!», *Relations*, mars, Montréal, p. 47-51.

7. Y. ASSOGBA (1988). «Stratégie de mise sur pied d'un centre communautaire pour jeunes sans emploi dans l'Outaouais», *Revue canadienne de service social, 5*, Ottawa, p. 283-296.

d'intervention reçoit son coup d'envoi dans le cadre d'une expérience-pilote d'aménagement du territoire dans l'Est du Québec (le Bureau d'aménagement de l'Est du Québec ou BAEQ). Cette expérience vise à aider les populations locales en voie de marginalisation sociale à s'intégrer dans des villes considérées comme pôles obligés de développement.

Mentionnons ici que cette expérience n'est pas sans filiation sur le plan international. Elle participe de préoccupations sociales nouvelles des gouvernements, notamment au sein de plusieurs organismes de l'ONU qui mettent sur pied, dans de nombreux pays du tiers monde (en Afrique, en Asie et en Amérique latine), des programmes d'éducation des adultes (alphabétisation), des programmes d'animation communautaire en milieu rural[8]... L'Est du Québec étant identifié à une région sous-développée, il n'est pas étonnant que des chercheurs et intervenants québécois dans le domaine de l'aménagement du territoire et du développement communautaire se soient intéressés à ce qui se passait ailleurs, notamment au sein d'organismes de l'ONU.

C'est de la pratique et de la critique de cette pratique de développement communautaire initiée par les gouvernements que naîtront les premières expériences autonomes de micro-développement comme le JAL dans le Bas-du-Fleuve[9].

Les années 70 se profilent donc d'abord sur un constat de critique sévère, par de nombreux intervenants communautaires, de l'animation sociale en milieu rural et de façon plus générale des possibilités des Conseils régionaux de développement mis sur pied sur tout le territoire québécois par le gouvernement de l'époque. Une dynamique semblable émerge en milieu urbain où l'animation de comités de citoyens se voit camper dans une contribution sociale de faible portée comparativement à l'action politique[10]. Pendant les années 70, l'organisation communautaire emprunte surtout, du moins dans les milieux urbains, les sentiers de l'action sociale, c'est-à-dire l'organisation sur la base d'intérêts spécifiques de catégories sociales défavorisées (assistés sociaux, locataires, consommateurs...), l'éducation populaire conscientisante et l'action politique municipale.

---

8. Voir à ce propos les deux textes du présent livre sur l'organisation communautaire en Afrique (Yao Assogba) et en Amérique latine (Louis Favreau et Lucie Fréchette).

9. H. Dionne (1979). «Animation sociale et développement régional du BAEQ à nos jours», B. Lévesque (1979). *Animation sociale, entreprises communautaires et coopératives*, Montréal, Éd. Saint-Martin, p. 49-54.

10. M. Castells (1973). *Luttes urbaines*, Paris, Maspero, p. 49-67.

Avec les années 80, au tournant des quatre ou cinq premières années, on assiste à un retour de l'organisation communautaire de type développement local, mais cette fois dans les grands centres urbains et dans les régions plus fortement urbanisées, et avec la création d'initiatives à caractère plus nettement économique telles que les corporations de développement économique communautaire (CDEC), les entreprises communautaires et les coopératives de travail[11].

Que faut-il retenir de cet itinéraire trop rapidement esquissé du développement local pendant une trentaine d'années? Quelques propositions peuvent ici être faites. Première proposition: le développement communautaire change beaucoup, évolue, passe d'une conception relativement traditionnelle, c'est-à-dire consensuelle et associée étroitement au travail mis en place par des organismes gouvernementaux, à une conception plus diversifiée et plus innovatrice du changement social assumant le conflit et donnant priorité au travail à la base[12], lequel ne s'interdit pas l'affrontement avec les autorités lorsque nécessaire. Aujourd'hui, le développement local s'affirme en premier lieu comme revendication de communautés locales auprès des gouvernements, puis

---

11. J.-M. GAREAU (1990). *La percée du développement économique communautaire dans le Sud-Ouest de Montréal: le programme économique de Pointe-Saint-Charles (1983-1989)*, Montréal, IFDEC.

   L. FAVREAU (1989a). *Loc. cit.*

   L. FAVREAU (1989b). «Mouvement populaire et développement local: le défi de l'économie communautaire», C. GAGNON et J.-L. KLEIN (1989). *Le local en mouvements*, GRIR, Chicoutimi, UQAC, coll. Développement régional, p. 365-384.

   L. FAVREAU (1989c). *Mouvement populaire et intervention communautaire (de 1960 à nos jours): continuités et ruptures*, Montréal, Éd. du Fleuve/CFP.

   J.-M. FONTAN (1988). *Op. cit.*

   J.-M. FONTAN (1990). «Les Corporations de développement économique communautaire: une des avenues du mouvement social dans l'économie», *Coopératives et Développement*, 21 (2), Sainte-Foy, PUQ/HÉC, p. 51-68.

   R. MATHIEU, D. BOURQUE et Y. VAILLANCOURT (1988). *Les entreprises communautaires dans les services sociaux au Québec*, Montréal, UQAM, département de travail social.

   W. NINACS (1989). *Loc. cit.*

   A. JOYAL et H. BHÉRER (1987). *L'entreprise alternative, mirages et réalités*, Montréal, Éd. Saint-Martin.

   B. LÉVESQUE (1985). *Profil socio-économique des coopératives de travail au Québec*, Montréal, UQAM.

12. J.-M. FONTAN (1990). *Loc. cit.*

comme mode d'auto-développement si on reprend par exemple l'expérience montréalaise[13] ou l'expérience des Bois-Francs[14].

Deuxième proposition: des années 50 jusqu'à la mi-décennie 60 cohabitent les politiques d'assistance des institutions traditionnelles liées aux églises avec le «développementisme» des gouvernements, c'est-à-dire le concept selon lequel on peut sortir du sous-développement par le rattrapage culturel et par la participation (greffés à l'industrialisation) des citoyens au développement, participation vue sous l'angle de la consultation des populations locales autour d'un plan étatique d'aménagement industriel du territoire. Or l'industrialisation ne vient pas... ou si peu, et la consultation se fait... bien éphémère.

Troisième proposition: à partir de la fin des années 60, le travail des organisateurs communautaires prend une nouvelle tournure. Il sert désormais la construction du mouvement populaire. «Power to the people» illustre bien l'axe intégrateur de cette période[15]. On passe de l'exigence de participation des citoyens au développement à la volonté politique de transformer les structures sociales par la mobilisation contre les autorités en place.

Quatrième proposition: dans les années 80, les mouvements, qui prennent acte du désengagement social de l'État, mais aussi du plafonnement d'un certain type d'action sociale, deviennent davantage alternatifs dans les stratégies d'action qu'ils mettent en œuvre. Le leadership communautaire ne veut pas négliger le travail pour imposer des réformes sociales. Mais, l'expérience aidant, on voit plus clairement que les communautés locales sont peut-être encore aujourd'hui les lieux où peuvent, dans une large mesure, se modifier les conditions de vie en étant elles-mêmes les actrices de leur propre développement. On assiste alors à un certain retour des choses, à savoir le micro-développement, le développement local de type communautaire, d'autant plus qu'à l'échelle internationale, on voit plus clairement la prétention des méga-projets[16].

---

13. L. FAVREAU (1989a, 1989b, 1989c). *Op. cit.*

14. W. NINACS (1989). *Loc. cit.*

15. M. SMITH (1979). «Concepts of community work», Dan CHEKKI, *Participatory Democraty in Action: International Profiles of Community Development*, Inde, Vikas Publishing House, p. 47-59.

16. L. LOSLIER (1991). «Haïti sur la voie d'un nouveau modèle de développement exemplaire», *Le Devoir*, 2 mars, p. 14.

Ses principales caractéristiques

Rappelons d'abord que ce mode d'intervention s'inscrit dans une démarche de contestation du développement inégal des régions causé par des politiques centrées sur les grands centres urbains. C'est aussi le refus du déracinement, de voir sa localité, son village ou son quartier entraînés dans le déclin démographique et le déclin de son économie locale, avec ce qui en découle sur le plan de l'insuffisance des services. La sensibilité contemporaine à protéger l'environnement est venue renforcer cette volonté de résistance des communautés locales. Le développement local est une stratégie d'intervention qui a ses caractéristiques propres, caractéristiques qu'elle emprunte à cette situation spécifique.

Il s'agit en effet d'une approche, tout en étant locale, qui se veut «globale, intersectorielle et participative»[17]. Elle veut en effet:

— favoriser la résolution des problèmes sociaux par un auto-développement économique et social des communautés locales;

— faire porter l'attention des autorités locales, régionales et nationales sur les problèmes les plus criants liés à l'emploi, au manque d'infrastructures économiques et de services de base;

— soutenir la mise sur pied, sur le plan organisationnel, d'entreprises communautaires (de services ou de production de biens), de coopératives et de groupes d'entraide dans les principaux secteurs de la vie des communautés concernées (logement, emploi, services sociaux, environnement...);

— travailler en partenariat avec les principaux acteurs de la communauté locale, c'est-à-dire les organisations populaires et communautaires de même que les syndicats, mais aussi les paroisses et l'élite locale (les petits hommes d'affaires, les professionnels...);

— construire des structures autonomes à partir d'un effort local soutenu financièrement, au moins en partie, par l'État (sources étatiques fédérales, provinciales et municipales) et par des sources privées ou volontaires (communautés religieuses). Mentionnons, comme exemple type, une corporation de développement communautaire.

La stratégie de développement local mise donc sur une approche consensuelle, prise ici dans le sens d'additionner des forces locales. Cela

---

17. B. EME (1990). «Développement local et pratiques d'insertion», *Économie et humanisme, 315,* octobre-décembre, p. 28-37.

n'empêche pas les groupes initiant une telle stratégie d'entrer régulièrement en conflit avec des pouvoirs extérieurs, en premier lieu le gouvernement central lorsque celui-ci ne soutient pas concrètement ces dynamismes locaux et régionaux.

Cette stratégie nécessite, bien entendu, que quelques conditions de base soient remplies. La première concerne l'importance du territoire. Le développement local est une stratégie d'organisation communautaire qui mise sur un travail au sein de populations partageant un même espace géographique. Mais il y a plus: il s'agit d'un territoire où se partage, jusqu'à un certain point, un mode de vie, un territoire où le sentiment d'appartenance se fait sentir parce qu'il est menacé dans sa survie. Enfin, il n'échappera à personne ici qu'une certaine volonté d'agir *collectivement* pour résoudre les problèmes doive s'y manifester.

Cette stratégie d'organisation communautaire s'inspire largement de l'expérience du mouvement coopératif, qui lui, à l'instar du mouvement syndical, tire ses origines de l'époque de la pire misère des classes populaires[18].

---

18. Un bref commentaire sur les coopératives s'impose ici. Les coopératives prennent forme au sein des premières associations ouvrières du début du xixᵉ siècle (1830-1840), d'abord en Europe, puis en Amérique du Nord. Point de référence pratique du mouvement coopératif: le fameux magasin alimentaire des «pionniers de Rochdale» qui fondent, en 1844 en Angleterre, l'embryon du mouvement coopératif actuel.

En effet, un groupe de vingt-huit ouvriers mettent sur pied, en pleine période de crise économique, un magasin coopératif où la farine, le beurre, le sucre et les chandelles constituent l'essentiel du stock de marchandises vendues. Les avantages de la formule sont l'achat à meilleur prix et l'espoir d'établir les premiers jalons d'une démocratie économique fondée sur les besoins des classes populaires plutôt que sur la recherche du profit de quelques-uns. Tels sont les deux moteurs de l'action collective à la base du développement de ce modèle et de son extension rapide à travers le monde (voir B. THORDARSON [1990]. *Miser sur l'action à la base: les coopératives dans le développement mondial / Banking on the Grass Roots: Cooperatives in Global Development*, Ottawa, Éd. L'Institut Nord-Sud). En 1895, l'Alliance coopérative internationale est fondée et s'affilient des coopératives en provenance de différents pays. Les principes du mouvement coopératif sont les suivants: 1) un développement fondé non pas sur le maximisation du profit mais sur les besoins de ses membres; 2) le nombre d'actions détenues ne déterminent pas le nombre de votes possédés. Tous et toutes sont sur un pied d'égalité: une personne un vote, chaque personne ne pouvant déléguer à quelqu'un d'autre son vote; 3) la coopérative est une propriété collective, une organisation où les membres ont la possibilité d'en contrôler les orientations et les activités. Son conseil d'administration est donc redevable de son mandat à l'assemblée générale des membres; 4) chaque coopérative se doit d'entreprendre des activités de formation et d'éducation destinées à ses membres, soit sous forme de ristourne individuelle, soit sous forme de nouveaux services aux membres; 6) chaque coopérative se doit de travailler à créer d'autres coopératives et travailler à leur regroupement.

Au Québec, à partir du début du xxᵉ siècle, le développement des coopératives s'exerce d'abord dans le secteur de l'épargne, du crédit et de l'assurance avec l'impulsion que lui donne le fondateur des premières caisses populaires Alphonse Desjardins. Lorsque ce dernier fonde la première caisse populaire en 1900, il écrit, dans un des documents de création de cette caisse: «Par la solidarité des petits, créer des leviers financiers forts pour la communauté et aider ceux qui sont le plus exploités par les abus du capitalisme.» D'autres champs d'intervention à l'intérieur de la mouvance coopérative s'ouvriront par la suite: coopératives d'habitation, de consommation et de travail...

La stratégie d'organisation communautaire de développement local s'inspire du mouvement coopératif. Notons à cet égard des entreprises et services liés à l'expérience du Bas-du-Fleuve, dans le cadre du JAL et ailleurs, surtout dans les régions éloignées des grands centres urbains.

Mais cette stratégie du développement local prend un élan nouveau dans les années 80. Le développement communautaire fait un bond en avant en prenant forme en milieu urbain ou semi-urbain: c'est le cas des CDEC à Montréal et de corporations de développement communautaire telle la Corporation des Bois-Francs à Victoriaville. Encore là, le modèle coopératif, tout en n'étant pas exclusif, sert d'inspiration à plusieurs entreprises. Voyons de façon plus générale comment le développement local peut y prendre forme et racine.

Lieux d'émergence, secteurs d'application et expériences révélatrices

Lieux d'émergence et secteurs d'application

Le développement local, au sens plus contemporain de ce terme, suscite depuis une dizaine d'années nombre d'initiatives dans des secteurs fort diversifiés. Voici les principaux:

1. Le développement local dans le secteur du logement et de l'aménagement du territoire. Soulignons ici l'important travail de mise sur pied de coopératives d'habitation soutenues dans leur démarche par des groupes de ressources techniques (GRT), c'est-à-dire des équipes d'intervenants spécialisés dans ce domaine de même que par des organisateurs communautaires de CLSC[19];

---

19. J.-P. Deslauriers et M.-J. Brassard (1990). *Pouvoir habiter*, GRIR, UQAC, Chicoutimi.

2. Le développement local dans le secteur de la santé et des services sociaux. Prenons le cas des entreprises et services communautaires dans les domaines du maintien à domicile (préparation de repas, soutien psychologique, hygiène...), de l'entretien ménager et des services de garde de personnes dépendantes... sans compter les activités à la croisée du développement local et des réseaux d'entraide traditionnels du type comptoir de vêtements usagés[20];

3. Le développement local dans le secteur de l'économie sociale ou communautaire: la création d'emplois, la réinsertion sociale de jeunes décrocheurs, la formation professionnelle des exclus du marché du travail (chômeurs de longue durée, assistés sociaux...). Ici, il faut penser aux initiatives locales de mise sur pied de coopératives de travail, d'entreprises communautaires et alternatives, de corporations de développement communautaire...[21];

4. Le développement local dans le secteur de l'économie domestique. Pensons par exemple à la mise sur pied de coopératives d'aliments naturels initiée par des groupes écologiques[22], aux initiatives du mouvement populaire, surtout celles en dehors des grands centres urbains, dans la création de coopératives d'alimentation[23] ou encore aux cuisines collectives, regroupe-

---

Y. Hurtubise (1988). «Programmes gouvernementaux et dynamisme interne des coopératives d'habitation», *Coopératives et Développement*, 20, (1), Sainte-Foy, PUQ/HÉC, p. 193-206.

C. Saucier (1986). *Les coopératives d'habitation et le changement social*, thèse de doctorat, département de sociologie, Université de Montréal.

20. R. Matthieu *et al.* (1988). *Op. cit.*

21. L. Favreau (1989a). *Loc. cit.*

J.-M. Fontan (1988, 1990). *Loc. cit.*

B. Lévesque (1989). «Les relations État-coopératives (1960-1987): anciens et nouveaux compromis», *Coopératives et Développement*, 20, (1), Sainte-Foy, PUQ/HÉC, p. 159-191.

A. Joyal (1989). «Les entreprises alternatives dans le développement local», *Revue canadienne des sciences régionales*, XII, (1), printemps, p. 12-28.

C. Gagnon et J.-L. Klein (1989). *Op. cit.*

W. Ninacs (1989). *Loc. cit.*

22. A. Fortin (1985). *Le RÉZO (essai sur les coopératives d'alimentation au Québec)*, Québec, IQRC.

23. C. Mercier (1990). «Coopératives, groupes populaires et pratiques émancipatoires: le cas des clubs coopératives de consommation», *Coopératives et Développement*, 21, (2), Sainte-Foy, PUQ/HÉC, p. 99-122.

ments de familles pour faire des achats d'aliments et des repas en commun.

Mais ces initiatives de développement d'infrastructures économiques et sociales au niveau local risqueraient d'être complètement fragmentées et sans portée économique et sociale réelle si ce n'était de l'émergence au cœur de cette dynamique de corporations de développement communautaire (CDC) et de corporations de développement économique communautaire (CDEC). C'est là incontestablement le fait nouveau des derniers années en matière de développement local, surtout si on couple l'émergence de ces corporations de développement communautaire avec le fait tout aussi nouveau qu'elles prennent forme en milieu urbain, dans les quartiers populaires de Montréal ou dans des centres urbains régionaux ou sous-régionaux comme Victoriaville[24] ou Sorel[25].

Ces corporations disposent généralement de fonds d'investissement et d'intervenants spécialisés en micro-économie, en gestion et en formation d'entreprises. À partir de là, elles peuvent fournir, en amont et en aval de ces initiatives locales, les conditions nécessaires de survie et de développement de ces entreprises, soit la création de maillages entre ces différents services et entreprises par l'intermédiaire, par exemple, de la possession en commun d'un édifice qui les regroupe et le soutien en matière de gestion, de tenue de livres, de planification financière, de mise en marché, de promotion, de formation. Dans certaines régions, on parle volontiers de l'existence d'un troisième secteur, d'une économie sociale ou communautaire, parallèlement à l'économie du secteur privé et à celle du secteur public.

Bénéficiant d'un financement étatique (fédéral, provincial et municipal), ces corporations offrent, aux yeux des gouvernements, à juste titre d'ailleurs, un substitut à l'assistance sociale, au chômage de longue durée et à la formation professionnelle de type traditionnel[26]. En réalité, avec cette aide financière, elles élargissent cependant leur rayon d'action, car elles travaillent proactivement à rebâtir une économie locale dans des quartiers ou des localités en déclin industriel et démographique. Voyons concrètement quelques réalisations, à titre illustratif, de ces initiatives de développement local de type communautaire.

---

24. W. NINACS (1989). *Loc. cit.*

25. R. LACHAPELLE (1990). *Le mouvement communautaire à Sorel-Tracy: éléments pour une stratégie de développement*, Sorel, Éd. Communautés militantes.

26. J.-L. LAVILLE (1990). «L'insertion dans l'économique», *Économie et humanisme, 315*, octobre-décembre, p. 18-27.

Quelques expériences révélatrices issues de ce type d'organisation communautaire

La coopérative de construction Maska

«Une coopérative de travail, ça peut être rentable économiquement et fonctionner démocratiquement[27].» Tel est, en substance, le sens des propos du président d'une coopérative de construction de la région de Saint-Hyacinthe qui raconte son expérience. En résumé, voici le bilan de la coopérative Maska: après trois ans de fonctionnement, elle détient un chiffre d'affaires de 500 000 $, un surplus de 21 635 $ dans leur deuxième année d'exploitation, des travailleurs de la construction qui ne connaissent plus le chômage et qui plus est, contrôlent leur entreprise. Ce qui ne va quand même pas sans peine, comme nous le montre l'extrait suivant:

Q. Qu'est-ce qui vous a poussé à démarrer une coopérative de construction?

R. Comme militants, Philippe et moi étions tous deux actifs au comptoir alimentaire et à la coopérative funéraire. Nous avions acquis là la volonté d'organiser la vie autrement, de vivre autrement, y compris dans le travail.

Deux amis de Philippe en ont été les déclencheurs: en 1982, ils avaient travaillé une grosse année pour un contracteur privé mais l'année suivante ils s'étaient retrouvés, l'un avec neuf mois de chômage, et l'autre en chômage et en dépression. Alors on s'est mis à la tâche.

Mais démarrer une coopérative de construction n'est pas chose facile: je pouvais fournir le «crayon» (compréhension intellectuelle de documents et démarches administratives) et Philippe, lui, pouvait assumer le leadership de la coop en tant que travailleur de la construction, militant syndical et ancien président du Conseil central de Saint-Hyacinthe (CSN). L'un et l'autre, on se complétait bien.

Après l'étude de documents divers, des visites de coopératives de construction déjà en opération et les démarches pour nous faire reconnaître comme coopérative, la coop a finalement eu sa charte en janvier 1984, et son permis d'opération en août 1984. Un peu plus tard, la coop devenait membre de l'Association des entrepreneurs. On a alors pu solliciter du monde pour devenir membres, sur la base de leur compétence professionnelle mais aussi de leur esprit de collaboration sur la job, de leur sens collectif. Philippe connaissait le monde pour avoir travaillé avec

---

27. Nous reproduisons ici des extraits d'entrevue parus dans le livre L. Favreau (1989c). *Op. cit.*, p. 129-138.

eux sur un chantier ou l'autre; moi j'en connaissais aussi dans le
réseau communautaire de la région.

Pour démarrer une entreprise, coopérative ou pas, il faut un
certain capital, des possibilités d'emprunt, bref des conditions liées au
marché. Comment ont-ils procédé?

Chacun a d'abord mis sa part sociale de 10 $. Lorsque le monde a
commencé à travailler, pour chaque semaine de travail sur les
chantiers, chaque employé a versé en parts sociales un montant
équivalent à celui qu'il verse à la sécurité-santé au travail. Pour
une semaine de 40 heures, ça fait à peu près 12 $ jusqu'à un
maximum de 1 500 $. Lorsque la coop a eu des difficultés de liqui-
dité et qu'il a fallu, pour nos états financiers, disposer d'un avoir
des membres, la coop a d'abord demandé à chacun de verser plus
rapidement son 1 500 $ de parts sociales et par la suite, on s'est mis
à faire des prêts à la coop (en tant que membres) et à aller chercher
des prêts. Ainsi, trois membres ont accepté de prêter à la coop
5 000 $ chacun. Une coopérative d'habitation a prêté 4 000 $, trois
autres 1 000 $ chacune, le Conseil central (CSN) 1 000 $ et un
syndicat de la métallurgie 1 000 $. Ces groupes ont prêté pour deux
ans sans intérêt.

Sur la base d'un certain nombre de faits (chiffre d'affaires, taux
d'emploi des membres de la coopérative, surplus), nous pouvons constater qu'ils ont réussi l'opération de démarrage. Néanmoins, ils se sont
butés à des obstacles pas toujours simples dans cette première année
et demie d'existence. Le président de la coopérative fait le point:

D'abord, quand tu es une coopérative, plusieurs démarches administratives doivent être faites. Et comme tu n'es pas une entreprise
privée, à l'OCQ, au MIC, à l'Association des entrepreneurs, ils sont
mal pris. Ça n'entre pas dans les schèmes établis. D'autre part, au
niveau régional, la compétition avec des contracteurs privés sur
des soumissions, nous a amené à être boycottés. De un, le permis
d'employeur fourni par la Ville nous a constamment filé entre les
doigts alors qu'habituellement, c'est très simple. On a dû attendre
deux ans. Il faut dire qu'il y a deux contracteurs privés au Conseil
de Ville. En outre, des inspecteurs sont envoyés sur nos chantiers
beaucoup plus souvent que la moyenne.

Du côté de ceux qu'on croyait spontanément être nos alliés comme
les GRT, ça n'a pas marché immédiatement. Mais grâce à trois
coopératives d'habitation où nous étions personnellement connus,
la coop a pu obtenir ses premiers contrats de rénovation (et des
prêts sans intérêt).

Autre difficulté: les contracteurs qui «soumissionnent» à bien
meilleur coût parce qu'ils font du travail au noir. Nous, on refuse
d'en faire.

Puis, il y a la difficulté de bien soumissionner; il faut l'apprendre. Nos premières soumissions étaient ou trop chères ou trop basses. Reste que nos premiers six mois d'opération (de l'été 1984 à la fin janvier 1985) n'ont donné que 972 $ de déficit et nous avons fini l'année 1985 avec un surplus de 21 635 $. Donc, c'est parti.

Pour ce qui est de nos difficultés plus internes, pendant un bout de temps, quand un contrat nous glissait des mains, l'attitude devenait: «On est aussi bien de retourner travailler pour les constructeurs.» Aujourd'hui, le monde dise: «Une coop c'est long à partir, c'est essoufflant, mais on commence à penser que ça va réussir.» D'autant qu'il y a autre chose qui se passe: depuis que la coop existe, Philippe est sur la liste noire des contracteurs de la région et d'autres commencent à éprouver les mêmes difficultés de telle sorte qu'ils se disent: «Il faut que ça marche ou bien on a plus de job.»

Mais y a-t-il des avantages à travailler pour une coopérative de construction plutôt que de travailler pour un contracteur privé?

L'avantage premier, c'est un emploi stable, régulier. Les membres ont plus de travail qu'ils n'en ont jamais eu dans la construction. Avant, c'était deux à trois mois de chômage annuellement. Et cet emploi plus stable, plus régulier, ils le doivent comme ils disent au fait «qu'on n'attend pas après un patron pour avoir de l'ouvrage, on va le chercher nous-mêmes». Deuxièmement parce qu'ils sont maîtres de leur emploi, avec ce qui en découle, plus de travail. D'ailleurs, c'est l'objectif premier de la coop: la maîtrise de l'emploi, pas seulement de créer de la job. Il faut également lier à cette maîtrise de l'emploi le contrôle par les membres (via le CA où ils sont cinq sur les six employés de la coop) des contrats de travail: «On décide quand on va travailler, on décide quels contrats on va prendre, et on sait au fur et à mesure combien un contrat nous coûte et nous rapporte.» Sans compter la formation économique que les membres sont plus ou moins obligés de se donner avec les RÉER, les RIC...

Il y a en outre le fonctionnement sur les chantiers qui doit tenir compte tout à la fois de la démocratie et de l'efficacité. Disons d'abord que tous s'entendent pour dire qu'avec la coop, «on ne se fait pas pousser dans le dos par un boss qui nous dirait constamment qu'on ne va pas assez vite». Philippe ne «bosse» pas, il montre comment faire, bien souvent en le faisant lui-même, de telle sorte que travailler 15 minutes de plus pour eux c'est pas grave, parce qu'on n'est pas «rushés» sur le chantier pendant la journée. Mais à quelques reprises on a payé la dernière heure de la semaine pour des discussions sur le fonctionnement au travail. Car sur le chantier même, t'as pas le temps de te chicaner, il faut que ça marche. Et après, il est trop tard pour se parler, il te faut retourner chez toi, etc. D'où les crottes sur le cœur des uns ou des autres.

Par ailleurs nous sommes tenus, par règlement de régie interne, de discuter des trop-perçus de chaque année. Pour nous, c'est un bon moyen de s'éduquer à la coopération: Est-ce qu'on répartira les profits entre les membres ou si l'on choisira de les réinvestir dans le projet collectif? Jusqu'ici on a tranché pour le collectif. D'autant qu'avec un bon fonds, on peut faire de la construction neuve, ce qui est moins coûteux et plus payant. La coop pourrait aussi acheter des terrains. Et si on dispose d'une bonne liquidité, elle pourrait aussi avoir son entrepôt, on aurait du bois séché plutôt que du bois vert. Ça travaillerait mieux et on aurait un produit de meilleure qualité. Donc, la coop, c'est faire travailler du monde, maîtriser notre travail, faire une bonne job.

La coopérative est-elle une véritable entreprise?

La coop Maska s'occupe surtout de construction résidentielle et, dans ce secteur, de rénovation. Éventuellement, nous irons dans la construction neuve. Notre permis nous permet aussi d'aller dans le public et le commercial n'excédant pas trois étages.

Nos contrats (en temps de travail et en valeur) proviennent pour la moitié de propriétaires individuels, pour l'autre moitié des coopératives d'habitation. Nous avons eu pour l'année 1985 un chiffre d'affaires de plus de 500 000 $ (avec 21 635 $ de surplus). On a engagé jusqu'à 7-8 personnes en dehors des membres de la coop.

Nous travaillons dans Saint-Hyacinthe et les alentours (Saint-Hilaire, Saint-Ours près de Sorel). La région compte 25 à 30 entrepreneurs et 250 à 300 travailleurs de la construction. Quant aux membres de la coop, nous sommes 7 (dont 5 sont à temps plein sur la job). Pour la plupart, ce sont des menuisiers-charpentiers, les autres sont manœuvres. Deux peuvent être responsables de chantier, deux dont moi peuvent préparer des soumissions, un troisième est en train d'apprendre. Nous pensons à de nouveaux membres du côté des plombiers, des électriciens et des plâtriers. Le personnel est payé au taux du décret (salaire et avantages marginaux) et nos membres sont syndiqués.

Le Chic Resto-pop

Quarante mille repas servis en date de mai 1987 après seulement deux ans de fonctionnement, 150 clients tous les midis du lundi au vendredi, 24 employés, 3 équipes de travail, une gestion collective; 80 % des plats préparés à partir d'aliments récupérés, un chiffre d'affaires annuel de 250 000 $, voilà l'essentiel de l'expérience du *Chic Resto-pop* dans le quartier Hochelaga-Maisonneuve à Montréal[28].

Que nous offre la visite des lieux? Une grande salle à manger pour cent personnes, avec cuisines, entrepôt de récupération de nourriture

---

28.   Il existe un excellent film relatant cette expérience, produit par la cinéaste Tahani Rached: *Au* Chic Resto-pop (ONF, 1990, 85 minutes).

sèche et non sèche, atelier de réparation/menuiserie, atelier de préparation de repas-buffet du style traiteur.

Le *Chic Resto-pop* est en grande majorité fréquenté par des assistés sociaux, des chômeurs et des petits salariés, hommes et femmes. Les assistés sociaux et les sans-emploi de 18-30 ans ne paient pas; ceux de plus de 30 ans déboursent 1 $, les retraités 2 $ et les autres 3 $. Tous les employés réguliers sont de jeunes ex-assistés sociaux. Mme Annie Vidal, organisatrice communautaire initiatrice du projet, explique comment a démarré l'entreprise:

> Fin 1983, je travaillais à demi-temps pour l'ADDS. Je me suis retrouvée avec un groupe de jeunes assistés sociaux de 18 à 30 ans, après deux années de tentatives infructueuses diverses. Ces jeunes étaient nouveaux sur le Bien-être.

> On a commencé à remasser des conserves, on ressemblait un peu trop à la Saint-Vincent-de-Paul, on faisait aussi partie du RAJ. Les jeunes ne voulaient ni être des bénévoles faisant la charité, ni des bénévoles de l'ADDS, ni passer leur temps dans des manifs ou des occupations pour faire augmenter les prestations. Ces jeunes voulaient sortir du Bien-être, gagner un salaire. Cela a posé un problème à l'ADDS, qui regroupait surtout des personnes âgées ou des familles monoparentales.

> Après le ramassage des conserves, on est passé à une banque de jobs. On a offert nos services pour faire de la menuiserie ou du nettoyage. Cela n'a pas marché: on n'avait aucun contrôle sur les travaux faits et les clients se plaignaient beaucoup. En même temps, les jeunes voulaient une place pour se rencontrer. On est aussi allé visiter un resto pour jeunes assistés sociaux à Victoriaville, en avril 1984. C'était bon, mais ça ressemblait trop à une soupe populaire. Finalement, on a retenu l'idée du resto, et aussi l'idée de la récupération car des jeunes de Victo allaient, chaque samedi, ramasser des aliments au marché.

> L'ADDS acceptait mal les jeunes et leurs idées qui sortaient du cadre habituel. Deux personnes ont alors décidé de s'incorporer dans une OSBL et ont présenté une demande de subvention dans le cadre des programmes de travaux communautaires «Déclic». À cette époque, l'ADDS dénonçait publiquement ces programmes. Notre position différait: ces programmes ne sont pas la solution, mais en matière de salaire et d'emploi, c'est toutefois mieux que le Bien-être.

> Le resto a démarré le 1er novembre 1984 (l'équipe) et les repas ont commencé à être servis le 14 janvier 1985. Pendant un an, il y avait de 50 à 100 personnes/jour; depuis le 24 novembre, on sert de 130 à 150 repas par jour, dans le sous-sol de l'église que nous avons louée à la Fabrique (bail de cinq ans), cinq jours par semaine.

La première équipe de travail s'occupe des achats et de la récupération; une autre de la cuisine (choix des menus et préparation des repas); une troisième s'occupe des services à la population: animation culturelle pendant les repas, organisation de débats, jardins communautaires; une quatrième équipe gère l'entreprise; et une cinquième s'occupe de l'entretien. Le *Chic Resto-pop* a également mis sur pied un service de traiteur et caresse le projet d'un comptoir de vente de repas congelés sous vide.

Voici de quelle façon s'organise la gestion de cette entreprise communautaire:

Le *Resto-pop* est un OSBL géré par quatre personnes. À l'interne, on a une gestion collective par les travailleurs, avec participation de stagiaires et d'usagers. On veut en arriver à une gestion participative mais actuellement, c'est surtout l'affaire des permanents.

Au début, tout le monde qui venait pouvait participer aux décisions. Il y avait un coordonnateur, des responsables d'équipe qui n'en étaient pas vraiment. C'était moi qui connaissais les dossiers, qui préparais les propositions, qui orientais les assemblées; les gens votaient des choses qu'ils ne connaissaient pas. Aujourd'hui, avec une plus grande division du travail, avec plus de responsabilités réellement partagées et une hiérarchie, ça roule mieux. Le cadre est mieux fixé, il y a moins d'insécurité; chacun ne se sent pas obligé de décider.

Il y a un comité de discipline pour régler les problèmes de personnel, pour décider s'il y a matière à renvoi (retards, sexisme).

Q. Est-ce devenu une gestion très classique?

R. Non, car ce n'est pas la décision d'une personne, d'un patron. Il y a, de plus, une assemblée des usagers qui établit le programme de bouffe, de cours, de loisirs, de droit de parole, de jardins communautaires. Lors de l'assemblée à laquelle 40 usagers ont participé, ils ont exprimé leurs préférences côté service. Il y a trois grandes étapes dans ce pouvoir aux usagers: la première étape, un comité de salle, la deuxième un comité de contrôle issu de l'assemblée des usagers, et la troisième étape, un contrôle décisionnel des usagers.

Au début, les usagers critiquaient surtout l'éclairage et la qualité des repas. Il faut dire que nos cuisiniers ne sont pas des professionnels. Ici la cuisine est plus familiale. C'est une femme du quartier qui, à raison de 10 h/semaine compose les menus.

Les usagers s'impliquent, l'un dans l'accueil, l'une dans l'animation de salle, l'autre dans l'organisation de débats, cours de peinture, théâtre, décoration. D'autres cherchent des contrats de rénovation pour notre atelier de travaux.

> C'est très dynamique, c'est pas du bénévolat, ni de la charité et les usagers partagent les buts sociaux.

Quelles sont les difficultés rencontrées? Annie Vidal affirme que le *Resto-pop* vise l'auto-financement à 50 % tout en poussant à bout la logique du gouvernement qui dit vouloir aider les jeunes à créer leur emploi. Reste que:

> Notre défi principal est d'éviter que la rentabilité économique prenne le dessus sur la rentabilité sociale ou vice-versa, donc de maintenir l'équilibre. On ne sera jamais des capitalistes. Mais ce serait un grave échec si les travailleurs en venaient à se foutre de la clientèle.

> Ce qui nous fait le plus peur actuellement, c'est notre entreprise de mets préparés. Elle peut nous faire débloquer au plan économique. Cette petite entreprise à but lucratif va nous permettre d'appliquer notre nouvelle formule de gestion. Il y aura émission d'actions, mais le *Resto-Pop* va demeurer le principal actionnaire. Il y a certes un danger de croissance mais on sent déjà une relève à l'intérieur.

> Au bout du compte, on atteint nos objectifs du départ même s'ils restent à perfectionner.

La Corporation de développement communautaire des Bois-Francs à Victoriaville[29]

La plus ancienne corporation de développement communautaire (1982), initiatrice du plus important colloque du mouvement populaire et communautaire de la décennie 80 (plus de 400 participants représentant 225 organisations populaires et communautaires réunies en octobre 1986 sous le thème «Fais-moi signe de changement»), la Corporation de développement communautaire des Bois-Francs semble en pleine santé.

Dans cette région de 36 000 habitants (région de Victoriaville, Arthabaska, Sainte-Victoire), la «Corpo de Victo» est l'épine dorsale du mouvement communautaire: elle soutient 185 emplois dans diverses entreprises communautaires (pour une masse salariale de deux millions de dollars et un chiffres d'affaires de 7,5 millions) et regroupe plus de 40 organismes populaires et communautaires du milieu, dont bon nombre partagent un édifice commun en plein cœur de la ville.

La Corpo de Victo est sans doute loin derrière les plus gros employeurs, comme l'Hôtel-Dieu d'Arthabaska, la Commission scolaire de Victoriaville, les compagnies Sodisco, Vic Métal et Lactantia, mais loin devant plusieurs des quelque 100 PME que compte la région.

---

29. Pour explorer en détail cette expérience, voir le texte de W. Ninacs dans la seconde partie de ce livre.

Du côté du «communautaire» de Victoriaville, en quinze ans, seuls deux organismes communautaires ont fermé leurs portes, soit une des deux boucheries coopératives et un garage coopératif. Récupération Bois-Francs constitue un exemple de réussite populaire. En 1986, cette entreprise a traité 6 300 tonnes de déchets. De plus, elle génère 17 emplois à 7,50 $/h et s'appuie sur la participation de 70 % de la population.

Est-ce à dire que l'économie et le communautaire sont incompatibles? inconciliables? Dans l'esprit de ces principaux artisans, l'économie communautaire ne constitue pas une solution de rechange globale au système économique, mais plutôt une contribution originale, spécifique, qui ne réussit pas à tout coup. Depuis plusieurs années, par exemple, Panibec (entreprise de récupération dans l'est de Montréal) n'a pas réussi à démarrer. Par contre, Tricofil ferme ses portes, mais après avoir réussi pendant huit ans[30], tandis que Mondragon, complexe coopératif du Pays Basque espagnol, dont le cœur est composé de 94 coopératives industrielles engageant plus de 15 000 salariés-sociétaires (chiffres de 1984), traverse la crise économique du début des années 80 de façon magistrale[31]. Voyons de plus près les enjeux de ce nouveau type de développement local initié pendant les années 80 dans plusieurs régions du Québec.

Les enjeux actuels du développement local communautaire: les débats en cours

L'enjeu premier du développement local réside dans sa capacité à relever le défi de créer des activités durables, des entreprises et des services appelés à se maintenir et des emplois relativement stables. Pour ce faire, il doit surtout miser sur ses propres forces. Mais il y a plus: c'est l'addition de l'ensemble des forces locales qui fera la différence par le maillage dense de relations que celles-ci sauront créer[32], pour réduire au maximum ce que les économistes appellent les «coûts de transaction», c'est-à-dire le temps et l'argent servant à l'obtention d'informations pertinentes pour le développement de l'entreprise, le temps et l'argent servant à s'inscrire dans les réseaux permettant à l'entreprise de progresser. Les incubateurs d'entreprises ou le regroupement dans un même édifice avec mise en commun de certains ser-

30. P.-A. BOUCHER (1982). *Tricofil tel que vécu*, Montréal, CIRIEC/HÉC.
31. P. BELLEVILLE (1987). *Loc. cit.*
32. B. PECQUEUR (1990). *Le développement local*, Paris, Syros/Alternatives.

vices (de promotion, de gestion comptable...) illustrent bien ce concept de maillage.

L'autre enjeu du développement autocentré ou communautaire concerne l'articulation permanente d'un projet économique à un projet social. D'un côté, il faut travailler à assurer la durabilité des entreprises, ce qui suppose planification financière, organisation du travail avec des règles du jeu serrées, objectifs de production... De l'autre, il faut assurer une participation réelle des artisans de ces entreprises à leur développement, ce qui implique l'établissement de mécanismes démocratiques d'association des travailleurs à la résolution des problèmes, ainsi qu'une insertion de ces entreprises dans le développement d'ensemble de la communauté locale.

Certains auteurs ont mis en doute l'importance du développement local à l'heure de la mondialisation de l'économie et de la mobilité de la population (séparation entre le lieu de travail et le lieu de résidence, mobilité des jeunes...). En d'autres termes, on se demande si le développement à partir d'un quartier d'un grand centre urbain ou d'une localité dans une région éloignée offre encore aujourd'hui une base pertinente d'intervention en organisation communautaire. Les réseaux sectoriels (par affinité de génération, par exemple le «nous les jeunes») ne sont-ils pas des tremplins plus efficaces d'organisation communautaire?

L'expérience actuelle démontre au leadership communautaire que leurs communautés locales n'évoluent pas en système clos, que si leur progression doit tabler d'abord sur les forces internes du milieu, elle doit aussi agir en interdépendance avec d'autres agents économiques et sociaux hors du milieu même, hors du pays même[33].

Aussi et surtout, on constate aujourd'hui, en dépit de tous les facteurs susceptibles de délocaliser l'action collective (mondialisation de l'économie, mobilité sociale...), la persistance des communautés de voisinage[34]. D'autant plus que la menace pesant sur l'environnement – menace planétaire certes, mais menace souventes fois localisée – est venue renforcer l'urgence de la mobilisation pour la protection d'un environnement local sans cesse bafoué par la pollution sous toutes ses formes.

---

33. IFDEC (sous la direction de) (1989). *Le local en action*, actes d'un colloque international sur le développement local (tenu à Montréal en 1988), Montréal, ANDLP-IFDEC.

34. K. P. WILKINSON (1989). «The future of community development», James A. CHRISTENSON et Jerry W. ROBINSON (1989). *Community Development in Perspective*, Iowa, Iowa State University Press, p. 337-354.

«Penser globalement, agir localement», mot d'ordre général du mouvement écologique, sied également fort bien aux intervenants impliqués dans des démarches de développement local. Ce à quoi il faut ajouter que la mobilité et les projets de mobilité ne sont pas aussi prononcés aujourd'hui que dans les années 70 par exemple, ni même aussi permanents, la récession économique venant souvent mettre cette perspective en attente.

L'avenir du développement local communautaire

Le micro-développement, qui constitue le cœur même du travail d'organisation communautaire que nous venons de décrire, peut-il avoir un plus grand impact ou est-il condamné au localisme une fois le processus d'organisation d'une communauté bien amorcé? Voilà une question fort récurrente. Face à la dimension macro-sociale de l'intervention étatique dans le développement de même qu'à la dimension mondiale de l'économie, le micro-développement peut nous sembler anodin. Devant également la puissance des pouvoirs en place, l'autonomie d'intervention locale peut donner l'impression de l'absence de pouvoir et de la marginalisation; face aux projets étatiques à grand déploiement, le faible coût financier des projets locaux offre l'apparence du *cheap labor* et de la piètre qualité; face à la solidité, en surface, des projets étatiques, l'innovation et l'expérimentation à petite échelle, l'impression du provisoire.

Bref le développement local n'est pas nécessairement porteur de grandes vertus. Oui, pourvu qu'on en sorte, qu'on se dirige vers le macro-développement qui lui l'est effectivement selon certains économistes et experts en aménagement. Pourtant, on assiste présentement à un double mouvement qui annonce un avenir au développement local.

En effet, les gouvernements prennent davantage conscience des problèmes immenses provoqués par la centralisation étatique, tant sur le plan économique que sur le plan social. La nouvelle tendance est à la décentralisation. Ainsi nous assistons au retrait de l'État central, au partenariat de l'État avec les municipalités, à l'émergence d'une véritable économie-territoire et à la revitalisation de zones rurales ou urbaines, encore tout récemment en plein déclin[35].

---

35. P. DOMMERGUES (1988). *La société de partenariat (économie-territoire et revitalisation régionale aux États-Unis et en France)*, Paris, Anthropos.

P. DOMMERGUES (1990). «Des Américains en quête d'un nouveau contrat social», *Le Monde diplomatique*, mars, p. 10-11.

De plus, les mouvements sociaux, et de façon toute particulière le mouvement populaire et communautaire, misent sur la plus grande diversité des pratiques, des champs d'intervention et des stratégies d'organisation communautaire. Non seulement, se dit-on, il incombe d'organiser les travailleurs non syndiqués des petites et moyennes entreprises, ainsi que les locataires, les assistés sociaux ou les chômeurs pour faire progresser leurs droits sociaux... il importe aussi de favoriser le développement local, notamment la réinsertion sociale des chômeurs et des assistés sociaux de même que celle des jeunes décrocheurs. Plus encore, dans le cadre d'une planification stratégique, il faut additionner les forces locales dans un maillage relativement dense, véritable réseau apte à favoriser l'émergence d'un développement d'ensemble des communautés locales, développement établissant les passerelles nécessaires entre un projet économique et un projet social.

L'avenir de cette stratégie d'organisation communautaire, en matière d'efficacité sociale et d'ampleur de sa pénétration, demeure évidemment impossible à prévoir. On peut néanmoins établir les scénarios de développement suivants: d'abord, si l'explication économique de sa réémergence prévaut, la reprise du développement local, comme stratégie d'intervention, aura été étroitement liée à la crise. Elle aura servi d'accessoire ou de support à la sortie de crise, sur le plan de l'emploi, pour les plus défavorisés (assistés sociaux, jeunes décrocheurs et chômeurs de longue durée) de communautés locales en déclin. Elle aura également servi à créer des services communautaires, services qui auront aidé à pallier les insuffisances d'un État qui se désengage de plus en plus durant la période la plus forte de la crise. Son rôle aura été seulement défensif et palliatif.

Ensuite, si l'explication sociopolitique de sa réémergence prévaut, la reprise du développement local comme stratégie d'intervention se liera davantage à la recherche de nouvelles avenues de changement social au sein du leadership communautaire, avenues rendues nécessaires par le plafonnement d'une stratégie de changement trop exclusivement étatique, trop centrée sur l'espoir du retour de l'État-providence et le macro-développement[36]. Elle aura servi alors à répondre à des besoins économiques et sociaux criants tout en étant porteuse d'un nouveau projet de société. Son rôle devient alors moins supplétif que générateur de nouveaux acteurs sociaux, hier victimes d'un «système», aujourd'hui agents actifs de transformation sociale.

---

36. J.-L. KLEIN (1990). «Nouveaux mouvements sociaux et développement local», *Coopératives et Développement*, *21*, (2), Sainte-Foy, PUQ/HÉC, p. 21-28.

Enfin, si l'explication de type socioculturel de sa réémergence prévaut, la reprise du développement local comme stratégie d'intervention sera davantage liée à l'importance accordée par des populations locales à leur patrimoine, conservation sociale du patrimoine local qui ne saurait s'identifier à une nostalgie d'un passé préindustriel, mais bien plutôt à la nécessaire lutte d'un mouvement d'écologie sociale à caractère postindustriel.

Dans le premier scénario, l'avenir du développement local est surtout de caractère conjoncturel. Dans les deuxième et troisième scénarios présentés, le développement local dispose d'une trajectoire de plus longue durée.

2

L'action sociale

▼

2.1.

L'action communautaire de défense des droits sociaux

▼

Robert Mayer
Jean Panet-Raymond

Dans ce texte, nous traçons le portrait d'une certaine pratique d'action communautaire portant sur la défense des droits sociaux. Nous tenterons donc, dans un premier temps, de définir les notions de droit et de loi dans le contexte de l'adoption des chartes des droits et libertés. Dans un deuxième temps, nous présenterons les approches et les modèles d'intervention qui servent de référents aux pratiques ou encore à mieux définir les pratiques en cause. Enfin, dans un troisième temps, nous décrirons les principales pratiques qui marquent ce modèle d'action communautaire: nous verrons qu'il y a une évolution très nette des modèles de pratique qui varient aussi selon les champs d'action.

CONCEPTION ET RÔLE DU DROIT

Une définition des termes s'impose si l'on veut présenter les pratiques de défense de droit. *Un droit* est ce qui est permis et exigible dans une société selon une règle écrite, tels une loi ou un règlement, ou une règle morale, telle une coutume. Selon les conceptions théoriques, on distingue les droits naturels fondés sur des valeurs fondamentales, tels le droit à la vie et le droit à la liberté, et les droits positifs fondés sur des exigences plus conjoncturelles dans un contexte donné, tels le droit d'afficher dans une langue donnée et le droit de conduire suivant certaines circonstances.

Une loi est une règle écrite qui sanctionne les droits et obligations des personnes dans une société. *Le droit* est l'ensemble des règles écrites et coutumières qui régissent les rapports des personnes entre elles. On utilise aussi ce terme général pour catégoriser des champs de droit; par exemple, on parle de droit civil, de droit criminel, de droit international (qui régit les rapports entre les États ou entre les personnes de différents pays). La notion de droits sociaux est utilisée à l'occasion dans les organismes communautaires ou syndicaux pour définir soit des droits sanctionnés par des lois régissant les rapports sociaux (lois dites sociales), soit des droits non sanctionnés par des lois mais fondés sur des valeurs fondamentales de justice ou d'équité. On parlera de droits sociaux lorsqu'il s'agit du droit à des logements de qualité et abordables ou du droit à des services sociosanitaires de qualité. Ces droits sociaux, qui ont souvent une dimension économique, sont généralement l'objet de revendications par les organismes.

Différentes conceptions du droit s'opposent, mais elles appartiennent à l'un ou l'autre des deux grands courants suivants: les théories libérales et les théories marxistes. Les théories libérales datent du XVIIIe siècle et reposent sur les fondements du droit grec et du droit romain. Pour les théoriciens libéraux, le droit est une expression de valeurs fondamentales et éternelles, voire naturelles, formulées avec rationalité par des législateurs (assemblée d'élus ou monarque). On en vient presque à faire une équation entre le droit, l'éthique et l'équité dans le sens où la loi serait l'expression des valeurs fondamentales et immuables d'une société. Les théoriciens marxistes refusent la notion de droit naturel et de valeurs fondamentales: ils considèrent le droit comme l'expression de la volonté d'une classe dominante mais aussi d'acquis historiques résultant d'une dynamique entre les différentes forces sociales d'une société. Ainsi, les lois évoluent au gré des luttes entre les divers intérêts de la société. C'est plutôt avec cette vision d'inspiration marxiste que nous développerons les conceptions du droit et les pratiques de défense des droits.

Le droit est alors l'expression de la volonté dominante des élus réunis dans les corps législatifs et l'État devient l'instrument fondamental de son exécution, les tribunaux interprétant et appliquant les lois. Ainsi, les pouvoirs législatif, exécutif et judiciaire jouent un rôle important pour assurer l'ordre légal. Une loi est une règle obligatoire (assortie de sanctions) imposée par un groupe social, représenté par un corps législatif légitime (dans une société démocratique) ou une autorité suprême reconnue (dictateur ou monarque). La loi est donc la confirmation du pouvoir; elle joue un rôle de normalisation sociale, économique, politique et idéologique, et vient même (pour les théoriciens marxistes) masquer les contradictions de la société et les rapports d'oppression, en invoquant souvent la notion d'intérêt public pour justifier son existence. Les législateurs adoptent des lois dans l'intérêt public, lois qui doivent incarner les idéaux de la société libérale (égalité et liberté). Il devient donc nécessaire de décoder le langage juridique pour cerner les fonctions économiques, politiques et idéologiques des législations, notamment des lois dites sociales qui nous intéressent ici. Par exemple, les lois sur la sécurité du revenu assurent un certain pouvoir d'achat aux personnes sans emploi et atténuent l'ampleur des crises économiques. Ces législations sociales assurent aussi un contrôle politique en maintenant l'obligation de travailler ou d'autres conditions précises. Enfin, elles servent aussi sur le plan idéologique à perpétuer certaines valeurs (le travail, la responsabilité individuelle) et certaines institutions (la famille). Nous verrons que les organisations de lutte pour les droits sociaux pourront s'attaquer soit aux législateurs, soit aux tribunaux, ou encore aux appareils d'État responsables de l'exécution des lois. De plus, les luttes de défense de droits pourront porter soit sur la dimension économique (montant des mesures sociales), soit sur la dimension politique (conditions d'admissibilité), ou encore sur la dimension idéologique (valeurs véhiculées).

Au-delà des lois, il y a, au Canada et au Québec, des chartes qui doivent primer sur toutes les lois particulières à moins d'exceptions clairement formulées (la fameuse clause «nonobstant» dans la Constitution du Canada). En 1975, le Québec a adopté la Charte des droits de la personne, et en 1982, le Canada a enchâssé dans la Constitution la Charte canadienne des droits et libertés. Ces deux chartes confirment une tendance philosophique individualiste en définissant les individus comme sujets de droits même si, dans les faits, elles devraient affecter des collectivités puisque les droits énoncés sont de portée universelle sans restriction. Les principes d'égalité de tous et chacun devant la loi sont très généreux, mais souvent contredits par la réalité. Plusieurs organisations communautaires ont dès lors commencé à utiliser ces chartes pour contester la discrimination ou l'injustice de certaines législations à l'égard de catégories de personnes. Depuis 1985, il existe un programme de contestation judiciaire financé par le gouvernement fédéral permettant de soutenir des demandes de contestations de la charte canadienne, qui ont un impact sur des collectivités démunies. Mais l'approche judiciaire passe toujours par la défense des droits d'un individu dans une situation particulière.

On voit donc se dessiner une nouvelle approche de défense de droits qui utilise les chartes pour faire respecter certains droits fondamentaux. Dans les faits, le bilan social est encore assez mince, car le processus est très onéreux et très long. De plus, il tend à individualiser les luttes qui se mènent plus dans les cabinets d'avocats et devant les tribunaux. Les mobilisations demeurent donc limitées mis à part certains temps chauds comme à l'occasion de la publication d'un jugement. En somme, les chartes perpétuent l'illusion de l'égalité des citoyennes et citoyens dans la société. Les principes sont très progressistes et présentés comme les fondements d'une société moderne juste et équitable. Or dans les faits, de telles chartes occultent les inégalités structurelles sociales, économiques, politiques et culturelles qui perpétuent l'injustice. Le processus judiciaire de défense de droits par l'utilisation des chartes exige beaucoup de temps, d'argent et de compétence juridique, monopole des avocats. C'est une voie peu accessible et peu utilisée encore aujourd'hui, bien que certains groupes victimes de discrimination sur le plan linguistique, racial et économique surtout l'empruntent.

ÉVOLUTION DES MODÈLES D'INTERVENTION

Le modèle d'intervention de défense des droits est d'inspiration surtout américaine (*advocacy*), conçu dans une perspective libérale à l'intérieur d'une société démocratique qui se veut ouverte à l'expression et à la défense des droits de toutes les catégories d'individus de la société. Les premières mentions de ce modèle font référence à un travail de représentation d'assistés sociaux auprès des bureaucraties gouvernementales[1]. Le but de l'action individuelle ou collective est d'obtenir le respect du droit à des prestations ou les justes prestations dues. Ces interventions ne se faisaient donc pas auprès des tribunaux, mais plutôt auprès des services gouvernementaux qui ne respectaient pas la loi ou qui l'interprétaient de façon restrictive. Cela illustre encore l'essentiel de ce modèle qui suppose une connaissance et une contestation autant de la loi, des règlements, des directives administratives, que des fonctionnements bureaucratiques. Cette contestation peut se faire individuellement, pour une personne avec un intervenant, ou collectivement, pour et par plusieurs personnes avec ou sans l'aide d'un intervenant. C'est ici qu'entrent en ligne de compte les notions importantes de défense, d'éducation, de conscientisation et de prise en charge individuelle et collective. C'est le fameux «empowerment». Au Québec, l'approche structurelle développée par Maurice Moreau[2] fournit un

---

1. R. CLOWARD et R. ELMAN (1966). «Advocacy in the ghetto», F. COX, J. ERLICH, J. ROTHMAN et J. E. TROPMAN (Édits) (1970). *Strategies of Community Organization*, Itasca, Illinois, F. E. Peacock Publishers, p. 209-215.

2. Maurice MOREAU (1987). «L'approche structurelle en travail social: implications pratiques d'une approche intégrée conflictuelle», *Service social*, 36, (2-3), p. 227-247.

   Maurice MOREAU (1989). *Empowerment Through a Structural Approach to Social Work*, Research report, Carleton University, Ottawa.

cadre théorique utile à ce modèle d'intervention visant d'abord les intérêts de la clientèle. Ce qui distingue le modèle de défense de droits d'autres modèles d'organisation ou de développement communautaire, c'est qu'il définit plus clairement l'individu comme sujet autonome plutôt que simple membre d'un groupe ou d'une catégorie sociale. De plus, ce modèle détermine toujours une action par rapport à une loi ou une institution que l'on accepte comme donnée ou que l'on veut transformer. La dimension éducative de l'intervention y est habituellement très grande, ce qui rend parfois le processus aussi important que l'objectif à atteindre. Enfin dans ce modèle, on accepte de jouer le jeu avec la loi et les institutions même si on peut les dénoncer, et l'on ne vise pas à créer une ressource de rechange comme dans le modèle du développement communautaire. Ce modèle a évolué au cours des années et a connu différentes tendances.

Vers le milieu des années 60, deux écoles en service social s'affrontent sur la démarche à utiliser pour «activer» la population d'une communauté et l'intéresser à son propre changement: l'école consensuelle et l'école conflictuelle. Participation ou contestation: voilà les deux principales stratégies pour la défense des droits à cette époque. L'organisation communautaire connaît alors une expansion remarquable. On assiste à une remise en question des méthodes traditionnelles d'intervention. L'orientation classique du système d'assistance sociale repose sur une stratégie que l'on peut qualifier de consensuelle. C'est une technique de recherche du consensus à tous les niveaux entre les individus, les groupes sociaux, les communautés locales et la société globale. La nouvelle approche, quant à elle, mise plus sur la contestation et l'agitation, et prône explicitement l'utilisation du conflit et du pouvoir comme moyens de transformer le *statu quo*. Bien qu'opposées ces deux stratégies ne sont pas exclusives pour autant, et l'on verra des organismes utiliser tour à tour l'une ou l'autre, suivant les objectifs à atteindre et le rapport entre les groupes d'action et la cible visée (individu, institution ou gouvernement).

Dans la perspective de la stratégie consensuelle, la participation ne doit pas déboucher sur la pression ni sur l'opposition, considérées comme un gaspillage d'énergie, mais sur la coopération. Cette stratégie est axée sur l'intégration sociale et l'adaptation des habitants à leurs conditions d'existence. Elle considère que ce conflit habitants/conditions de vie s'explique par l'anxiété, l'insécurité, l'ignorance et repose sur des malentendus, et que l'on peut donc l'éliminer par l'éducation, l'information, la communication et la discussion. Cette stratégie repose sur le postulat qu'il existe toujours un intérêt commun transcendant les intérêts particuliers des différents groupes. L'organisation communautaire doit ainsi se résoudre à ne s'occuper que des problèmes d'où se dégage un consensus, le rôle de l'animateur étant alors de favoriser l'expression de cet intérêt commun. Les principes de cette approche ont été mis en application dans le quartier de Hyde Park-Kenwood à Chicago[3]. Il ressort de cette expérience que la stratégie consensuelle a été relativement efficace au niveau psychologique. Elle fut un outil thérapeutique incontestable, car elle a permis de raffermir le moral des habitants, de stopper la panique et de diminuer la tension raciale. Par la suite, en favorisant la création d'un climat favorable à l'action, cette stratégie a permis d'éviter des mouvements de protestation qui auraient pu bloquer tout programme de rénovation. Si les citoyens ont d'abord eu une influence réelle sur les diverses administrations, celle-ci a ensuite de beaucoup diminué malgré la compétence des leaders.

Au contraire, la stratégie conflictuelle, élaborée par Alinsky[4] aux États-Unis, est fondée sur le principe qu'il faut avoir du pouvoir pour exercer une certaine influence. Elle repose sur trois concepts fondamentaux: l'intérêt personnel (*self interest*), le pouvoir par l'organisation et le conflit. L'intérêt personnel est la motivation première sur laquelle doit miser le groupe pour mettre sur pied son organisation, assurer le recrutement et engendrer l'action. En faisant d'abord appel à leur intérêt, les personnes concernées rationalisent ensuite leur action en y introduisant des considérations morales d'autojustification. Ainsi, une association de locataires va exiger un gel des augmentations de loyer pour défendre les intérêts des locataires, mais va justifier cette revendication au nom de la lutte contre la pauvreté et le besoin de maintenir des logements à prix abordable pour l'ensemble de la population. On va alors invoquer que le logement est un bien essentiel et que l'accès au logement devrait être reconnu comme un droit.

Selon Alinsky, les gens se regroupent au sein d'une organisation parce que celle-ci constitue un instrument de pouvoir leur permettant de réaliser leurs désirs, leurs besoins ou leurs programmes. Les couches les plus défavorisées de la population ne peuvent contrebalancer l'influence des catégories aisées qu'en s'organisant. La tactique du conflit est inséparable de l'utilisation du pouvoir; elle permet de contrer les inévitables résistances engendrées par la remise en question du *statu quo*. En suscitant et en stimulant le conflit, on peut révéler l'intérêt

---

3. Jean-François MÉDARD (1969). *Communauté locale et organisation communautaire aux États-Unis,* Paris, Armand Colin.

4. Saul ALINSKY (1969). *Reveille for Radicals*, New York, Vintage Books.
   Saul ALINSKY (1971). *Rules for Radicals*, New York, Vintage Books.

personnel et fonder le pouvoir. Cette stratégie a été appliquée de façon efficace dans Woodlawn, un quartier noir de Chicago[5]. Cette expérience montre que l'utilisation de la stratégie conflictuelle permet d'atteindre des couches sociales difficiles d'accès par le modèle consensuel. Cette stratégie n'est évidemment pas une panacée: se situant au niveau des rapports entre le quartier et la ville, elle peut difficilement s'appliquer à la société dans son ensemble.

Au cours des années 70, il devient évident que l'action sociale de défense des droits sociaux (et plus souvent des droits économiques) ne peut se dissocier du travail d'éducation, de conscientisation et même d'action sociopolitique. La relation doit donc viser à rendre les classes opprimées conscientes de leurs droits individuels et collectifs. Les droits identifient toujours des individus mais recouvrent en fait des collectivités. La législation est très individualisante et l'appareil judiciaire renforce cette individualisation. C'est par le travail de formation sur les lois que les organismes communautaires ont tenté de conscientiser les personnes à une réalité collective. Par cette conscientisation, on veut évidemment développer un sentiment d'identification et d'appartenance de classe en vue d'une action transformatrice[6]. C'est par ce travail que l'on atteint l'action sociopolitique. Les démarches menées par les associations d'assistées sociales, telles les associations pour la défense des droits sociaux (ADDS), les organisations populaires des droits sociaux (OPDS) et les organisations d'aide aux assistés sociaux (ODAS), l'illustrent très bien[7]. Il existe aussi des bilans des actions menées par les associations de locataires et les associations coopératives d'économie familiales[8].

Dans les années 80, la dialectique entre défense de droits individuels et collectifs est mieux assumée par les groupes et l'on oppose

---

5. Jean-François Médard (1969). *Op. cit.*

6. Comité d'action des OVEP (1978). *Dossier d'information OVEP*, Montréal.

7. Gisèle Ampleman *et al.* (1983). *Pratiques de conscientisation*, Montréal, Nouvelle optique.

   Gisèle Ampleman *et al.* (1987). *Pratiques de conscientisation 2*, Saint-Sauveur, Collectif québécois d'édition populaire.

   Jean-François René et Jean Panet-Raymond (1984). *Faut-il brûler les pancartes? Le mouvement populaire aujourd'hui*, Montréal, La Criée et l'ACEF du Centre.

   Denise Ventelou (1983). «Le point de départ: une lutte», Gisèle Ampleman *et al.* (1987). *Op. cit.*

8. Jean-François René et Jean Panet-Raymond (1984). *Op. cit.*

   Denis Fortin et Marc Roland (1981). *Histoire des luttes des consommateurs, 1962-1978*, GRAP, Université Laval.

moins les deux niveaux d'action qui sont perçus comme complémentaires et tous deux essentiels[9]. De plus, on note aussi une tendance à un «adoucissement» du modèle conflictuel au profit d'une approche plus consensuelle à l'heure de la concertation avec plusieurs institutions et organismes publics[10]. On voit même un modèle de lobbying apparaître dans la tradition américaine. Plusieurs groupes acceptent donc de jouer à l'occasion le jeu du lobby en faisant des démarches d'influence auprès d'hommes politiques et de hauts fonctionnaires pour défendre des intérêts précis. On entre alors dans une tout autre logique que celle de l'action communautaire qui véhicule des valeurs de collectivité, de démocratie, de transparence et surtout de solidarité. Avec le lobbying, les organisations populaires et communautaires acceptent de jouer sur le terrain des personnes au pouvoir et de défendre des droits à partir d'intérêts plus précis. C'est un nouveau style que l'on ne retrouve pas encore dans tous les vieux groupes issus des années 60 et 70, mais qui est fréquemment adopté par les regroupements visant surtout la défense des droits de santé, et ayant donc des intérêts moins contraires à ceux des classes et institutions dirigeantes de la société.

On retrouve aussi ce genre d'action de défense de droits dans les mouvements action-chômage (MAC), certains groupes de femmes tels Action travail des femmes, Au Bas de l'Échelle pour les employés non syndiqués, les associations de travailleurs accidentés, les comités d'aide aux réfugiés et dans les groupes d'ex-psychiatrisés (Autopsy). Dans la plupart de ces organismes, on tente de concilier le travail de défense individuelle et celui de formation et de conscientisation pour en arriver à une mobilisation collective contestant le manque de lois ou le caractère injuste et opprimant des lois sociales. Plusieurs modèles d'action existent à l'intérieur même du champ de la défense des droits. Nous en verrons quelques-uns. En fait, les modèles différents dépendent beaucoup de l'état de la législation dans les champs donnés, des origines des organisations et du rapport de force politique et idéologique entre les organisations et les institutions politiques. Nous préciserons certains des principes et concepts de ces modèles en examinant certaines pratiques qui les illustrent.

---

9. Jean-François RENÉ et Jean PANET-RAYMOND (1984). *Op. cit.*

10. Jean PANET-RAYMOND (1985). «Nouvelles pratiques des organisations populaires... Du militantisme au bénévolat au service de l'État», *Service Social, 34*, (2-3), p. 340-352.

    Louis FAVREAU (1989). *Mouvement populaire et intervention communautaire (de 1960 à nos jours): continuités et ruptures*, Montréal, Éd. du Fleuve/CFP.

Dans la tendance plus pragmatique et holistique qui se développe dans les organisations de défense de droits, il existe une approche qui peut fournir un cadre de référence utile pour réconcilier les pôles individuel et collectif tout en tenant compte des facteurs conjoncturels (politique, économique, social, idéologique). Il s'agit de l'approche structurelle[11]. S'abreuvant aux courants humanistes radicaux (Marcuse, Illich) dans sa conception de l'individu, cette approche s'inspire tant de l'analyse marxiste de la société que de l'analyse féministe du patriarcat. Enfin, c'est dans la théorie de conscientisation développée par Paulo Freire, qui insiste sur le rapport entre les intervenants et les sujets de l'action, qu'elle trouve sa troisième grande source d'inspiration. Voyons plus en détail ces trois aspects de l'approche.

La conception humaniste radicale considère l'individu comme un être naturellement coopératif et social et dont le potentiel est étouffé par les institutions sociétales qui, en maintenant le *statu quo,* font de lui un aliéné. Cette conception en appelle donc à un changement chez l'individu pour développer ses habilités, mais aussi à une transformation des structures opprimantes de la société.

L'analyse structurelle de la société part du constat que les structures sociales institutionnalisent des rapports de domination. Cette domination est surtout fondée sur les différences de classe, de sexe, de race, mais aussi de nationalité, de religion, d'orientation sexuelle et d'âge. Cette domination institutionnalisée entraîne non seulement l'aliénation de certains individus mais également l'oppression de catégories d'individus. On en arrive donc à une perspective holistique traversée par des rapports conflictuels plutôt que consensuels, comme l'avancent d'autres approches holistiques (écologique, systémique, etc.). Cette vision déterminera des actions qui tendent à défendre les individus à court terme tout en visant à transformer les structures opprimantes à long terme.

Le troisième aspect de cette approche porte sur la relation d'intervention comme telle, qui renvoie à la description que fait Freire de la relation dialogique[12] qui doit lier intervenant et sujets. On vise à établir

---

11. Maurice MOREAU (1979). «A structural approach to social work practice», *Canadian Journal of Social Work Education, 5,* (1).

Maurice MOREAU (1987). *Loc. cit.*

J. LÉVESQUE, M. MOREAU et J. PANET-RAYMOND (1989). *L'approche structurelle en travail social: quelques outils d'analyse pratique,* École de service social, Université de Montréal.

12. Paulo FREIRE (1973). *La pédagogie des opprimés,* Paris, Maspero.

une relation d'alliance[13] qui tend à devenir la plus égalitaire possible. Cette conception diffère quelque peu de la conception de «l'avocat» qui agit «pour un client» plutôt qu'«avec un sujet». Dans la défense des droits, le processus est parfois aussi important que l'objectif lui-même. L'approche structurelle tente de reconcilier l'atteinte de l'objectif à court terme et le développement de l'autonomie et de l'affirmation des individus à moyen terme. C'est ici que la perspective conscientisante prend toute son importance, pour collectiviser le plus possible la définition du problème et l'action à mener (en développant la solidarité). Ainsi, l'approche structurelle ne nie pas l'individu mais tente de déculpabiliser l'individu opprimé. On n'oppose pas service individuel et mobilisation collective, on vise plutôt à développer un processus continu qui passe de l'individu à l'action collective. On utilise donc parfois les procédures judiciaires et les démarches auprès d'institutions tout en dénonçant leur caractère opprimant. L'approche structurelle se différencie donc d'une approche professionnelle et corporatiste qui perpétue le monopole de la connaissance et la dépendance des «clients».

QUELQUES ILLUSTRATIONS DE PRATIQUES

La défense des droits des consommateurs: le mouvement des ACEF (Association coopérative d'économie familiale)

Le processus de défense développé par l'ACEF était dès le début (milieu des années 60) influencé, d'une part, par l'individualisation moralisatrice de la consultation budgétaire des caisses populaires et, d'autre part, par les luttes collectives des syndicats. Le mouvement des ACEF incarne sans doute le mieux cette intégration des traditions du mouvement populaire et du syndicalisme, alors que les liens entre syndicats et groupes communautaires ont été plus irréguliers, voire difficiles dans d'autres champs, telle la défense des chômeuses et chômeurs et des travailleuses et travailleurs accidentés.

Mais, dès sa création, le débat à l'intérieur de l'ACEF illustre bien les deux tendances qui ont souvent été opposées dans les organismes populaires de défense. D'une part, on considère que le service individuel est le point de départ d'un long processus d'éducation et de prise de conscience des réalités socio-économiques. Le service est donc suivi de sessions de formation sur les lois et la société de consommation en

---

13. Guy Bilodeau (1980). «Pour une réelle relation d'alliance entre travailleur social et client», *Service social, 29*, (3), p. 438-458.

général (le mode de production capitaliste, le mode de distribution, le rôle de l'État). D'autre part, s'appuyant sur la tradition syndicale et juridique, on voit le service individuel comme une source de dépistage de situations d'oppression pour déboucher sur des dossiers de contestation juridique. Ces contestations, ou *test cases,* tentent de faire reconnaître par les tribunaux des précédents qui deviennent ensuite l'objet de revendications collectives et plus politiques. C'est ainsi que ces dossiers ont alimenté les revendications législatives du mouvement des ACEF. La crédibilité des revendications est soutenue par des situations concrètes d'exploitation bien documentées. On crée du droit nouveau à l'aide des tribunaux et on tente ensuite de l'institutionnaliser par une législation et une régie ou un office gouvernemental (Office de protection du consommateur). C'est un travail qui exige des compétences professionnelles et du lobbying à défaut d'une large mobilisation populaire. On joue alors dans les règles du jeu d'une société libérale sans remettre en question cet ordre établi.

L'ACEF a toujours maintenu cette double vocation entre défenses individuelle et collective au moyen des tribunaux et de représentations auprès d'institutions. Une autre caractéristique importante du travail des ACEF réside dans l'usage important et habile des médias. L'ACEF a particulièrement cultivé sa crédibilité et une image de compétence.

À part quelques exceptions comme la mobilisation autour de la MIUF (mousse isolante d'urée de formaldéhyde), l'ACEF n'a pas fait beaucoup de grandes mobilisations. Elle a plutôt pris la voie du «dossier». On monte un «dossier» à partir des plaintes individuelles reçues. On analyse les faits et les lacunes de la loi. Ensuite, on fait connaître le problème et à l'occasion on organise des assemblées de consommateurs lésés, qui pourront devenir un groupe autonome, tels les victimes de la MIUF, du Cercle de la future ménagère (cette compagnie exploitait un commerce de mise de côté de produits ménagers à des coûts exorbitants), des agences de rencontres, etc. Ces groupes sont ensuite soutenus «techniquement» par l'expertise légale et organisationnelle de l'ACEF. Mais l'autonomie du groupe lui permet de déterminer sa propre stratégie d'organisation. En général, l'ACEF mène une campagne de dénonciation publique, accompagnée de poursuites judiciaires à l'occasion mais surtout de pressions sur les compagnies ou institutions dénoncées et sur les gouvernements. Les mesures pour abolir la publicité télévisée destinée aux enfants ont été contestées par une compagnie qui est allée jusqu'à la Cour suprême du Canada, laquelle a rendu son jugement en 1989 après plus de dix ans de lutte. Ainsi, au cours des années, les ACEF ont obtenu l'adoption d'un code de protection des consommateurs, des modifications à des lois, la récupération de montants d'argent obtenus frauduleusement et même la fermeture de certains commerces.

La logique entre la défense des droits individuels et des droits collectifs s'est traduite dans les faits par la constitution des dossiers. Mais le passage de la mobilisation individuelle à la mobilisation collective a été plutôt rare. En théorie, on voulait passer de la consultation budgétaire à la formation et à l'action collective. Dans les faits, les consommateurs poursuivaient plusieurs voies.

Enfin, l'ACEF a tenté, non sans débats difficiles et pertes de subventions (1977), de modifier son orientation d'un groupe de pression formé d'organismes-membres (syndicats, coopératives, organisations communautaires) à une organisation de masse formée de membres individuels. On tendait un peu vers les syndicats de consommateurs dont la vocation est essentiellement de défendre les droits des membres individuellement et collectivement. À de rares exceptions près, l'ensemble des ACEF a abandonné cette orientation au début des années 80. Les ACEF poursuivent un modèle d'action de défense au moyen de dossiers rendus publics et menés par des permanents de l'organisme en respectant un style plutôt technocratique et sans organisation de masse, sauf exception. Le travail de sensibilisation de la population se fait surtout par l'usage des médias. Les luttes menées contre l'Église de scientologie et contre l'ouverture des commerces le dimanche illustrent bien cette stratégie.

LA DÉFENSE DES DROITS DES ASSISTÉES SOCIALES *

Le mouvement des assistées sociales, connu sous les vocables ADDS (Association pour la défense des droits sociaux), OPDS (Organisation populaire des droits sociaux), ODAS (Organisation d'aide aux assistés sociaux), s'inspire d'une tradition différente des ACEF; il tire ses origines de l'expérience américaine des années 60: le Welfare Rights Movement et le travail d'«advocacy» par les avocats populaires. On retrouve ici encore la notion de défense de droits individuels. Ce sont les «avocats populaires» qui s'en réclameront les premiers. Mais la défense des droits des assistées sociales provient d'une conception beaucoup plus conflictuelle et collective des droits, car c'était la seule façon de faire reconnaître des droits qui n'en étaient pas au départ. On parle de justice sociale et des droits sociaux distincts de ceux consacrés dans une

---

* Nous utilisons le féminin dans cette section pour respecter la majorité féminine qui compose le membership des associations d'assistées sociales.

législation précise. Le mouvement de défense des droits sociaux est donc né d'une lutte collective et essentiellement politique pour faire reconnaître des droits nouveaux par le pouvoir législatif. Cette lutte a été entreprise à la fin des années 60 par le Mouvement pour la justice sociale qui réclamait une législation sur l'aide sociale. On ne pouvait compter sur une législation ni sur des avocats comme à l'ACEF. On se devait donc de développer un rapport de force favorable par une mobilisation large et des pratiques conflictuelles pour faire reconnaître (ou arracher) l'existence même de droits. Les ADDS et OPDS ont ainsi encouragé des occupations de bureaux de ministres et de bureaux d'aide sociale, organisé des manifestations, fait circuler des pétitions et déposé des mémoires, toutes pratiques qui, au fil du temps, sont devenues leur marque de commerce.

La lutte sur la taxe d'eau (refus de payer la taxe d'eau municipale après une réforme provinciale) aura sans doute été la plus importante dans la consolidation du modèle conflictuel et collectif de défense. On arrache un droit non reconnu, ni légalement ni socialement, d'autoréduire ses dettes envers l'État. On ira même jusqu'à transgresser collectivement la loi pour rebrancher l'eau des victimes de coupures de la part de la Ville en 1976. Sans l'aide d'avocats, les assistées sociales ont développé des moyens assez radicaux de se prendre en main pour défendre leurs «droits». Dans toute cette lutte, il y a toujours eu des objectifs politiques:

> [...] utiliser la lutte pour:
> – développer notre implantation dans les quartiers;
> – développer la solidarité des assistés sociaux dans le quartier et entre les quartiers;
> – élever le niveau de conscience;
> – développer la solidarité entre assistés sociaux et travailleurs pour briser l'isolement[14].

En fait, les autorités municipales et provinciales ont aussi fait des gains économiques, mais sur les plans idéologique et politique les gains sont plus difficiles, comme en témoignent les pertes importantes de la réforme menée par le gouvernement libéral en 1988-1989 (loi 37).

Parallèlement à cette action collective, il y a toujours eu aussi une défense individuelle des droits reconnus par la loi. C'est le travail de ceux et celles qu'on appelait au début des années 70 les avocats populaires. Ce travail est important et il se fait aux bureaux d'aide sociale, devant la Commission des Affaires sociales (instance d'appel) et

---

14. Gisèle AMPLEMAN *et al.* (1983). *Op. cit.*, p. 18.

même devant la Cour supérieure (avec l'aide d'avocats) pour contester la constitutionnalité de certaines mesures législatives.

Mais dans tout ce travail de défense, la formation joue un rôle déterminant pour favoriser l'autonomie des assistées sociales, développer une conscience de classe et bâtir ainsi une solidarité collective qui vise une transformation sociale. C'est là qu'on emprunte la méthode de conscientisation de Freire[15]. C'est une démarche qui vise la prise de conscience par les assistées sociales qu'elles ont des droits alors qu'elles ont le sentiment de ne pas en avoir, à cause de l'humiliation et de la peur qu'elles subissent constamment. Ainsi, on peut relever quelques-uns des objectifs des associations d'assistées sociales: apprendre à se défendre, connaître ses droits, connaître les causes de son exploitation, se politiser, briser l'isolement, abattre les préjugés, la peur et la honte, développer une solidarité de classe entre les assistées sociales et les travailleurs.

On voit donc clairement le modèle de conscientisation et de mobilisation collective fondé sur une analyse critique de la société libérale. Cette orientation va se maintenir à des degrés variables dans les différentes associations de défense d'assistées sociales au cours des années 80 alors que les grandes luttes collectives se feront plus rares. C'est en 1988 que le Front commun des personnes assistées sociales du Québec (FCPASQ) reprend le flambeau des grandes mobilisations lorsque le gouvernement provincial présente une réforme majeure de la loi d'aide sociale (loi 37). Cette réforme constitue une attaque virulente contre les assistées sociales et un recul sans précédent pour le respect des personnes. On voit apparaître une politique nettement punitive et appuyée sur le concept du *workfare* (discrimination entre aptes et inaptes au travail et obligation de travailler sous peine de pénalité).

Le FCPASQ a pris le leadership de cette lutte en maintenant toujours cette préoccupation de mobilisation très large des assistées sociales. Par ailleurs, et c'était un des éléments nouveaux de ce genre de lutte, le FCPASQ a cherché et réussi à agrandir énormément le bassin de groupes à mobiliser.

> Le FCPASQ a aussi bénéficié d'appuis très importants de la part de milliers d'organisations dans la province. En décembre 1988, plus de 1 700 groupes exigeaient le retrait du projet de loi 37. Des évêques jusqu'aux agent-e-s de l'aide sociale, en passant par des milliers de groupes communautaires, tous-tes se sont placé-e-s derrière le FCPASQ. Sans ces alliances, le FCPASQ n'aurait cer-

---

15. *Ibid.*

tainement pas pu mener une lutte aussi serrée, aussi belle, aussi mobilisante[16].

Ainsi, les groupes jadis un peu repliés sur eux-mêmes ont diversifié leurs appuis, ouvert leur perspective de lutte et mieux situé les enjeux de société que représentent ces luttes. Cela permet d'élargir les liens et d'encourager de nouvelles collaborations avec des groupes qui auparavant n'auraient pas été considérés comme des alliés.

LA DÉFENSE DES DROITS DES PSYCHIATRISÉS

À l'occasion d'un colloque québécois sur la défense des droits en santé mentale, J.-P. Ménard a souligné que les droits des malades mentaux sont peu respectés, d'où l'importance du thème de la défense des droits du malade mental. Il précise que l'exercice des droits dépend «en bonne partie de la connaissance qu'en aura le patient, des recours qu'il saura exercer, et de l'accessibilité même à ces recours. Ce sont les trois aspects les plus importants de la mise en œuvre et de la défense des droits en santé mentale[17]».

Le diagnostic de Me Ménard est sévère. Ainsi, à propos de l'information, il écrit: «C'est une vérité de La Palice d'affirmer que très peu de patients psychiatriques connaissent leurs droits comme patients. Ce qui étonne davantage, c'est que très peu d'intervenants connaissent les droits et les obligations de leurs patients face à eux-mêmes[18].» La situation du patient sous curatelle publique n'est certes pas meilleure.

Quant aux recours en matière psychiatrique, ils laissent beaucoup à désirer, et son évaluation des solutions actuelles n'est guère positive:

> La plupart des grands établissements psychiatriques ont créé des postes d'ombudsman qui, sous divers vocables, ont mandat d'assurer une certaine protection des droits des bénéficiaires. En pratique, et ceci sauf (quelques) exceptions, l'ombudsman devient à la longue un simple agent de relation publique pour l'établissement, car dans la très grande majorité des institutions, il n'a pas les pouvoirs, l'autonomie et même la formation appropriée pour assister un patient qui conteste une décision de son médecin ou de l'établissement[19].

---

16. Annie PLAMONDON (1989). «La lutte contre la loi 37. À l'heure du bilan», *L'Ardoise*, été, p. 9-10.
17. Jean-Pierre MÉNARD (1987). *Op. cit.*, p. 28.
18. *Ibid.*
19. *Ibid.*, p. 30.

Il en va un peu de même pour les comités de bénéficiaires qui «trop souvent, bien contrôlés par un directeur général d'établissement le moindrement habile [les comités] arrivent difficilement à se démarquer par rapport à la direction pour assurer un rôle efficace en matière de protection des droits[20]».

Quant aux recours au CRSSS ou encore aux corporations professionnelles, lorsqu'un patient veut se plaindre des services reçus, ils se révèlent, à l'usage, pas très efficaces pour l'usager. Bien sûr, reconnaît Me Ménard, il y a encore d'autres recours, comme la Commission des droits, le Protecteur du citoyen, les tribunaux judiciaires, mais il conclut «qu'il faut repenser de fond en comble tout le système de protection des droits en matière de maladie mentale» et il suggère notamment «de mettre en place un véritable mécanisme de protection des droits non intégrés au réseau des Affaires sociales»[21].

C'est précisément dans ce contexte qu'est né au Québec un mouvement de défense des droits dans le champ des pratiques psychiatriques. Ce mouvement est associé à un autre plus vaste, celui des groupes dits «alternatifs» et qui occupe, depuis quelques années, une place de plus en plus importante. Ce mouvement n'est évidemment pas monolithique. Il y a d'abord des organismes, tels que la Clinique populaire de Pointe-Saint-Charles (1978), la Maison Saint-Jacques (1981), le groupe Solidarité-Psychiatrie (1980) ou encore celui du Projet d'aide logement (PAL) (1980), etc., qui vont progressivement passer de l'entraide à la défense des droits. Ces organismes cherchent à développer des structures d'accueil et de support afin de faciliter l'intégration d'ex-patients psychiatriques et dénoncent la «mentalité asilaire» qui prévaut encore trop souvent dans les institutions psychiatriques québécoises et qui maintient une distance artificielle entre soignants et soignés[22]. C'est pourquoi on insiste beaucoup sur l'implication réelle et concrète des soignants avec les soignés dans un processus de changement social. De même, les problèmes de santé physique et mentale sont souvent associés aux caractéristiques du mode de production en général et aux conditions de vie et de travail. C'est à partir d'une telle problématique que les activités de défense des droits des psychiatrisés (ou ex-psychiatrisés) prennent leur sens. En effet, plusieurs de ces groupes se sont donné comme objectifs principaux, d'une part, de travailler à la promotion et à

---

20. *Ibid.*
21. *Ibid*, p. 31.
22. Luc BLANCHET (1978). «La santé mentale à Pointe-Saint-Charles: vers une prise en charge collective», *Santé mentale au Québec, 3,* (1), p. 4.

la défense des droits individuels et collectifs et, d'autre part, de favoriser la formation et l'information en matière de défense de droits et d'accompagnement[23].

Selon la filiale de Montréal de l'Association canadienne pour la santé mentale, la défense des droits est un objectif fondamental pour la grande majorité des groupes alternatifs: «Défendre les droits de la clientèle signifie travailler à ce que les individus exercent leurs droits fondamentaux: droit à l'information, à des services de qualité; droit de refuser un traitement, de choisir leur psychiatre, d'accéder à leur dossier; droit de vivre dans la communauté sans être victime de discrimination, droit au travail, au logement, etc.[24].»

Concrètement, cette défense des droits s'effectue de deux façons principales: par la «prise en charge des droits des individus par l'organisme ou [la] prise en charge par les individus eux-mêmes avec l'appui de l'organisme». Par exemple, un organisme de Montréal, le projet PAL, vise à «assurer le respect des droits des ex-patients en tant que citoyens, être le porte-parole officiel des problèmes des psychiatrisés, entraîner les membres à devenir leur propre avocat, informer sur les avantages et les lacunes au niveau des services institutionnels et des programmes de réinsertion sociale»[25].

Pour ce qui est des droits individuels, il s'agit de favoriser la recherche de la qualité de vie et le respect de la personne et, pour ce qui est des droits collectifs, de développer des ressources afin que les groupes soient en mesure de revendiquer et de faire respecter leurs droits. Concrètement, cela peut se traduire par diverses activités: l'analyse des politiques sociales, des interventions auprès des divers niveaux de gouvernement, la concertation avec d'autres organismes impliqués dans la défense des droits, des activités d'information ou de pression auprès des médias, favoriser des recours collectifs au niveau judiciaire, etc. Quant aux activités de formation et d'information, elles sont orientées par un objectif d'éducation populaire[26]. En bref, il s'agit de susciter une double prise de conscience: individuelle et collective.

---

23. J. P. Plouffe (1991). «La défense de droits en santé mentale: limites et possibilités», *Intervention, 87*, p. 86-91.

24. L'Association canadienne pour la santé mentale (filiale de Montréal) (1985). *Dossier sur les ressources alternatives en santé mentale du Montréal-Métropolitain*, Montréal, p. 54.

25. *Ibid.*

26. C. Chaume (1988). *Les pratiques en santé mentale au Québec: un portrait de notre différence*, Regroupement des ressources alternatives en santé mentale du Québec, Montréal, 145 p.

Illustrons brièvement quelques-unes de ces pratiques. La Maison Saint-Jacques (1981, 1982) favorise une démarche dite «compréhensive» qui élimine ou diminue la médication, et on y considère la maladie mentale avant tout comme un produit social. Désindividualisation du problème, rétablissement de la communication (nécessitant une écoute réelle et mutuelle), retour au groupe, création d'un nouveau réseau de vie sont les processus de travail utilisés. L'équipe d'intervenants considère que les conditions de vie, les conditions sociales et principalement l'idéologie dominante sont les principales causes de la perturbation mentale. La détérioration grandissante des conditions de vie en général en regard de l'idéologie dominante basée sur l'idéalisme, le libéralisme et l'individualisme est source des principales contradictions et des perturbations des individus. C'est pourquoi la Maison Saint-Jacques appuie ceux qui luttent pour l'amélioration des conditions de vie (groupes communautaires). Autre exemple, le mouvement Solidarité-Psychiatrie (1980, 1982) qui est né au début des années 80 de l'initiative d'intervenants sociaux et se définit comme un groupe à la fois d'entraide (aider une personne à s'inscrire à un cours, à trouver un appartement, à faire la cuisine, à trouver un moyen efficace pour avoir la prestation d'aide sociale la meilleure possible, etc.) et de défense des droits des psychiatrisés. Les objectifs du groupe sont de deux ordres principaux. D'abord, établir un réseau de vie réceptif au type de problème d'une catégorie de personnes qui éprouvent plus de difficulté à «s'en sortir» que la moyenne des gens, et qui, de ce fait, sont affublés, ou risquent de le devenir, de l'étiquette de «malades psychiatriques». Ensuite, il s'agit de sensibiliser la population à la question de la marginalité mentale, de démystifier «la folie» en faisant entendre la voix de ceux et de celles qui en sont supposément atteints. En somme, Solidarité-Psychiatrie représente pour ses membres une manière de prendre sa folie en main, un réseau de vie où l'on utilise les éléments curatifs de la vie quotidienne pour en arriver à un mieux-être individuel et collectif. Ce regroupement dénonce par ailleurs les faiblesses, irrégularités et injustices des «traitements» psychiatriques (utilisation abusive de médicaments, «traitements» déshumanisants, pouvoir démesuré des soignants sur les soignés, etc.).

LA DÉFENSE DES DROITS DES CITOYENS DANS LE CHAMP URBAIN

La défense des droits individuels et collectifs a aussi été un objectif très présent dans le champ des luttes urbaines. En effet, de nombreuses luttes ont été menées localement contre les divers projets de restructuration de l'espace urbain du Québec; des centaines de comités de citoyens se sont constitués vers la fin des années 60 dans les principales villes du Québec. Le discours de ces groupes a posé clairement les enjeux, souvent implicites, de la rénovation urbaine. Mais quelle est la teneur de ce discours?

Essentiellement, ces groupes jugent que tous les citoyens ne sont pas égaux devant la rénovation urbaine, et que ceux qui sont directement concernés et incommodés sont généralement les plus pauvres. La rénovation urbaine n'est pas une menace qui plane indistinctement sur tous les quartiers: elle s'attaque surtout aux zones défavorisées. Il n'y aurait d'ailleurs rien de choquant, au contraire, à ce qu'on améliore prioritairement la condition de ces citoyens, mais tel n'est pas le cas. La rénovation des centres-villes se présente comme une vaste campagne de refoulement des économiquement faibles vers des secteurs déjà détériorés ou en voie de le devenir. Ceux qui, pendant des années, ont subi les inconvénients d'un environnement urbain dégradé ne pourront pas jouir des avantages de la rénovation. On ne les chasse pas, on s'arrange simplement pour que les loyers soient suffisamment élevés pour les décourager de rester.

Les citoyens n'ont pas tardé à saisir le peu de cas que l'on faisait de leurs récriminations et ils se sont regroupés. La plupart des comités de citoyens sont nés de la confrontation avec les corporations immobilières et les autorités municipales responsables des programmes de réaménagement. À partir du moment où les citoyens concernés ont compris que la rénovation urbaine ne signifiait pas nécessairement l'accès à un mieux-être pour la population «rénovée», ils ont exigé des garanties, un droit de regard sur les projets et le partage du pouvoir de décision. Les politiciens municipaux sont peu enclins à partager les pouvoirs qu'ils possèdent. À leurs yeux, la seule participation des citoyens qui soit acceptable est celle qui se soumet aux contraintes fixées par la municipalité.

D'une façon générale, on peut dire que ces luttes ont été essentiellement de nature défensive, c'est-à-dire toujours en réaction aux projets et aux initiatives gouvernementales ou de l'entreprise privée, projets dont on prenait connaissance de manière souvent tardive. Les solutions de rechange proposées au processus rénovation/déportation, solutions allant dans le sens de créer les conditions de l'appropriation par la population de son espace de vie, sont souvent restées lettre morte à cause de leur caractère utopique selon certains, à cause du faible poids politique des groupes selon d'autres.

Par ailleurs, la majorité des luttes urbaines sont restées plutôt locales; trop souvent les problèmes ne sont perçus et envisagés qu'au niveau d'un quartier, voire d'une rue ou d'un immeuble alors que la politique dénoncée vise la stratégie d'ensemble de la ville. Autre caractéristique, les luttes urbaines se sont développées en l'absence d'une liaison organique avec le mouvement ouvrier.

Mais malgré ces difficultés, analysées par plusieurs, ces groupes vont poursuivre leurs luttes. C'est ainsi que M. Choko a souligné l'existence, au début des années 80, de quatre principaux mouvements de luttes urbaines: les groupes de coopérateurs, dont ceux réunis dans le Regroupement des coopératives d'habitation de la région de Montréal, le Front des associations de locataires de Montréal, le Front d'action populaire en réaménagement urbain (FRAPRU) et le Regroupement pour le gel des loyers (RGL). M. Choko a bien résumé les principales revendications de chacun de ces mouvements à cette époque[27]. Le Regroupement des coopératives d'habitation revendiquait avant tout le maintien des programmes gouvernementaux d'aide aux associations sans but lucratif. Le Front commun des associations de locataires a fait appel au gouvernement du Québec principalement pour mettre en place une série de mesures de contrôle, notamment à propos de la hausse des loyers. Le FRAPRU revendique le maintien sur place de la population résidente et organise des activités d'information et de formation. Le RGL insiste sur l'organisation des associations de locataires et s'oppose à toute augmentation des loyers[28].

Ces groupes vont mener plusieurs luttes afin de protéger les droits individuels et collectifs des locataires. Mentionnons quelques exemples, à titre illustratif: l'extension de la loi pour favoriser la conciliation entre locataire et propriétaire; la rédaction d'un bail type uniforme pour l'ensemble des locataires du Québec; l'aide financière pour les personnes délogées; la lutte pour l'élaboration d'une échelle des loyers plus équitable dans les logements publics et la mise sur pied de coopératives d'habitation[29].

---

27. M. Choko (1979). «La crise économique et la question du logement des travailleurs au Québec», *La crise et les travailleurs,* Montréal, UQAM, p. 95-104.

28. Jean-François René et Jean Panet-Raymond (1984). *Op. cit.*

29. EZOP-Québec (1981). *Une ville à vendre,* Montréal, Éditions coopératives Albert Saint-Martin.

     J.-P. Deslauriers (1984). «Une analyse des coopératives d'habitation locative, 1970-1984», *Coopératives et Développement, 16,* (2), p. 139-160.

     C. Saucier (1984). «Les coopératives d'habitation et le changement social», *Coopératives et Développement, 16,* (2), p. 161-196.

Ces groupes vont évidemment clamer haut et fort «le droit au logement» pour les locataires qui forment la très grande majorité de la population. Concrètement, cela veut dire des luttes et des revendications pour le gel des loyers (surtout en temps de crise économique comme au début des années 80) et l'élargissement de la compétence de la Régie des loyers à tous les logements, pour le retrait de la taxe d'eau (pour les locataires de la classe ouvrière et les assistés sociaux), des luttes contre les évictions et les démolitions, des pressions pour une politique de restauration des logements sans hausse de loyer et sans expulsion des locataires présents, et enfin des manifestations contre la discrimination, car souvent les propriétaires veulent choisir leurs locataires et les familles monoparentales, les immigrants, les chômeurs font les frais de cette pratique[30].

Ces groupes ont aussi développé des pratiques de protection des droits individuels. Cela signifie concrètement l'appui à la lutte individuelle que mène chaque locataire contre son propriétaire pour avoir un logement décent et à prix raisonnable. Il s'agit aussi de donner l'information sur les droits personnels de chacun et de défendre personnellement chaque locataire devant la Régie des loyers. Mais cette action individuelle n'empêche aucunement, bien au contraire, de déboucher sur une certaine collectivisation des problèmes[31].

CONCLUSION

De ces quelques illustrations, il ressort que l'action communautaire au Québec oscille entre un pôle défensif et conflictuel et un pôle offensif et parfois aussi consensuel, c'est-à-dire visant à créer des solutions de rechange (services, logement, etc.). Mais la critique des structures et institutions de la société demeure la toile de fond, explicite ou implicite, des principales revendications. Par ailleurs, selon les époques, les stratégies ont plus ou moins insisté sur la critique politique pour obtenir des gains idéologiques à long terme ou sur les tactiques pour obtenir plus de gains immédiats ou économiques.

M. BLAIN (1983). «Les coopératives d'habitation: "Small is beautiful" mais...», *Possibles*, 7, (3), p. 143-157.

30. Robert COUILLARD et Robert MAYER (1980). «La pratique d'organisation communautaire à la Maison de quartier de Pointe-Saint-Charles (1973-1978)», *Revue internationale d'action communautaire*, 4, (44), automne, p. 110-119.

31   FRAPRU (1989). *On reste ici!*, Montréal.

On pourrait imaginer un mouvement de balancier «from enabling to advocacy[32]», «from radical action to voluntarism[33]» et du travail d'entraide à du travail de chien de garde de la justice. On pense notamment aux préoccupations sociales qui prennent de l'ampleur grâce au travail acharné de groupes de défense depuis plusieurs années et, ironiquement, aux gestes politiques provocants (!) des différents paliers de gouvernement: la protection de l'environnement, le mouvement pour la paix et le désarmement, le mouvement contre la violence faite aux femmes, la défense des droits des réfugiés et des immigrants, la défense des sans-abris. Ces organisations défendent des droits de citoyennes et de citoyens qui sont victimes des agressions de la société (individus et institutions privées et publiques). Ces organisations n'ont pas toujours eu la visibilité et l'impact qu'elles méritaient, mais la conjoncture de la fin des années 80 et du début des années 90 semble leur donner un rôle plus important dans le portrait d'ensemble de l'action communautaire.

---

32. Charles GROSSER (1973). *New Directions in Community Organization: From Enabling to Advocacy*, New York, Praeger, 2ᵉ édition en 1976.

33. Jean PANET-RAYMOND (1987). «Community groups in Quebec: From radical action to voluntarism for the State?», *Community Development Journal, 22*, (4), p. 281-286, Oxford, Oxford University Press.

2.2.

L'action politique locale:
une autre forme d'organisation communautaire

▼

Louis Favreau
Yves Hurtubise

Hormis quelques exceptions[1], les écrits sur l'organisation communautaire font peu état des rapports (de complémentarité ou d'opposition par exemple) qu'entretiennent l'action communautaire et l'action politique locale, celle qui utilise les moyens électoraux. Le vide est tout aussi grand lorsqu'il s'agit d'avancer sur le terrain de l'action politique locale comme sur un des chemins que peut emprunter l'organisation communautaire[2]. Or il y a là une voie particulièrement intéressante à explorer, car l'histoire de ce type d'organisation communautaire est riche tant aux États-Unis, par exemple, qu'au Québec.

---

1. P. Villeneuve (1982). «Changement social et pouvoir municipal à Québec», *Cahiers de géographie, 26*, (68) p. 223-233.

   P. Villeneuve (1987). «Le Rassemblement populaire de Québec comme véhicule d'un projet alternatif», J.-L. Klein *et al. Aménagement et développement: vers de nouvelles pratiques?, Cahiers de l'ACFAS, 38*, p. 91-103.

   P. Villeneuve (1989). «Les vicissitudes des partis politiques municipaux au Canada». Communication présentée au colloque «Les formes modernes de la démocratie», organisé par le GRETSE, à l'Université de Montréal. Texte ronéo, département de géographie, Université Laval.

2. H. Quirion (1972). «Community organization and political action in Montreal», *Social Work, 17*, (5), p. 85-90.

   Janice E. Perlman (1976). «Grassrooting the system», *Social Policy*, sept.-oct., p. 4-20.

   Janice E. Perlman (1979). «Grassroots empowerment and government response», *Social Policy, 10*, (2), sept.-oct., p. 16-21.

QUELQUES CONSIDÉRATIONS GÉNÉRALES PRÉALABLES SUR L'ACTION POLITIQUE LOCALE

La constante la plus manifeste dans la tradition orale et écrite des mouvements sociaux urbains a trait à l'amalgame qui est fait entre *le* politique et *la* politique. Or, si la politique est englobée en apparence par le politique, elle ne se situe pas moins dans un champ spécifique. Elle a sa propre dynamique. Qu'est-ce que cela signifie? Lorsque nous parlons du politique, il s'agit généralement de toute action collective (communautaire entre autres) menée contre l'inégalité et l'exclusion de groupes sociaux, toute action de revendication et de pression auprès des pouvoirs en place. C'est Grosser et Mondros[3] qui ont le mieux campé cette approche générale en organisation communautaire. La visée est large et englobe tout à la fois l'action sociale de défense de droits sociaux, l'action politique électorale et même le développement local de type communautaire.

Mais comme la plupart des auteurs, Grosser et Mondros n'abordent pas directement la question de l'action politique électorale. Tabou de l'organisation communautaire, peut-être? Dans les ouvrages américains portant sur le sujet, de rares auteurs, comme Janice E. Perlman, vont décrire l'action politique locale, *la* politique, comme l'une des formes de l'organisation populaire[4]:

> The grassroots groups may be classified according to approach: there are group which use direct action to pressure existing institutions and elites to be more accountable; those which seek power electorally in order to replace the existing elites and institutions; and those which bypass existing centers of power by forming alternative institutions.

Janice E. Perlman s'empresse d'ailleurs d'ajouter à juste titre:

> These categories are by no means mutually exclusive; the most interesting, innovative, and succesful groups often combine two or even all three approaches.

Dans son analyse des mouvements sociaux urbains, Villeneuve distingue, dans la même perspective que Perlman, trois types de mou-

---

3. Charles F. Grosser et J. Mondros (1985). «Pluralism and participation: The political action approach», Samuel H. Taylor et R. W. Roberts, *Theory and Practice of Community Social Work,* Columbia University Press. Version française adaptée à la situation québécoise dans Collectif (1990). *S'organiser, s'entraider, s'en sortir,* CLSC Hochelaga-Maisonneuve, Montréal.

4. Janice E. Perlman (1979). «Grassrooting the system», F. Cox, J. Erlich *et al.*, (1979). *Strategies of Community Organization,* Itasca, Illinois, Peacok Publishers, p. 403-425.

vements[5]: les mouvements de revendication, les mouvements de défense d'unités de voisinage et les mouvements de contrôle des institutions politiques. Ce sont ces derniers qui pratiquent ce que nous appelons l'action politique locale comme forme d'organisation communautaire.

Dans la perception que s'en font certains leaders et organisateurs communautaires, l'action politique électorale n'offre pas de pertinence sociale suffisante parce qu'elle peut être la source d'une perte anticipée d'autonomie d'intervention des organisations populaires et communautaires; elle peut également être une source de division au sein de ces organisations. La neutralité est alors de rigueur par principe mais plus souvent par simple pragmatisme (on ne veut pas se mettre quelqu'un à dos en prenant partie pour un candidat contre un autre, on ne veut pas s'aliéner une partie de la communauté locale qui pourrait voir d'un mauvais œil la partisanerie politique...).

Mais plusieurs groupes et leaders communautaires vont favoriser des actions collectives utilisant les moyens électoraux, c'est-à-dire la mise en œuvre d'un mouvement ou le soutien d'une formation politique présentant sur la scène politique municipale des candidats issus des organisations syndicales, populaires et communautaires, de femmes et écologistes et un programme tentant de faire la synthèse de leurs principales aspirations et revendications. Telles sont les expériences du Front d'action politique (FRAP) de 1968 à 1971, de son successeur, le Rassemblement des citoyens et citoyennes de Montréal (RCM) de 1974 à aujourd'hui et du Rassemblement populaire de Québec (RPQ) dans la ville de Québec.

QUELQUES ÉLÉMENTS D'HISTOIRE DE CETTE FORME D'ORGANISATION COMMUNAUTAIRE AU QUÉBEC ET AUX ÉTATS-UNIS

Il y a beaucoup de similitudes entre l'action politique électorale d'orientation communautaire américaine et la nôtre au Québec à la différence de celle du Canada anglais ou de l'Angleterre. Cette similitude s'explique d'ailleurs de deux façons: 1) d'abord la gauche est faiblement présente sur le plan de la politique nationale. Ni aux États-Unis ni au Québec, il n'y a d'équivalent du «Labor Party» anglais ou du NPD canadien; et 2) le mouvement populaire et communautaire est vraisemblablement très décentralisé chez nous comme chez nos voisins du Sud.

---

5. P. VILLENEUVE (1989). *Loc. cit.*

C'est là une partie de l'explication de la recherche de débouchés politiques de l'action communautaire sur le plan local surtout.

Aux États-Unis, les organisations communautaires au sein des communautés ethniques (chicanos et noirs) ont beaucoup investi le pouvoir politique sur le plan municipal dans les années 1960-1970 lorsque leurs groupes sont devenus numériquement importants (les Blancs des classes moyennes, phénomène connu, opérant une migration vers les banlieues) et leur niveau d'organisation sur le plan communautaire suffisamment solide. Au Québec, on peut constater un phénomène similaire dans les grands centres urbains durant la même période.

Dès la fin des années 60 jusqu'à aujourd'hui, on peut observer la tendance d'un certain nombre d'organisations populaires et communautaires à s'investir dans la politique locale pour travailler à la définition de solutions nouvelles:

1. en matière d'aménagement urbain: loisirs culturels et sportifs, circulation automobile et transport en commun;

2. en matière de logement social: HLM, coopératives d'habitation;

3. en matière d'environnement: récupération et recyclage des déchets;

4. en matière de développement économique local: des corporations de développement économique communautaire (CDEC) s'occupent, dans leur quartier respectif, de formation de la main-d'œuvre locale, de développement de petites entreprises locales, de soutien au redémarrage d'entreprises en voie de fermeture[6].

Plus qu'un portrait, les deux parties du présent texte – celle de Louis Favreau sur l'action politique locale à Montréal et celle de Yves Hurtubise sur le RPQ dans la ville de Québec – analysent deux expériences québécoises de politique «partisane» dans lesquelles une partie du mouvement populaire et de l'organisation communautaire a été directement engagée:

1. l'expérience du FRAP (1968-1971), fruit d'une rencontre de syndicats et de comités de citoyens pour affronter l'administration municipale du Parti civique et du maire Drapeau et celle

---

6. J.-M. FONTAN (1990). «Les corporations de développement économique communautaire: une des avenues du mouvement social dans l'économique», *Coopératives et Développement, 21*, (2), p. 51- 68.

L. FAVREAU (1988). «L'économie communautaire, nouveau champ d'intervention sociale en travail social: le cas de Montréal», *Nouvelles pratiques sociales, 1*, (1), p. 115-132.

du RCM à partir de 1974, mais surtout à partir des années 80. Cette formation politique a en effet réussi, aux élections de 1986 et à celles de 1990, à gagner la direction de l'Hôtel de Ville à Montréal, en partie grâce à des intervenants de groupes populaires, communautaires et syndicaux francophones, allophones et anglophones;

2. l'expérience du RPQ à partir de 1976 dans la ville de Québec. Cette formation politique est arrivée à la tête de l'Hôtel de Ville en 1989 grâce elle aussi à l'appui consistant d'un certain nombre de leaders et d'organisations populaires et communautaires.

L'expérience du Front d'action politique (FRAP) à Montréal (1968-1971)

Le 19 mai 1968, à l'initiative d'animateurs sociaux et de responsables de comités de citoyens de la région de Montréal, une vingtaine de comités de citoyens du Québec se réunissent, pour la première fois de leur histoire, dans une école du quartier Saint-Henri. Ce mouvement des comités de citoyens pose un premier geste politique collectif en rendant publique une déclaration à laquelle adhèrent la majorité des participants:

> Nous sentons qu'il est temps de changer le système gouvernemental qu'on a. Qu'attend-on pour le faire? Comment le fera-t-on? Principes de base:
>
> 1. nous avons tous les mêmes grands problèmes;
> 2. nous devons sortir de l'isolement et de l'esprit de clocher;
> 3. les gouvernements doivent devenir nos gouvernements;
> 4. nous n'avons plus le choix, il nous faut passer à l'action politique[7].

Aux yeux des témoins et protagonistes de cette rencontre, cette déclaration ne pouvait être prise au pied de la lettre et encore moins considérée comme une position politique ferme et articulée. C'était cependant ce qu'ils pressentaient être une direction à prendre. Mais quelle action politique entreprendre? Sur qui s'appuyer? À quel niveau s'engager? Quelle stratégie développer? Par où commencer? Toutes ces questions n'avaient pas encore beaucoup mûri. Deux bonnes années séparent cette première rencontre des comités de citoyens, le 19 mai 1968, de la mise sur pied du FRAP et de la sortie de son manifeste en

---

7. F. LAMARCHE (1968). «Les comités de citoyens: un nouveau phénomène de contestation», *Socialisme, 15,* automne, p. 109.

mai 1970, deux années pendant lesquelles se fera un travail intensif d'information et d'éducation sociopolitique venant renforcer la position prise lors de cette rencontre à Saint-Henri.

Dans la dynamique qui précède et qui suit la rencontre de mai 1968, un double constat va en effet prendre forme. D'une part, il est impossible de continuer comme avant à mener les luttes chacun chez soi, dans son quartier, d'affronter les pouvoirs en place isolément. Sans le rapport de forces suffisant pour les appuyer, plusieurs revendications ne sont jamais satisfaites. Par exemple, depuis 1966, le comité de citoyens d'Hochelaga-Maisonneuve revendique la construction d'un centre communautaire. On bloque des rues et on fait signer des pétitions mais rien n'y fait. La lutte plafonne, les membres du comité sont en proie au découragement, mais certains considèrent que des liens plus étroits avec d'autres comités et des syndicats permettraient de progresser:

> Par la mobilisation du monde dans les trois paroisses de la zone sud du quartier, on cherchait à obtenir un centre communautaire avec des visées de prise en main par les gens du quartier. Ce centre communautaire, on l'appelait d'ailleurs «La maison du peuple». On a d'abord fait circuler une pétition (8 000 à 10 000 signatures ont été recueillies) puis on a fait des représentations.

> Les différents paliers de gouvernement se sont renvoyé la balle. On a tenu une assemblée publique qui a réuni de 300 à 400 personnes. Mais cela n'a pas débouché. À l'automne 1967, c'est le creux de la vague. Puis vient la relance, par l'intermédiaire du service d'animation du Conseil des œuvres et par la rencontre des comités de citoyens à Saint-Henri[8]...

D'autre part, certains iront encore plus loin dans leur réflexion: non seulement on ne s'en sortira pas seuls, mais on ne s'en sortira pas non plus sans à la base une lutte politique pour le pouvoir. C'est là le deuxième volet de la prise de conscience qui se fait jour.

L'élite locale (professionnels, marchands) tirait alors les ficelles par son propre réseau institutionnel de pouvoir. Elle contrôlait les organisations de loisirs et de sports, les conseils d'administration de la plupart des caisses populaires et des clubs sociaux. Elle s'appuyait sur la majorité des associations paroissiales et pouvait utiliser à sa guise les médias locaux d'information.

---

8. Propos tenus en entrevue par un ex-militant du comité de citoyens du quartier Hochelaga-Maisonneuve.

Aux yeux des principaux animateurs sociaux[9], un travail patient de nature pré-idéologique et pré-politique était devenu nécessaire. Ce travail devait s'appuyer sur l'expérience quotidienne des populations, c'est-à-dire les problèmes de logement, de transport, de santé, de développement urbain. Un certain nombre d'animateurs et de militants vont donc favoriser, dans les comités de citoyens, des activités d'éducation politique sur le thème «Les citoyens face au pouvoir». Ces activités se feront, dans un premier temps, en collaboration avec le Service d'éducation des adultes de la CECM. Par la suite, en 1971-1972, ces démarches prendront appui sur le Centre de formation populaire [10].

Mais pour plusieurs comités de citoyens de la région de Montréal, le tournant ne s'arrête pas là. L'éducation politique est une chose, l'action politique en est une autre. Les deux ne s'opposent pas, mais cette dernière se différencie en ce qu'elle cherche à traduire en force sociale active la conscience que les militants commencent à développer. On en conclut à la nécessité de travailler à la constitution de comités d'action politique de quartier.

À l'automne 1969, un collectif formé d'organisateurs communautaires (dits animateurs sociaux à cette période) et de membres de comités de citoyens amorce la démarche qui allait donner naissance au FRAP. Les membres du collectif cherchent d'abord à assurer une liaison plus étroite entre les différents comités de citoyens de Montréal, en leur proposant un projet commun d'assemblées populaires de quartier au cours desquelles les conseillers municipaux du Parti civique seraient invités à rendre compte de ce qu'ils ont fait pour leur quartier respectif durant leur mandat. Deux scénarios sont alors envisagés: 1) les conseillers répondent affirmativement à l'invitation, auquel cas un groupe de militants les attend de pied ferme pour fournir un portrait réel de la situation et mettre sur la table leurs revendications. C'était le scénario le moins probable; et 2) les conseillers tardent à répondre, ce qui n'empêche pas les groupes populaires concernés de tenir ces assemblées

---

9. H. QUIRION (1972). *Loc. cit.* Quirion retrace d'ailleurs dans cet article les trois phases franchies par l'équipe du service d'animation du Conseil des œuvres, principale équipe initiatrice de l'action politique municipale à Montréal: 1) de 1962 à 1965, les organisateurs communautaires développent de nouvelles ressources communautaires et travaillent à l'émergence d'un nouveau leadership communautaire; 2) de 1966 à 1969, ils aident les citoyens des quartiers concernés à s'organiser pour revendiquer et ainsi influencer les décisions qui affectent leur communauté; 3) à partir de 1969, ils diversifient leurs stratégies introduisant une troisième approche, l'action politique locale.

10. Voir à ce propos M. FOURNIER (1979). «Le CFP et le mouvement ouvrier: une expérience de formation», *Possibles, 3,* (2), p. 39-61.

à la date prévue, en les animant eux-mêmes. C'est le scénario qui se réalisera: les assemblées regrouperont alors entre 75 et 200 personnes. Elles permettront de s'approprier la question municipale du point de vue des comités de citoyens et d'élargir à d'autres groupes ou associations l'idée d'une action politique sur les bases propres aux groupes populaires.

Dans les mois suivants, le collectif invite alors les militants à constituer dans leur quartier un comité d'action politique (CAP) et à discuter d'un projet de manifeste. En moins de quatre mois, une demi-douzaine de comités naissent dans les quartiers du sud de Montréal (Hochelaga-Maisonneuve, Papineau, Saint-Louis, Saint-Jacques, Pointe-Saint-Charles, Saint-Henri), puis dans des quartiers plus au nord (Rosemont, Saint-Édouard, Villeray, Saint-Michel, Ahuntsic) et à l'ouest (Côte-des-Neiges). En mai 1970, le FRAP et les six premiers comités d'action politique rendent publics leur existence et leur manifeste, dont voici les principaux passages:

> Bâtir un pouvoir populaire: notre base d'action sera donc à Mont-réal parce que c'est le cœur économique et social du Québec [...] et que, par conséquent, toute action politique efficace dans un tel cas a des effets sur l'ensemble du Québec.
>
> Notre cible principale sera le pouvoir municipal parce qu'il consti-tue une des causes réelles de notre situation et qu'il nous fournit un tremplin d'organisation efficace... Par ailleurs, il est clair qu'il ne s'agit que d'une première étape[11]...

Le FRAP annonce aussi la tenue de son congrès d'orientation en vue des prochaines élections.

Parallèlement à ce travail dans les quartiers pour réaliser des assemblées populaires sur la question municipale, le collectif prend part au colloque régional intersyndical sur l'action politique où sont réunis plusieurs centaines de militants des syndicats CSN, FTQ et CEQ de la région métropolitaine. Il y fait connaître son projet.

Le colloque intersyndical régional n'est pas sans montrer quelque hésitation et méfiance vis-à-vis de ces militants communautaires, mais comme plusieurs militants syndicaux sont déjà engagés dans des comi-tés de quartier et donc dans le processus de constitution du FRAP, il accepte l'idée d'un appui éventuel à cette initiative de mise sur pied d'une organisation politique municipale.

Pendant l'été 1970, le FRAP prépare son congrès d'orientation autour de deux objectifs majeurs: établir le programme pour les élec-

---

11. FRONT D'ACTION POLITIQUE (FRAP) (1970). *Manifeste du FRAP*, Montréal, p. 3-4.

tions mais aussi décider des luttes à entreprendre sur différents fronts d'intervention après l'élection.

Lors de l'élection, le FRAP présente finalement 31 candidats dans une dizaine de districts municipaux. Il obtient plus de 10 % du vote, sept candidats ayant récolté plus de 20 % des voix dans leur quartier respectif. Le FRAP ne gagne rien, ne perd rien non plus. Il ne faisait que commencer la lutte, dans un contexte différent cependant de celui qu'il avait prévu, c'est-à-dire l'occupation armée de tout le Québec, avec 5 000 perquisitions et 500 arrestations (dont des candidats et militants du FRAP). La situation venait de changer radicalement.

Jusque-là, le FRAP n'avait pas privilégié les discussions politiques portant sur l'idéologie et la stratégie, mais une pensée politique rudimentaire avait cependant pris forme: le pouvoir populaire à partir d'un programme axé sur les besoins immédiats des classes populaires, notamment les problèmes de santé, de logement, de consommation et de loisirs, et ayant comme cible principale le développement de l'action politique des travailleurs sur la scène municipale.

L'échec du FRAP aux élections et la démesure de la crise d'Octobre dans ses effets directs sur lui (l'arrestation de certains de ses candidats, la position du ministre fédéral Jean Marchand à Vancouver déclarant que le FRAP est un «front» du FLQ et la reprise de cette affirmation par le maire de Montréal) auront immanquablement pour effet de tout remettre en cause.

Une crise éclate alors à la direction du FRAP, la majorité des membres actifs jusqu'à l'élection d'octobre 1970 partent en douce, déçus et désemparés. Une minorité demeure un certain temps et organise un congrès de réorientation en mars 1971, mais déjà le FRAP est éclaté: plusieurs comités d'action politique n'existent plus, ceux qui demeurent se cherchent et se retrouvent en congrès pour constater que ce qui les tient ensemble n'est qu'un fil bien ténu.

L'originalité du FRAP n'aura pas été de faire naître un véritable parti populaire mais plutôt d'avoir permis d'entrevoir sa possibilité concrète pendant près de trois ans (de mai 1968, moment de la rencontre «historique» des comités de citoyens à Saint-Henri, jusqu'au début de l'année 1971). Il aura en effet rendu possible, pendant une période courte mais intense, la jonction des forces vives de deux composantes sociales importantes de cette période: 1) les membres des comités de citoyens et les intervenants sociaux qui les soutenaient dans le travail d'organisation de leur communauté locale; et 2) les militants syndicaux, particulièrement des secteurs public et parapublic, qui, avec l'appui de l'appareil syndical régional (surtout celui de la CSN, dirigé par son leader incontesté d'alors Michel Chartrand), cherchaient à ouvrir ce que l'on nommait dans les centrales le «deuxième front»[12].

Contrairement à tous les groupes, mouvements ou partis politiques de gauche qui l'avaient précédé, le FRAP avait réussi, provisoirement du moins, à regrouper bon nombre de militants autour d'un objectif minimal commun: entreprendre une action politique propre aux travailleurs contre un adversaire identifié comme le représentant politique du capitalisme au niveau de la ville la plus importante du Québec.

La qualité de sa démarche aura été d'être parti des besoins immédiats des militants du mouvement syndical (dans ses secteurs nouveaux) et du jeune mouvement populaire, et d'avoir collé à sa politisation réelle, c'est-à-dire un début d'intérêt réel pour un engagement de caractère politique dans les affaires publiques. C'est ce qui a fait dire à Emilio De Ipola que le FRAP avait une prémisse idéologique et politique bien particulière:

> Le FRAP pose, comme point de départ de son entreprise, une hypothèse dont le caractère négatif et l'apparent «pessimisme» ne sauraient en cacher la justesse essentielle, à savoir que le niveau moyen de politisation (au sens de conscience des enjeux politiques) de la grande masse de la population exploitée et colonisée du Québec est aujourd'hui très faible, sinon presque nul. Sans doute l'hypothèse n'est pas entièrement nouvelle... cependant... seul le FRAP a su et a pu la prendre rigoureusement au sérieux[13].

Mais ce projet politique n'a pas survécu à la conjoncture tout à fait exceptionnelle et imprévisible qui lui est tombée dessus avec la crise d'Octobre. Car le FRAP était un front large, il était donc très hétérogène. En si peu de temps il n'avait pas la cohésion politique suffisante pour faire face à des bouleversements sociaux et politiques graves: D'abord, son enracinement avait été de trop courte durée. Les groupes populaires locaux n'avaient que quatre ou cinq ans et étaient concentrés dans un nombre relativement restreint de quartiers de Montréal, surtout la zone «dite de pauvreté» (sud de Montréal d'est en ouest); les quartiers populaires du nord de la ville (Rosemont, Saint-Édouard, Villeray,

---

12. Voir, à ce sujet, L. FAVREAU et P. L'HEUREUX (1984). *Le projet de société de la CSN (de 1966 à aujourd'hui), crise et avenir du syndicalisme*, Montréal, CFP/Vie ouvrière, p. 98-99.

13. E. DE IPOLA (1971). «Le FRAP devant la crise», *Québec occupé*, Montréal, Parti-Pris, p. 143. Voir aussi le sociologue chilien M. CASTELLS (1975). *Les luttes urbaines*, Paris, Maspero, p. 49-67.

Saint-Michel) n'avaient presque aucun passé d'action communautaire locale au moment de la naissance du FRAP.

Le travail militant à la base dans chaque quartier à partir d'un comité d'action politique n'avait donc pas eu le temps de gagner en crédibilité, de faire ses preuves, de neutraliser le réseau local de pouvoir du Parti civique et des forces sociales qui l'appuyaient (clubs sociaux, associations sportives locales, organisations communautaires traditionnelles).

Puis sa pensée politique était trop rudimentaire. Celle-ci a été insuffisamment comprise et assimilée à l'intérieur même du FRAP par manque de temps et de ressources alloués à la formation politique de ses membres. Bien qu'unanimement opposés au régime Drapeau-Saulnier, ces derniers ne considéraient pas tous comme nécessaire l'action politique autonome des travailleurs à tous les niveaux de la société québécoise. La plupart d'entre eux s'opposaient au libéralisme et aux injustices qu'il génère, mais peu d'entre eux convenaient explicitement de la nécessité d'un nouveau projet de société.

Cette expérience d'action politique fut de courte durée: trois ans seulement. Son échec allait ramener plusieurs de ses militants dans les sentiers de l'action communautaire sans engagement politique direct. Pour d'autres cependant, le FRAP avait tracé la voie à l'action politique municipale. Certains s'engageront alors dans le développement du RCM qui prendra son envol dès 1974, soit à peine quelques années plus tard.

L'expérience des organisations populaires et communautaires avec le RCM (1974-1990)

Dès 1974, le programme du RCM mettait l'accent sur le travail communautaire dans chaque district comme complément indispensable à l'action électorale et faisait de la nécessité d'une réforme en profondeur des structures municipales son cheval de bataille. Il reprenait aussi l'idée des conseils de quartier comme tremplin de démocratisation de la vie politique municipale, inspirée en bonne partie des projets élaborés par les premiers comités de citoyens, dans les quartiers du sud-ouest, Saint-Henri et Pointe-Saint-Charles.

En outre, le souvenir de l'épisode politique du FRAP était demeuré vif chez un certain nombre de militants du RCM engagés dans les groupes populaires et communautaires, comme en témoigne le discours d'une candidate à l'exécutif du RCM au congrès de l'automne 1987, discours qui fut loin de laisser les congressistes indifférents:

> Comme bien d'autres au Parti actuellement, j'y suis arrivée avec l'espoir que portait la dernière campagne électorale. J'ai pu vivre avec vous tous et toutes cette soirée de victoire du 9 novembre et j'y ai croisé tant de visages connus et reconnus tout au long de mes 20 ans d'engagement social et politique: des visages connus au FRAP en 1970 qui avaient porté l'espoir d'une démocratie municipale à Montréal; des visages connus du mouvement populaire, telles des associations de protection des consommateurs, comme les ACEF où je fus, tout comme des associations de défense des droits des assistés sociaux avec qui j'ai partagé des luttes; des visages du mouvement syndical rencontrés au Conseil central de la CSN à Montréal lorsque j'y étais déléguée de mon syndicat.
>
> J'y ai vu un Parti riche de toutes ces fidélités ayant comme défi cette volonté commune qu'enfin nous puissions faire et vivre la politique autrement[14].

Avec les années 80, surtout après l'élection de 1986 où le RCM gagne les élections en faisant élire 55 de ces candidats sur 58, le RCM devient le parti politique le plus important de Montréal. Qu'est devenu ce parti né de l'initiative d'intervenants de groupes populaires, communautaires et syndicaux, francophones et anglophones, qui, dans la foulée du FRAP, voulaient bâtir une formation politique municipale progressiste et populaire? Qu'est-il devenu aux yeux des groupes populaires et communautaires après quelques années au pouvoir?

Le RCM, dès 1974, s'appuie sur un programme et s'organise district par district, pour gagner l'élection en misant notamment sur le vivier militant des groupes populaires et communautaires, sans pour autant tenter d'exercer son leadership sur leurs actions et leurs luttes. L'autonomie farouche des groupes populaires et des groupes syndicaux agit comme un réflexe viscéral lorsqu'il est question de faire de la politique.

Chacun intervient ainsi dans son champ propre: les luttes sociales sont aux groupes communautaires ce que la politique municipale est au RCM. Les deux ont alors à se trouver des terrains d'entente communs autour d'une certaine idée du changement social en matière de désarmement nucléaire, de logement et d'aménagement, en matière de développement économique local, de développement communautaire ou de loisirs, etc.

---

14. Discours de la candidate au poste de responsable de la formation à l'exécutif du RCM (congrès du parti à l'automne 1987), Mme Renée Lussier.

Avec le début des années 80, on assiste à un changement qualitatif remarquable des uns et des autres: 1) du côté de la politique municipale, la montée du RCM puis son l'arrivée au pouvoir modifie une situation littéralement bloquée par près de trente ans de vie municipale avec le Parti civique du maire Drapeau qui dirigeait Montréal comme un royaume; et 2) du côté des groupes populaires et communautaires, on expérimente pour la première fois depuis autant d'années une ouverture démocratique de l'Hôtel de Ville: accès à l'information, possibilité de consultation à l'intérieur de commissions thématiques, possibilité même d'une reconnaissance explicite et d'un soutien financier comme l'ont obtenu les corporations de développement économique communautaire (CDEC)[15]. Les groupes se font plus pragmatiques et n'attendent plus du RCM qu'il fasse la révolution.

Comment, par exemple, les groupes populaires et communautaires de Montréal, du moins ceux qui ne travaillent pas «à vue de nez» dans leurs interventions, se situent-ils à la veille d'une élection comme celle de l'automne 1986? Bon nombre de groupes vont fournir un coup de main et appuyer le RCM de façon critique et autonome. Le Conseil central de Montréal, qui plus que bien d'autres avait longtemps regardé la politique municipale et le RCM de loin, est celui qui articulera le mieux la nouvelle attitude politique qui prend forme dans les syndicats et les groupes communautaires de cette période:

> Je préfère que nous prenions le risque du changement plutôt que de ne voir aucun changement, ou plutôt que d'être absents du changement. Si on attend l'alternative parfaite avant d'agir, on enclenche alors un processus de déception face à l'action politique... Ce qui est primordial, c'est d'imposer les organisations syndicales et populaires comme interlocuteurs de premier plan pour faire avancer nos revendications[16].

Depuis cette élection de 1986 où le RCM passe de parti d'opposition à parti au pouvoir, plusieurs groupes populaires et syndicaux ayant suivi de près certains dossiers de la politique municipale commencent à collaborer activement avec l'Hôtel de Ville. Les regroupements régionaux de syndicats et les CDEC sont particulièrement actifs dans ce sens et s'inscrivent dans le processus de consultation et de concertation mis de l'avant par l'administration municipale.

---

15. Le Fonds de développement Emploi-Montréal est né, rappelons-le, d'une initiative conjointe des trois premières CDEC, de la Ville et du Fonds de solidarité de la FTQ.

16. Propos tenus par le président du Conseil central de Montréal (CSN) et rapportés dans *Nouvelles CSN* du 24 octobre 1986, n° 246, p. 3.

Comment pouvons-nous aujourd'hui caractériser ce parti né des luttes urbaines maintenant qu'il a accédé au pouvoir? Tout comme le Rassemblement populaire à Québec, ce parti a drainé bon nombre de militants des groupes populaires et communautaires. Par exemple, l'analyse du profil des 55 candidats du RCM élus en 1986 permet de constater que pas moins de la moitié d'entre eux provenaient directement de la mouvance communautaire: membre du conseil d'administration d'un CLSC ayant récemment participé à son implantation, membre de l'exécutif d'un syndicat, membre d'un collectif de femmes, organisateur communautaire de CLSC, permanente dans un centre d'éducation populaire, fondatrice d'une garderie populaire, recherchiste à la CSN, membre du conseil d'administration d'une maison de jeunes, président de l'Association des travailleurs grecs, coordonnateur d'un comité de logement, organisateur au secteur communautaire du YMCA, journaliste au journal communautaire *Liaison Saint-Louis*. Il ne faut donc pas s'étonner que des candidats prennent des positions comme celle-ci:

> Le RCM, par son caractère pragmatique, progressiste et démocratique, peut favoriser la mise en place concrète de mesures depuis longtemps revendiquées par les groupes populaires[17].

Mais ce parti a changé très vite dans les mois qui ont précédé et suivi cette élection de 1986 qui faisait passer le RCM d'une force extra-parlementaire à un parti de gouvernement. Cette élection l'a rendu perméable à d'autres influences que celle des organisations communautaires, écologiques ou syndicales. Voyons cela de plus près.

Début 1986, le RCM compte 3 500 membres et une petite tradition de travail communautaire dans un certain nombre de districts. Après son «purgatoire» dans l'opposition surtout extra-parlementaire de 1978 à 1986, le RCM a pu développer une certaine cohésion. Il a su se trouver un porte-parole faisant l'unanimité chez les membres et qui projette une image à la fois socialement stimulante et électoralement rentable. Jean Doré, alors avocat pour les services juridiques de la CSN, mais membre du RCM depuis toujours, reprend du service en 1982.

Mais entre le début et la fin de l'année 1986, le parti passe de 3 500 à près de 20 000 membres. Traditionnellement composé d'organisateurs communautaires, d'animateurs de mouvements (groupes de femmes, groupes d'éducation des adultes, organismes communautaires, syndicats locaux, particulièrement de la FTQ) et de professeurs, le

---

17. Propos tenus par André Lavallée (conseiller municipal du RCM) et parus dans la revue *Vie ouvrière* de novembre 1986, n° 197, p. 30.

RCM voit arriver des notaires et des médecins, des petits entrepreneurs en construction et des citoyens ordinaires de toutes catégories, certainement moins portés sur le débat, le programme, la mobilisation et l'éveil des consciences. En outre, les meilleurs militants d'hier sont devenus conseillers municipaux ou cadres dans la fonction publique municipale (attachés politiques) de telle sorte que les exécutifs locaux sont plutôt décimés et ont beaucoup de difficulté à trouver un sens à leur travail local tandis que les membres sont plutôt passifs.

Aujourd'hui, après l'élection de 1986 et sa réélection en 1990, le parti, avec ses dirigeants et ses membres, est un parti faible, tandis que la nouvelle administration est une administration forte. Le parti ne fait pas le poids face à l'administration municipale, à son exécutif et ses principaux conseillers municipaux.

Pour une ville de la taille de Montréal, les défis de la décentralisation sont nombreux comme en témoigne l'expérience de l'Angleterre[18]. Il reste que, après plusieurs années de pouvoir, le RCM n'a toujours pas entrepris l'instauration des conseils de quartier qui devaient répondre à ses objectifs de décentralisation. Mais jusqu'à quel point une telle réforme peut-elle venir d'en haut? Comment concevoir les nouveaux rôles attribués respectivement aux organismes populaires et communautaires des quartiers, aux élus municipaux, aux employés de la Ville? Quels pouvoirs peuvent et doivent relever de ces conseils de quartier et quels autres doivent demeurer prérogative de l'administration centrale? Comment opérer cette réforme quand aucune autre ville du Québec n'a amorcé ou n'a l'intention d'amorcer un tel processus? Les réponses à ces questions sont encore imprécises. L'avenir nous le dira. Cet aspect du dossier est à suivre.

Parti plus hétérogène socialement et politiquement depuis son arrivée au pouvoir en 1986; parti plus faible, ses membres les plus expérimentés ayant pris les rênes de l'administration municipale; actualisation frileuse des conseils de quartier: tels sont quelques-uns des problèmes cardinaux sur lesquels doivent aujourd'hui se pencher les militants et dirigeants du RCM. Voilà aussi de quoi rendre les syndicats et les groupes populaires et communautaires de Montréal vigilants quant aux intérêts sociaux qui, dans les années à venir, seront ou non défendus par les politiques municipales. À Montréal tout au

---

18. Voir à ce propos J. PANET-RAYMOND (1986). «Les défis de la décentralisation: quelques leçons d'Angleterre», communication présentée au congrès de l'ACFAS, en mai 1987 à Ottawa. Des extraits de cette communication sont parus dans Le Devoir du 5 décembre 1986, p. 7.

moins, cette forme d'organisation communautaire se situe présentement à un tournant; il reste à savoir quelle sera la contribution future des groupes communautaires et la place que l'administration municipale leur accordera.

L'EXPÉRIENCE DES ORGANISATIONS POPULAIRES ET COMMUNAUTAIRES AVEC LE RASSEMBLEMENT POPULAIRE DE QUÉBEC (1976-1990)

L'histoire des groupes populaires à Québec, dans l'acceptation moderne du concept, remonte à 1967, avec la création dans le quartier Saint-Roch d'un comité de citoyens. Dix ans plus tard, le Rassemblement Populaire participait à sa première élection. Il lui faudra douze ans de pratique électorale pour prendre, en 1989, le pouvoir au conseil municipal.

Un bref retour en arrière nous permettra d'évaluer le chemin parcouru par ce parti en soulignant les objectifs poursuivis au départ, le contexte dans lequel s'inscrivait son action et les difficultés propres à ce genre d'organisation[19].

La tentation politique ou l'histoire du R. P.

Le Rassemblement populaire n'aurait jamais dû exister si l'analyse qui a présidé à sa création avait été suivie des gestes politiques conséquents. Expliquons ce paradoxe en commençant par décrire sommairement l'état du milieu populaire et syndical au milieu des années 70 à Québec.

En ce qui concerne les groupes populaires, on note la présence de comités de citoyens dans trois quartiers de la ville, quelques groupements de locataires, un journal à grande diffusion *Droit de parole*, le Fonds de solidarité des groupes populaires, un comptoir alimentaire (coopérative de consommation en milieu populaire), des garderies naissantes, une ACEF (Association coopérative d'économie familiale), des

---

19. Pour des informations plus complètes sur les origines du Rassemblement populaire, on consultera le mémoire de maîtrise de Claude CANTIN (1981). *Continuité ou rupture entre les groupes populaires et syndicaux de Québec et le Rassemblement populaire de Québec*, École de service social, Université Laval, ainsi que l'article de Pierre RACICOT (1981). «Le Rassemblement populaire et les comités de citoyens», *Revue internationale d'action communautaire, 4*, (44), p. 129-133.

coopératives d'habitation dans deux quartiers et quelques autres groupes populaires qui travaillent sur différents problèmes.

Le mouvement syndical de l'époque est divisé et sa présence régionale est relativement faible, sauf pour la CSN dont le conseil central de Québec est fort militant. Malgré un nombre de membres important, la FTQ et la CEQ ne sont pas présentes dans les débats concernant l'avenir de la ville et de la région.

Le Parti québécois semble relativement bien implanté dans les comtés qui recoupent les quartiers populaires de la ville de Québec. Les liens avec les groupes populaires sont distants, même si, ici comme ailleurs, la sympathie des militants va de son côté[20].

L'analyse dominante dans la frange mobilisée des militants repose sur le marxisme, perçu comme instrument de compréhension de la domination des classes populaires. Cette analyse s'est implantée grâce à la diffusion du rapport de l'équipe EZOP, qui expliquait la transformation-modernisation de la ville par une alliance de la bourgeoisie locale avec les entreprises multinationales[21].

Le courant marxiste-léniniste faisait déjà des ravages chez les militants et les groupes populaires. Certains y adhéraient, plus ou moins à l'insu des autres membres de leur groupe, mais tous les groupes ont été atteints et ont dû faire le débat sur «la ligne juste».

C'est dans ce contexte que huit militants se réunissent à la fin de l'année 1974 pour explorer le projet de la création d'une formation politique municipale. L'idée n'était pas nouvelle puisque deux membres du comité de citoyens de l'Aire 10 avaient posé leur candidature – sans succès – à l'élection de 1969. Cette fois-ci, le groupe des «huit» voulait se donner une ligne politique et du temps pour organiser une opposition sérieuse. L'orientation politique fut définie dans un manifeste et la

---

20. L'appareil du Parti québécois de la région de Québec a tenté d'infiltrer le Rassemblement populaire en 1977; se sentant en désaccord avec le discours politique de cette formation, il a choisi de contribuer à la formation d'un second parti d'opposition qui disparaîtra après l'élection. Par contre, les membres les plus «à gauche» du P.Q. ont adhéré au Rassemblement populaire. L'histoire se répétera, dix ans plus tard, avec la tentative d'un ex-ministre péquiste Jean-François Bertrand, de devenir le chef du R.P.; devant le refus de ce parti, il tente de créer un troisième parti; puis, ne réussissant pas à réunir les conditions nécessaires à un succès électoral, il joint les rangs du parti au pouvoir comme candidat à la mairie à l'élection de 1989. Son parti perdra le pouvoir pour la première fois de son existence.

21. EZOP-QUÉBEC (1981). *Une ville à vendre*, Montréal, Éd. Albert Saint-Martin, 559 p. Ce livre est une version corrigée du rapport original paru en 1972.

planification visait à passer du noyau des «huit» à un mouvement politique, puis à un parti qui présenterait des candidats à l'élection de 1977.

En 1975, quarante militants fondent le Mouvement d'action populaire en milieu urbain de Québec (MAPUQ). Le groupe se donne le mandat d'évaluer les possibilités de créer un parti politique qui serait le porte-parole, le «bras politique» des groupes populaires.

Deux facteurs expliquent cette option. D'une part, l'action des groupes populaires est perçue comme trop locale, trop centrée sur le quartier: pour entraîner des changements profonds, il faut travailler à prendre le pouvoir et ne plus se contenter d'être des groupes de pression. Par ailleurs, la qualité de l'enracinement et de l'action du mouvement populaire en général autorisent à croire que la formation d'un parti politique y trouverait ses premières racines. La jonction qui pourrait s'établir avec le mouvement syndical élargirait les bases de ce parti et symboliserait l'unité de la classe ouvrière[22].

Le MAPUQ a initié une consultation auprès des différents groupes et organisations susceptibles d'adhérer à l'idée de la fondation d'un parti politique municipal. Cette consultation pose directement la question à des groupes populaires et syndicaux de leur implication directe, par des représentants dûment mandatés, dans la direction politique du parti à créer. Certes, l'idée était mal perçue par certains militants pour qui le niveau municipal n'est pas porteur d'enjeux de transformation sociale. Mais le bilan de la consultation devait révéler un fait majeur qui aurait dû faire mourir dans l'œuf le projet: la plupart des groupes consultés refusaient d'adhérer au projet, même si l'idée apparaissait louable. Le caractère prématuré du projet et la crainte de perdre des militants au profit de cet éventuel parti ont amené les groupes à manifester leurs réserves.

Une stricte analyse des réactions des milieux consultés aurait dû se conclure par l'abandon de ce projet. Tel ne fut pas le cas, comme on le devine. Puisque les groupes consultés refusaient le projet, des militants, sur une base individuelle, allaient créer des Groupes d'action municipale (GAM) dans les quartiers, pour poursuivre la réflexion et établir les conditions propices au développement d'un parti.

---

22. Rappelons que l'année précédente, le Rassemblement des citoyens de Montréal faisait élire des conseillers. Ce renouveau de la pratique politique municipale, après l'échec du FRAP à l'élection de 1970 et surtout l'éclatement de ce parti après l'élection, indiquait aux militants de Québec qu'une pratique politique de gauche était possible.

En janvier 1977, l'annonce de la création du Rassemblement populaire était faite par le biais d'une conférence de presse. Le 7 juin de la même année, le Rassemblement populaire tenait un congrès pour adopter son programme, auquel assistait 150 personnes. Naissait ainsi un parti dont l'objectif premier était de porter sur la scène politique les revendications des milieux populaires, y compris celles des groupes qui réunissaient la partie mobilisée de ces milieux. Ce fut un coup d'audace.

La création du Rassemblement populaire ne provient pas de l'action concertée des groupes populaires et syndicaux. Elle tient à la détermination d'un petit nombre de militants qui sauront pénétrer les réseaux, convaincre les individus de l'importance de porter sur la scène politique les revendications populaires.

Les défis de l'action politique

L'action politique comme forme particulière d'organisation communautaire comporte des caractéristiques qu'il faut rappeler avant de considérer les défis particuliers que le Rassemblement populaire a dû relever à travers son histoire.

L'action politique, entendue ici au sens électoral, trouve sa justification comme forme particulière d'organisation communautaire en ce qu'elle compte donner aux couches populaires un moyen supplémentaire de faire valoir leurs revendications à des conditions de vie décentes. L'organisation communautaire ne s'intéresse à l'action politique électorale que parce que les moyens de pression usuels se révèlent insuffisants et parce que les partis politiques traditionnels ne rendent pas compte de leurs réalités.

Les moyens de pression traditionnels dans une société démocratique sont bien connus: pétition, manifestation, mémoire, lobbying, etc. L'invention des comités de citoyens, au début des années 60, représente un nouvel outil démocratique. Réunis sur la base de leur appartenance à un quartier, des citoyens de classe populaire feront entendre leur voix dans une société qui privilégie la parole de ceux qui possèdent des moyens culturels et financiers importants. Devenus des acteurs sociaux, comme d'autres, les comités de citoyens ont pu faire connaître les conditions de vie précaires des défavorisés, réclamer des améliorations, mettre sur pied des services correspondant mieux à leur situation, réfléchir sur les causes de leur condition.

Ce n'est qu'au moment où les résultats de ces actions se révèlent insuffisants que la question de l'accession au pouvoir politique se pose.

Pour certains, il s'agira de l'aboutissement d'une réflexion sur les causes de l'exploitation, pour d'autres sur les limites intrinsèques de l'action des comités de citoyens et groupes populaires.

Le passage à l'action politique électorale visera plusieurs objectifs: la représentation des classes populaires dans les lieux de décision politique, la défense de leurs intérêts, la dénonciation des choix politiques qui perpétuent l'exploitation, et ultimement la gestion des affaires publiques en fonction d'abord des intérêts des classes populaires.

Le deuxième motif pour se lancer dans l'action politique électorale est le constat que les partis existants ne reflètent en rien les intérêts des classes populaires. Ces partis ont pour objectif de prendre le pouvoir mais ne sont jamais capables de l'exercer, de telle sorte que les situations d'exploitation disparaissent. Ils accaparent le pouvoir pour réaliser un programme qui ne change en rien les conditions de vie des populations défavorisées ou pour le bénéfice personnel de leurs dirigeants. Les partis traditionnels perdent toute crédibilité auprès de militants des groupes populaires. Non seulement le discours et le programme politique sont-ils dénoncés, mais la forme de travail politique l'est aussi: absence de vitalité entre les élections, soumission aux dirigeants élus, campagne électorale axée sur l'image plus que sur le contenu, le clientélisme.

L'organisation politique des classes populaires devra être démocratique, au sens (faut-il le dire) où les membres auront le dernier mot tant sur le programme du parti que sur l'élection des dirigeants et des représentants. Elle mettra l'accent sur le contenu du programme, sur le projet politique, quitte à ce que ses succès électoraux se fassent attendre. Contrairement aux partis traditionnels, la prise du pouvoir n'est pas un objectif en soi; le changement social est son véritable objectif et il ne saurait provenir que d'une conscientisation de la population aux enjeux de la gestion des affaires publiques. Dès lors, ses activités de campagne électorale et en dehors des campagnes électorales seront guidées par le souci d'informer, de former et de conscientiser. Il s'ensuit une pratique politique qui se veut différente des partis traditionnels.

L'action politique électorale du R. P.

Le bilan de près de quinze ans de pratique électorale au Rassemblement populaire reste à faire. Ce n'est pas une mince tâche, tant les ambitions étaient grandes, tant la société québécoise a changé pendant cette période.

Globalement, le constat des plus anciens militants, au lendemain de la prise du pouvoir le 5 novembre 1989, est que le parti est resté fidèle à ses orientations de départ, même s'il a dû ajuster son vocabulaire et raffiner ses analyses en cours de route. Le Rassemblement populaire n'a pas connu de grand schisme pendant cette période, ce qui s'est traduit par une grande fidélité de ses membres.

Nous voudrions ici attirer l'attention sur un certain nombre de questions qui se sont posées à ce parti au cours de son histoire, montrer comment il a su ou non y répondre, et indiquer les difficultés concrètes que pose une action politique qui se veut au service des classes populaires.

Parler au nom des classes populaires?

La naissance du parti a traduit une volonté de porter sur la scène politique les problèmes des classes populaires. À partir du moment où le parti se forme, il entre en lutte contre des adversaires pour faire élire ses candidats et éventuellement diriger les affaires municipales. Il est alors confronté à une logique dont il ne peut faire abstraction: l'élection se fait sur la base des districts (qui sont des unités territoriales) et au vote majoritaire. De plus, les électeurs votent à la fois pour élire un conseiller et un maire.

L'implantation des groupes populaires dans une ville comme Québec est concentrée dans les quartiers centraux, là où évidemment on retrouve les travailleurs à petits salaires, les chômeurs et les assistés sociaux en plus grand nombre. Ces quartiers ne représentent pas la majorité des conseillers à élire au conseil municipal. Il faut donc faire un travail politique dans les autres districts, là où on retrouve des populations qui *a priori* ne sont pas les plus défavorisées et là également où le parti a le moins de racines, dans la mesure où les groupes populaires y sont inexistants.

Concrètement, au moment où le parti s'engage dans sa première élection, il faut penser à recruter des membres dans quatre districts périphériques (il s'agit de territoires qui ont les caractéristiques des banlieux et qui ont été annexés à la Ville de Québec dans les années 60), et dans une bonne partie des districts Limoilou et Haute-ville qui n'ont pas été touchés par l'action des groupes populaires.

Ce problème d'organisation politique se double d'un problème beaucoup plus grave qui concerne le programme du parti et, plus fondamentalement encore, sa pensée politique de base. Car dans ces secteurs géographiques mentionnés au paragraphe précédent, on retrouve une classe moyenne beaucoup plus importante que la classe populaire. Comment alors tenir un discours et élaborer un programme en fonction d'une population qui n'est pas majoritaire dans la ville? Comment négliger ces secteurs qui voteront également pour le candidat à la mairie? Comment aussi négliger des parties importantes des secteurs Limoilou et Haute-ville sans lesquels il est impossible de faire élire des conseillers dans ces districts? (Cette dernière question sera résolue en partie en 1981 par la division du territoire de la ville en districts plus petits.)

Le Rassemblement populaire a réagi à cette situation en faisant des efforts considérables de pénétration de ces milieux. C'est ainsi qu'il a pu y retrouver des opposants au régime en place dont certains deviendront ses candidats aux élections de 1977 et 1981. Par ailleurs, il a su intéresser à son projet des militants syndicaux résidents de ces secteurs de la ville. Ces recrutements ne seront pas toujours heureux parce que certains d'entre eux n'ont adhéré que sur la base d'une opposition au régime en place. Leur expérience politique antérieure ne les préparait pas à un engagement politique dans un parti où le projet politique a une importance majeure et où le pouvoir des membres de la base est considérable, même sur les dirigeants et les élus. C'est parmi eux qu'on retrouvera les deux défections les plus importantes dans l'histoire du parti, deux conseillers élus en 1981, dont l'un siégera comme indépendant et l'autre rejoindra le parti au pouvoir.

Le Rassemblement populaire a eu non seulement à intégrer des membres qui ne provenaient pas d'organisations populaires mais aussi à adapter son analyse à un contexte qui lui était étranger, soit celui des classes moyennes dans une ville. La taxation et les services dans les quartiers périphériques sont deux problèmes majeurs vécus par les citoyens. Non seulement leur taux de taxation est-il parmi les plus élevés au Québec, mais les services laissent souvent à désirer.

Les analyses qui avaient cours en 1975-1976 et qui plaçaient le prolétariat en lutte contre la bourgeoisie et la nouvelle petite bourgeoisie comme courroie de transmission ont dû faire place à plus de nuances dans leur évaluation de la composition des forces politiques à Québec. Car si les trois classes dont nous venons de parler sont bien réelles, d'une part l'articulation de leurs rapports n'est pas coulée dans le béton et d'autre part elle ne laisse pas apparaître la place d'une partie non négligeable de la population de Québec; il s'agit de la classe ouvrière qui bénéficie d'un travail stable, d'un bon revenu et qui a eu accès à la propriété et d'une couche intellectuelle davantage portée vers les transformations quotidiennes de leur vie personnelle dans ce que certains ont appelé la nébuleuse alternative.

La force du Rassemblement populaire sera de lier ces différents groupes autour d'une idée majeure: la démocratie. Ainsi le parti sera plus que jamais un rassemblement de personnes aux intérêts différents sans être toujours opposés. L'idéal démocratique dans une ville dirigée par un homme autoritaire a rallié différentes composantes de la population, sans renier les objectifs de fond, tout en adaptant son analyse à sa connaissance de la réalité des citoyens de la ville, de quelque quartier qu'il soit.

Les liens avec les groupes populaires

Ni au moment de sa fondation ni dans les douze années qui ont suivi, le Rassemblement populaire n'a eu de liens organiques avec les groupes populaires. Le problème de l'articulation des revendications des groupes avec le programme du parti, ou celui du parti comme porte-parole des groupes populaires, ou encore celui de l'identification des groupes comme succursales du parti n'a jamais été un problème majeur[23].

Les rapports entre le parti et les groupes sont formellement inexistants mais des liens très étroits les unissent par des individus, militants dans l'une et l'autre organisation.

Plusieurs facteurs expliquent cette liaison des intérêts des groupes populaires au parti en même temps que l'autonomie de chacun est respectée. Le premier réside dans la position que les groupes ont prise au moment de la fondation du parti et qui n'a jamais été revisée. Les groupes avaient alors indiqué clairement que non seulement ils ne voulaient pas prendre le leadership du parti mais également que certains estimaient prématuré de se lancer dans cette voie, que d'autres craignaient une perte de militants au profit du parti. Ces positions ont établi une distanciation entre le parti et les groupes, sans toutefois susciter de l'animosité puisque bon nombre de militants, sur une base personnelle, ont adhéré au parti.

Le deuxième facteur tient à l'arrivée au parti de militants qui, tout en se reconnaissant dans la mouvance des groupes populaires, n'appartenaient à aucun d'eux, ou provenaient d'autres groupements. Ceux-ci

---

23. Cette question est abordée dans la thèse de doctorat en anthropologie de Pierre-André TREMBLAY (1987). *Les comités de citoyens de Québec: contribution à l'histoire du mouvement populaire à Québec (1966-1981)*, Université Laval, Québec.

ont pu jouer un rôle considérable dans le maintien des activités du parti sans que les groupes aient à se plaindre d'une perte d'énergie militante. Le Rassemblement populaire a pu ainsi se développer comme organisation sans prendre la place des groupes populaires, tout en restant lié aux intérêts des groupes par les contacts ponctuels entre militants. Le petit milieu que constitue une ville comme Québec, malgré la taille de sa population, fait en sorte que peu d'événements importants se produisent sans que tous les réseaux soient alertés. Ainsi la création d'un nouveau groupe, des activités de mobilisation d'un groupe en particulier, la cessation d'activités d'un groupe sont rapidement répercutés dans tous les réseaux militants. Les militants qui ont pris en charge le parti ont su tirer profit de cette proximité physique principalement parce qu'ils se reconnaissaient dans les activités des groupes populaires.

Le troisième facteur tient aux exigences d'une pratique politique électorale. Non seulement le parti devait-il maintenir des liens intellectuels avec les groupes pour améliorer la qualité de son programme électoral, mais il devait le faire pour alimenter son aile parlementaire après l'élection de son premier conseiller en 1980, à l'occasion d'une élection partielle. Dès l'élection de 1981, le parti comptait quatre élus (et 40% du vote dans l'ensemble de la ville; les résultats globaux ont été similaires en 1985, bien que des variations importantes soient apparues selon les secteurs de la ville). Encore une fois, répétons que les liens entre les groupes et le parti (son aile parlementaire, dans ce cas-ci) ne sont pas formels. Il s'agit de liens entretenus au fil des dossiers poussés par les groupes ou devant faire l'objet d'un débat au conseil municipal.

Le quatrième facteur tient à la présence comme candidats, aux différentes élections, de militants des groupes populaires, ou d'ex-militants dont les groupes avaient cessé leurs activités. La pratique électorale du Rassemblement populaire n'a guère été innovatrice par rapport à ce que des militants du Parti québécois et du Nouveau Parti démocratique avaient connu. Le rôle des candidats locaux est fondamental dans le parti et leur pouvoir en est autant accru. C'est ainsi que quelque soit l'élection examinée, les militants des groupes populaires ont toujours été très bien représentés dans l'équipe des candidats. Ajoutons à cela qu'ils l'ont également été dans l'équipe des organisateurs qui les soutenaient.

Pendant les jours qui ont suivi l'élection qui a porté le Rassemblement populaire au pouvoir en novembre 1989, les militants des groupes ne cachaient pas leur satisfaction. Non seulement les intérêts qu'ils défendaient dans les groupes se trouvaient représentés majoritairement au conseil municipal, mais plusieurs de leurs amis militants étaient devenus conseillers municipaux, voire membres de l'exécutif de la Ville de Québec.

Les difficultés de l'action politique électorale

Le parti souhaitait, au moment de sa fondation, développer une pratique politique différente des autres partis connus. Son grand projet était de conscientiser la population aux intérêts de la majorité (soit la classe ouvrière) et donc d'établir des structures d'accueil et de formation qui fassent avancer la cause de la classe ouvrière. Les règlements du parti prévoyaient, d'ailleurs, une période de formation des nouveaux membres; de plus, l'importance de se lier aux luttes populaires était hautement claironnée par la création d'un comité «Solidarité-services», qui devait maintenir des liens avec les groupes et apporter l'appui concret du parti dans leurs luttes.

En pratique, le Rassemblement populaire a eu toutes les misères du monde à maintenir une vie active en dehors des périodes électorales. Trois facteurs expliquent cette situation.

D'abord, l'organisation quotidienne du fonctionnement d'un parti politique exige des ressources considérables pour tenir à jour la liste des membres, susciter des adhésions et le renouvellement des anciens et procéder annuellement à une campagne de financement. Ce qui est un souci de toutes les organisations devient, pour un parti politique qui prétend représenter les travailleurs, une condition *sine qua non* de son existence. Car ici, il n'y a pas de tricherie possible. Le parti doit déposer publiquement son rapport financier annuel; il doit réserver des salles pour ses réunions plénières, louer un local (fût-il modeste) pour établir son secrétariat, mettre de l'argent de côté pour une prochaine campagne électorale. Tout cela demande beaucoup d'énergie tout en étant essentiel à la poursuite des activités du parti.

Bien qu'il soit capable de mobiliser des centaines, voire quelques milliers de personnes au moment des élections, le parti ne réussit pas à canaliser leurs énergies entre deux élections.

Il y a ici un problème qui n'est pas typique au Rassemblement populaire mais au sujet duquel il n'a pas réussi à inventer des pratiques nouvelles. Cette «désaffection» s'explique par le type de membre que le parti recrute. Gens impliqués et conscients d'un certain nombre d'enjeux sociaux, ils sont mobilisés sur diverses causes: celle des groupes populaires, mais aussi des syndicats, des groupes féministes, des groupes écologistes, etc. Leurs énergies ne peuvent s'éparpiller plus que la nature humaine ne peut en supporter. Par ailleurs, au moment des grands enjeux, ils choisissent de laisser de côté pour une courte période ce qui les mobilise toute l'année pour se concentrer sur ces enjeux.

L'élection de novembre 1989 a porté au pouvoir le candidat à la mairie du Rassemblement populaire ainsi que 15 de ses 21 candidats à un poste de conseiller municipal. Le parti a réussi à imposer le thème de la démocratie municipale comme enjeu politique à l'Hôtel de Ville de Québec. C'est une victoire extraordinaire, célébrée dans un climat se rapprochant de la victoire du Parti québécois en 1976, selon un journaliste chevronné présent à la salle des réjouissances.

Cette victoire ne doit pas faire oublier les origines du parti et sa capacité, au fil des ans, de s'adapter à un rôle de parti représentatif de l'ensemble des catégories sociales qui recherchaient un changement à la direction des affaires de la Ville; cependant, sa volonté de porter sur la scène politique les aspirations des classes populaires s'est butée à la réalité sociopolitique de la Ville de Québec. Cette réalité s'exprime dans les règles de la pratique électorale qui fait découvrir que la classe populaire n'a pas de poids politique suffisant pour prendre le pouvoir à elle seule.

À l'image du Parti socialiste français, du Parti québécois et du Rassemblement des citoyens de Montréal, le Rassemblement populaire de Québec est un rassemblement de personnes aux idées démocratiques clairement exprimées; lui aussi réussit à vivre avec des divisions sur la portée de son projet socio-économique. Saura-t-il assumer ces tensions dans un nouveau modèle de parti politique nord-américain ou devra-t-il, comme d'autres, assister à des déchirements qui conduisent au départ ou à l'expulsion de certaines tendances? Comment les tendances liées aux groupes populaires pourront-elles résister à des compromis satisfaisants avec les tendances féministes et écologistes? Et surtout avec le cercle des élus et des attachés politiques qui forment le noyau décisionnel dans un gouvernement? Comment le parti, comme regroupement de citoyens de Québec, saura-t-il composer avec ses élus? Réussira-t-il à se donner une vitalité entre les périodes électorales ou ne sera-t-il que le bassin des travailleurs d'élections?

Ces pratiques qui confronteront les militants du Rassemblement populaire ne sont pas propres à ce parti. Elles tiennent aux orientations qui donnent naissance à ce type de parti politique. Gagner les élections avec de telles orientations constitue une victoire démocratique extrêmement importante. Reste la deuxième partie de son objectif: gérer la ville en fonction des intérêts de la majorité. C'est là un tout nouvel apprentissage qu'il faut faire; des erreurs seront commises, c'est l'évidence. Son action sera jugée sur sa capacité de poursuivre son objectif fondamental.

EN GUISE DE CONCLUSION

À la lumière de l'expérience d'action politique locale à Montréal et à Québec, que peut-on dégager de cette forme un peu particulière d'organisation communautaire? Voici quelques propositions de réponse:

1. La ville peut prendre des mesures sociales pour soutenir les communautés locales défavorisées, ce qui était quasi inimaginable auparavant. Par exemple, des mesures de soutien au développement de l'emploi local (financement des CDEC) ou encore des mesures permettant un meilleur aménagement urbain de ces quartiers (consultation des communautés locales autour d'un plan d'aménagement)...

2. La possibilité pour certains projets d'organisation communautaire d'élargir leur réalisation du micro-développement (le soutien à des communautés locales) au mezzo-développement, c'est-à-dire la réorganisation et l'aménagement d'une ville entière[24].

3. L'importance des pouvoirs locaux: l'affaiblissement des États centraux dans leur intervention sur le plan social et économique de même que la revendication démocratique des communautés locales et des municipalités ont eu pour effet, dans la dernière décennie, de faire progresser considérablement l'importance des pouvoirs locaux. Cette tendance ne semble d'ailleurs pas propre au Québec, au Canada ou aux États-Unis, mais généralisée tant dans les pays développés que dans les pays du tiers monde[25].

4. L'arrivée d'une formation politique à sensibilité sociale et communautaire n'offre pas nécessairement toutes les garanties d'un contrôle démocratique supplémentaire, si l'on se fie sur

---

24. J. Léveillée (1988). «Pouvoir local et politiques publiques à Montréal: renouveau dans les modalités d'exercice du pouvoir urbain», *Cahiers de recherche sociologique*, *6*,(2), p. 37-63.

25. H. Pease Garcia (1988). *Democracia local: Reflexiones y experiencias*, Lima, Éd. DESCO. Voir, à ce propos, dans la dernière partie de ce livre, le texte de Louis Favreau et Lucie Fréchette sur l'organisation communautaire dans certaines villes d'Amérique latine (au Pérou, au Brésil...).

G. Massiah (1990). «Les pouvoirs locaux jouent un rôle de plus en plus important», *Le nouvel état du monde*, Paris, Éd. La Découverte.

l'expérience de l'Angleterre en la matière[26]. Mais c'est peut-
être aux élus locaux que s'adressent le plus les revendications
sociales de la population des quartiers populaires.

5. Pour l'organisation communautaire, l'action politique à l'instance municipale est particulièrement pertinente, car c'est elle
qui est la plus proche des besoins sociaux des communautés
locales (logement, écologie, aménagement de quartier, loisirs...).
C'est aussi l'action politique la moins institutionnalisée, évoluant davantage par réseaux que par appareils, donc fonctionnant plus sur une base informelle et égalitaire plutôt que de
délégation avec des mandats et hiérarchies... Certains auteurs,
à juste titre, suggèrent que «ces partis se situent à la jonction de
la société politique et de la société civile. Ils sont les moins
institutionnalisés des partis politiques et les plus institutionnalisés des mouvements urbains[27]».

---

26.   J. Panet-Raymond (1986). *Loc. cit.*
27.   P. Villeneuve (1989). *Loc. cit.*, p. 7.

2.3.

L'action conscientisante

YVES HURTUBISE

L'approche dite de conscientisation a connu un certain développement au Québec à partir du milieu des années 70. Issue du travail d'alphabétisation de Paulo Freire au Brésil au début des années 60, la conscientisation a des adeptes québécois qui ont puisé dans sa philosophie et dans ses méthodes de travail; ces derniers ont tenté d'inventer – le mot est à peine trop fort – une approche de travail social collectif qui tienne compte autant de notre courte histoire en ce domaine que des conditions économiques, politiques et surtout culturelles, avec lesquelles l'intervenant social québécois doit composer dans sa pratique.

Pour présenter cette approche dans sa version québécoise, nous indiquerons d'abord les grandes étapes de l'élaboration de la pensée de Freire et de la pénétration de l'approche de conscientisation au Québec. Nous soulignerons ensuite les apports – la contribution – de ce courant de pensée au développement du travail social collectif. Enfin, nous indiquerons les limites qu'il comporte, autant sur le plan théorique que sur le plan pratique.

LES SOURCES

Originaire du Brésil, Paulo Freire y entreprend des expériences d'alphabétisation qui le conduiront à développer le concept de conscientisation.

Dans un exellent chapitre de *Pratiques de conscientisation 2*[1], Colette Humbert rappelle les étapes de l'élaboration du concept, étapes liées aux différents lieux où il vécut. Rappelons-les brièvement.

Né d'une mère catholique et marié à une directrice d'école, Freire a étudié le droit puis travaillé dans un département de service social. Que ce soit dans son milieu familial à travers ses lectures, la pensée catholique l'influence: «Je me suis éloigné de l'Église... jamais de Dieu», dira-t-il. Vivant dans un pays ballotté au gré des luttes de pouvoir, Freire entreprend, en 1961, avec un groupe d'étudiants, l'alphabétisation de populations rurales pauvres afin qu'elles puissent obtenir le droit de vote. En effet, le nord-est brésilien compte alors 15 millions d'analphabètes parmi ses 25 millions d'habitants. La méthode de travail de Freire a cela de particulier qu'elle ne vise pas seulement à faire apprendre des mots mais, pour ce faire, elle part de réalités concrètes vécues par les populations, de leurs expériences et de leur vocabulaire. Apprendre à lire et à écrire devient alors un moment privilégié d'expression populaire de la réalité. En 1964, fort d'un certain succès, on prévoit la constitution de 20 000 cercles de culture (nom donné à chaque groupe d'étudiants). Cependant, un coup d'État militaire renverse le gouvernement. Freire est arrêté pour traîtrise au «Christ et au peuple» et doit s'exiler au Chili. On comprend facilement que son action ait été jugée dérangeante: l'acquisition du droit de vote par une large proportion du peuple risquait de modifier les données politiques du pays.

Humbert rappelle l'autocritique de Freire à cette période, formulée dix ans plus tard: il constate alors une réussite pédagogique mais un échec politique, conséquence de la naïveté de deux aspects de son approche (dévoiler la réalité ne conduit pas nécessairement à vouloir la transformer, s'être appuyé sur les slogans du régime comme la démocratie et la participation sans s'être interrogé sur le sens profond de ces mots) et de deux erreurs (n'avoir fait d'analyse sérieuse ni de la conjoncture brésilienne ni du système capitaliste, n'avoir envisagé ni la création d'organisations populaires ni leurs articulations aux autres forces sociales).

Au Chili, Freire travaille à l'intérieur de la réforme agraire à une seconde alphabétisation des paysans; seconde, parce que faute de lire et d'écrire ceux-ci sont maintenant analphabètes. Ce travail l'amène à établir des liens entre le sous-développement et l'exploitation écono-

---

1. Colette HUMBERT (1987). «La pensée et le cheminement de Paulo Freire», G. AMPLEMAN *et al.* (1987). *Pratiques de conscientisation 2*, Québec, Collectif québécois d'édition populaire, p. 283-309.

mique, la domination économique et l'aliénation culturelle. Alors que l'alphabétisation s'avère un moyen de donner au peuple des droits politiques dans la société brésilienne, au Chili, la conscientisation sera une véritable pratique politique au sens où elle sera non seulement réapprentissage de moyens de communication, mais aussi réflexion et actions pour transformer les conditions de vie (par des coopératives de production, notamment).

La «méthode Freire» sera reconnue par un organisme international, l'UNESCO. Le Chili fait partie des cinq nations qui, dans l'après-guerre, ont le mieux combattu l'analphabétisme.

Freire fera par la suite un séjour aux États-unis, à titre de professeur à l'Université Cambridge du Massachussets. Selon Humbert, le contact avec cette «société hautement industrialisée amène un élargissement de sa pensée, en même temps qu'une politisation de cette pensée[2]»; c'est là où il écrira son livre le mieux connu, *Pédagogie des opprimés*, traduit en vingt-cinq langues.

En 1969, Freire devient le premier directeur du département «pour le renouveau de l'éducation» du Conseil œcuménique des églises. Ce poste à Genève le met en relation avec des animateurs populaires et des éducateurs du tiers monde, notamment de l'Afrique. Il participe, en 1970, à la fondation de l'INODEP (Institut œcuménique pour le développement des peuples), qu'il préside jusqu'en 1976. Il crée, en 1971 à Genève, l'IDAC (Institut d'action culturelle) dont il veut «qu'il traduise la pratique et la théorie de la conscientisation dans le contexte socioculturel des sociétés hautement industrialisées[3]».

En 1979, Freire retourne au Brésil, à la faveur d'une libéralisation du régime politique. Il travaille notamment auprès de syndicats ouvriers et, plus récemment, il retourne à l'éducation populaire.

La conscientisation, comme nous la connaissons au Québec, provient donc de la pensée et de l'action de Paulo Freire. Concrètement, elle s'est développée à la faveur d'un rapprochement entre des militantes de groupes d'assistés sociaux et d'intellectuels issus du milieu universitaire. Rappelons les grandes étapes de cette pénétration, ce qui nous permettra d'illustrer la naissance et l'évolution d'un courant d'idées.

---

2. *Ibid.*, p. 297.
3. *Ibid.*, p. 306.

Une animatrice de l'OPDS-Mercier raconte comment elle s'est sensibilisée à l'univers des assistés sociaux[4]. Un stage effectué auprès de l'INODEP à Paris lui a permis de développer une perspective de conscientisation dans son action avec les assistés sociaux et, par son intermédiaire, l'Institut fut mis en relation avec des intervenants communautaires québécois.

La jonction entre des intellectuels de Québec et l'OPDS-Mercier se fit par le biais d'une étudiante de maîtrise à l'École de service social de l'Université Laval, qui produisait son mémoire au sein du GRAP (Groupe de recherche en action populaire)[5]. À l'occasion d'une analyse de la lutte des assistés sociaux contre la taxe d'eau à Montréal, elle contacta l'OPDS-Mercier. Elle y découvrit un mode d'action inédit, qu'elle s'empressa de faire connaître aux membres du Groupe de recherche. Les membres du GRAP trouvèrent cette pratique intéressante, car elle rejoignait deux de ses préoccupations. Dans sa recherche, le Groupe s'appuyait sur une grille néo-marxiste pour faire le bilan d'un certain nombre de luttes populaires et essayer d'en dégager les apports économiques, politiques et culturels. La question du dépassement des gains immédiats dans une lutte pour atteindre un enracinement et une politisation plus soutenue figurait à l'ordre du jour. Or l'action de l'OPDS-Mercier se situe exactement dans cette perspective.

De plus, la pratique de l'OPDS-Mercier se fonde sur les idées d'un intellectuel connu des membres du GRAP, puisque les écrits de Paulo Freire font partie de leur enseignement. Cette rencontre avec des militantes montréalaises qui travaillent à partir d'idées enseignées à l'Université Laval fut cruciale dans le développement d'un réseau d'adeptes de la conscientisation.

Grâce aux membres du GRAP, tout le réseau du ROCQ (Regroupement des organisateurs communautaires du Québec)[6] fut invité à suivre des sessions de formation à l'approche de conscientisation. Créé dans le but de rassembler les intervenants communautaires préoccupés de maintenir des liens entre théorie et pratique, le ROCQ naît au

---

4. Gisèle AMPLEMAN (1983). «Le bien-être social: pas un choix, mais un droit», G. AMPLEMAN et al. (1983). Pratiques de conscientisation. Expériences d'éducation populaire au Québec, Montréal, Nouvelle optique, p. 41-75.

5. Voir Denise VENTELOU (1983). «Les point de départ: une lutte»; Gérald DORÉ (1983). «Des militantes et militants petits-bourgeois à l'école populaire», G. AMPLEMAN et al. (1983). Op. cit.; et Denis FORTIN (1985). «La recherche-action à caractère militant: le cas du GRAP», Service social, 34, (2-3), p. 269-293.

6. Le ROCQ fut fondé en 1977.

moment où le courant marxiste-léniniste est très actif tant dans le milieu syndical que dans le mouvement populaire. Une de ses fonctions consiste alors à fournir un cadre d'analyse qui permette à ses membres de considérer leur travail comme faisant partie d'une ligne progressiste tout en se démarquant des marxistes-léninistes. La liaison avec des praticiens de la conscientisation allait lui permettre de développer une piste d'action conforme à son projet.

L'approche de conscientisation prit une telle importance dans la pratique du ROCQ que ce dernier devint, en 1983, le Collectif québécois de conscientisation.

LES APPORTS

Ce rappel des sources historiques de l'approche de conscientisation illustre quelques concepts centraux et l'idéologie qui les sous-tend. Nous aborderons maintenant les fondements de la conscientisation, le processus type d'intervention et son aspect novateur en intervention sociale collective.

Les fondements

Comme nous l'avons mentionné précédemment, Paulo Freire a développé progressivement sa pensée, elle-même influencée par les différents contextes sociaux au sein desquels il a travaillé. Reprise au Québec et adaptée à notre contexte socioculturel, cette pensée se fonde sur un certain nombre d'idées maîtresses que nous aborderons brièvement.

Selon l'approche de conscientisation, la société se divise en classes sociales; grosso modo, l'analyse considère les trois classes suivantes: les oppresseurs, la nouvelle petite-bourgeoisie et les opprimés. Dans le premier cas, on retrouve les propriétaires des moyens de production, dans le second les intellectuels, dans le troisième la masse populaire. Cette perspective néo-marxiste considère que l'injustice est socialement organisée au bénéfice de la classe dirigeante, les rapports d'inégalité et d'oppression n'étant alors que le résultat de l'organisation sociale.

La deuxième idée centrale de cette approche est que l'humain est capable de réflexion et d'action pour transformer sa situation, pour se libérer. Cette capacité s'avère libératrice dans la mesure où l'action et la réflexion se nourrissent mutuellement pour amener l'individu au stade de la conscience critique, c'est-à-dire au point où il constate l'existence des rapports de classes, mais aussi ses capacités d'agir en vue de sa propre libération et celle des oppresseurs. Les capacités d'action-réflexion de l'humain font de lui un être capable de passer d'une conscience «magique» («Dieu l'a voulu», «On est né pour un petit pain») à une conscience critique libératrice.

Dans une telle approche, le changement social vient de la prise de conscience de sa situation de classe (d'opprimé) et du passage à l'action politique, seule capable de transformer les rapports sociaux. D'opprimée passive, exploitée et aliénée, la masse populaire doit devenir actrice de l'histoire. Comment? Par un apprentissage de l'action collective qui passe d'abord par la reconnaissance de sa situation (désaliénation), l'identification des facteurs objectifs qui sont à la source de cette situation (politisation) et le développement d'habiletés propres à l'action collective (militantisme).

L'approche de conscientisation ne prétend pas que cet apprentissage puisse se faire rapidement et sans appuis extérieurs. De la conscience «soumise» ou «magique» à la libération, il y a un long chemin à parcourir tant le modèle culturel dominant est puissant. Pour ce faire, des éléments de la nouvelle petite-bourgeoisie peuvent participer à cette libération. Mais ceux-ci ne doivent pas se considérer comme les détenteurs d'un savoir qu'ils n'auraient qu'à inculquer aux masses populaires, mais plutôt après avoir eux-mêmes identifié leur situation de classe, leurs privilèges, les rôles attendus d'eux, rompre avec cette situation et faire alliance avec les opprimés. Pour cela, ils devront se mettre à l'école du peuple, c'est-à-dire entretenir une relation dialogique qui fera d'eux autant des éducateurs que des éduqués. Comprendre la culture populaire, c'est comprendre les mécanismes de fonctionnement de la société et par là contribuer à sa propre libération. En effet, la nouvelle petite-bourgeoisie est aussi aliénée. Elle a intériorisé les valeurs dominantes, dont les préjugés concernant la classe populaire.

Mais comment un animateur intervient-il concrètement auprès de la classe populaire? C'est ce que nous verrons dans la section suivante.

Le processus type[7]

Selon ses tenants, l'approche de conscientisation peut être utilisée dans toutes les situations d'exploitation. Résumons en six étapes le proces-

---

7. Nous nous inspirons ici de la présentation que fait Denis Fortin de l'approche de conscientisation dans le cadre d'un cours en organisation communautaire que nous partageons à l'Université Laval.

sus «normal» d'intervention, étant entendu que celle-ci est toujours conditionnée par la réalité du groupe visé et la conjoncture plus générale dans laquelle elle se situe.

Dans un premier temps, l'intervenant-conscientiseur choisit la population cible qui fera l'objet de son intervention. Son choix se fait à partir de considérations personnelles (ce qui le stimule davantage à l'action) et de son analyse de la société (tel problème à tel moment présente-t-il plus de charge mobilisatrice?).

Dans un deuxième temps, il rencontre des personnes qui vivent le problème retenu et propose la constitution d'un noyau de base (groupe, cellule) qui deviendra éventuellement le groupe moteur de l'action.

Dans un troisième temps, il relève des mots, des phrases, des façons de faire qui traduisent l'oppression vécue par ces personnes; ce sont les thèmes générateurs, c'est-à-dire ceux qui sont le plus susceptibles d'amener les membres du groupe à s'exprimer, qui proviennent des membres eux-mêmes lorsque l'animateur les invite à exprimer leur vécu d'oppression. Cependant, celui-ci aura préalablement recueilli un certain nombre de ces thèmes depuis le début de son action auprès de cette population (rencontres individuelles formelles et informelles, fréquentation des lieux publics, etc.).

Dans un quatrième temps, l'intervenant procède au codage des thèmes générateurs, c'est-à-dire qu'il les traduira de façon illustrée afin de les présenter au groupe. Le codage est important pour deux raisons: d'abord, l'illustration est un moyen de présenter des données qui correspondent beaucoup plus à l'univers culturel des opprimés que l'écrit; ensuite, la situation d'oppression présentée sous forme visuelle doit comporter non seulement les traits problématiques, mais également des éléments capables de faire ressortir des possibilités d'action face aux problèmes. Il serait en effet bien inutile, sinon néfaste, de retourner aux gens uniquement les traits négatifs de leur situation. La conscientisation n'est pas que la prise de conscience de l'oppression; elle est aussi et surtout la prise de conscience des possibilités de briser cette oppression.

Dans un cinquième temps, l'intervenant-conscientisateur présente au groupe la situation ainsi illustrée: c'est l'étape du décodage, c'est-à-dire l'analyse de la situation représentée. Il s'agit ici de faire ressortir les causes de l'oppression et d'essayer d'établir des relations avec la situation sociale plus globale. Selon l'expression de Freire, les participants connaissent alors un rapport dialogique, c'est-à-dire un dialogue où l'animateur apprend des membres du groupe comment se vit l'oppression et permet au groupe d'exprimer ses capacités d'analyser cette situation. La mise en relation de l'oppression spécifique au groupe avec la situation sociale générale vise deux objectifs: d'une part, mettre en évidence que les opprimés ne sont pas isolés, qu'ils sont nombreux à vivre une forme ou une autre d'oppression, et que certains groupes ont engagé la lutte pour leur libération; d'autre part, montrer que l'opprimé est victime d'une organisation sociale qui porte en elle cette oppression. Il s'agit alors non seulement de déculpabiliser l'opprimé, mais d'approfondir avec lui la compréhension des mécanismes de cette oppression.

Enfin, dans un sixième temps, l'intervenant discute avec le groupe de l'action à entreprendre – même si elle apparaît bien modeste au départ – car l'action est formatrice. C'est par elle que l'on approfondira ses connaissances. Il s'agit alors d'établir une planification de travail visant des résultats immédiats mais aussi à long terme. Les services tangibles ont leur importance, car ils montrent qu'il est possible de mieux se défendre individuellement quand on bénéficie du soutien d'une organisation. L'action comporte également des périodes de formation de militants pour accroître le niveau de conscience et renforcer le noyau actif du groupe. Il est également question des alliances avec d'autres groupes d'opprimés qui mènent des luttes, et des liaisons nécessaires avec le mouvement syndical. L'action permet aussi de comprendre un peu mieux l'organisation de la société et différents éléments de la conjoncture qui sont plus signifiants dans la pratique que dans les livres ou les exposés.

Le travail de conscientisation n'est jamais terminé, tellement l'oppression est forte, l'idéologie dominante bien enracinée et notre propre aliénation profonde. La visée de la conscientisation est l'avènement d'une société autogérée, dont on peut préciser les contours, mais «on évite cependant d'en proposer un modèle tout fait à appliquer uniformément dans toutes les formations sociales[8]».

Les nouveautés

L'approche de conscientisation, version québécoise, a introduit dans le milieu de l'intervention sociale collective quelques nouveautés que nous voulons souligner plus particulièrement.

---

8. Gérald DORÉ (1983). «Les dimensions fondamentales de la conscientisation», G. AMPLEMAN et al. (1983). Op. cit., p. 269.

Les théories de Freire sur l'alphabétisation sont relativement connues au Québec. Le premier apport de la conscientisation sera de transformer l'objectif d'apprentissage de la lecture et de l'écriture en un objectif de libération totale de l'être en travaillant d'abord sur ses conditions de vie. C'est le cheminement de Freire lui-même, et personne n'avait osé le mettre en pratique ici avant le milieu des années 70.

Par ailleurs, le Québec connaît depuis le début des années 60 diverses expériences de mobilisation populaire animées par des intervenants communautaires. Ces mobilisations ont souvent touché les conditions de vie des classes populaires. Divers courants ont traversé l'organisation communautaire, que ce soit l'animation sociale, l'action radicale d'Alinsky, les divers courants d'extrême-gauche avec leurs stratégies plus ou moins audacieuses, etc. Mais le courant de la conscientisation a réussi – et c'est là son deuxième apport – à attirer l'attention sur l'importance de la culture populaire dans l'action. De fait, l'essence même de la conscientisation est de travailler à partir des valeurs propres aux milieux populaires.

Le troisième apport de l'approche de conscientisation au milieu du travail communautaire est de lui faire découvrir la possibilité de fabriquer des instruments de travail simples et efficaces, même si parfois certains semblent simplistes. Les nombreux instruments présentés dans les deux tomes de *Pratiques de conscientisation* constituent une réelle richesse pour les intervenants communautaires. Il y a là un avantage qualitatif important par rapport à ce que nous utilisions il y a quelques années. Dans la même veine, il faut espérer que l'accent mise dans l'approche de conscientisation sur la planification et l'évaluation des activités trouve des échos dans tout le milieu de l'intervention communautaire.

Enfin, il faut souligner un dernier apport de taille dans la collaboration permanente entre les intervenants conscientiseurs et les universitaires. Certes, ce n'est pas la première fois qu'il y a une jonction efficace entre les deux milieux, mais c'est peut-être la première fois que dure cette collaboration.

LES LIMITES

Même si elle se présente comme un modèle complet, fermé, ayant réponse à toutes les questions et qu'on la dit utilisable dans toutes les situations, l'approche de conscientisation n'en comporte pas moins certaines limites tant sur le plan théorique que sur le plan pratique.

Les limites théoriques

L'approche de conscientisation se fonde sur une certaine analyse néo-marxiste de la société à laquelle se greffe un humanisme d'inspiration chrétienne. Ses accointances avec la théologie de la libération sont manifestes. La présence de membres d'ordres religieux ou d'ex-membres et de militants de la gauche chrétienne est également indéniable, et entraîne inévitablement des répercussions sur l'évolution de cette approche. Certes, il est bien difficile de mesurer de l'extérieur de ce réseau l'ampleur de cette influence chrétienne, comme il est difficile de la critiquer en soi. Comment le faire, alors qu'il s'agit d'individus qui ont choisi, au nom de leur foi, de travailler avec les plus pauvres et de dénoncer ce que les institutions religieuses véhiculent d'aliénation, d'oppression? La question n'est donc pas de savoir si l'approche de conscientisation est influencée par des convictions religieuses, mais, si tel est le cas, de connaître les sources théologiques auxquelles on se réfère et les raisons pour lesquelles on est muet sur la question.

En ce qui concerne l'analyse des classes sociales, Colette Humbert rappelle, dans l'article mentionné précédemment, que Freire souscrit à Marx dans l'importance de l'exploitation comme source de domination et d'aliénation: «Le mode de production de la vie matérielle conditionne le processus de vie sociale, politique, intellectuelle [...][9].» Nous sommes forcés de constater, cependant, que les pratiques les plus novatrices de l'approche de conscientisation se déroulent au sein de groupes d'assistés sociaux, ces exclus temporaires ou définitifs du marché du travail. Or Gisèle Ampleman est très explicite sur sa façon d'aborder les assistés sociaux: «[...] après neuf ans de rencontres nous en arrivons à mettre l'accent sur les facteurs de l'aliénation plutôt que celui de l'exploitation[10].» C'est également ce qui ressort des autres expériences de conscientisation rapportées dans les ouvrages de Mme Humbert et de Mme Ampleman. S'il faut s'attarder davantage à l'aliénation qu'à l'exploitation, ce n'est plus uniquement par la lutte politique que l'on trouvera finalement la libération, mais bien d'abord par l'autonomie culturelle. En effet, les modèles sociaux imposés par la classe dominante reposent essentiellement sur nos activités de production. Remplacer la minorité dominante par une domination de la majorité (c'est-à-dire des classes populaires) ne changerait rien au problème central de la domination de la sphère de la production. Certes, les rapports entre

---

9. Colette HUMBERT citant Marx dans son texte: G. AMPLEMAN *et al.* (1987). *Op. cit.*, p. 296.

10. Gisèle AMPLEMAN (1983). *Loc. cit.*, p. 43 et 53.

les organisations et les individus seraient modifiés (à la condition que l'on trouve une nouvelle articulation de ces rapports, ce que les expériences socialistes actuelles ne permettent pas d'entrevoir). Mais au bout du compte, l'ouvrier, le col blanc, l'employé de service, l'intellectuel, voire le cadre supérieur de la nouvelle société, continueraient à voir leur vie organisée à partir de leur fonction productive. On ne saurait alors parler de libération totale puisque le travail serait toujours au centre de leur vie.

La théorie marxiste pose des problèmes à un niveau différent, soit celui des oppressions qui ne viennent pas de la situation de classe mais d'une autre caractéristique comme le sexe ou l'âge. Quelle est la place des femmes, des jeunes, des vieux dans un découpage de la société en classes sociales? S'il s'agit de leur fonction productive, leur place est vite trouvée. Mais qu'en est-il dans le cas d'une oppression spécifique? Les tenants de la conscientisation ne donnent qu'une réponse partielle à cette question: Ou bien la personne est située dans la classe d'appartenance de son conjoint ou de sa famille, ou elle est considérée, en raison de ses moyens financiers ou culturels, comme capable de se libérer.

Il est enfin un dernier problème théorique que nous voulons souligner, soit la visée autogestionnaire de l'approche de conscientisation. «La conscientisation vise à bâtir une société où pourra s'exercer le pouvoir populaire, où l'on inventera des mécanismes permettant un réel contrôle de la population à tous les niveaux, une société à visée autogestionnaire[11].» Il faut signaler ici l'ambiguïté du vocabulaire. Le concept d'autogestion ne saurait être associé à celui de pouvoir populaire. Les deux concepts renvoient à des catégories politiques opposées[12]. Le pouvoir populaire appartient à une théorie qui ne perçoit la libération que par la voie politique. L'autogestion est un concept qui vise d'abord la mise au point d'un modèle de société différent du modèle soviétique. Dans sa version plus moderne, il représente un contenu qui allie socialisme et démocratie pour justement distinguer son projet du projet communiste ou socialiste classique. Les théories autogestionnaires (de la plus anarchiste à la plus culturaliste) admettent toutes l'exploitation capitaliste comme pôle important d'analyse, mais se veulent à la recherche d'un modèle sociétal qui ne serait pas que la reconduction au pouvoir d'une nouvelle classe dirigeante. Procéder à une stricte analyse de classe et prétendre à un projet autogestionnaire comporte inévitablement des ambiguïtés sur l'analyse ou sur le projet social.

---

11. Gérald DORÉ (1983). *Loc. cit.*

12. Voir Yvon BOURDET et Alain GUILLERM (1975). *Clefs pour l'autogestion*, Paris, Seghers; et Pierre ROSANVALLON (1976). *L'âge de l'autogestion*, Paris, Seuil.

Les limites dans la pratique

L'approche de conscientisation a apporté une contribution importante à la pratique du travail social collectif, bien que sa pénétration soit inégale selon les régions et les problématiques sociales. Nous voulons indiquer ici quelques problèmes concrets que soulève sa pratique au Québec.

En 1987, le Collectif québécois de conscientisation célébrait son dixième anniversaire. Il comptait en 1989 une centaine de membres, et plus de trois cents personnes y auraient adhéré depuis sa création. Sur le plan des effectifs, c'est un résultat moyen, pour ne pas dire minime. La perte de deux cents membres devrait préoccuper le CQC. Certes, certains adhérents «n'avaient pas un niveau de conscience suffisamment développé», mais n'est-il pas préoccupant qu'une organisation ne retienne qu'une personne sur trois qui y ont adhéré? Cependant, l'influence du CQC ne peut être jaugée qu'au nombre de ses adhérents. Il a réussi – ce qui n'est pas à négliger – à faire passer dans le discours du milieu des intervenants communautaires le concept de conscientisation. Très souvent, des intervenants l'utilisent manifestement sans connaître son contenu marxiste. Comment expliquer cette apparente désaffection? Serait-ce la découverte du contenu marxiste de l'approche ou de son inadéquation par rapport aux milieux de pratique des intervenants? L'adhésion obligatoire au manifeste du CQC pour devenir membre du groupe nous amène à regarder dans une autre direction. Sans prétendre avoir sondé ceux qui se sont retirés du CQC, mais sur la foi d'une expérience personnelle et de nombreux commentaires entendus chez des étudiants et des militants de groupes populaires, nous faisons l'hypothèse que l'analyse de la nouvelle petite-bourgeoisie faite par le CQC est à la source d'un malaise profond entre les membres plus anciens et les nouveaux. La nouvelle petite-bourgeoisie n'est considérée que par rapport aux exploiteurs et aux exploités. Elle n'a d'autre autonomie que celle de se rallier aux uns ou aux autres, ce qui lui nie presque toute existence propre. De plus, il arrive souvent que des membres de la nouvelle petite-bourgeoisie soient issus de la classe ouvrière. Pour ceux-là, il faudrait donc renouer avec leur passé, ce qui n'est pas toujours simple. Bref, sans devoir nous apitoyer sur le sort de la nouvelle petite-bourgeoisie, nous croyons que les tenants de la conscientisation devraient approfondir leur analyse et examiner de plus près l'univers culturel petit-bourgeois pour en tirer des conclusions pratiques.

Ce problème – bien relatif d'ailleurs, quant à son importance – entre les conscientisateurs-militants et d'autres militants nous amène à poser un problème du même ordre, mais cette fois entre les premiers et les opprimés. On sait que dans cette approche, la relation entre l'animateur et les opprimés est caractérisée par un rapport dialogique, où les deux parties apprennent l'une de l'autre. Or, l'animateur-conscientisateur doit fournir une réponse à la question ultime posée dans cette relation. Mais comment concilier cette réponse toute prête avec les exigences d'un véritable dialogue qui ne saurait être basé que sur l'authenticité? Cette question en recouvre une autre, très importante, qui pourrait se traduire ainsi: Quel est le véritable intérêt de l'animateur-conscientisateur dans sa pédagogie? Certes, lorsqu'il fait partie de la nouvelle petite-bourgeoisie, sa formation à la conscientisation l'amène à rechercher ses intérêts spécifiques comme membre de cette classe. Mais quelle valeur accorde-t-il après aux gens avec qui il travaille dans son projet à long terme de libération des masses opprimées? Plus concrètement encore, comment se comporte-t-il devant les individus qui n'adoptent pas les comportements attendus ou, formulé de façon différente, dont la conscience politique n'évolue pas vers la conscience critique libératrice? Les laissera-t-il tomber au nom de son projet, comme dans le cas des nouvelles petites-bourgeoisies réfractaires?

Enfin, dans la mesure où elle se veut progressiste, l'approche de conscientisation présente une limite sérieuse, en ce qu'elle ne semble pas réussir à établir des ponts avec d'autres courants d'intervention collective, ni à s'implanter solidement dans la sphère du travail (au moyen des syndicats et des coopératives de travail). Elle contribue ainsi à créer une image d'un noyau fermé sur lui-même, ancré dans sa doctrine, étanche à toutes influences externes. L'analogie avec une certaine façon de pratiquer le catholicisme et avec le marxisme-léninisme est facile à faire.

2.4.

L'éducation populaire et la transmission du savoir

▼

JULIO FERNANDEZ

En abordant le thème de l'éducation populaire, nous véhiculons claire-ment dans ce texte une option méthodologique, et accordons plus de place au contenu éducatif d'ordre prescriptif qu'au contenu pure-ment descriptif. Une telle option méthodologique comporte deux présup-posés.

Tout d'abord, dans l'ensemble du texte, nous traitons, analysons et décrivons des expériences d'action communautaire dans lesquelles la dimension de l'éducation populaire est souvent prise en compte. Cet aspect favorise dès le départ la compréhension du phénomène éducatif et la transposition de concepts, et met en évidence la complémentarité de ces deux types d'interventions.

Ensuite, si les élaborations historiques et les justifications d'ordre idéologique abondent dans les ouvrages consacrés à la question, les réflexions sur les dimensions concrètes et pratiques de l'éducation populaire et sur le travail des différents acteurs et actrices sont plus rares.

Parmi l'ensemble des expériences d'éducation populaire, nous abor-dons ici plus spécifiquement des pratiques et des problèmes de l'édu-cation populaire dite autonome. Nous la définirons et nous la situerons

---

Ce texte s'adresse principalement aux éducatrices et aux éducateurs populaires débu-tants; il présente une opinion méthodologique qui a la seule prétention de leur être utile, soit de répondre au questionnement pratique que cette pratique peut susciter chez eux.

d'abord dans son contexte historique et par rapport à l'éducation populaire des établissements d'enseignement, pour traiter ensuite de ses actrices et de ses acteurs. Les enjeux et les pièges de l'éducation populaire autonome seront présentés en troisième partie, et nous offrirons, avant de conclure, quelques pistes d'action.

L'ÉDUCATION POPULAIRE[1]: LE CONTEXTE HISTORIQUE

En tant que phénomène socio-éducatif, l'éducation populaire fait partie de l'histoire de l'éducation et des sociétés. Aussi est-il nécessaire de jeter un bref regard sur son histoire, au Québec, pour en connaître les tenants et en comprendre les aboutissants actuels.

Les définitions de cette éducation ont varié au cours des ans et il est difficile d'en donner une *a priori*. Nous préférons procéder empiriquement et en présenter d'abord l'historique, tout simpliste qu'il soit parce que trop rapide − et parce que l'histoire de l'éducation populaire reste à écrire −, qui permettra de comprendre ensuite les définitions qui en sont données de part et d'autre.

Le mouvement associatif

Nous pouvons diviser l'historique de l'éducation populaire dans le mouvement associatif en trois grands moments.

Avant 1960, l'éducation populaire ne porte pas ce nom mais n'en est pas moins très présente. Peut-être la naissance de celle que nous connaissons aujourd'hui remonte-t-elle au milieu du siècle dernier, avec l'apparition du mouvement associatif.

Des cercles d'étude dans le monde ouvrier et le monde agricole à la formation administrative et économique du mouvement coopératif jusqu'aux services de formation syndicale et à l'Action catholique, avec sa méthode du *voir-juger-agir,* l'éducation populaire vise à accroître les connaissances des personnes peu scolarisées pour les aider à améliorer leurs conditions de vie et de travail. L'Église joue alors, plus souvent qu'autrement, un rôle prépondérant, sauf dans les syndicats internationaux laïcs, et les valeurs religieuses occupent une place prépondérante au sein de cette éducation populaire.

---

1. Nous remercions Monique Ouellette, consultante en éducation des adultes, pour sa collaboration à la rédaction de cette partie.

Entre 1960 et 1975, celle-ci prend un nouveau tournant, s'inscrivant en cela dans le mouvement de la société québécoise elle-même. Les années 60 marquent l'ère de la participation et l'éducation populaire est intimement liée aux comités de citoyens qui s'organisent à Montréal et en région. Ce sont des organismes de revendication qui s'attaquent à des problèmes précis et immédiats; ils sont dirigés par des animatrices et des animateurs sociaux qui contrôlent le savoir. L'éducation populaire se fait du haut vers le bas.

Vers la fin de la décennie, les citoyennes et les citoyens rejettent le leadership des animatrices et des animateurs, financés tant par l'État que par l'Église, et veulent contrôler eux-mêmes leurs comités: l'éducation populaire doit se faire d'égal à égal. C'est cette tendance qui prend le dessus dans la plupart des organismes, où les membres veulent désormais occuper les lieux de décision. L'éducation, axée d'abord sur les services à la personne, devient une éducation populaire qui porte maintenant ce nom et aide à comprendre la société, les mécanismes du pouvoir, le pourquoi des inégalités sociales, afin d'agir pour en changer les causes.

Depuis 1975, éducation populaire et action sont intimement liées dans ces groupes appelés désormais Organismes volontaires d'éducation populaire (OVEP). L'éventail des domaines couverts s'élargit avec l'arrivée des groupes de femmes, d'handicapés, des groupes écologiques, culturels (alphabétisation, théâtre populaire), etc.

L'appellation OVEP[2] est plus bureaucratique que réelle: ces organismes n'ont généralement pas l'éducation comme seul but ni même premier. Ce sont des organismes de lutte sur le front social, de défense des droits, de promotion des intérêts d'une catégorie de la population: assistés sociaux, consommateurs, locataires, etc. De plus, les groupes écologiques et de femmes, notamment, ajoutent une nouvelle dimension en voulant défendre et promouvoir des intérêts qui non seulement ne sont pas d'abord identifiés aux milieux populaires comme tels, mais encore se définissent au fur et à mesure qu'avancent la réflexion et la lutte. C'est au cours de cette période que la réflexion sur l'éducation populaire dite *autonome* prend véritablement forme; c'est aussi à cette

---

2. À ce sujet, une note un peu folklorique qui a son importance: le sigle OVEP a été créé par la Direction générale de l'éducation des adultes du ministère de l'Éducation, à l'occasion de son programme d'aide financière à l'éducation populaire. À l'origine, il signifiait: Organismes voués à l'éducation populaire, appellation dont la trop forte connotation religieuse a été fort peu prisée par les groupes visés qui eurent tôt fait de la transformer en volontaires...

époque, en 1978, que, à l'intérieur de la lutte sur leur financement, les OVEP se donnent une définition de l'éducation populaire. Et comme cette lutte pour un financement étatique n'est jamais finie, ils ont dû recommencer l'exercice dix ans plus tard et mettre à jour la définition, qui se lit comme suit:

> L'éducation populaire autonome est une démarche éducative réalisée par des personnes ayant des besoins communs ou vivant des situations problématiques, qui font collectivement des activités d'apprentissage par la mise en commun de leurs connaissances et l'acquisition de nouvelles, la réflexion critique et l'action. L'éducation populaire les amène à une prise de conscience individuelle et collective de leurs conditions de vie et de travail, leur donne des moyens d'avoir plus de contrôle sur leur quotidien et d'influencer les choix collectifs. Elle leur permet d'être plus en mesure de se réaliser personnellement et d'améliorer ou transformer les conditions sociales, économiques, culturelles et politiques dans lesquelles elles ont à vivre[3].

Les établissements d'enseignement

La trajectoire que suit l'éducation populaire dans les établissements d'enseignement diffère sensiblement de celle du monde associatif, et ses origines se confondent avec celles de l'éducation des adultes[4].

Dès la création en 1966 de la Direction générale de l'éducation permanente (DGEP), future Direction générale de l'éducation des adultes (DGEA) du ministère de l'Éducation, un service d'éducation populaire est mis en place. L'éducation populaire se définit par la négative: c'est celle qui vise à répondre aux besoins éducatifs non comblés par la formation générale et la formation professionnelle.

Le développement de la personne est l'objectif de ce qui s'appelle alors la formation socioculturelle pendant les années 60 et le début de

---

3. *L'éducation populaire autonome au Québec. Situation actuelle et développement*, rapport du Comité national de révision du programme d'aide aux organismes volontaires d'éducation populaire présenté au ministre de l'Éducation du Québec en décembre 1987.

   L'éducation populaire, dans son ensemble, a été fortement influencée par les écrits de Paulo Freire dont il est question dans un autre texte de ce même ouvrage.

4. Cette partie est largement inspirée du document intitulé *Rapport du Comité provincial sur les orientations proposées pour l'éducation populaire réalisée par les commissions scolaires* et déposé par la Commission scolaire du Long-Sault en juin 1987.

la décennie suivante. On met l'accent sur les habiletés d'expression et de créativité ainsi que sur la maîtrise d'habiletés manuelles, particulièrement de l'artisanat. Mais la dimension sociale, collective et communautaire occupe une place plus importante, notamment à la CECM qui s'associe à des groupes du milieu («Le citoyen face au pouvoir») et met sur pied des centres d'éducation populaire dans des quartiers dits *défavorisés*.

Dans les années 70, les liens se développent avec les organismes du milieu, tant dans les commissions scolaires que dans les cégeps et les universités. Si les dirigeants d'établissements veulent généralement éviter de prendre part à des actions, ils sont de moins en moins réfractaires à l'idée de collaborer avec les groupes qui, eux, sont directement impliqués.

Dans les années 80, les commissions scolaires n'hésitent plus à reconnaître qu'en éducation populaire, «l'apprentissage se fait dans l'action et par l'action»; selon elles, la constante du développement de leurs pratiques se retrouve dans le but poursuivi par l'éducation populaire: «Aider les individus et les groupes à trouver une réponse à leurs besoins de développement individuels ou collectifs.» Elles définiront ainsi l'éducation populaire:

> Un ensemble d'activités orientées vers l'insertion d'un adulte ou d'un groupe d'adultes dans un processus de responsabilisation. Réalisée selon des formats d'intervention variés, elle vise l'acquisition de connaissances et le développement d'habiletés, d'attitudes, de comportements qui sont greffés aux situations de vie des individus, des groupes et des communautés et qui leur permettent d'assumer, de mieux exercer leurs rôles et d'occuper leur place de manière active et critique[5].

L'éducation populaire autonome

Les pratiques d'éducation populaire dans les établissements d'enseignement sont désormais axées sur un processus de *responsabilisation,* et l'apprentissage vise l'exercice des rôles sociaux de manière active et critique. Les pratiques d'éducation populaire autonome visent, quant à elles, des prises de conscience ou des états particuliers de sensibilisation, fondements d'une praxis sociale. Il y a donc là conjonction de deux facteurs, soit la conscience et l'action sociale.

---

5. *Ibid.*, p. 12-13 et 34.

Les caractéristiques de ces expériences d'éducation populaire autonome sont les suivantes:

1. Il s'agit d'actions visant constamment à permettre à des individus et à des groupes de prendre conscience de leur situation historique concrète pour la changer. Ses objectifs se définissent par l'action sociopolitique, point de départ et point d'arrivée de toute action éducative en milieu populaire. Cette pratique concrète, systématiquement recherchée, doit être le résultat d'une prise en main, individuelle et collective, de la situation sociale des intéressés et de la recherche des rapports de forces favorables à leurs intérêts. C'est, en fin de compte, cette dimension sociopolitique qui distingue l'éducation populaire autonome de celle des établissements d'enseignement.

2. Les actions d'éducation populaire autonome privilégient certains domaines d'intervention éducative, principalement ceux qui touchent les conditions de vie et de travail: appropriation et défense des valeurs et des traditions populaires; création de solutions de remplacement à l'invasion culturelle; réflexion et action sociopolitique; défense des droits des individus et des collectivités.

3. Les pratiques visent à apporter une solution de rechange à l'individualisme et à l'isolement des individus en agissant principalement sur le groupe ou sur la collectivité comme lieu et agent éducatif original. C'est dans le groupe que s'enracinent l'organisation, la participation et la gestion démocratique.

4. On favorise la participation et la création d'un savoir populaire par divers moyens, notamment la gestion démocratique des objectifs et des ressources, accompagnée d'une pédagogie active.

Certes, il s'agit de principes que l'on essaie tant bien que mal de mettre en œuvre dans les groupes d'alphabétisation, dans les groupes communautaires, dans les groupes de femmes, dans les syndicats, etc. Personne n'osera prétendre à la perfection, mais il est clair que c'est là notre optique et que nous visons ces objectifs. L'atteinte de ces objectifs dépend à la fois des convictions de chacun, du degré de démocratie développé dans le groupe et du développement de la réflexion sur le travail éducatif.

LES ACTRICES ET LES ACTEURS
DE L'ÉDUCATION POPULAIRE AUTONOME

Qui sont les actrices et les acteurs présents sur la scène des pratiques d'éducation populaire autonome? Nous en aborderons deux types, soit les organisations et les éducatrices et éducateurs populaires.

Les organisations

On peut regrouper les organisations en deux grandes catégories, bien que cette distinction ait une valeur uniquement didactique: elle aide à systématiser une réalité mais peut se révéler étroite.

Les *organisations syndicales* constituent un lieu d'éducation populaire très important, tant du point de vue de la qualité que de la quantité. En tant qu'organisation de travailleuses et de travailleurs, elles doivent développer constamment l'éducation de leurs membres afin de favoriser leur militantisme et, en conséquence, l'action syndicale.

Deux objectifs organisationnels sont visés: la présence active des membres dans l'action syndicale (mobilisation, militantisme) et la maîtrise des outils conceptuels de défense des droits des travailleuses et travailleurs (conventions collectives, droit du travail, santé et sécurité).

Depuis leur émergence, les organisations syndicales québécoises consacrent des efforts majeurs à l'éducation de leurs membres et du public. Par des programmes de formation assez innovateurs, elles s'assurent d'une reproduction autonome du militantisme et du savoir syndical qui respecte cependant la culture propre à chaque groupe[6].

Si, dans les syndicats, ce sont des travailleuses et travailleurs organisés que l'on retrouve, dans les *groupes volontaires d'éducation populaire,* ce sont des citoyennes et citoyens (chômeuse, chômeur, femme, jeune adulte, etc.) qui se regroupent en quête d'organisation[7].

---

6. Voir Julio FERNANDEZ (1982). *Le programme d'aide financière à l'éducation ouvrière au Québec: cinq années d'opération,* Montréal, FEP, Université de Montréal.

7. Cette distinction travailleuse-travailleur/citoyenne-citoyen, que nous utilisons aux fins didactiques, est imprécise: 1) elle n'est pas rigoureusement exacte puisqu'il y a des organisations de travailleurs qui ne sont pas des syndicats (les travailleuses et travailleurs accidentés ou les organisations de jeunes travailleuses, travailleurs ne sont pas des groupes syndicaux mais des OVEP); et 2) parce que les syndicats ne s'occupent pas uniquement de formation strictement syndicale mais touchent des domaines plus larges. Mais surtout, 3) parce qu'elle morcelle l'expérience, la vie des gens des milieux ouvriers et populaires, elle la divise en deux parties plus ou moins étanches.

Il s'agit de groupes assez hétérogènes du point de vue de leurs objectifs et de la population qu'ils rejoignent. Cette hétérogénéité se reflète aussi dans leurs pratiques, lesquelles s'actualisent en fonction de la vie active du groupe, de sa force interne, des ressources disponibles, etc.

Les difficultés de financement représentent une constante organisationnelle et politique chez ces groupes. La recherche de fonds mobilise des énergies considérables et est d'autant plus frustrante qu'elle limite ainsi les énergies disponibles pour le travail qui constitue leur raison d'être. Les programmes de financement gouvernementaux de l'éducation populaire autonome offrent des montants atteignant moins de la moitié des besoins exprimés et aucune assurance de renouvellement de l'*aide financière* – c'est ainsi que le ministère de l'Éducation nomme le financement de cette forme d'éducation – n'est jamais donnée. Pour combler les besoins, de nombreux groupes doivent recourir à des activités totalement différentes de leur mandat, comme la vente de fleurs coupées, des tirages, etc.

Une des conséquences néfastes de ces difficultés – en plus de la perte de temps, de la frustration et des bas salaires – réside dans l'instabilité de la permanence de plusieurs groupes qui doivent, dans certains cas annuellement et pour des périodes plus ou moins longues, mettre à pied une partie ou l'ensemble de leur personnel. Ces personnes mises à pied peuvent travailler bénévolement pour le groupe, ce qui atténue l'instabilité, mais l'effet à plus long terme est particulièrement pervers: avec l'âge viennent les responsabilités familiales et plusieurs d'entre elles, peut-être la plupart, quittent le groupe pour un emploi plus rémunérateur qui leur permettra de faire vivre leur famille décemment. Si un nombre étonnant de personnes persistent, un nombre important abandonne, ce qui donne lieu à un roulement de personnel considérable qui affecte lui aussi la stabilité du groupe[8].

Les éducatrices et les éducateurs populaires

Qui sont ces actrices et ces acteurs?

Il s'agit d'individus d'origine sociale et de formation assez diverses. Certains ont une formation dans le domaine social et d'autres n'en

---

8. Malgré ces constatations, bon nombre d'entre eux existent depuis longtemps: plus de 56 % d'un échantillon de 230 groupes qui ont fait l'objet d'une enquête du MEPACQ en 1987-1988 avaient plus de 7 ans d'existence, 35 %, de 4 à 6 ans, et 8,8 %, donc moins de 10 %, 3 ans ou moins. Voir *Ardoise*, *6*, (3), mai 1988.

ont aucune. Ces derniers représentent un contingent assez important dont la richesse en expérience (syndicale, ouvrière) constitue leur principal atout pour aborder le travail éducatif. Toutes ces personnes sont motivées par un esprit particulier: ils sont à la recherche de nouvelles formes de socialisation, ils sont amoureux de ce qu'ils font et ils s'efforcent de mettre de la *chaleur* et de l'énergie dans leur travail, ils sont profondément convaincus de la nécessité et de l'importance de leur travail et veulent des rapports de travail plus chaleureux et plus humains.

Autre élément commun, ils sont souvent des éducatrices et des éducateurs empiriques, sans formation préalable pour réaliser les travaux de planification et d'exécution qu'exige toute activité éducative systématique. Ce sont des volontaires qui, dans les quartiers, dans les centres de santé, à la campagne ou dans les organisations syndicales, font leur possible pour réaliser le travail d'éducation populaire.

LES ENJEUX ET LES PIÈGES DE L'ÉDUCATION POPULAIRE AUTONOME

Étant donné la nature de leur action, l'importance de leurs objectifs sociopolitiques et les maigres ressources humaines et financières dont disposent généralement les organisations populaires autonomes, le travail d'éducation représente un grand défi, accompagné de multiples pièges.

Nous parlerons des enjeux de ces défis et proposerons aux actrices et aux acteurs quelques suggestions pour en éviter les pièges. Nous traiterons de l'éducation populaire en tant que processus et projet spécifique d'action, se traduisant par des opérations (actions) individuelles de caractère éducatif, principalement celles d'information, d'animation et de formation.

Nous mettons volontairement en relief ces aspects sans que cela signifie une méconnaissance des autres dimensions, comme l'idéologie.

Les enjeux

Bien qu'ils ne représentent qu'une modeste partie de l'ensemble des défis que doivent relever les groupes populaires autonomes dans leur travail d'éducation, les enjeux éducatifs sont d'une importance capitale et nous allons de ce pas tenter de la démontrer.

Antinomie ou complémentarité?
L'animation, l'information et la formation

Malgré les efforts et l'énergie investis, l'éducation populaire ne cesse d'être un ensemble d'initiatives isolées. Au Québec, des efforts de regroupements ont réussi principalement dans le dossier du financement. Les problèmes et les besoins sont si grands et soumis à tant de variations que les organismes volontaires n'arrivent pas toujours à contrôler la rationalité de leurs réponses. On tend à répondre *cas par cas,* en fonction de ce qui est demandé et au moment où c'est demandé. Cette situation se fait plus évidente quand on procède par petits projets qui répondent aux besoins des groupes sans chercher la coordination avec d'autres organismes.

Observée de l'extérieur, la réalité de l'éducation populaire peut apparaître comme un agglomérat d'actions juxtaposées, sans courant de communication capable de les nourrir et de les articuler en tant que projet global. Ce dernier, là où il existe, représente davantage un but ultime, défini et actualisé par le discours, qu'un résultat à atteindre à partir d'une action planifiée.

Cette juxtaposition externe se produit aussi de façon interne dans les opérations éducatives, en ce sens que ne s'établit pas nécessairement une suite logique entre les différentes étapes ou les différents aspects d'une opération d'éducation populaire et les objectifs sociopolitiques poursuivis.

Tant à l'extérieur qu'à l'intérieur des unités fonctionnelles d'éducation populaire, on peut fréquemment observer une confusion susceptible d'isoler l'un de l'autre trois types d'opérations qui, par nature, sont complémentaires et devraient donc former un tout harmonieux: les opérations d'animation (sensibilisation), d'information et de formation.

Logiquement, ces opérations devraient s'enchaîner de façon à atteindre un objectif global, c'est-à-dire un résultat général composé de résultats spécifiques planifiés au préalable et vérifiés ensuite, cela étant vrai pour l'ensemble aussi bien que pour ses diverses composantes.

Le traitement partiel du phénomène éducatif laisse trop de possibilités à la *désagrégation* des efforts et cède la place à une incapacité endémique de contrôle de l'impact des opérations.

On ne peut pas nier la complexité des processus de mise en marche du travail éducatif, surtout en éducation populaire; il faut insister sur le fait que toute action éducative doit s'inscrire dans un continuum, lequel mène à des résultats tangibles pour chacune des opérations consécutives jalonnant le processus éducatif comme tel. On peut ainsi établir une continuité fonctionnelle entre les processus à caractère informatif, les opérations d'animation ou de sensibilisation et les tâches concrètes de formation.

Nous utilisons le terme *opérations* pour indiquer et mettre l'accent sur les dimensions de planification et de contrôle. Toute opération éducative est un ensemble de gestes pédagogiques précis destiné à obtenir un résultat préalablement défini.

Cela n'a rien de neuf, mais tout ce qui est vieux et apparemment évident tend vers l'oubli...

Un premier défi consiste donc en l'utilisation d'un raisonnement ancien qui se matérialise dans la trilogie *prendre conscience-s'informer-se former pour agir* qui, de manière globale, définit les intentions des opérations d'animation, d'information et de formation.

Il convient de spécifier ici que le traitement séparé de chacune de ces opérations répond à nos besoins de communication bien plus qu'aux exigences de l'action. Dans la pratique, ces opérations se déroulent de façon continue et sont fréquemment entremêlées dans un va-et-vient séquentiel imposé par l'évolution du travail éducatif lui-même.

Ce qu'il faut retenir, c'est que chacune de ces opérations exige un traitement spécifique et répond à un besoin spécifique du travail en éducation populaire.

Prendre conscience d'un problème et de sa complexité, développer et atteindre un degré (souvent indéterminable) de compréhension, d'engagement face à une réalité x constituent les objectifs d'une opération de sensibilisation: il s'agit là du résultat d'un travail spécifique d'animation.

La sensibilisation devrait apporter l'énergie nécessaire (nouvelle conscience, attitude différente...) au déroulement du processus éducatif dans son ensemble. Dans le temps et l'espace, la sensibilisation génère une ouverture d'esprit, l'adhésion émotive, la disposition à agir que requiert le travail éducatif. Par sa nature, cette opération produit des changements d'ordre qualitatif difficilement mesurables autrement que par des données *temps-espace*, c'est-à-dire par l'évaluation de ce qui peut être fait et produit comme sensibilisation dans un temps et un espace donnés, avec un groupe précis.

Atteindre ces objectifs suppose chez l'éducatrice et l'éducateur une capacité d'action particulière. Ils doivent avoir acquis la maîtrise des instruments de travail, des méthodes et des techniques d'animation ainsi que de multiples instruments pédagogiques de grande qualité. Naturellement, il faut les connaître, les comprendre et être capable de les utiliser.

Cela permet d'aborder un autre problème: celui de la formation des éducatrices et des éducateurs, qu'on les dise *animateurs*, *éducateurs*, *formateurs* ou *moniteurs*. Toutes et tous devraient être en mesure d'apporter, dans une position d'appui à un groupe, une compétence technique spécifique (travail de groupe, etc.) qui ne s'acquiert qu'avec le temps et exige des aptitudes particulières.

Les opérations d'information constituent un moment particulier du processus d'éducation populaire. Il s'agit d'un effort systématique pour informer, c'est-à-dire pour transmettre des données, des informations, à une population déterminée. Ses résultats seront perçus à long terme: il s'agit de modifier le comportement d'une collectivité sans excercer sur elle aucune influence autre que celle produite par un plus grand degré d'information.

En tant qu'opération systématique, l'information demande aussi une batterie d'instruments de travail assez particuliers et exige la maîtrise de techniques et de processus précis.

Finalement, la formation, qui devrait selon nous constituer la fin d'une séquence, se définit comme une recherche systématique de changements vérifiables dans le comportement des individus et des groupes. Le terme *formation* met en évidence ce qui caractérise ce type d'opération: il s'agit de produire chez quelqu'un une capacité x, précédemment déterminée, pour faire *quelque chose* de spécifique.

La formation est, en tant qu'action, un ensemble d'opérations qui exigent des compétences particulières dans la conception, la production et la distribution. Déterminer ce *quelque chose* que l'on veut produire et distribuer dans un contexte d'éducation populaire est une tâche très complexe. Principalement quand il s'agit d'acquisitions d'ordres cognitif et affectif.

Il y a d'autres types d'opérations qui pourraient s'ajouter à la séquence mentionnée ci-dessus: les activités de croissance individuelle ou personnelle, dimension souvent importante dans certaines actions d'éducation populaire. Étant donné le caractère limitrophe entre l'éducation et la thérapie, ces interventions requièrent un traitement particulier et un espace clair et bien défini. Elles ne peuvent se convertir en travail thérapeutique même s'il arrive qu'elles produisent indirectement un effet de cet ordre. Une éducatrice, un éducateur populaire ne possède pas toujours la préparation nécessaire pour affronter des problèmes d'ordre thérapeutique. Selon notre façon de voir les choses, ce type d'action ne doit avoir d'autres fins que d'appuyer le travail éducatif dans son ensemble. Il s'agit d'actions complémentaires.

Ce que nous souhaitons souligner, c'est que l'éducation populaire est le résultat de diverses opérations qui exigent un traitement spécifique et un enchaînement rigoureux. On pourrait énoncer cet enjeu de la façon suivante: les actrices et les acteurs doivent accepter que l'éducation populaire n'est pas un acte magique, qu'elle mérite un traitement technique opérationnel aussi sérieux que le traitement et la rigueur idéologique que l'on cherche présentement à lui accorder[9].

Dépasser la spontanéité et le volontarisme

D'autres aspects nécessaires et intéressants nous semblent prolonger le premier enjeu énoncé ci-haut: les activités d'éducation populaire doivent constituer un système intégré et organiquement implanté dans les organismes et les milieux d'intervention.

Pour compléter l'énoncé de cet enjeu, on doit ajouter un autre élément: il faut dépasser la libre concurrence sournoise qui guette ce genre d'intervention.

Toute opération de formation est une réponse plus ou moins cohérente à une *demande* de formation, même si cette terminologie peut déplaire. Il n'y a pas d'éducation populaire si ce n'est pour répondre aux besoins d'une organisation, d'un groupe et des individus qui le composent.

En conséquence de quoi, le succès d'une opération dépend des capacités *professionnelles* de l'éducatrice, de l'éducateur populaire (y compris celles des organismes) de répondre efficacement à ce qui lui est demandé. Cela suppose des responsabilités inévitables.

C'est ainsi que l'on peut dire que celui qui demande et attend (l'organisation, le quartier, le groupe de jeunes adultes, etc.) n'a aucune obligation de savoir exactement ce qu'il veut. Son rôle consiste à énoncer un besoin et à manifester sa satisfaction ou sa frustration face à ce qui lui est offert. Répondre de manière efficace est donc une responsabilité de l'éducatrice, de l'éducateur populaire. Il lui faut être capable de

---

9. Nous sommes conscient que cet aspect idéologique influe directement sur l'aspect pédagogique et vice-versa; donc, si la pédagogie n'est pas parfaite, c'est peut-être qu'il y a aussi des petits problèmes au point de vue idéologique.

déterminer ce dont le groupe avec lequel il travaille a besoin du point de vue éducatif. Cela exige une compétence *technique* particulière qui s'acquiert par l'étude et l'expérience, et que l'enthousiasme, les bonnes intentions, la sympathie et le «désir de faire quelque chose» ne fournissent pas automatiquement.

Comment obtenir cette compétence?

Une source importante est le passé des groupes mêmes d'éducation populaire; l'expérience accumulée est suffisamment grande en éducation populaire pour devenir une source de formation. En plus des nombreux documents écrits témoignant de la réflexion et de l'expérience collective, il existe, dans une même ville, un même pays, un même centre d'éducation, une expérience pratique qui peut servir de point de départ à une autre initiative. Mais il faut se donner le temps de se l'approprier.

Il ne faut pas oublier qu'il n'y a qu'une nouvelle idée par siècle. La production et la distribution d'activités éducatives se produisent dans un contexte social très vaste, à l'intérieur duquel il se construit et se crée constamment un *savoir* spécifique qu'il faut préserver et employer. La roue ne doit pas être réinventée continuellement... à moins que toutes et tous désirent avoir un brevet d'invention!

Pour dépasser la spontanéité et le volontarisme en éducation populaire, il faut aussi passer d'un système de production artisanal à un système de production industriel.

L'artisan, par définition, produit quelque chose de spécial, d'unique par sa valeur artistique et par l'investissement personnel qu'il suppose. Ce produit répond à un besoin d'expression et de production individuel plutôt que collectif. Aussi est-il en lui-même impossible à reproduire en l'absence de son créateur. Il y a dépendance complète entre le sujet et l'objet.

En tant qu'objet d'*art*, le produit artisanal demeure accessible (et valorisé) à ceux et celles qui possèdent un code semblable à celui de l'artisan. Son utilité est réduite, donc sa valeur relative également. Au bout du compte, le bénéfice obtenu est souvent maigre. Rares sont les artisans qui peuvent récupérer la valeur réelle de leurs œuvres... à moins de les reproduire industriellement!

Il est facile d'établir une analogie entre la production artisanale et un certain type d'éducation populaire. Principalement quand la «beauté» du produit dépasse son utilité pratique, quand les coûts se justifient mieux en fonction de l'originalité du processus que du rendement possible de chaque dollar investi. Ce qui n'enlève d'ailleurs rien au produit comme tel en tant que produit artisanal.

Dans un contexte de production industrielle, les données sont différentes: le produit se définit, se fabrique et se distribue en fonction de la clientèle. On travaille en fonction d'une collectivité tout entière et à un niveau de coûts abordable.

La recherche d'une relation optimale entre la *nécessité* et la *satisfaction* collective doit être au centre des préoccupations (ce qui n'empêche pas de porter une attention particulière à l'esthétique). La *relation optimale* entre besoin collectif et instrument de satisfaction est une première condition du succès.

Une deuxième condition est naturellement de pouvoir satisfaire le plus de gens possible avec le moins de ressources et d'augmenter ainsi l'autonomie vis-à-vis de certaines sources de financement contraignantes.

Les organisations syndicales et, de plus en plus, les organismes bénévoles se sont rendu compte que l'éducation populaire doit atteindre toutes les travailleuses, tous les travailleurs et être entre leurs mains[10]. La formation de formatrices et de formateurs syndicaux, en tant que stratégie d'amplification d'impact, est largement utilisée actuellement par les centrales.

L'établissement d'une interdisciplinarité réelle

À cause de sa complexité, le travail éducatif requiert la collaboration de multiples disciplines. C'est un travail multidisciplinaire où les connaissances et les points de vue de chaque discipline ont un espace particulier qui leur permet de contribuer à l'obtention d'un résultat spécifique.

Comme pour l'exécution musicale, *l'exécution éducative* attribue à chaque instrument (discipline) un espace dans le processus de création d'une symphonie (par exemple). La collaboration de chaque instrument varie selon l'œuvre; dans un cas il pourrait être soliste et dans un autre s'assimiler à l'ensemble, dans l'orchestre. Son rôle est déterminé par le chef d'orchestre et les partitions.

---

10. Voir Michel BLONDIN (1980). «Une formation syndicale faite par les travailleurs eux-mêmes», *Revue internationale d'action communautaire*, *3*, (43).

Tout travail éducatif est, en ce sens, le résultat du travail d'unification des contributions d'un ensemble d'actrices et d'acteurs qui agissent sous la direction d'un *chef d'orchestre* (l'éducatrice, l'éducateur). Ce dernier interprète une *partition*, qui n'est, dans ce cas, rien d'autre que le résultat d'une création collective, ici nommée création pédagogique (planification).

La *composition* et la *direction*, dans le cas de l'éducation au sens large – et naturellement de l'éducation populaire –, sont des responsabilités d'ordre pédagogique, même s'il y a une complémentarité évidente entre les differentes disciplines.

Cependant, une multidisciplinarité réelle n'existe que si chaque discipline garde l'espace et la responsabilité qui lui sont attribués, et non quand *tout le monde fait tout*, vieille utopie fréquemment utilisée pour cacher l'incompétence de quelques-uns. En éducation, la *création* et la *direction* sont du domaine de la pédagogie ou de l'andragogie (selon l'école à laquelle on appartient).

Cela fait référence à la place et au rôle des spécialistes en éducation populaire, principalement dans un milieu d'intervention sociale traditionnellement et fatalement pauvre qui ne peut maintenir un équipement *lourd* d'intervention. Cela permet aussi de prendre conscience de l'importance et du besoin de former des équipes flexibles de travail qui, autour d'un noyau stable, permettent l'intégration ponctuelle de spécialistes externes.

Étant donné que nous parlons de spécialistes, de disciplines et de pédagogie, il faut préciser que nous ne pensons pas nécessairement à des professionnels formés dans une école d'éducation, bien qu'il faille reconnaître que certains d'entre eux connaissent théoriquement et pratiquement le milieu de l'éducation populaire. Nous pensons davantage à une capacité *professionnelle* d'agir sur le terrain pédagogique en éducation populaire, c'est-à-dire à une capacité de produire et de distribuer un *produit* de caractère éducatif. En même temps, nous profitons de l'occasion pour revendiquer un lieu central (responsabilité) pour les connaissances pédagogiques; cette compétence professionnelle centrale doit assurer la direction, le sens (méthode), l'efficacité et la qualité des actions (technique), ainsi que le contrôle des opérations (évaluation).

Éviter l'estompage du travail éducatif au profit de la dimension service, dépannage

Les besoins d'assistance sont très grands dans les secteurs populaires, et les groupes sont assaillis par de multiples demandes d'aide. Par ailleurs, l'État finance plus volontiers ce type d'action que le travail éducatif.

Concilier la réponse éducative des groupes et la prestation des services à la population constitue dès lors un enjeu de taille.

Il y a là évidement une question de ressources, mais on peut y voir aussi une question de stratégie. Est-il possible d'amalgamer dépannage et éducation? Des groupes ont réussi à convertir ces actions de dépannage en interventions éducatives. La résolution des problèmes individuels (défense des droits, aide materielle, etc.) est une occassion d'éducation; par exemple, un groupe populaire restaure des vêtements à l'intention des familles en difficulté, mais il enseigne également à coudre. Les séances de couture sont aussi des séances d'échange, de réflexion et de formation. Ils ont compris que la formation n'est pas synonyme de *cours*.

Les pièges

Nous avons identifié quelques enjeux; ils sont ou peuvent être acompagnés de certains pièges. En d'autres termes, certains dangers guettent les activités d'éducation populaire et sont intimement liés à ses enjeux.

Nous parlons de *dangers* pour mettre en évidence le caractère éventuel des situations; nous ne croyons pas qu'il y ait relation automatique entre le refus de considérer les enjeux et le fait de tomber dans un de ces pièges. La situation est habituellement plus complexe. Certains mécanismes d'ajustement, de régulation interne peuvent modifier le comportement des éléments en jeu. Malgré cela, le danger existe.

Premier piège: croire à la génération spontanée

Il s'agit ici de la génération des éducatrices et éducateurs populaires et du savoir pédagogique. Sans vouloir nier qu'il existe des gens ayant de façon innée une grande capacité de communication, force nous est de reconnaître que, statistiquement, l'individu moyen doit bel et bien développer ces aptitudes en ce domaine.

La tâche éducative est difficile. La considérer comme facile et accessible à toutes et à tous est un piège.

Cela n'est pas très nouveau, c'est même un phénomène bien connu. Mais il souffre d'un traitement similaire à celui de toutes les situations trop connues: on a tendance à les oublier.

La confiance démesurée dans les habiletés pédagogiques innées des éducatrices et éducateurs populaires constitue un empêchement majeur au déroulement efficace et effectif des activités d'éducation populaire. C'est l'un des plus grands pièges que se doivent d'éviter les membres des groupes populaires quand ils travaillent pour une population qui demande surtout des services. La relation qui s'établit entre éducateurs et participants est biaisée par la gratuité (gratuité des services...), qui pousse ces derniers à être moins exigeants dans leurs attentes et plus gentils et compréhensifs envers l'éducateur et sa performance.

La pédagogie, malgré les distorsions et l'hypersophistication qu'elle peut avoir dans certains secteurs, continue d'être un art et une science qui peut être apprise. Il existe un seuil minimal, d'accès facile, que toute éducatrice, tout éducateur populaire peut dominer. Il suffit de valoriser le savoir pédagogique et d'y consacrer un peu de temps. Ce savoir de base, c'est l'ensemble des notions d'ordres méthodologique et technique, autrement dit les outils de travail habituels de l'éducatrice, de l'éducateur populaire, en particulier de celui ou celle qui, par sa situation objective, utilise le travail éducatif comme appui à d'autres opérations.

Il faut ici faire une distinction: il y a deux niveaux d'intervention en éducation populaire, comme dans toute action éducative: l'intervention à un niveau central: centre de la conception, de la planification, et l'intervention sur le terrain: lieu d'exécution, lieu de réalisation.

Parfois, ce sont les mêmes personnes qui agissent aux deux niveaux; dans d'autres cas, il y a une distribution des tâches. Au niveau central, on produit, on expérimente, on contrôle et on instrumentalise l'éducation populaire. Sur le terrain, on ne fait que mettre en pratique, que distribuer.

Les deux opérations (production-contrôle et distribution) exigent des compétences différentes mais complémentaires qu'il faut acquérir quand on ne les a pas.

Quelle quantité de temps nécessite la maîtrise de ce type d'instrument de travail? Nous ne le savons pas, cela dépend des individus. Il ne serait pas surprenant que ce soit très inférieur au temps exigé pour la maîtrise du contenu. En d'autres termes, il faut consacrer beaucoup plus d'énergie à trouver et à définir ce qui doit être *enseigné* ou suscité comme changement dans le comportement, qu'à déterminer *comment le faire*.

Cela cache une autre situation terriblement *piégée*. La plupart du temps, on sait très bien quelle est la dimension ou quelles sont les dimensions disciplinaires d'un projet d'éducation. Cependant, on ne sait pas avec précision ce que chaque individu ou groupe doit savoir (connaître, sentir, être capable de, etc.) dans une période de temps précise, période qui, en éducation populaire, représente une matière précieuse et rare.

L'obligation morale de faire *quelque chose* est très fortement ressentie par les éducatrices et les éducateurs populaires. On fait beaucoup de choses; surtout au cours des périodes historiques comme celle que nous vivons actuellement. Cependant, on tend à travailler sans trop savoir ce que l'on veut faire. Fait paradoxal qui donne parfois comme résultat un produit final insatisfaisant qu'il faut oublier pour recommencer.

Il y a une loi générale de planification qui s'applique aussi à l'éducation populaire. Elle pourrait être formulée ainsi: moins on dispose de temps, moins il y a de ressources humaines et économiques sur lesquelles on peut compter, plus il faut consacrer de temps et d'argent à la planification.

Deuxième piège: la scolarisation de l'éducation populaire

L'éducation populaire s'actualise, prend forme sur le terrain, dans les quartiers, dans les usines, dans les cliniques. Et pourtant, elle n'utilise que des locaux d'école.

Nous ne nous attarderons pas ici à montrer les différences qu'il y a entre l'éducation populaire et l'éducation scolaire. Nous voulons seulement signaler quelques aspects de ce que nous appellerons le *piège scolaire* qui guette, lui aussi, l'éducation populaire.

Il s'agit d'un piège parce que, comme tout danger, il est subtil, inattendu, il nous attaque sans que l'on s'en rende compte, dans l'obscurité, dans l'incertitude que peut produire l'absence de clarté opérationnelle ou l'éblouissement d'un excès d'information.

Quand nous parlons d'école, nous ne voulons parler ni de l'institution ni des individus qui y travaillent. Nous parlons du *reflet scolaire*.

Nous sommes tous passés par l'école. Nous avons tous absorbé profondément le modèle méthodologique de l'école. Même si notre discours nous classe parmi les *anti-écoles* les plus acharnés, cela ne veut pas dire que nous sommes guéris.

Si l'on pense principalement aux éducatrices et aux éducateurs décrits précédemment, il ne serait pas étonnant de trouver que la seule référence active (au niveau de l'hypothalamus), c'est la scolarité: le professionnel qui s'initie au domaine de l'éducation populaire, la militante de base qui veut faire *quelque chose*, le syndicaliste qui veut renforcer la structure syndicale, toutes et tous vont piger, quasi automatiquement, dans cette référence active.

Il ne serait pas étonnant de les voir convertis en maîtres d'école en train d'imposer leur discipline, d'une manière subtile, bien sûr. Voyons un peu.

Un professeur définit son action en fonction de l'exigence de la *discipline* qu'il enseigne. Les exigences disciplinaires sont souvent au centre des décisions pédagogiques qu'il prend ou ne prend pas. Son intervention peut facilement être depourvue de préoccupation pédagogique, méthodologique et technique.

À partir d'un choix méthodologique, un professeur exécute l'ensemble des opérations dont il a la responsabilité, sans la participation significative de ses élèves et en fonction des objectifs préalablement énoncés par les institutions scolaires. Il utilise des données qui peuvent avoir le caractère d'un postulat.

Le *citoyen idéal* est une construction de l'esprit qui sert de postulat de base au travail pédagogique scolaire. Tout le système est conçu pour produire *en série* ce profil idéal. Pour réussir, ce système compte sur des ressources importantes, des périodes assez longues de formation initiale et continue, du personnel responsable (les professeurs) et un auditoire captif, socialement prisonnier. L'enseignement prend, dans la planification et l'exécution, une place largement supérieure à l'apprentissage, lequel peut rester implicite, même inconnu.

L'éducation populaire, c'est autre chose. Elle a des exigences et des conditions objectives d'actualisation assez différentes. Peu de temps, peu des ressources, peu de soutien institutionnel. Mais la présence de l'école se fait sentir. Principalement dans les relations qui s'établissent entre les différents acteurs et actrices, dans le rapport au savoir et au pouvoir. Elle s'infiltre sans qu'ils s'en aperçoivent. Et cette *contamination scolaire* constitue un autre piège, soit le piège scolaire. Voici quelques symptômes souvent observés.

Le premier: considérer les participantes et les participants aux sessions comme des élèves, et ce, de façon subtile. Par exemple, quand la *disponibilité* de l'adulte n'est pas traitée avec priorité, n'est-ce pas implicitement indiquer, comme à l'école, qu'il a l'obligation de se présenter et que le temps ne compte pas? N'y a-t-il pas risque de le considérer aussi comme un client captif?

Le deuxième: la *signification* des opérations (cohérence entre besoins individuels et organisationnels, et éducation populaire) est une donnée secondaire, sacrifiée au bénéfice d'un contenu disciplinaire. Dans ce cas, *la matière* ne devient-elle pas plus importante que les individus, le contenu à passer, plus important que les problèmes des groupes?

Le troisième: quand les opérations se structurent, se conçoivent et se réalisent, en dehors de la réalité que l'on désire changer, n'est-on pas en train de chercher un archétype, ce citoyen idéal qui va s'appeler militant, citoyen éduqué?

Finalement: qui ne connaît pas ou n'a pas connu des éducatrices, des éducateurs populaires désorientés face à l'urgence tenace de besoins de formation bien modestes, bien concrets, terriblement utiles? Besoins dont on n'a pas eu le temps d'examiner les raisons, *l'analyse sociale malheureusement prend trop de temps.*

Conscience critique et incapacité d'action critique

Un autre piège important qu'il faut mentionner est l'excès d'opérations de sensibilisation ou de conscientisation, au détriment des opérations de formation. Lorsqu'on examine de l'extérieur, comme observateur naïf, un grand nombre de projets ou d'actions d'éducation populaire, il ressort que leur priorité est en fait de créer un état de développement de la conscience dans les groupes, de produire un éveil critique par la réflexion et la discussion, objectifs qui, paradoxalement, restreignent ces projets. C'est-à-dire que le développement de la conscience est un objectif en soi, qui se justifie par lui-même ou qui s'intègre dans un contexte global, difficilement délimitable, et défini comme *processus social.*

La sensibilisation, c'est par définition un moment qui précède la formation, en tant qu'instrument intellectuel de soutien à l'action. Dans ce sens, les opérations de sensibilisation doivent s'inscrire dans un continuum, donc faire partie d'un tout cohérent. Elles ont en fait deux fonctions fondamentales: générer ou libérer l'énergie nécessaire à la formation et faire ressortir les besoins réels de formation d'un groupe ou d'une collectivité.

Comme certains académiciens tendent parfois à approfondir exclusivement la dimension cognitive, atrophiant parfois l'affectivité et la capacité d'action, l'approfondissement excessif des actions isolées de sensibilisation peut favoriser l'émergence de comportements régressifs menant à l'immobilisme et à la démobilisation.

Il semblerait que des groupes négligent parfois la réflexion sur leurs propres pratiques, comme s'ils étaient obnubilés par l'activisme, ce qui les empêcherait de mesurer la valeur réelle des leurs opérations et la pertinence des décisions qui les fondent.

QUELQUES PISTES D'ACTION

Les pistes signalées peuvent avoir une pertinence dans la mesure où:

- il y a la détermination de faire face aux besoins éducatifs en éducation populaire dans toute leur complexité, et où l'on est prêt à concevoir toute réponse éducative dans sa globalité (de la sensibilisation à la formation);
- l'on peut compter sur une capacité décisionnelle, politique et opérationnelle pour donner à l'éducation populaire le traitement que mérite tout effort de contribution significative au processus de changement;
- les agents externes (individus, institutions) parviennent à trouver un équilibre juste entre leur propre nécessité de reproduction et les besoins de développement du mouvement social qu'ils désirent servir.

Première piste:
construire un modèle intégré d'action éducative

Les groupes qui s'intéressent à l'éducation populaire pourraient investir dans la production de modèles d'intervention intégrés, c'est-à-dire qui vont de la sensibilisation à la formation, de la création à l'évaluation des actions éducatives. Ces modèles pourraient permettre la *production industrielle* d'actions éducatives à large impact et à des coûts peu élevés.

Ces modèles en tant que tels devraient assurer une plus grande permanence aux actions en diminuant leur dépendance par rapport aux individus. Ils pourraient aussi faciliter l'appropriation par les organisations populaires de leur histoire éducative tout en leur fournissant une autonomie opérationnelle.

Deuxième piste: systématiser les interventions éducatives

Donner à l'éducation populaire le respect qu'elle mérite. Lui assurer la configuration systémique, autant conceptuelle qu'opérationnelle, nécessaire au succès de n'importe quelle entreprise. Éviter le *flash à flash* pour viser plutôt un ou plusieurs systèmes interdépendants d'éducation permanente à développement continu.

Composé d'opérations différentes et complémentaires, ce système devrait se concevoir comme le résultat des processus complémentaires de production, de distribution et de contrôle de l'éducation populaire. Le contrôle est conçu en tant que vérification de la pertinence de la production et de la qualité de la distribution. Cela suppose qu'il faut, entre autres choses, générer des *processus productifs* capitalisables que l'on peut transférer, reproduire et utiliser en tout moment et en tout endroit pour faire face à des problèmes similaires.

Troisième piste: produire du matériel autonome de formation

Produire un type de matériel pédagogique susceptible d'être utilisé par de multiples éducatrices et éducateurs. Cela suppose qu'il comporte sa propre autonomie opérationnelle. En d'autres mots, sa construction même devrait être faite autant pour produire l'apprentissage chez les participantes et les participants que pour soutenir le travail d'enseignement de l'éducatrice et de l'éducateur.

Quatrième piste: la formation des éducateurs populaires

Reconnaître la complexité de l'acte éducatif suppose que l'on reconnaisse l'importance des compétences nécessaires à son accomplissement. Les groupes populaires pourront difficilement faire face au travail d'éducation populaire sans investir dans la formation pédagogique des éducatrices et des éducateurs.

Comment y arriver? Il est possible de penser et de réaliser des opérations brèves de *formation de formatrices et de formateurs* (pour utiliser une formule consacrée) sur les éléments essentiels du travail d'éducation, des actions conçues spécialement pour les besoins des groupes. Cette formation devrait donner les bases d'une pédagogie populaire dans laquelle le partage d'expérience occuperait une place prépondérante. Elle permettrait aux éducatrices et aux éducateurs populaires empiriques d'aborder avec plus de succès les tâches de conception (planification), d'exécution (distribution) et de contrôle (regard critique).

CONCLUSION

Dans ces lignes, nous avons touché une série de points qui mériteraient un développement plus approfondi; nous laissons ce travail à d'autres. Il se peut que plusieurs de nos réflexions soient l'objet de rejet, de critique de la part des éducatrices et des éducateurs populaires. Nous sommes conscient des limites de nos observations, du moins jusqu'à preuve du contraire.

Nous espérons toutefois que nos remarques serviront à promouvoir l'éducation populaire, à aiguiser l'esprit critique et à susciter le débat. Nous aurons ainsi accompli un travail éducatif.

3

Le planning social

▼

3.1.

L'approche communautaire

PAULINE GINGRAS

Au Québec, l'histoire de l'approche communautaire est relativement récente et l'unanimité est loin d'être atteinte quant à sa nature et son importance. Depuis les années 70, elle a soulevé de nombreuses controverses. Pour certains, elle représente un outil privilégié pour remettre aux communautés la responsabilité de la satisfaction des besoins sociaux de leurs membres. D'autres sont d'avis qu'elle ne sert qu'à justifier le désengagement de l'État et, en conséquence, à diminuer les coûts imputés à son budget. D'autres encore affirment que les CLSC doivent l'adopter parce qu'elle constitue une proposition valable permettant aux pratiques professionnelles d'échapper au caractère bureaucratique et d'établir une relation de partenariat entre les groupes, les individus et les professionnels.

Au cours des années le débat s'est poursuivi, si bien qu'à la fin des années 80 un colloque organisé par la Fédération des CLSC pour faire le point sur l'approche communautaire se termine sur l'affirmation de la nécessité d'élaborer une définition. Des praticiens et des chercheurs ont continué d'écrire sur le sujet et les débats se sont poursuivis. Les appréhensions ont été exacerbées à la sortie du rapport du comité de réflexions et d'analyse des services dispensés par les CLSC (*Rapport Brunet*), qui tentait notamment de préciser le rôle de l'action communautaire dans les CLSC. Ce rapport confirmait le désengagement des CLSC dans le développement des communautés locales et la responsabilisation de celles-ci au moyen de l'approche communautaire, dont les organisateurs communautaires devenaient les principaux agents. Devant la confirmation du rôle des CLSC dans la distribution des services de première ligne, le défi se précisait; il s'agissait de répondre aux demandes en adoptant l'approche communautaire. Plusieurs tentatives d'opérationnalisation de l'approche communautaire ont donc été faites par les CLSC.

Dans ce présent chapitre, nous présentons les origines de l'approche communautaire et les grands courants qui ont marqué son évolution au Québec. L'analyse de documents produits par des intervenants et gestionnaires en CLSC permet de présenter un certain nombre d'éléments qui caractérisent son opérationnalisation en CLSC. Cet examen révèle non pas l'absence mais plutôt la multiplicité et la variété des définitions issues de courants aux finalités différentes. En terminant, nous précisons certains liens entre l'organisation communautaire et l'approche communautaire en CLSC.

HISTORIQUE

Au Québec, avec le *Rapport Castonguay-Nepveu* au début des années 70, l'État est appelé à jouer un rôle central dans la réduction des risques et des inégalités, par la reconnaissance des droits sociaux et la mise sur pied de mécanismes de transferts monétaires ou en espèces[1].

> Dans ce cadre les CLSC, porte d'entrée du réseau, sont conçus comme le lien entre les décideurs gouvernementaux et la population. Ils [les CLSC] étaient définis comme des établissements stratégiques dans les rapports entre la planification gouvernementale et la communauté[2].

> L'approche communautaire alliée à l'approche globale devaient être leur marque distinctive et permettre de réaliser la mission qui leur était confiée, soit: l'amélioration de l'état de santé et des conditions sociales des individus et de la communauté, [...] et amener la population à prendre en main ses problèmes et leurs solutions[3].

---

1. Louise-Hélène TROTTIER (1987). *Le rôle de l'État,* dossier thématique, Québec, Commission d'enquête sur les services de santé et les services sociaux, p. 102.

2. F. LESEMANN et J. LAMOUREUX (1987). *Le rôle et le devenir de l'État-providence,* synthèse critique n° 1, Québec, Commission d'enquête sur les services de santé et les services sociaux, 53 p.

3. FÉDÉRATION DES CLSC DU QUÉBEC (1987). *Approche et pratique communautaire, rapport synthèse des rencontres de CLSC,* Montréal, 15 p.

   FÉDÉRATION DES CLSC DU QUÉBEC (1980). *Rôles et fonctions des Centres locaux de services communautaires,* document rédigé conjointement avec le ministère des Affaires sociales, Québec, 23 p.

L'approche communautaire est associée à un établissement nouveau du réseau des services sociaux et de la santé et, à la différence d'autres approches d'intervention, elle s'applique à l'ensemble des services qui y sont dispensés.

Avec le ralentissement de l'économie au début des années 80, l'appel aux ressources communautaires, la mise sur pied de services communautaires et la valorisation du bénévolat et de l'entraide n'ont cessé de croître. En période de récession économique, l'augmentation des coûts du système de santé et des services sociaux légitime l'affirmation des décideurs québécois voulant que l'État doive limiter ses dépenses dans le domaine de la santé et des services sociaux en recourant à la prise en charge communautaire. Devant la pénurie des ressources institutionnelles, les intervenantes et intervenants en CLSC font de plus en plus appel aux groupes communautaires, dont certains réagissent cependant en refusant de recevoir le «trop plein» des établissements publics. Les réticences à adopter cette façon de faire provoquent du même coup le rejet par certains de l'approche communautaire. Elle est de plus en plus associée au désengagement progressif de l'État de la satisfaction des besoins de la population, responsabilité qu'il avait commencé à assumer dans les années 70.

Au début des années 80, en Angleterre, paraît le rapport *Social Workers: Their Role and Tasks (Rapport Barclay)*, qui exercera une influence certaine au Québec[4]. Le ministère de la Santé et des Services sociaux et la Fédération des CLSC s'y référeront dans à peu près toutes leurs déclarations sur les CLSC. Le *Rapport Barclay* affirme que l'État-providence a provoqué une dépendance des individus et des groupes à l'égard de l'État, que les communautés se sont progressivement dégagées de la responsabilité des besoins de leurs membres pour la remettre à l'État et que l'approche communautaire, en responsabilisant à nouveau les communautés, corrige cette situation tout en réduisant les coûts des services sociaux. Dans la période suivant la parution de ce rapport, deux courants se développent au Québec: l'un qui se préoccupe de la réduction des coûts, l'autre du renouvellement des pratiques, en particulier de la relation entre l'intervention professionnelle, les individus et les communautés.

Ce retour à la communauté proposé par Barclay est basé sur le postulat suivant: les individus ordinaires ont davantage de potentiel, d'habiletés et d'intérêts pour s'entraider et se soutenir les uns les

---

4. Peter BARCLAY *et al.* (1982). *Social Workers: Their Role and Tasks,* National Institute for Social Work, London, Bedford Square Press.

autres, que ne le supposait l'approche de l'État-providence. L'approche communautaire vient après celle de l'État-providence qui, elle, a succédé à l'approche «filet de secours». Selon cette dernière, «l'État ne se réservait qu'un rôle strictement supplétif, réduit au minimum pour ne pas créer d'interférence avec le marché privé qui suffit en principe à répondre aux besoins[5]». Dans sa transformation en État-providence, le rôle de l'État s'est amplifié, ce qui a provoqué l'accroissement des coûts. L'approche communautaire est présentée comme une réponse à la fois à l'augmentation des coûts et à la situation de dépendance que crée la pratique sociale.

Au cours des années 80, le discours «communautaire» se traduit par différentes politiques gouvernementales et continue d'être présent dans d'autres rapports, dont celui sur la santé mentale intitulé *Pour un partenariat élargi*[6]. C'est celui qui va le plus loin dans la précision des relations entre le réseau institutionnel et les ressources communautaires, affirmant qu'elles doivent être empreintes de respect, ce qui s'exprime de plusieurs façons: 1) laisser aux ressources communautaires une place concrète dans l'intervention, qui soit à la mesure de leurs capacités; 2) leur donner voix au chapitre en ce qui concerne la fourniture de services; 3) les légitimer dans l'exercice de leurs compétences.

LE RENOUVEAU DES PRATIQUES SOCIALES

Les années 70 représentèrent aussi un moment privilégié de critique des pratiques sociales professionnelles. Les CLSC, dont certains sont issus de la volonté et de l'action de la population locale, furent le lieu d'expérimentation de nouvelles pratiques moins bureaucratiques, plus près des communautés, faisant davantage appel au dynamisme des individus, des groupes et des communautés. Dans ce contexte, l'approche communautaire est de loin préférable à des pratiques professionnelles qui créent la dépendance mais surtout désapproprient les individus et les communautés du pouvoir, lequel passe progressivement entre les mains des «experts». L'opérationnalisation de cette volonté de

---

5. Hector OUELLET (1988). *Le «communautaire» selon la Commission Rochon,* présenté lors d'une session de travail organisée par l'Assemblée des évêques du Québec, Centre de recherche sur les services communautaires, Université Laval, Québec, 8 p.

6. COMITÉ DE LA POLITIQUE DE SANTÉ MENTALE (1987). *Pour un partenariat élargi: projet de politique de santé mentale pour le Québec (Rapport Harnois),* Québec, ministère de la Santé et des Services sociaux du Québec.

redonner du pouvoir aux individus, aux groupes et aux communautés s'est traduite par l'élaboration de grilles d'intervention.

Un premier geste, en ce sens, est posé par Jêrome Guay, qui valorise l'aide fournie par les «aidants naturels» et le partage de la responsabilité entre professionnels et citoyens, en enlevant aux premiers le rôle central dans la solution des problèmes, la prise en charge de la situation et le choix des solutions[7]. L'organisation communautaire appuie les efforts des autres intervenants pour susciter l'«aide naturelle». Les habiletés des intervenants sociaux résident surtout dans leur capacité à connaître les réseaux sociaux et à les utiliser.

Cette traduction pratique de l'approche communautaire repose sur le même postulat que le *Rapport Barclay* et sur la vision développée par Roger Hadley, membre du comité Barclay, pour qui l'approche communautaire doit comporter une dimension de changement en profondeur des pratiques sociales. Hadley a développé le «pluralisme participatoire» comme mode de relation entre l'État et l'action volontaire. Il met l'accent d'une part sur la décentralisation des services, et d'autre part sur le partenariat de l'action volontaire et des services publics. Ces derniers ont pour but de soutenir et d'étendre les réseaux d'aide informelle et les organismes volontaires actifs, et non de les remplacer. L'approche communautaire définie par Hadley prend forme dans ce qui se nomme le *patchwork scheme*[8], qui s'organise autour de principes retenus au détriment des aspects organisationnels, à savoir:

1. reconnaissance de l'aide informelle comme étant la plus grande source d'aide, de support et de soins pour la majorité des gens;

2. collaboration entre les organismes institutionnels et volontaires pour aider efficacement les usagers;

3. perception des clients comme des participants ayant des ressources et un potentiel d'aide et non plus seulement comme des consommateurs de services;

4. maximisation du nombre d'intervenants de première ligne en impliquant des travailleurs, résidents, assistants et auxiliaires;

5. collaboration effective entre les intervenants des différents champs en mettant sur pied une nouvelle structure d'encadre-

---

7. Jérôme Guay et Yolaine Lapointe (1985). *Document d'initiation aux types d'intervention communautaire*, Québec, Centre de recherche sur les services communautaires, Université Laval, recueil non paginé.

8. Jean Panet-Raymond (1987). «Le "Patchwork": illusion ou réalité possible pour les CLSC?», *Intervention*, (79), p. 12-20.

ment et de support facilitant leur intégration au sein de l'équipe locale;

6. délégation de pouvoir au niveau local pour permettre le choix des priorités correspondant aux besoins de la communauté locale en augmentant, entre autres, la représentativité des usagers dans la prise de décisions[9].

On trouve une adaptation québécoise des idées de Hadley dans ce que l'on appelle l'intervention-milieu. Idéalement, cette intervention s'effectue par une équipe d'intervenants issue du CLSC qui a comme territoire de travail un quartier, un ensemble d'habitations ou encore un village et ses environs. Cette équipe comporte habituellement un intervenant social, un intervenant en santé et un organisateur communautaire. Elle prend en charge l'ensemble des demandes de la population du territoire sans distinction à l'égard de l'âge ou des problématiques vécues. Elle profite de toutes les occasions pour se faire connaître, être connue et connaître le milieu. Un de ses objectifs est de répondre aux demandes d'aide de la communauté en mettant à contribution toutes les ressources qui s'y retrouvent. Le CLSC des Etchemins a appliqué cette approche dans quelques communautés de son territoire. Une équipe intervient dans un village, dans la réalité quotidienne, elle accompagne la population dans ce qui constitue sa vie. L'intervenant social met des personnes en relation, il intervient avec d'autres membres de la communauté. Il adapte son intervention aux besoins et surtout aux possibilités d'intervention des autres ressources informelles dans la communauté. La prise en charge s'effectue par l'ensemble des personnes concernées ou impliquées dans la situation et non par l'intervenant social uniquement. Il y a un partage des responsabilités selon les forces et faiblesses de chacun. L'équipe valorise le développement de la solidarité et l'entraide.

La collectivisation du vécu individuel et les problèmes collectifs auxquels est confrontée la communauté demeurent la préoccupation première de l'organisateur communautaire. Son intervention s'ajuste aux préoccupations des personnes et des groupes, elle s'adapte au rythme, il intervient là où se révèlent de nouvelles situations et de nouveaux problèmes contre lesquels il y a une volonté de mobilisation.

Certains intervenants en CLSC ont développé une autre conception que l'ont peut rattacher au même courant: selon eux, l'approche communautaire doit, d'abord et avant tout, corriger certaines conséquences de l'approche de l'État-providence, telles que la dépendance et

---

9. Jérôme GUAY et Yolaine LAPOINTE (1985). *Op. cit.*

la déresponsabilisation, ce qui ne l'autorise pas pour autant à changer le rôle de l'État et à diminuer l'importance de sa participation dans la réponse aux besoins des individus et des communautés. Selon eux, il faut bien plus corriger la dépendance envers les professionnels et la bureaucratie créée par l'État-providence que diminuer la part du budget de l'État consacrée à la réponse aux besoins sociosanitaires[10]. Leur conception repose sur le postulat suivant: «L'individu est en interaction continue avec son milieu de vie et son contexte socio-économico-politique et au sein de ses interactions s'actualisent ses capacités individuelles et collectives de solutionner les problèmes sociaux et de santé[11].

Elle tente de lier approche globale et communautaire en considérant trois dimensions de l'analyse des problématiques:

> a) tout en reconnaissant la nécessité de soulager les symptômes et les souffrances des personnes en demande, et ce souvent par une intervention individualisée, l'approche communautaire pose la nécessité d'aller plus loin, c'est-à-dire de prendre en compte les facteurs environnementaux et intervenir sur les causes des situations; b) la qualité des réseaux sociaux qui diminue ou accentue l'effet des facteurs environnementaux; c) le troisième niveau d'analyse des problèmes est l'individu et ses caractéristiques en terme de force et faiblesse, dans la mesure où elles influencent positivement ou négativement la nature des transactions entre l'individu, ses groupes d'appartenance et son environnement. [...]

> Elle est une stratégie d'intervention qui mise sur le potentiel des individus, des réseaux sociaux, des groupes, des communautés et des ressources issues d'elles pour prendre en main leurs problèmes sociaux et de santé; stratégie d'intervention qui cherche à procurer du pouvoir, à fournir des moyens et du support pour que se réalise ce potentiel[12].

Selon cette définition, l'organisation communautaire occupe une place importante, «elle vise la responsabilisation, l'autonomie et la prise en charge, l'identification des causes des problèmes et l'action à ce niveau, la prévention et finalement le développement de nouveaux rapports entre professionnels et groupes d'usagers afin de redonner le maximum de pouvoir à ces derniers[13]». Il faut noter l'importance accor-

10. Denis BOURQUE (1984). *Analyse du concept d'approche communautaire selon le ministère des Affaires sociales et la Fédération des CLSC et essai d'identification des conditions des services sociaux*, Montréal, UQAM, texte non publié.

11. J.-P. BÉLANGER (1980). *Le CLSC, acteur d'une meilleure politique de santé au Québec*, document de la Fédération des CLSC du Québec, Montréal.

12. D. BOURQUE (1987). *L'approche communautaire en devenir*, CLSC Seigneurie de Beauharnois, Valleyfield, Québec, 71 p.

13. *Ibid.*

dée au «pouvoir» des individus, des groupes, des communautés, pouvoir que s'était approprié les professionnels œuvrant dans le réseau public.

L'APPROCHE COMMUNAUTAIRE DÉVELOPPÉE EN CLSC

Les deux courants précédents, l'un associé à la réduction des coûts et l'autre au renouvellement des pratiques, sont présents dans les CLSC du Québec. Un grand nombre d'entre eux ont d'ailleurs tenté d'opérationnaliser ces définitions et produit des textes, habituellement à diffusion interne, traduisant la difficulté de l'implantation d'une pratique communautaire dans le contexte du désengagement de l'État.

La nature de l'approche

Il n'existe pas de consensus sur la nature de l'approche communautaire. Est-ce une stratégie d'intervention, une perspective, un ensemble d'attitudes ou encore une façon de faire? Pour une équipe de réflexion du CLSC de la Basse-Ville, à Québec,

> [...] intervenir selon l'approche communautaire c'est miser sur la compétence de chacun à négocier la réponse à ses besoins et contribuer à renforcer cette compétence, condition de l'autonomie, [...] c'est stimuler, chez les personnes et les groupes communautaires, une prise de conscience de leur capacité à prendre en main leur santé et leur devenir, [...] c'est aussi les aider à acquérir les connaissances et les habiletés qui les rendront encore plus aptes à répondre par eux-mêmes à leurs propres besoins, [...] c'est enfin rendre l'individu davantage capable d'entretenir, avec les réseaux auxquels il appartient, les rapports qui lui permettront de mieux se réaliser. Il faut en même temps créer, modifier, renforcer ces réseaux pour qu'ils soient plus satisfaisants pour les personnes qui les composent. Le CLSC doit renforcer son intervention auprès de la société en général afin que la population, les médias et les élus connaissent mieux les conditions de vie de notre milieu et contribuent à les améliorer[14].

Sans que ça ne soit toujours de façon explicite, cette conception de l'approche communautaire renvoie à une analyse reconnaissant aux facteurs environnementaux un rôle prépondérant dans l'état de santé physique et psychosociale de la population. Elle s'oppose à une analyse centrée uniquement sur l'individu et ne faisant aucun cas de le situer

---

14. CLSC DE LA BASSE-VILLE (1986). *L'approche communautaire: le discours et son actualisation*, Québec, 21 p.

dans l'environnement dans lequel il vit. Elle fait sienne l'approche écologique qui reconnaît que «les symptômes psychologiques sont intimement liés non seulement à la classe sociale dont font partie les individus, mais aussi au contexte économique et à son évolution[15]». En conséquence de quoi elle tient compte des interactions entre la personne et l'environnement social, culturel, économique, naturel et technique, chaque système étant composé d'éléments qui constituent à la fois des ressources et des risques pour la santé. Cette façon de voir justifie l'intervention des CLSC sur les plans individuel, collectif et communautaire.

Un consensus s'établit autour de l'idée que l'approche communautaire vise à favoriser la prise en charge par la population de la définition de ses problèmes et la mise en œuvre de son potentiel pour y trouver des solutions et améliorer ses conditions de vie et sa santé. Il ne s'agit pas là de la prise en charge de la réponse. Les autres objectifs énoncés sont complémentaires, ils visent le renforcement de l'autonomie et du pouvoir des individus, des groupes et des communautés. On assiste au déplacement du pouvoir de décision de l'«expert» vers la communauté et les individus.

Toutes les formulations situent le rapport de l'institutionnel au milieu et renvoient au rôle de l'État. Ce dernier ne doit pas se substituer aux dynamismes communautaires mais les appuyer, les susciter, les enrichir au besoin et y suppléer lorsqu'ils sont déficients.

La communauté

Il se dégage une vision homogène de la communauté que l'on confond souvent avec la population du territoire. On reconnaît les communautés d'intérêts ou d'appartenance en soulignant très peu la diversité d'intérêts et la possibilité de conflits à l'intérieur d'un même territoire, par exemple entre propriétaire et locataires ou encore entre résidants de secteurs contigus. Dans les premiers textes sur le sujet parus dans les années 70, on a souvent une conception idéalisée de la communauté quant à l'aide que les individus peuvent y recevoir, laquelle se transforme progressivement en une vision plus réaliste des capacités d'entraide. La perception des communautés est liée à la mission des CLSC, on développe donc une vision « utilitaire».

---

15. Camil Bouchard (1983). «La "relance", une menace pour l'enfant», *Le Devoir*, 24 novembre, 5 p.

La connaissance de la communauté est posée comme condition essentielle à la réalisation de l'approche communautaire. Elle est la responsabilité de l'ensemble des intervenants alors que, dans l'approche «traditionnelle», elle relevait essentiellement des organisateurs communautaires comme s'ils étaient les seuls à avoir des liens extérieurs à l'établissement. Cet aspect révèle un changement profond de perspective: on ne conçoit plus que les intervenants en pratique individuelle dans le domaine de la santé ou du psychosocial travaillent en vase clos, dans l'intimité de leur bureau, mais que, même si cela devait être, ils doivent être conscients que l'individu qui les consulte est membre d'une entité plus vaste, dont l'intervenant ne peut faire abstraction. Les organisateurs communautaires continuent de jouer un rôle important à cause de leurs liens privilégiés avec le milieu et peuvent ainsi alimenter les autres professionnels du CLSC. Connaître la communauté, c'est connaître les réseaux formels, les ressources communautaires, la dynamique des réseaux sociaux informels, les manières de vivre communautaires, l'histoire de la communauté, sa culture. Cette connaissance est à la fois quantitative et qualitative.

Les stratégies

Les textes issus des CLSC nous en apprennent beaucoup sur les efforts consentis à la recherche des stratégies les plus pertinentes pour atteindre l'objectif de prise en charge par la communauté dans le respect de sa spécificité et de ses volontés. Les stratégies s'articulent autour de trois grands axes: les réseaux, la collectivisation des situations individuelles et la relation avec les groupes et ressources communautaires.

On retrouve une variété d'interventions possibles auprès des réseaux. Il s'agit de les susciter, de les soutenir, de les modifier, de les mobiliser, de les reconstruire et de les enrichir. La mise sur pied de groupes d'entraide et de soutien se révèle la méthode privilégiée. La réponse aux demandes individuelles d'aide selon l'approche communautaire s'inscrit aussi dans cette stratégie de travail avec les réseaux. On peut citer, à titre d'exemple, un travailleur social du CLSC du Richelieu qui travaille en milieu scolaire. Il intervient auprès d'une petite fille qui vit chez sa grand-mère depuis le suicide de sa mère. Dans le but d'aider la grand-mère à reconstituer un milieu de vie adéquat, l'intervenant fait appel au soutien de personnes, qui y contribuent chacune selon ses possibilités: un couple s'occupe des loisirs de l'enfant, une autre personne l'aide dans ses devoirs et leçons. L'intervenant coordonne les initiatives de chacun et s'assure que la grand-mère et l'enfant sont satisfaites du soutien dont elles bénéficient.

L'intervenant met en relation des personnes qui ont des intérêts communs, des affinités; son intervention permet à ces personnes de reconnaître leurs ressemblances. L'intervenant rendra possible, par exemple, la rencontre de deux parents qui ont tour à tour perdu un fils dans la même circonstance dramatique de suicide. Dans ces conditions, l'intervenant du CLSC n'est plus le pilier central, le responsable de la démarche, mais devient parfois le coordonnateur d'un ensemble de ressources qui se mobilisent pour venir en aide à un membre de la famille, du voisinage ou de la communauté.

La collectivisation des vécus ou le «penser communautaire» constitue la deuxième stratégie mise en œuvre. Elle favorise la continuité entre les paliers d'intervention dans un CLSC. Par exemple, un intervenant des services courants rencontre plusieurs personnes et constate qu'elles sont toutes concernées par un même problème de logement. Il transmet cette information à l'organisateur communautaire qui, à partir de ce besoin, entreprendra une intervention. À Matane, par exemple, des femmes vont au CLSC pour des problèmes d'épuisement et divers malaises. L'intervenante découvre qu'elles travaillent toutes dans le même atelier de couture, qu'elles reçoivent le salaire minimum, sans aucune sécurité d'emploi ni congé de maladie. Après avoir examiné les solutions possibles avec chacune lors de leur demande initiale, et s'étant assurée de l'accord des travailleuses, l'intervenante transmet le dossier à l'équipe de santé et sécurité au travail dans laquelle se trouve un organisateur communautaire. Une intervention sur leurs conditions de travail sera alors entreprise avec ces femmes.

La troisième stratégie concerne les relations entre l'institution, et les groupes et ressources communautaires. Ces relations font l'objet de nombreux énoncés de politique visant à régir les relations entre un CLSC et la diversité de ressources et de groupes qui se retrouvent sur son territoire. Ces mesures concernent autant la mise en œuvre de moyens pour les soutenir que de protocoles d'entente quant au mode de référence ou au partage des clientèles.

Le rôle et l'attitude des intervenants

La documentation sur l'approche communautaire fait largement état des attitudes en rupture avec celles reconnues comme appartenant aux modes traditionnels de pratique.

Les attitudes décrites sont habituellement celles que l'on s'attend à trouver chez deux partenaires qui travaillent à des objectifs communs. Elles prônent essentiellement le respect des individus, des groupes et des communautés, le respect de leur potentiel, de leurs compétences diverses et de leur autonomie. Il est maintes fois fait mention du partage du pouvoir entre intervenants et usagers, qui se réalise entre autres par le partage des connaissances, la démystification des experts et la valorisation du vécu des personnes, par opposition aux attitudes reprochées aux intervenants de pratique «traditionnelle». On préconise la recherche de rapports égalitaires où l'intervenant agit «avec» et non «pour» l'autre, où se développe une relation «dialogique» caractérisée par un rapport horizontal.

La documentation fait très peu état des attitudes que l'on souhaiterait voir adopter par l'autre partenaire, en partie à cause de la vision idéalisée de la réalité communautaire. Dans leur concertation et leur mise en place, les stratégies d'approche communautaire posent la nécessité de la volonté commune des partenaires, car elles ne sauraient être imposées aux individus, groupes et communautés.

D'autres attitudes font appel aux capacités individuelles des intervenants comme l'acceptation de ses limites, la capacité d'innovation qui s'ajoute à la souplesse et à la capacité de faire confiance, par opposition à la réclusion dans des pratiques professionnelles rigides. Dans certains textes issus de CLSC, les auteurs vont jusqu'à suggérer la nécessité d'agir avec «conviction» en posant clairement que l'approche communautaire n'est surtout pas un ensemble de techniques, mais qu'elle s'appuie sur des principes qui exigent l'adhésion à des valeurs telles l'entraide, la justice et l'égalité.

Dans la liste des attitudes, il faut aussi mentionner celles attendues de la part des gestionnaires. On considère que le leadership de ces derniers doit être flexible, démocratique et aidant. Ils se doivent d'être des collaborateurs des ressources communautaires, de développer des habitudes de coopération et de favoriser la concertation. Les gestionnaires ont un rôle interne et externe à l'établissement. Ils sont des intervenants voués eux aussi à la promotion de l'approche communautaire. Les intervenants ne sauraient travailler seuls selon une approche communautaire sans l'adhésion et le soutien des gestionnaires.

Pour parvenir à une vision globale de l'ensemble des relations du CLSC avec le milieu, il faut créer des mécanismes internes de circulation de l'information qui contribuent au décloisonnement du travail des divers professionnels et des équipes d'intervention. Cette responsabilité revient aux gestionnaires.

L'APPROCHE COMMUNAUTAIRE
ET L'ORGANISATION COMMUNAUTAIRE

Lors de la création des CLSC, au début des années 70, les organisateurs communautaires sont habituellement ceux qui doivent connaître les besoins de la communauté, tant dans leurs aspects quantitatifs que qualitatifs; ils sont en quelque sorte les liens entre les intervenants en CLSC et la communauté. Avec l'approche communautaire, l'ensemble des intervenants d'un CLSC sont appelés, dans leur pratique quotidienne, à interagir avec les ressources de la communauté et à contribuer à l'enrichissement des informations sur ses diverses composantes. Dans ce contexte, l'organisation communautaire a eu, d'une part, à se redéfinir, à s'inscrire en continuité des interventions réalisées par les autres intervenants et, d'autre part, à réaffirmer son champ d'intervention spécifique. Dans la lignée du courant de réduction des coûts ou de privatisation des risques sociaux, certains CLSC ont réduit le rôle des organisateurs communautaires. Ils doivent mobiliser des «aidants naturels», c'est-à-dire des ressources bénévoles, pour assumer des services délaissés par le réseau public.

Certains organisateurs communautaires qui œuvrent au sein d'équipes-milieux travaillent dans un autre sens à la continuité des interventions: ils considèrent qu'il est plus facile pour eux de partir des besoins exprimés par la population depuis qu'ils vivent au quotidien dans le milieu, depuis qu'ils partagent les préoccupations manifestées lors des demandes individuelles d'aide et de l'expression des besoins de la population. Dans un milieu rural où travaille une équipe-milieu du CLSC des Etchemins, les habitants ont commencé à formuler des demandes individuelles, ils se sont ensuite retrouvés pour un déjeuner hebdomadaire où ils ont fait ressortir les aspects collectifs de leur situation et amorcé la recherche de solutions collectives.

De plus, l'accent mis sur la relation entre les facteurs environnementaux et l'état de santé de la population aurait dû favoriser un nouvel essor de l'organisation communautaire et permettre le développement d'une pratique autonome. Or on n'a pas assisté au renforcement de l'organisation communautaire reliée aux conditions socio-économiques dans une communauté. Le *Rapport Brunet* a contribué à mettre un frein à l'organisation communautaire dans ce secteur. L'approche communautaire proposée par le courant de «renouvellement des pratiques» suggère justement l'augmentation du pouvoir de la communauté, le renforcement de son tissu social et la diminution des facteurs de stress qui contribuent à la détérioration de l'état de santé de la population, et ce, par des interventions communautaires.

CONCLUSION

L'approche communautaire offre des possibilités intéressantes de
«débureaucratisation» des pratiques sociales et de redistribution du
pouvoir aux personnes, groupes et communautés, mais ne doit pas
servir de justification au désengagement de l'État de la satisfaction des
besoins sociaux. Elle offre un occasion de repenser des concepts véhiculés
par les uns et les autres, comme la responsabilisation, l'autonomie et le
pouvoir. Il est primordial que l'approche communautaire vise fondamentalement l'amélioration des conditions et de la qualité de vie des individus, groupes et collectivités[16].

Pour prendre tout son sens, l'approche communautaire doit être
assumée par l'ensemble du personnel d'un établissement. Elle n'est
possible que si elle résulte d'un choix d'établissement, sans ambiguïté
quant aux relations qu'il veut établir avec la communauté. Ce n'est pas
une approche facile à mettre en pratique, car elle exige de la part des
intervenants une analyse politique de leur rôle, de celui de l'établissement et de l'État. Les personnes-ressources de la communauté doivent
également être très vigilantes face aux missions que l'État veut leur
confier.

Les principaux aspects qu'il faut retenir de cette approche sont la
redécouverte de la communauté, le pouvoir qui est reconnu aux personnes, groupes et communautés ainsi que la préoccupation d'identifier les
causes environnementales des problèmes sociaux et de santé.

---

16. Denis BOURQUE (1985). «L'approche communautaire en CLSC: les enjeux en cause
et les conditions requises», *Service social, 34*, (2-3), p. 326-339.

3.2.

L'organisation communautaire en CLSC

YVES HURTUBISE

Des crises secouent périodiquement les CLSC depuis leur création au début des années 70. Chaque ministre qui passe, pour ne parler que de l'aspect politique, a ses raisons de remettre en cause leur existence, leurs mandats ou encore leur financement. Chacun apporte aussi ses solutions: évaluation par des experts, extension des services aux régions ou quartiers non desservis, nouveau partage de responsabilités avec d'autres institutions, appel à de nouvelles pratiques professionnelles, etc.

L'action communautaire en CLSC, pendant ce temps, s'est radicalement transformée, presque discrètement, à l'ombre du débat plus général sur les CLSC. En effet, si le débat public s'est engagé sur l'avenir et les orientations de l'institution, sur la place de son secteur Santé par rapport aux centres hospitaliers ou sur ses relations avec la Commission de santé et sécurité au travail, la transformation du secteur Action communautaire n'intéresse guère l'opinion publique. Et pourtant, l'action communautaire fut non seulement à l'origine de l'implantation des premiers CLSC, mais joua aussi un rôle important à la fois dans les débats entourant la définition des orientations de travail de l'institution et bien sûr, vis-à-vis de certaines problématiques sociales.

Ce texte a été publié dans la revue *Intervention,* n° 83, 1989. Il a été légèrement modifié avant d'être repris ici.

Par ce texte, nous voulons attirer l'attention sur un certain nombre de problèmes auxquels sont actuellement confrontés les intervenants communautaires[1], et faire ressortir quelques enjeux dont le plus important est l'existence même de leur pratique professionnelle.

L'ACTION COMMUNAUTAIRE: QUELQUES PROBLÈMES

Travailler en action communautaire dans un CLSC n'a jamais été facile et il en va probablement de même pour les autres corps d'emplois. Les tergiversations gouvernementales autour du statut et des mandats du CLSC ne sont pas étrangères à cet état de fait. Par ailleurs, ni la formation professionnelle ni la culture du travail n'ont préparé les individus à s'inscrire dans un modèle organisationnel comme un CLSC. C'est bien, d'ailleurs, ce qui poussait des universitaires à conclure à la nécessité de renforcer «une culture organisationnelle» propre à cette institution[2]. Outre ces conditions communes à tous les employés de CLSC, les intervenants communautaires affrontent divers problèmes, dont nous retenons ici trois grandes catégories: la place de l'action communautaire dans la structure d'un CLSC, les savoir et savoir-faire de ce type d'intervention, et enfin les rapports entre l'intervention et les débats sur le changement social.

L'action communautaire dans les CLSC

L'action communautaire, contrairement au service social individualisé ou de groupe, a une courte histoire. La forme que nous lui connaissons aujourd'hui suit, pour l'essentiel, celle de l'animation sociale développée au milieu des années 60 par Michel Blondin et son équipe du Conseil des œuvres de Montréal[3]. Cette perspective, plutôt humaniste à l'origine, se fondait sur une évidence: les populations démunies n'ont pas accès aux différents pouvoirs dans la société. Le travail de l'intervenant consiste donc à regrouper ces gens pour qu'ils expriment collectivement

---

1. Par cette expression, nous englobons essentiellement les organisateurs communautaires et les travailleurs communautaires, bien que certains autres intervenants, détenant un autre titre, aient en réalité des pratiques d'action communautaire.

2. Robert POUPART et al. (1986). *La création d'une culture organisationnelle: le cas des CLSC*, Montréal, Fédération des CLSC du Québec, 93 pages.

3. Il conviendrait, dans une histoire de la période, de nuancer ces propos et d'expliquer en quoi les modèles des Américains Murray Ross et Saul Alinsky ainsi que le travail du Bureau d'aménagement de l'Est du Québec ont influencé les intervenants du Conseil des œuvres.

leurs doléances. Cette orientation de travail a connu un grand succès en plus d'être reconnue par la Commission d'enquête Castonguay-Nepveu (formée par le gouvernement du Québec pour proposer un nouveau système de santé et de services sociaux) comme une forme efficace d'intervention en service social; faut-il rappeler que la même commission rendait compte de propos très durs qui lui avaient été rapportés à l'égard du service social individualisé et des agents d'aide sociale en général?

Ses lettres de noblesse ainsi acquises, l'action communautaire allait se développer à un rythme impressionnant[4]. À l'époque de la création des CLSC, au début des années 70, les intervenants communautaires sont formés selon le modèle de l'animation sociale et influencés par les pratiques d'animation dans les comités de citoyens et groupes populaires. Si la pertinence du modèle d'animation sociale ne peut être mise en cause (à moins de remettre en question les fondements de notre système politique), son application dans le cadre d'un appareil paragouvernemental soulève un ensemble de questions dont la plus importante concerne sa légitimité.

Plus qu'aucun autre professionnel, l'intervenant communautaire est au centre des conflits potentiels entre l'institution, l'État et les groupes de citoyens. Il faudrait que notre sens démocratique soit beaucoup plus développé pour que nous acceptions que l'État et l'institution soutiennent d'un côté ce qui peut les contester de l'autre[5]. Le travail d'action communautaire est potentiellement risqué pour l'administration d'un CLSC. La petite histoire des interventions politiques de députés ou de membres de cabinets ministériels dans l'administration des CLSC, même si elle reste à écrire, n'en est pas moins réelle. En outre, ce travail n'est pas de même nature que celui qui est attendu de la plupart des professions: il se contrôle mal dans le temps (travail le soir et les fins de semaines), il ne peut se limiter à une stricte quantification et son évaluation ne peut souvent se faire que sur une moyenne période.

Une première catégorie de problèmes se trouve ainsi posée: Comment une institution parapublique peut-elle encadrer, soutenir et évaluer le travail d'intervenants communautaires?

---

4. Gérald Doré et Claude Larose (1979). «L'organisation communautaire: pratique salariée d'animation des collectivités au Québec», *Service social, 28*, (2-3), p. 69-96; Maurice Roy (1987). *Les CLSC. Ce qu'il faut savoir*, Montréal, Éd. Saint-Martin.

5. Loin de nous l'idée que l'intervenant communautaire soit toujours «pur» dans ses intentions. Dans cette profession, comme dans toute autre, des «bavures» sont toujours possibles.

Une recherche récente[6] menée auprès des intervenants communautaires fournit quelques indications sur la situation actuelle. Elle montre que 60 % d'entre eux font partie d'une équipe multidisciplinaire et que 13 % sont membres d'un module composé exclusivement d'intervenants communautaires; les autres, plus de 25 %, ne semblent pas être rattachés à une équipe. Deux questions se posent ici: d'abord, bien sûr, qu'advient-il de ces derniers? Sont-ils isolés? Voilà qui ne serait pas très propice au développement professionnel. Puis cette majorité de 60 % insérée dans des équipes multidisciplinaires peut-elle mener des actions autonomes ou n'est-elle que le volet à la mode des problématiques prédéfinies par le Ministère? On peut penser que les problèmes de l'ensemble des CLSC se répercutent sur la pratique de l'action communautaire. En effet, en ciblant des populations précises, les programmes prioritaires ont entraîné les CLSC dans des pratiques sociosanitaires qui exigent plus de ressources que celles qui leur sont accordées (par exemple au maintien à domicile). La tentation peut être grande de déplacer des intervenants d'un programme à un autre pour répondre à des besoins urgents et d'encadrer de cette façon des pratiques à «hauts risques politiques». On peut aussi considérer que, en définitive, il n'entre plus dans le mandat d'un CLSC de travailler sur des problèmes socio-économiques et qu'il vaut mieux concentrer les efforts sur des clientèles à risque. Si cette position venait à dominer, ce qui ne nous semble pas souhaitable, il faudrait préciser le rôle de l'action communautaire, soit comme soutien aux autres interventions (ce qui réduirait ses possibilités), soit comme partie intégrante d'une équipe multidisciplinaire (dont l'efficacité serait à démontrer). Le débat sur le rattachement de l'action communautaire n'est pas clos, tout comme celui des orientations de travail des CLSC.

Notre enquête révèle aussi que l'encadrement et le soutien obtenus par les intervenants communautaires sont en-deçà de ce qu'ils attendent. Près de 50 % des personnes ayant répondu à l'enquête (taux de réponse de 71 %) estiment que la supervision professionnelle est insuffisante; près de trois sur cinq la jugent passable ou médiocre et enfin, plus de 20 % déclarent n'en avoir aucune. Par ailleurs, deux personnes sur trois estiment qu'elles ont suffisamment de marge de manœuvre et que leurs compétences sont respectées. Ces données permettent d'isoler un problème important, celui de la supervision

---

6. Gilles BEAUCHAMP et Yves HURTUBISE, en collaboration avec Louis FAVREAU et Danielle FOURNIER (1989). *Pratiques d'organisation et de travail communautaires en CLSC*, Montréal, Regroupement des intervenants et intervenantes en action communautaire en CLSC, C.P. 43, Succ. M, Montréal, Québec, H1V 3L6, 92 pages.

professionnelle. Il est d'ailleurs corroboré par une autre donnée de l'enquête révélant que les intervenants se sentent davantage soutenus dans leur travail par leurs collègues et des collaborateurs extérieurs au CLSC que par leurs supérieurs.

Savoir et savoir-faire

Une deuxième catégorie de problèmes est liée à la pratique concrète sur le terrain. À cet égard, les préoccupations touchent trois aspects distincts: la formation et le perfectionnement professionnels, le développement des techniques d'intervention, ainsi que la planification et l'évaluation des interventions.

La formation professionnelle, celle que la plupart des intervenants ont reçue à l'université ou au cégep, semble insuffisante pour relever les nouveaux défis. Elle n'est cependant pas remise en question, car 60 % des personnes ayant répondu à l'enquête mentionnée plus haut l'estiment utile à leur pratique actuelle. Cependant, un tiers d'entre elles sont inscrites dans un programme de formation universitaire, et la formation est le premier mandat que l'ensemble des intéressés accorderait à un regroupement québécois d'intervenants communautaires. De plus, la structure d'organisation du premier colloque sur l'action communautaire en CLSC[7], tenu en mai 1988, privilégiait l'échange dans un grand nombre de dossiers, reléguant au second plan les questions plus politiques reliées à la place de l'action communautaire dans le CLSC. Notons que trois intervenants sur cinq (en 1988) ont une formation en sciences sociales, dont deux proviennent du programme en service social, et que quatre sur cinq détiennent un baccalauréat ou une maîtrise. Il s'agit donc d'un groupe qui, bien que fortement scolarisé dans des sciences et disciplines pertinentes à leurs tâches, attache beaucoup d'importance à son perfectionnement. Ces données portent à croire que la formation de base se révèle insuffisante pour assurer le renouvellement des pratiques. Ainsi, le besoin de perfectionnement témoignerait d'une double intention: d'abord, mieux s'équiper pour comprendre les nouveaux enjeux du secteur de l'intervention sociale au Québec, puis améliorer ses capacités d'intervention par des échanges d'expériences propres à ce secteur.

---

7. Colloque tenu à l'Université Laval dont les actes sont disponibles au Centre de recherche sur les services communautaires, Pavillon De Koninck, Université Laval, G1K 7P4. Un deuxième colloque s'est tenu à Montréal au printemps 1990 et un troisième au printemps 1992 à Hull.

Par ailleurs, deux types de perfectionnement semblent souhaités: l'un en techniques d'intervention, l'autre en programmation et évaluation.

Les techniques d'intervention communautaire sont variées. Elles font appel à des connaissances sociologiques pour l'étude de la communauté, à des connaissances sociopolitiques pour l'analyse de conjoncture et à des connaissances psychosociologiques pour le travail concret avec les populations. Les actes du colloque mentionnés précédemment témoignent d'un certain nombre de difficultés à maîtriser ces techniques et du souci de perfectionnement qui les accompagne. Parmi les ouvrages spécialisés publiés ces dernières années, quelques-uns sont consacrés à cette question du perfectionnement. Mais il nous semble que, ni dans le milieu universitaire ni chez les intervenants communautaires (de CLSC et d'ailleurs), aucun auteur n'ait eu plus de succès qu'un autre. En revanche, il appert que les intervenants produisent pour eux-mêmes les instruments dont ils ont besoin. Ne serait-ce pas là un des motifs qui les poussent à vouloir se rencontrer, tant sur le plan régional que sur le plan national, dans l'espoir que ces échanges leur apportent ce que ni l'université, ni les ouvrages spécialisés, ni leur employeur ne semblent capables de leur offrir?

La planification et l'évaluation de l'intervention communautaire pourraient devenir rapidement des sujets de travail intéressants pour les intervenants et les chercheurs. La tenue d'un atelier sur le processus de planification, lors du colloque à l'Université Laval en 1988, est révélatrice à cet égard. Le renforcement de l'encadrement du ministère de la Santé et des Services sociaux sur les CLSC et de ceux-ci sur leurs employés n'est pas étranger à ces processus. Ce qui est nouveau, nous semble-t-il, c'est l'effort consenti par les intervenants eux-mêmes pour définir des modes de programmation et d'évaluation de leurs activités. Dans ce domaine, on a peu fait jusqu'à aujourd'hui.

Le changement social

L'action communautaire, version québécoise, a été influencée par divers courants de pensée: l'humanisme d'abord, puis la théorie de Touraine sur l'action sociale, le marxisme, dans ses multiples interprétations, la conscientisation, version Freire plus ou moins liée à la gauche catholique, puis retour à Touraine et à la théorie des mouvements sociaux, sans compter plus récemment la théorie des nouveaux mouvements sociaux de Melucci et celle des pratiques émancipatoires de Gagnon et Rioux. Bref, au Québec comme ailleurs, les intellectuels qui réfléchissent sur la société ou qui tentent de participer à sa transformation ont proposé maints points d'ancrage susceptibles de donner un sens à l'évolution de la société.

Les grands bouleversements économiques et idéologiques que nous connaissons depuis le début des années 80 ont profondément marqué les sociétés occidentales. C'est un fait indéniable. Non seulement avons-nous connu une crise économique dont l'un des premiers effets fut de restreindre la portée des interventions de l'État dans la société, mais, plus encore, ce fut le début d'une crise idéologique et culturelle profonde. Les forces sociales qui véhiculaient des valeurs de justice sociale, d'égalité et de responsabilité collective ont cédé le pas à celles qui prônent l'individualité, la responsabilité personnelle et la concurrence.

Toute la société est touchée par ces nouvelles valeurs et particulièrement les personnes qui travaillent pour l'État dans le secteur des affaires sociales. Elles se trouvent à la fois dépréciées dans leur statut professionnel d'employées de l'État, notamment par l'appel à «moins d'État et plus de privé», et contraintes professionnellement à des conditions de travail qui rendent de plus en plus illusoire l'exercice de leur autonomie professionnelle. Bélanger et Lévesque[8] rendent compte d'une partie de ce phénomène dans leur étude sur un CLSC.

Précisons que les intervenants communautaires sont ébranlés par cette crise idéologique, surtout ceux qui ont été formés au début des années 70. Pour la plupart, les certitudes théoriques sur les voies du changement social sont battues en brèche, le «politique» comme passage obligé vers une société plus égalitaire est remis en question. Jean-Marc Piotte nous livre des témoignages saisissants sur ce que signifie cet éclatement idéologique pour un certain nombre de militants[9]. La même «petite histoire» de déceptions militantes pourrait être écrite par des intervenants communautaires en CLSC.

En dépit de tout cela, une évidence demeure: les problèmes sociaux sont là, la société québécoise, pour ne parler que d'elle, devient de plus en plus duale. Si cela représente un défi intellectuel pour les théoriciens, c'est un problème majeur pour les praticiens, dans la mesure où ils cherchent à insérer leur travail quotidien dans une orientation à long terme qu'ils souhaitent féconde.

---

8. Paul R. Bélanger et B. Lévesque (1986). «Mode de vie et éthique du travail» (étude qualitative auprès des travailleurs professionnels et semi-professionnels), communication au 11ᵉ Congrès mondial de sociologie, New Delhi.

9. Jean-Marc Piotte (1987). *La communauté perdue. Petite histoire des militantismes*, Montréal, VLB Éditeur.

QUELQUES ENJEUX ACTUELS

Le milieu des intervenants communautaires en CLSC est secoué depuis les dernières années par un courant de rénovation qui a su se manifester de façon concrète: l'enquête dont nous parlions plus haut est l'œuvre d'un groupe d'intervenants, le colloque à l'Université Laval également, la création d'un regroupement québécois des intervenants et intervenantes en action communautaire en CLSC fait suite à ce colloque, la parution du bulletin de liaison *Inter-Action communautaire* provient de cette dynamique. Ajoutons à cela des rencontres régionales qui se tiennent depuis quelques années et qui, depuis le colloque, ont lieu dans presque toutes les régions du Québec.

Ces efforts pour structurer une réflexion collective illustrent bien que le secteur d'action communautaire en CLSC est en pleine mutation. La direction qu'elle prendra dépendra cependant des capacités non seulement de mobiliser les ressources des intervenants en vue de cette rénovation, mais aussi de convaincre les administrations qu'il s'agit bien d'un mouvement d'ouverture et non pas d'un corporatisme étroit. C'est là, nous semble-t-il, l'enjeu primordial dont les conclusions pourraient être au mieux une relance de l'action communautaire, et au pire une dilution de ses acquis et une extinction à moyenne échéance.

Cet enjeu central, majeur, s'accompagne d'autres enjeux dont la résolution servira de balises pour indiquer si l'action communautaire a oui ou non un avenir en CLSC. Le premier de ces enjeux réside dans l'établissement par les intervenants d'un consensus minimal sur le caractère spécifique de l'action communautaire. Le colloque à l'Université Laval a consacré quelques heures de ses travaux à cette délicate question, ce qui confirme l'existence d'un problème. Dans une étude comportant trente-et-un textes[10] produits par des intervenants, des équipes ou des cadres de CLSC, on constate que onze d'entre eux (dont huit sont datés de 1987) traitent de la question de l'action communautaire soit pour la définir, soit pour la distinguer de l'approche communautaire. La question est d'actualité. D'autant plus que les appels au «communautaire» sont pressants de la part des instances politiques. On a parfois l'impression que le concept «communautaire» est un fourretout et que tout ce qui n'est pas à but lucratif ou gouvernemental entre dans cette catégorie. Les intervenants communautaires de CLSC sont

---

10. René LACHAPELLE (1988). *L'approche communautaire dans les CLSC: points de vue de l'intérieur*, Québec, Université Laval, 24 p. Il s'agit ici de l'analyse de documents qui ont pu être recensés en 1988. Cette étude n'a pas la prétention de couvrir l'ensemble de la production du réseau des CLSC.

préoccupés par l'utilisation généralisée d'un concept qui, hier encore, était leur propriété exclusive. Sauront-ils établir leur terrain de travail et, surtout, pourront-ils le faire en rejoignant une majorité d'entre eux?

Certains indices laissent croire qu'une dynamique est déjà engagée sur ce terrain. Mentionnons les écrits dont nous parlions plus haut, qui sont l'œuvre d'intervenants communautaires ou de services d'action communautaire dans 13 cas sur 31, soit plus de 40 %, ainsi que la présence de 75 intervenants montréalais à une rencontre portant sur l'action et l'approche communautaires, nombre qui indique à quel point le souci d'approfondir des questions professionnelles est partagé[11].

Le deuxième enjeu est la vitalisation par les intervenants communautaires du regroupement national et des regroupements régionaux qu'ils ont décidé de créer lors du colloque à l'Université Laval. Pour certaines régions, ce ne sera que la suite d'un processus amorcé ces dernières années.

Deux perspectives peuvent être adoptées vis-à-vis de ces regroupements: la plus pessimiste, qui n'y verrait qu'une pointe de corporatisme où certains nostalgiques de l'âge d'or de l'animation sociale tenteraient de se mobiliser pour nous convaincre de la justesse de leur analyse d'hier, et la plus optimiste, qui y verrait enfin l'occasion d'instaurer une pratique professionnelle dans une institution paragouvernementale et de se donner un lieu d'échange et de perfectionnement professionnels.

Le noyau d'intervenants qui a piloté le colloque à l'Université Laval, la recherche sur l'action communautaire en CLSC, la parution d'un bulletin de liaison et un second colloque à l'Université de Montréal, se range sans conteste du côté de la seconde perspective. Chacune de ces activités se caractérise par le refus des positions défensives corporatistes, par une ouverture tous azimuts sur les diverses écoles de pensée qui existent dans le milieu des intervenants, et enfin par une volonté clairement affirmée de prendre en compte autant les problèmes politiques (place du CLSC dans le réseau, place de l'action communautaire dans le CLSC) que les problèmes spécifiquement professionnels (relations avec les groupes communautaires, rapports entre action et approche communautaires, développement des techniques d'intervention).

---

11. Rencontre convoquée par le Regroupement des intervenants communautaires en CLSC, région de Montréal, en février 1989 où Denis Bourque, du CLSC Seigneurie de Beauharnois, présentait une communication intitulée «L'approche communautaire: conceptions et tendances».

Les intervenants souhaitent que ces regroupements s'organisent: notre enquête le confirme[12]. Ces regroupements semblent répondre à des besoins précis auxquels le réseau des CLSC n'a pu donner suite. Certes, les CLSC, tant sur les plans local et régional que national, organisent des sessions de formation, des colloques, mais ils ciblent rarement l'objet principal du travail en action communautaire, et les intervenants de ce secteur sont toujours minoritaires dans ces rencontres.

L'enjeu de la vitalisation de ces regroupements comporte deux volets: Les intervenants réussiront-ils à se regrouper de façon quantitativement représentative? Pourront-ils conserver des orientations de travail ouvertes sur le présent et l'avenir?

Le troisième enjeu dont dépend la survie de l'action communautaire en CLSC est celui du développement de l'expertise professionnelle. Il s'agit là d'un vocabulaire nouveau en action communautaire. Parler d'expertise professionnelle n'a jamais fait partie du vocabulaire courant des intervenants, parce qu'il y a là des relents de corporatisme alors que l'idéologie dominante dans ce secteur d'activité invitait davantage à se situer et à situer son action dans la grande évolution historique de nos sociétés. Il semble maintenant possible de s'interroger sur les techniques de travail tout en réfléchissant sur les stratégies dans lesquelles elles s'inscrivent. L'action communautaire gagnera en qualité et en crédibilité auprès des administrations si elle peut montrer qu'elle raffine ses instruments d'analyse et d'intervention et qu'elle peut prendre en compte les nouvelles dynamiques sociales, que ce soit, par exemple, l'étendue de la pauvreté, la désintégration sociale ou l'environnement.

CONCLUSION

Les CLSC semblent, encore une fois, à la croisée des chemins après la parution du *Rapport Brunet* (sur les CLSC), du *Rapport Rochon* (sur le réseau de la santé et des services sociaux) et dans l'attente du cadre de référence de leurs activités promis par le ministre de la Santé et des Services sociaux. L'action communautaire, comme forme légitime de travail social dans une institution publique, est une composante du débat en cours, même si l'attention publique n'est pas centrée sur elle.

---

12. Gilles Beauchamp *et al.* (1989). *Op. cit.*

La nouvelle vitalité qui s'installe chez les intervenants communautaires arrive à un moment important de l'histoire des CLSC. Elle nous semble contourner deux pièges qui auraient pu lui être fatals: une perspective uniquement défensive fondée sur la protection des postes en action communautaire, et un discours, également défensif, qui n'aurait pas tenu compte de l'institution dans laquelle s'inscrit l'intervenant.

La dynamique engagée par les intervenants communautaires interpelle de façon immédiate l'ensemble de ceux qui travaillent dans ce secteur en CLSC; elle questionne également les directions et le milieu universitaire.

3.3.

L'action communautaire environnementale en CLSC

▼

Laval Doucet

Le but de cet article est d'examiner comment se pose la question de l'action communautaire environnementale dans les Centres locaux de services communautaires (CLSC), au Québec, comment cette pratique s'est établie dans ce milieu, à quel courant de pensée elle se rattache, ce qui la caractérise, quelles sont les formes qu'elle adopte et finalement quelles sont les interrogations et les problèmes principaux qui la confrontent.

Il ne faut pas se surprendre de voir les CLSC s'insérer dans le champ de l'environnement à l'heure où des forums et des commissions d'études nationaux et internationaux ont déjà attiré l'attention du monde sur la précarité des écosystèmes et sur la dégradation avancée qui les affectent. Le rapport de la Commission mondiale sur l'environnement et le développement des Nations Unies nous indique que «sur le plan environnemental, des tendances menacent actuellement d'affecter sérieusement la planète et la vie de plusieurs espèces qui s'y trouvent, notamment l'espèce humaine[1]».

---

1. The World Commission on Environment and Development (1987). *Our Commun Future*, Oxford, Oxford University Press, p. 2 (traduction libre de l'auteur). Ce livre a été traduit et publié en français en mai 1988, sous le titre *Notre avenir à tous*, Montréal, Éd. du Fleuve.

De plus, le fait que les CLSC s'engagent dans cette voie répond non seulement à la volonté des Québécoises et des Québécois, mais aussi à celle des Canadiennes et des Canadiens qui ont compris la gravité de la question et l'ont exprimé de façon non équivoque lors de sondages d'opinion, où l'environnement est apparu comme une affaire prioritaire.

En choisissant de faire porter son Congrès annuel de 1991 sur le thème de l'environnement, la Fédération des CLSC est venue consacrer dans les faits l'importance qu'elle accorde à cette question. En effet, «parce qu'ils ont une vision globale de la santé et qu'en conséquence ils se préoccupent de la qualité de vie, parce que leur approche mise sur l'action communautaire et la prévention, ils ont incontestablement un important rôle à jouer dans le domaine de l'environnement[2]».

Avec l'adoption d'une telle position, la Fédération ne fait pas que souscrire aux impératifs locaux mais elle se rattache aussi à un courant de pensée international et adopte les exhortations du *Rapport Brundtland*:

> La Commission a terminé son travail. Nous en appelons à un effort concerté de tous pour édicter de nouvelles normes de comportement à tous les paliers et dans l'intérêt de tous. Ces changements d'attitude, de valeurs sociales et d'aspirations que propose le rapport sont liés à la mise sur pied de campagnes d'éducation d'envergure, de débats et de participation de la population.

> À cette fin, nous faisons appel aux groupes de citoyens, aux organisations non gouvernementales, aux milieux d'enseignement et à la communauté scientifique. Ils ont tous joué dans le passé un rôle indispensable dans l'émergence d'une conscience collective et de changement politique. Ils auront un rôle crucial à jouer pour mettre le monde sur la voie du développement durable, en jetant les bases de ce que sera notre avenir à tous[3].

Cependant, même si l'idée d'intervenir en environnement gagne du terrain dans les CLSC, elle ne se matérialise encore que dans une quarantaine d'unités sur les 158 qui forment le réseau, et ce, à des degrés d'intensité fort variables[4]. De plus, on peut même se demander

---

2. Michel Bissonnette et Suzanne Lalande (1990). «Les CLSC et l'environnement: le temps des engagements», *CLSC Express, 3*, (6), août-septembre, Montréal.

3. *Ibid.*, p. XIV.

4. Fédération des CLSC du Québec (1990). *Inventaire préliminaire des programmes liés à l'environnement*, Montréal, FCLSC, automne.

jusqu'où va l'acceptation de cette idée par les dirigeants des divers paliers du réseau des Affaires sociales.

Les interrogations qu'on soulève à son endroit sont tout à fait légitimes face à un nouveau besoin qui dépasse le champ du social généralement dévolu aux CLSC. Comment y répondre? Quelles sont les exigences sur le plan des ressources, du savoir-faire? Y a-t-il des répercussions d'ordre politique?

Le caractère d'urgence qui accompagne trop souvent ces questions pose des défis sérieux à l'état des connaissances en la matière, au savoir-faire des professionnels et aux méthodes habituelles de solution d'un problème nettement interdisciplinaire. Au bout du compte, on peut comprendre que plusieurs hésitent encore, non par rapport au fait que le CLSC doive être associé à la question environnementale, mais plutôt à la forme à donner à cette intervention.

C'est dans ce contexte que s'est propagée l'idée de l'action communautaire environnementale en CLSC. Contexte de besoins pressants, contexte d'incertitude sur le plan juridictionnel et contexte d'improvisation sur le plan du savoir-faire.

JALONS D'HISTOIRE

Il n'est pas facile de remonter à la première manifestation de pratique communautaire environnementale en CLSC. Notre intérêt n'est pas de les recenser, mais bien ici de cerner le moment où ces actions fragmentées commencent à se consolider par la reconnaissance de traits communs et par leur faculté de se reproduire sur une plus grande échelle.

Un certain nombre de CLSC ont investi ce champ au début des années 80; parmi eux, mentionnons les CLSC Rivières et Marées (Rivière-du-Loup), Malauze (Chandler), Soc (Sherbrooke), Trois-Saumons (Saint-Jean-Port-Joli), Hochelaga-Maisonneuve (Montréal), pour nommer les principaux.

Ces actions dispersées ont certainement ouvert la voie au premier écho de plus grande envergure qui fut rendu sur ce thème, lors du colloque sur l'action communautaire en CLSC, tenu à l'Université Laval à Québec, les 12, 13 et 14 mai 1988. À cette occasion, rappelant les volontés exprimées par 350 participantes et participants, le rapport de synthèse souligne que «la préoccupation de développer de nouveaux champs d'intervention est présente et que dans ce sens les intervenantes et les intervenants communautaires doivent être à l'affût des nouveaux besoins et problématiques [exemple cité: l'environnement][5]». C'est également à cette occasion qu'un des conférenciers invités, M. Maurice Roy, directeur général du CLSC Samuel-de-Champlain, enjoint ses collègues d'emboîter le pas: «L'action communautaire en CLSC ne peut faire l'autruche lorsque les causes des problèmes socio-sanitaires sont liées à l'économie, à la pénurie d'emploi, au logement, à l'absence de loisirs, à la mauvaise qualité de l'environnement[6].»

Cette même tribune de Québec a également permis de diffuser plus largement la pensée de M. Gaétan Malenfant, pionnier de l'action communautaire environnementale au CLSC Rivières et Marées. Son texte[7] constitue une référence incontournable sur l'émergence de ce type d'intervention, ses objectifs, ses activités, ses difficultés.

À la même époque se fait entendre un premier écho de la recherche scientifique faisant état de la pratique communautaire environnementale en CLSC. L'étude d'Hurtubise, Beauchamp et al.[8], qui constitue un portrait de ce que sont et font les intervenantes et intervenants communautaires en CLSC, permet de faire le point sur la situation des pratiques et des praticiennes et praticiens. Les pratiques sont regroupées en cinq volets: le maintien à domicile et la santé, l'aspect socio-économique et le logement, le soutien des groupes, l'éducation populaire et l'information, la condition féminine et la jeunesse et enfin la prévention et la santé mentale, qui comprend la qualité de l'environnement. Voilà qui vient confirmer jusqu'à un certain point l'existence même de l'intervention environnementale en CLSC.

Pour nous éclairer davantage sur le caractère de cette pratique environnementale, l'étude rapporte que 4,2 % des répondants appliquent des modèles de pratique reliés à l'écologie[9], 3,7 % ont suivi ou souhaiteraient obtenir une formation en écologie, environnement[10],

---

5. Yves HURTUBISE et Pierre PARÉ (Édits) (1988). *Pratiques d'action communautaire en CLSC*, actes du colloque sur l'action communautaire, Centre de recherche sur les services communautaires, Université Laval, Québec, janvier, p. 158.

6. *Ibid.*, p. 23 (la conférence de M. Roy, retenu par la maladie, a été lue par Micheline Desfossés).

7. Gaétan MALENFANT (1988). «L'approche écologique», *op. cit.*, p. 103.

8. Yves HURTUBISE, Gilles BEAUCHAMP et al. (1988-1989). *Pratiques d'organisation et de travail communautaires en CLSC*, publié par le Regroupement québécois des intervenantes et intervenants communautaire en CLSC (RQIIAC), C.P. 43, Succ. M, Montréal (Québec), H1V 3L6, p. 89.

9. *Ibid.*, p. 39.

10. *Ibid.*, p. 68.

4,2 % des premiers dossiers qui ont été fermés et 5,7 % des seconds ont trait à la qualité de l'environnement[11], dans 2,5 % des cas, le premier dossier est actif et dans 2,8 % des cas, le second porte sur l'environnement[12]. Enfin, on peut retenir que l'écologie constitue le courant qui influence le plus, soit dans 2,0 % des cas, et qu'elle vient au second rang dans 4,4 % des cas[13].

Sans doute pourrions-nous dire, à la lecture de ces statistiques sur la pratique «écologico-environnementale», qu'il s'agit là d'un phénomène marginal. Cependant, le lecteur doit se rappeler que la cueillette des données remonte à février 1988 et que le tableau d'ensemble a évolué depuis, comme le démontre le sondage effectué par la Fédération des CLSC du Québec à l'hiver 1990.

De ce sondage nous pouvons retenir, aux fins de notre analyse, les éléments suivants:

— 143 CLSC sur un total de 158 ont répondu au questionnaire (90,5 %);

— 101 CLSC (64 %) n'abordent pas la question environnementale, ce qui laisse supposer que 57 (36 %) s'y intéressent;

— 40 CLSC (28 %) manifestent cet intérêt concrètement dans une ou plusieurs interventions;

— Enfin, dans 22 CLSC (15 %), cette intervention se classe sous la rubrique action communautaire.

De tels résultats donnent à penser que l'environnement gagne du terrain en CLSC (36 %) et qu'à cet effet, les parts de l'action communautaire sont à la hausse (15 %).

Un dernier jalon de la petite histoire de cette pratique en CLSC provient de l'action concertée du Collectif Virus 13, noyau dur d'un mouvement visant à promouvoir l'action communautaire environnementale en CLSC, dans une perspective de développement durable.

Au lendemain du colloque de 1988 à l'Université Laval, une poignée de praticiennes et praticiens issus des CLSC, déjà impliqués en matière environnementale, décident de se regrouper et de se donner

---

11. *Ibid.*, p. 78.
12. *Ibid.*, p. 80-81.
13. *Ibid.*, p. 83.

comme objectifs[14] de sensibiliser les intervenantes et intervenants à l'action communautaire environnementale, d'inventorier les pratiques existantes, de concevoir des outils de travail, de développer une stratégie de formation pour les intervenantes et intervenants puis de diffuser les connaissances et assurer la liaison.

Le Collectif Virus 13 se lance donc à l'action en initiant une série d'opérations telles que 1) la publication d'articles dans le bulletin *Inter-Action communautaire*[15]; 2) la publication d'un document de référence qui s'adresse aux travailleuses et travailleurs communautaires intéressés par l'action communautaire environnementale[16]; 3) la mise sur pied d'un atelier sur le thème de l'environnement dans le cadre du 2e colloque du RQIIAC, tenu à l'Université de Montréal en mai 1990; 4) la participation active à la définition du contenu et à la réalisation de l'atelier «Environnement rural et action communautaire», qui figure au programme du congrès de la Fédération des CLSC, tenu à Québec en juin 1991.

Si l'action communautaire environnementale en CLSC marque des points par l'effet cumulatif des «faits accomplis» depuis les années 80, lesquels peuvent toujours servir de précédents, son avenir est loin d'être assuré: c'est encore le petit nombre qui se compromet par des actions et, devant l'importance des enjeux d'ordre juridictionnel et politique au chapitre de l'environnement, on peut se demander si l'État acceptera de mandater clairement et de financer les CLSC pour qu'ils s'engagent pleinement dans l'action communautaire environnementale.

LES FONDEMENTS IDÉOLOGIQUES: ENVIRONNEMENTALISME ET ÉCOLOGISME

On a vu jusqu'ici que l'action communautaire environnementale en CLSC est une idée qui rejoint des souhaits exprimés par la population

---

14. Le premier noyau regroupe Jean Rouleau du CLSC Hochelaga-Maisonneuve, Marcel Vermette du CLSC Les Etchemins, Martine Dupéré du CLSC de la Jonquière, France Gendreau du CLSC des Trois-Saumons, Michel Goudreau du CLSC Malauze, Gaétan Malenfant du CLSC Rivières et Marées et Laval Doucet de l'École de service social de l'Université Laval.

15. Ce bulletin de liaison en organisation et travail communautaires en CLSC est publié par le Regroupement québécois des intervenantes et des intervenants en action communautaire en CLSC (RQIIAC) du Québec.

16. France GENDREAU (1990). *Documentation pour qui veut travailler en environnement-santé en CLSC ou ailleurs sur la planète Terre*, CLSC des Trois-Saumons, Saint-Jean-Port-Joli, mai.

et un courant de pensée international, qu'elle s'est déjà transformée en action et que cette action a une courte histoire. Mais quel sens ont ces actions ou cette histoire? Y en a-t-il plus d'un? Voilà qui pose la question des fondements ou des orientations qui sous-tendent ces actions et qui nous permettra de mieux comprendre les desseins des acteurs sociaux et les formes d'intervention qui en découlent.

La question environnementale est actuellement perçue comme un problème social sérieux[17]; les solutions mises de l'avant reflètent diverses orientations idéologiques: écologisme, environnementalisme, conservationnisme, etc. Pour faire le point sur ce sujet, nous suivrons le discours du politicologue américain Lester Milbrath qui, s'appuyant sur une étude longitudinale, compare le comportement des Américains, des Britanniques et des Allemands en 1980 et 1982[18].

Milbrath en arrive à la conclusion que le paradigme social dominant (PSD), c'est-à-dire «la structure de croyances qui détermine la façon dont les gens perçoivent et interprètent le monde autour d'eux», se transforme actuellement[19].

Il est d'avis que ce PSD, qu'il qualifie de vieux (VPSD) et qui caractérise la vision dominante du monde occidental, est sérieusement défié par le nouveau paradigme environnemental (NPE) qui remet en question non seulement notre conception de la nature et les rapports qui relient les humains à cette dernière, mais également les humains entre eux[20].

L'intérêt de l'étude de Milbrath provient du fait que sa «représentation paradigmatique» n'est pas le fruit d'une théorie sociale, mais bien le résultat de lectures sociologiques à travers trois pays.

Mentionnons également, même si le terme environnement se situe au centre du NPE, que cette représentation n'est pas exclusivement environnementale mais bien globale, ce qui conduit à l'opposer au VPSD. En d'autres mots, Milbrath précise que la référence gauche-droite, qui a surtout «mis l'accent sur l'importance des richesses matérielles», ne permet plus de «caractériser les engagements politiques»[21]

---

17. Paul HORTON et Gérald LESLIE (1981). *The Sociology of Social Problems*, New Jersey, Prentice Hall, p. 566.

18. Lester MILBRATH (1984). *Environmentalist Vanguard for a New Society*, Albany, State University of New York Press.

19. *Ibid.*, p. 4

20. *Ibid.*, p. 14.

21. *Ibid.*, p. 25.

et que les forces sociales émergentes qui s'opposent au VPSD s'identifient davantage à un paradigme où l'environnement constitue un ingrédient majeur.

Même si les conclusions de Milbrath découlent de recherches scientifiques, le jargon qu'il utilise pour représenter ces forces ne peut être adopté au pied levé. Il existe, depuis un certain temps déjà, des termes pour désigner ces courants, tendances et mouvements décrits plus tard par la recherche scientifique.

Il en résulte que les termes écologisme, environnementalisme, conservationnisme sont apparus sur la place publique depuis longtemps et il nous appartient maintenant de réconcilier les voies de l'actualité scientifique et celles de l'actualité empirique. C'est ce que nous ferons après avoir examiné d'un peu plus près ce qui caractérise ce nouveau paradigme environmental.

Les caractéristiques du NPE

Le NPE est représenté comme un continuum permettant d'un côté l'expression de formes plus radicales, tandis que de l'autre se retrouvent des formes plus conservatrices, plus près du *statu quo*.

Rappelons également que ce continuum se distingue du VPSD, dont la forme la plus conservatrice correspond à l'idéologie capitaliste. L'objet de cette étude n'est pas de décrire les interconnexions NPE-VPSD; le graphique 2 permet d'ailleurs d'illustrer cette idée.

Voici donc un rappel sommaire des caractéristiques du NPE, à partir desquelles émergent les formes écologistes, environnementalistes et conservationnistes.

1. La perception de la nature

   Les idées qu'on y retrouve peuvent aller jusqu'à une certaine forme de vénération pour la nature (*worshipful love*); on y promeut également le fait que les humains veulent vivre en harmonie avec la nature et que la protection environnementale doit prendre le pas sur la croissance économique.

2. La compassion

   Valoriser la nature est une chose; traduire ce sentiment par des degrés de compassion en est une autre: compassion pour d'autres espèces, pour les humains, pour les générations futures, voilà le contenu de cette variable.

3. Le bien-fondé de la planification et de l'intervention pour réduire les risques

Plus particulièrement, dans ce cas, la science et la technologie n'ont pas réponse à tout et il ne faut pas pousser plus loin le développement nucléaire, mais bien davantage la connaissance et l'usage des technologies douces. Enfin, des règles doivent régir la protection de la nature et statuer sur les responsabilités des populations et des gouvernements.

4. Les limites à la croissance

Il est vraisemblable, selon ce paradigme, de penser que les ressources pourraient connaître des pénuries, qu'il y a lieu de limiter l'explosion démographique et que la conservation devrait recevoir une attention soutenue.

5. Une société nouvelle

Selon le NPE, les humains causent de sérieux dommages à la nature et à eux-mêmes, il vaut mieux donner une chance au plus grand nombre de participer à la prise de décision et le gouvernement devrait jouer un rôle central dans le partage du «bien commun» (*public goods*). De plus, on favorise les stratégies de coopération. Un nouveau style de vie plus simple – simplicité volontaire pour certains – désigné comme postmatérialisme reçoit la ferveur grandissante de ceux qui se veulent protecteurs de l'environnement, sensibles à autrui, ouverts à la participation et désireux d'occuper un emploi plus satisfaisant sur le plan humain.

6. La nouvelle politique

De ce qui précède, on comprend alors que le NPE favorise des politiques où règnent la consultation et la participation, que ce ne sont plus les mécanismes du marché qui doivent continuer à régir les rapports entre les humains et la biosphère, mais bien la clairvoyance et la planification. L'action directe comme tactique conduisant à influencer les décideurs y est promue.

Voilà le credo du nouveau paradigme environnemental qui n'est cependant pas partagé également par tous ceux qui ont une orientation «environnementaliste».

Le continuum environnementaliste

Nous ne retenons ici, aux fins de notre analyse, que l'axe environnementaliste proposé par Milbrath. Cet axe est perçu comme un continuum analysé sous l'angle du changement social. Nous avons, à une extrémité, les promoteurs du changement social (les réformateurs environnementaux), et à l'autre le monde de la résistance (les «conservationnistes» de la nature). Quelque part au centre, Milbrath identifie la catégorie des sympathisants environnementaux.

C'est dans ce cas précisément que la terminologie de Milbrath a besoin d'être ajustée à l'entendement populaire actuel, puisque l'usage courant ne retient pas ces deux types d'environnementalisme. Il nous apparaît juste de proposer que les réformateurs de Milbrath soient identifiés comme nos écologistes actuels, tandis que les sympathisants deviendraient alors nos environnementalistes. Les conservationnistes se retrouvent en bout de piste tant chez Milbrath que dans notre actualité.

Il nous paraît plus sage de proposer une interprétation de Milbrath plutôt que de partir en croisade et convaincre le monde que l'usage courant fait fausse route. Cet usage courant est si répandu qu'il alimente un vif débat entre environnementalistes et écologistes; pour s'en convaincre, voici ce qu'indique à ce propos Murray Bookchin:

> L'environnementalisme, selon ma compréhension, perçoit le projet écologique dans sa recherche d'un rapport harmonieux entre l'humanité et la nature comme un trève plutôt qu'un équilibre durable. L'harmonie de l'environnementaliste gravite autour du développement de nouvelles techniques en vue d'arriver à piller le monde naturel avec le minimum de dislocation pour l'habitat humain. L'environnementaliste ne conteste pas l'assise la plus fondamentale de la société actuelle, à savoir que l'homme doive dominer la nature; il cherche plutôt à faciliter cette notion en développant des techniques pour diminuer les risques causés par la dégradation insouciante de l'environnement[22].

De cette construction paradigmatique pourraient découler trois constatations:

1. On peut déjà imaginer chez les acteurs sociaux en CLSC diverses allégeances: certains, à l'esprit environnementaliste, croyant davantage aux vertus de la technologie pour restaurer les écosystèmes dégradés, d'autres, plutôt favorables à l'écologisme, croyant davantage à une remise en cause des valeurs pour assurer un meilleur équilibre des écosystèmes humains et naturels.

---

22. Murray Bookchin (1982). *The Ecology of Freedom*, Californie, Cheshire Books, p. 21. La traduction est de Bookchin.

GRAPHIQUE 1

Le continuum environnementaliste

Promoteur de changement social	(Milbrath)	Réformateur environnementaliste	Sympathisant environnementaliste	Conservationniste de la nature	Objecteur du changement social
	(Doucet)	Écologiste	Environnementaliste	Conservationniste de la nature	

Source: Lester MILBRATH (1984). *Environmentalist Vanguard for a New Society*, Albany, State University of New York Press, p. 24.

GRAPHIQUE 2

La représentation spatiale des positions à l'égard de l'environnement

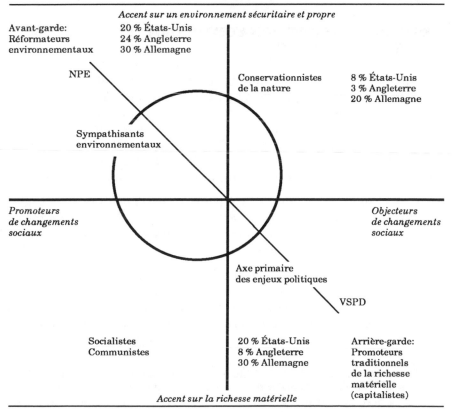

Source: Lester MILBRATH (1984). *Op. cit.*

2. L'écologiste, promoteur de pratiques visant à réharmoniser nature et culture, est perçu comme un utopiste aux yeux de l'environnementaliste plutôt enclin, celui-là, à corriger ponctuellement les maux avec l'aide de la science et de la technologie, sans chercher à bouleverser les systèmes de valeurs existants et l'ordre établi.

3. Enfin, on dénote une affinité de l'action communautaire avec l'écologisme, ce qui n'est pas étonnant quand on connaît sa tradition et ses orientations face à l'injustice sociale. Si les défavorisés socio-économiques ont constitué un terrain de prédilection pour son action, nous pouvons penser qu'avec l'aggravation des formes de pollution, la dégradation des écosystèmes et l'épuisement de ressources vont apparaître un jour les défavorisés environnementaux. Certains n'y voient que pure spéculation, tandis que d'autres, comme le Collectif Virus 13, n'y voient que le droit fil de leur action.

LES FORMES DE L'ACTION COMMUNAUTAIRE ENVIRONNEMENTALE

La pratique de l'action communautaire environnementale en CLSC est-elle différente de celle qui a comme cible le logement, les conditions de vie, le travail, les loisirs, le monde des jeunes? Rien n'indique, à ce stade-ci, que l'on soit en face d'une espèce différente: «Je vois le même rôle dans les problématiques à la différence que celle de l'environnement est d'une urgence extrême et de grande ampleur», nous dit France Gendreau, organisatrice communautaire au CLSC Trois-Saumons[23].

L'arsenal traditionnel utilisé pour affronter les problématiques est toujours le même. Premièrement, il faut rester dans les limites de l'organisation communautaire avec sa finalité et ses postulats sur la communauté et le changement.

Deuxièmement, de par son appartenance à une structure formelle de service légalement mandatée et aidée financièrement par l'État, l'action en CLSC se voit contrainte d'évoluer dans le cadre de modèles qui lui sont conformes[24]. L'expérience démontre cependant que cet

23. Lettre de France Gendreau à l'auteur, le 20 septembre 1989, en réponse à un sondage d'opinion sur la pratique communautaire environnementale en CLSC.

24. Peter BLAU et Richard SCOTT (1963). *Formal Organizations. A Comparative Approach*, Londres, Routledge and Kegan Paul, p. 51.

appareil jouit d'une marge de manœuvre et d'une certaine souplesse que lui confèrent sa petite taille et sa décentralisation.

Troisièmement, vu sous l'angle des rôles et fonctions des praticiennes et praticiens, rien n'indique qu'un parcours significativement différent doive être emprunté pour la conduite de l'action. Connaissance du milieu, définition du problème, inventaire des ressources, examen des parcours éventuels de l'action (alternatives), choix d'un plan d'intervention, conduite de l'action et évaluation constituent toujours les ingrédients du travail. Cependant, si la forme n'est pas différente, le champ de l'environnement où elle évolue donne à cette action une couleur particulière.

Les particularités de l'ACE

Deux sensibilités différentes s'affrontent sur le terrain de la pratique: d'un côté se rangeront les praticiennes et praticiens-écologistes, qui voudront travailler sur les valeurs «conviviales» pour mieux respecter l'environnement dont ils se sentent partie intégrante; de l'autre se retrouveront les praticiennes et praticiens-environnementalistes dont l'action de type engineering social se portera à la cause de l'environnement-ressources dont ils se sentent les gardiens, sinon les maîtres.

Une deuxième particularité met en rapport l'environnement et les classes sociales. Alors que l'organisation communautaire s'intéresse le plus souvent aux gens économiquement défavorisés, la question se pose différemment avec l'environnement. En effet, à titre d'exemple, quand une centrale de production électrique constitue une menace avec ses rejets atmosphériques, c'est toute une population qui devient la clientèle cible, sans égard à son statut économique. L'action communautaire traverse alors toutes les classes. Le comble de l'ironie serait de trouver sur ce chemin de l'action communautaire des travailleurs de condition modeste travaillant à ladite centrale et qui accepteraient de subir cette pollution de façon plus pacifique que ceux – riches et pauvres – qui n'y travaillent point. Pourquoi cet exemple, qui concerne la pollution de l'air, ne pourrait-il pas s'appliquer à l'eau, aux sols chimifiés par l'agriculture industrielle, à l'environnement urbain, etc.?

Une troisième particularité, soit l'interdisciplinarité, pose la question de l'étendue des connaissances et des marges de jeu. L'environnement, c'est le carrefour des écosystèmes naturels et humains. Que de connaissances et d'habiletés se trouvent alors interpellées! Forcés de conjuguer leurs actions à cet ensemble de problèmes, il s'avère essentiel pour la praticienne et le praticien de l'organisation communautaire de comprendre le plus possible les aspects agricoles, forestiers, économiques, technologiques et sanitaires qui sont au cœur de l'objet de leurs interventions. Mais jusqu'où doit aller cette compétence sans verser dans l'encyclopédisme?

Jusqu'où la même personne peut-elle utiliser ses connaissances «environnementales» pour faire avancer son action communautaire sans jouer l'apprenti sorcier? Se fermer complètement à toute incursion extradisciplinaire raisonnable nous semble aussi répréhensible que de s'y adonner sans restriction. S'en remettre au jugement des praticiennes et des praticiens pour naviguer dans les zones «d'interface» nous semble une avenue louable.

Voilà quelques éléments qui donnent à cette pratique une couleur différente et permettront de mieux saisir le contour réel des principales formes de pratique que nous verrons maintenant.

Un coup d'œil sur les pratiques actuelles

D'une importance cruciale pour la compréhension de l'ACE, ce volet sera traité d'abord de façon analytique en inventoriant les pratiques en cours et ensuite, de façon déductive, en en présentant une typologie. L'information nécessaire pour ce faire provient d'une étude faite par la Fédération des CLSC[25].

Le contour des pratiques actuelles

1. Une pratique d'assistance technique à des organismes, à des groupes et à des comités de citoyens en vue de:
   - monter des dossiers de presse;
   - mettre sur pied des organismes de pression, de surveillance et de service:
     a) le comité de recherche et information environnementale (CRIE) (CLSC Rivières et Marées, Rivière-du-Loup),
     b) le Comité Environnement Vert Plus (CLSC Malauze, Matapédia);

---

25. Fédération des CLSC du Québec (1991). *Un premier bilan environnemental des CLSC et des Centres de santé du Québec, 1991*. Cette étude a été rendue publique au congrès annuel de la Fédération des CLSC tenu à Québec les 31 mai, 1er et 2 juin 1991.

- mener des actions sur la qualité de vie urbaine et les problèmes qui découlent de la mixité des fonctions industrielle, commerciale, résidentielle (CLSC Petite-Patrie, Montréal);
- trouver une solution avec les producteurs de porcs pour transformer en compost le purin malodorant contenu dans les bassins de décantation (CLSC Valentine-Lupien, Louiseville).

2. Une pratique d'information – bulletins, conférences de presse – en vue de sensibiliser la population locale sur le recyclage et la récupération (CLSC Trois-Saumons).

3. L'organisation de visites guidées sur des sites d'enfouissement, à des usines de filtration et à des entreprises de récupération (VIA).

4. La préparation d'une rencontre des maires de la Régie intermunicipale sur la gestion des déchets solides (L'Islet).

5. Une cueillette de données avec le Département de santé communautaire sur les risques reliés à l'exposition à des produits chimiques (CLSC Rivières et Marées).

6. Une campagne de sensibilisation sur les dangers des arrosages chimiques destinés à l'entretien des emprises d'Hydro-Québec (CLSC de la Pointe, Rivière-au-Renard).

7. La coordination des activités d'un Collectif sur l'aménagement urbain et d'un Comité sur les espaces verts et l'environnement (CLSC Hochelaga-Maisonneuve, Montréal).

8. Une collaboration avec le programme «Villes et villages en santé» pour l'organisation de journées de plantation d'arbres, pour la cueillette de déchets domestiques dangereux (CLSC Soc, Sherbrooke) et pour l'éradication de l'herbe à poux (CLSC Lamater, Terrebonne).

9. Une mise à jour de la documentation disponible sur la protection environnementale (CLSC Malauze, Chandler).

10. Le parrainage d'actions directes de protection et de développement socio-économique:
    - marche de protestation contre un projet de construction d'une centrale électrique au charbon (CLSC Malauze);
    - action contre le dépotoir de pneus usagés (Saint-Marc-des-Carrières);
    - action contre un projet de champ de tir des Forces armées (CLSC des Hautes-Laurentides, Mont-Laurier);

- protection de boisés et conservation de la faune (CLSC des Etchemins);
- mise sur pied d'une coopérative de recyclage de papier et une coopérative de services en regard avec la transformation du bois (CLSC des Hautes-Laurentides).

11. Une participation à l'élaboration de politique en matière d'exploitation forestière (CLSC des Hautes-Laurentides).

12. Des actions de concertation avec des organismes collatéraux comme la Municipalité régionale de comté, le Département de santé communautaire, la Commission de santé et de sécurité au travail et le Service d'urbanisme de la Ville de Montréal, sur les risques environnementaux du territoire (Saint-Marc-des-Carrières), sur les causes environnementales de malformation à la naissance et sur l'aménagement des parcs (Centre-Sud, Montréal).

13. La représentation du CLSC auprès d'organismes provinciaux et régionaux ou de commissions d'études et la participation aux travaux du Collectif Virus 13.

14. Une collaboration à la formation du personnel de CLSC et à l'organisation d'une semaine de l'éducation sur l'environnement.

15. La rédaction d'un plan d'action en matière environnementale pour le CLSC (Matane).

Ce premier aperçu de l'action communautaire en CLSC nous permet de cerner les contours réels qu'adoptent ces pratiques et nous donne une idée de la diversité qui les caractérise. Cependant, cette énumération ne deviendra pleinement intelligible qu'à la condition d'en tirer une typologie permettant un premier niveau de généralisation. Un premier essai pourrait donner ce qui suit:

La typologie des pratiques actuelles

1. actions visant à créer, animer ou assister techniquement des groupes écologistes et environnementaux;

2. actions d'information et de sensibilisation de la population en général;

3. actions de formation et d'éducation auprès de publics cibles;

4. actions reliées à la connaissance de problématiques telles la cueillette des données, l'analyse, l'étude de cas et la recherche;

5. actions de concertation avec des organismes collatéraux en vue d'assurer des services directs;

6. actions de représentation des intérêts environnementaux auprès d'instances supérieures.

ROTHMAN ET L'ACE

Ce qui précède sur les pratiques et le milieu organisationnel des CLSC nous conduit maintenant à situer l'ACE dans le schéma explicatif de Jack Rothman et nous demander à quel modèle elle s'y relie: le développement communautaire, le planning social ou l'action communautaire?

Comme cette rationalisation soutient qu'il ne s'agit pas de modèles mutuellement exclusifs mais, bien au contraire, qu'elle autorise aussi bien le chevauchement des formes que leur alternance, une première constatation sera d'y voir l'ACE comme une pratique de planning social qui prend souvent la couleur de l'action sociale.

En effet, on verra souvent les problèmes environnementaux pris en charge, dans un premier temps, par les éléments plus radicaux du changement social. L'action qui s'ensuit s'attaque alors au *statu quo* et aux pratiques institutionnelles qui le soutiennent. Rapidement se dessine un enjeu qui gravite autour du pouvoir et donne lieu à un affrontement de ressources, de juridiction, de connaissances et de savoir-faire. C'est précisément à ce moment que l'ACE entre en scène, portée autant par les engagements personnels que professionnels des praticiennes et des praticiens. De pratiques marginales et souventes fois *underground,* cette action sociale passe lentement à un statut d'action planifiée et encadrée par le CLSC tandis qu'un directeur général plus audacieux prend sa défense, autorise sa diffusion et consent une affectation de ressources.

On peut dire alors que le modèle de planning social y devient prédominant avec l'accent mis sur la démarche rationnelle de solution de problèmes, de la cueillette des données jusqu'à l'implantation d'un programme dans un contexte organisationnel légalement mandaté.

Aussi, on a déjà rapporté des interventions environnementales répondant au modèle de développement local[26]. On cherche alors par le

---

26. Voir la *Création du Groupement faunique du Triangle de Bellechasse, Association Chasse et Pêche HO-FAU,* mars 1991, texte ronéo. Les activités du Triangle de Bellechasse remontent à 1981 avec la création du Comité intermunicipal de développement économique. Le CLSC des Etchemins y a joué un rôle de premier plan.

biais de l'environnement à stimuler le progrès socio-économique en travaillant sur la capacité sociale des communautés (intégration, consensus, éducation populaire) à initier des projets. On dira alors qu'un accent particulier est mis sur les «processus» par opposition à la «tâche».

INTERROGATIONS SUR L'ACE

Il ne fait pas de doute que l'action communautaire environnementale a mis un pied dans les CLSC. Elle pourrait bien y demeurer encore longtemps si l'on en juge par les pressions des groupes d'intérêt, les précédents heureux déjà établis dans plusieurs dossiers, notamment sur la pollution, la décontamination et les priorités nationales et internationales sur la question; cependant, les interrogations que suscite ce champ d'intervention laissent planer certaines incertitudes quant à son avenir.

D'abord, la complexité du champ même de l'environnement constitue un défi permanent pour le travail interdisciplinaire. À la différence du logement, des conditions de vie, de l'assistance publique, du travail, de la santé, où le champ des connaissances est mieux circonscrit et plus à la portée de la pratique commune en organisation communautaire, le monde de l'environnement est difficile d'accès, puisque cette nouvelle réalité recoupe de nombreuses disciplines, tant des sciences exactes que des sciences humaines.

Ensuite, on se demande jusqu'où doivent aller les connaissances et le savoir-faire du praticien communautaire pour lui éviter de jouer l'apprenti sorcier, sans verser pour autant dans l'encyclopédisme: contamination des sols par l'agriculture, dégradation des économies locales par la déforestation abusive, sensibilisation des populations aux dangers des arrosages chimiques, promotion du recyclage, coordination d'activités sur l'aménagement d'espaces verts, élaboration de politiques sur l'environnement, représentation des besoins et intérêts locaux sur les déchets dangereux, voilà autant de dossiers où s'impliquent déjà les praticiennes et les praticiens communautaires en CLSC. Jusqu'où doivent-ils connaître le volet environnemental de leur pratique communautaire pour faire un travail efficace? Cela reste à voir...

Enfin, un autre problème de taille gravite autour des mandats, des juridictions et des engagements personnels et organisationnels. La question environnementale étant une préoccupation récente et sujette à controverses, les engagements au niveau des diverses instances prennent du temps à se définir. On peut se demander si la valse-hésitation chez certains n'est pas une stratégie pour forcer les événements, avec le résultat que des CLSC s'engagent, d'autres pas, laissant la question à l'initiative de l'organisateur communautaire. On verra donc ce dernier s'engager sur une base personnelle et tantôt joindre des groupes de pression si le CLSC ne constitue pas encore une terre d'accueil, tantôt investir carrément le champ à ses risques et périls dans le cadre de son activité professionnelle[27].

Pour expliquer ce climat d'ambivalence, on peut avancer l'hypothèse de la crainte de conflits avec certaines structures de pouvoir. En effet, l'analyse révèle que nombre de problèmes environnementaux découlent d'une mauvaise exploitation des ressources – l'eau, les sols, la forêt – et par conséquent, du système économique qui en est le cause, impliquant directement, au bout du compte, ceux qui en profitent et constituent le noyau dur de la structure de pouvoir.

Si l'action communautaire environnementale en CLSC doit survivre, il lui faudra non seulement naviguer avec succès à travers les écueils mentionnés précédemment, mais également faire preuve d'une grande efficacité. À ce propos, il semble indispensable de voir émerger des programmes de recherche et de formation ad hoc afin d'éliminer l'improvisation, de développer et de propager connaissances, techniques et méthodes capables d'assurer le succès de cette grande entreprise.

---

27. Michel GOUDREAU (1991). «Pour un virage vert des CLSC au Québec». L'avenir est au communautaire. Actes du colloque de mai 90. Regroupement des intervenants et intervenantes en action communautaire (RQIIAC), p. 36-40.

Deuxième partie

▼

Les différents champs de pratique en organisation communautaire

Communautés et champs de pratique: les trois moteurs de l'action collective en organisation communautaire

LAVAL DOUCET

LOUIS FAVREAU

1.
L'organisation communautaire avec des communautés locales «économiquement défavorisées»

WILLIAM A. NINACS

JEAN-ROBERT PRIMEAU

2.
L'organisation communautaire avec des groupes sociaux ou communautés de type «identitaire»

DANIELLE FOURNIER

LINDA GAGNON

ANDRÉ G. JACOB

ALAIN PILON

JEAN-FRANÇOIS RENÉ

3.
L'organisation communautaire avec des groupes d'intérêts

RÉJEAN MATHIEU

CLÉMENT MERCIER

Communautés et champs de pratique: les trois moteurs de l'action collective en organisation communautaire

▼

Laval Doucet
Louis Favreau

Disons d'entrée de jeu que la «communauté» se définit d'abord par l'existence d'un ensemble de personnes et de groupes disposant d'un dénominateur commun: des conditions de vie semblables, l'appartenance physique et sociale à un même espace géographique, l'identité de sexe, d'âge ou de race. Plus souvent qu'autrement, ce dénominateur commun est fait non seulement de besoins, c'est-à-dire de problèmes sociaux partagés, mais aussi d'intérêts communs et de valeurs communes.

Il ne s'agit pas non plus de la seule condition commune conçue comme un déjà-là. Il s'agit aussi d'un devenir, d'un projet en perspective. C'est à ce niveau qu'intervient l'organisation communautaire: permettre à une communauté d'aller de l'avant en mobilisant les personnes concernées autour de leurs intérêts et à partir d'un certain nombre de valeurs jugées positives par la communauté (justice sociale, démocratie, entraide et solidarité, dignité, refus de la dépendance...).

Cependant, on dénote plusieurs conceptions de la «communauté» véhiculées dans les écrits des intervenants sociaux, au sein des ministères sociaux des gouvernements de même que dans nombre de disciplines des sciences sociales. Loin de nous l'idée de faire un débat exhaustif sur ce sujet, qui peut facilement à lui seul constituer l'objet d'un livre[1]. Il faut cependant dégager les principales composantes de cette notion et voir comment elle est portée par la tradition québécoise d'organisation communautaire.

Deux conceptions de base de la «communauté» sont véhiculées dans les milieux de l'intervention sociale. En les situant aux deux pôles d'un continuum, ces deux conceptions, pour bien les différencier l'une de l'autre, pourraient se caractériser comme suit:

D'abord, aux yeux de l'État, de ses ministères sociaux et des dirigeants des établissements (les CLSC par exemple), la «communauté» est conçue essentiellement comme collectivité locale composée d'une population relativement indifférenciée, sinon par groupes cibles identifiés à partir des âges de la vie (enfants, adolescents, adultes, troisième âge), collectivité disposant d'un certain nombre de ressources institutionnelles et associatives à mettre à contribution dans le cadre de programmes de santé et de services sociaux en partie prédéterminés à l'échelle nationale. C'est le cas par exemple des politiques de maintien à domicile dans les CLSC, qui forment un ensemble cohérent de mesures qui appellent une stratégie d'intervention sociale de type planning social.

Ensuite, en ce qui concerne le secteur communautaire autonome, la «communauté» est définie essentiellement comme collectivité locale, dont l'axe majeur renvoie aux classes populaires (et de façon privilégiée les populations des quartiers pauvres des grandes villes ou des secteurs défavorisés des régions rurales), et à des groupes identitaires (jeunes, femmes, personnes âgées, communautés ethniques) à l'intérieur de ces classes. Dans cette perspective, la pratique d'organisation communautaire, pratique d'action sociale et de développement local surtout, cherche à infléchir les institutions et l'ensemble associatif de cette collectivité dans le sens des intérêts de ces classes populaires, définies comme économiquement défavorisées et politiquement sans pouvoir. On mise également sur le développement de nouveaux pouvoirs au sein de cette communauté.

On voit par là qu'il y a matière à débats et à tensions de toutes sortes lorsqu'il s'agit d'intervenir dans un milieu, lorsque, par exemple,

---

1. Pour la tradition américaine sur le concept de «communauté», voir l'excellente synthèse de F. Cox, qui ne se contente pas de considérants sociologiques sur la question: «Communities: Alternative conceptions of community: Implications for community organization practice», F. Cox, J. Erlich et al. (1987). *Strategies of Community Organization*, Itasca, Illinois, Peacok Publishers, p. 232-243.

un CLSC et des organisations du secteur communautaire veulent aborder un problème précis d'une communauté locale.

On se gardera cependant des polarisations simplistes. S'il y a deux pôles à l'intérieur de ce continuum, c'est pour mieux faire les démarcations mais, dans la pratique, les interventions sont plus complexes et nuancées: on peut retrouver des CLSC, tout au moins des organisateurs communautaires de CLSC et des membres de conseils d'administration, qui partagent la deuxième conception ci-haut mentionnée et qui travailleront dans ce sens (approche milieu, soutien à des groupes de défense de droits sociaux, mise sur pied de coopératives d'habitation...). Paradoxalement, on peut tout aussi bien retrouver des organisations du secteur communautaire qui ne se sentiront pas très éloignées de la vision étatique du changement social dans leur communauté, qui vont œuvrer dans une optique étroitement complémentaire à celle du secteur public.

Mais il y a un autre problème à résoudre lorsque l'on aborde l'épineuse question de la «communauté» et du sens premier à lui donner. Les champs de pratique en organisation communautaire, au fil des trente dernières années de son histoire en particulier, ont donné lieu à une diversification sans précédent dans des secteurs tels le logement, l'emploi, l'aménagement du territoire, la protection des consommateurs, l'alphabétisation populaire, l'assistance sociale, la protection de l'environnement, l'organisation des jeunes, des gens à la retraite, des minorités ethniques ou des femmes... Dans un tel contexte, la notion de «communauté» longtemps associée principalement aux communautés géographiques défavorisées, aux prises avec la pauvreté, a-t-elle encore un sens?

Oui, si nous plaçons la notion de «communauté géographique» à l'intérieur d'axes intégrateurs, axes qui constituent la base sous-jacente à des interventions dans des champs tout aussi diversifiés les uns que les autres, comme le font les textes du présent chapitre. Ces axes intégrateurs correspondent à trois définitions clés que nous pouvons associer au concept de «communauté».

LA COMMUNAUTÉ GÉOGRAPHIQUE EN MILIEU URBAIN, SEMI-URBAIN OU RURAL

En premier lieu, l'organisation communautaire développe des interventions au sein de populations géographiquement localisées, en milieu urbain, en milieu semi-urbain et en milieu rural. C'est ici la raison d'être première du texte de W. Ninacs (milieu semi-urbain/semi-rural) et du texte de Jean-Robert Primeau (milieu urbain d'un grand centre)[2]. La «communauté» doit être prise ici au sens de partage d'un même territoire conçu non seulement comme espace physique, mais aussi comme organisation sociale d'un milieu d'appartenance où des réseaux se sont constitués. Elle fait donc référence à une certaine qualité de relations sociales et à un mode de vie (façon de penser et de se comporter, attachement à certaines valeurs...). La «communauté géographique» correspond à la notion de *community* très largement utilisée dans les écrits relatifs à l'organisation communautaire des pays anglo-saxons (États-Unis, Angleterre...). Ce type de «communauté» a plusieurs volets: une dimension démographique et géographique, c'est-à-dire un territoire délimité physiquement et psychologiquement; une dimension psychologique proprement dite, soit le sentiment d'appartenance à un lieu donné; une dimension culturelle, à savoir un certain mode de vie, des croyances...; et une dimension institutionnelle, c'est-à-dire un réseau d'organismes qui possèdent un dénominateur commun, soit la participation de la population à l'amélioration de sa communauté[3].

La communauté d'intérêts (en tant qu'assistés sociaux, sans-emploi, consommateurs abusés...)

La «communauté» prend un second sens lorsqu'il s'agit d'intervenir au sein de populations ou de segments d'une population locale partageant les mêmes conditions socio-économiques et le statut social qui y correspond tels que les assistés sociaux, les chômeurs, les consommateurs en difficulté financière, les locataires, un quartier ou une unité de voisinage d'un quartier menacé par l'expropriation d'un logement, un milieu de travail où de bas salaires et de mauvaises conditions de travail prédominent... Ici, la perspective de travail communautaire prend les allures de la défense de droits sociaux des populations concernées, de la défense d'intérêts communs liés à une condition socio-économique semblable. Ce travail communautaire épouse, en bonne partie mais non exclusivement, les contours de la stratégie d'action sociale: il s'agit d'un

---

2. Nous n'avons malheureusement pas de texte sur le travail d'organisation communautaire en milieu rural. Cependant, nous vous renvoyons à l'excellent texte de G. Roy (1979). «L'animation sociale et la mise en place d'entreprises autogestionnaires: le point de vue d'un animateur», Benoit Lévesque (1979). *Animation sociale, entreprises communautaires et coopératives*, Montréal, Éd. Saint-Martin, p. 21-36.

3. Stewart E. Perry (1987). *Communities on the Way (Rebuilding Local Economies in the United States and Canada)*, New York, State University of New York Press.

problème social donné que l'on partage et que l'on veut régler en se regroupant. On se gardera cependant de n'y voir que de simples groupes de pression fondés sur la seule condition économique commune. Des éléments culturels motivent aussi la mobilisation liée à ce type de «communauté». Ici, nous faisons référence au texte de Réjean Mathieu et Clément Mercier et dans la première partie de ce livre au texte de Robert Mayer et Jean Panet-Raymond.

La communauté d'identité
(jeunes, femmes, communautés ethniques, personnes âgées...)

Finalement, la «communauté» peut également posséder une troisième signification, celle d'une population partageant la même appartenance culturelle, une identité commune dans la société en tant que groupe social. On parlera alors des communautés ethniques (texte d'André Jacob), des jeunes (texte de Jean-François René), des femmes (texte de Danielle Fournier et Linda Gagnon), des personnes âgées (texte d'Alain Pilon). Le travail communautaire cherche à renforcer leur identité à travers l'organisation d'actions de création de services et d'élaboration de revendications rejoignant leurs besoins en tant que groupes sociaux spécifiques. Le travail communautaire peut ici prendre les couleurs à la fois du développement local, de l'action sociale ou du planning social.

De cette typologie de base de la communauté (communauté géographique, communauté d'intérêts et communauté d'identité), il faut, de façon centrale, retenir les quatre propositions suivantes:

1. une communauté, c'est d'abord un territoire commun, des intérêts socio-économiques semblables ou une identité culturelle partagée. Ces trois types de communautés constituent autant de moteurs d'action collective particuliers, autant de facteurs motivant la mobilisation sociale;

2. ces trois moteurs d'action collective peuvent, à certains moments, s'additionner et travailler cumulativement pour redonner la vitalité nécessaire à des communautés locales. L'expérience du JAL (Bas-du-Fleuve)[4], celle de Pointe-Saint-Charles à Montréal[5] ou encore celle des quartiers Hochelaga-Maisonneuve,

---

4. B. Lévesque (1979). *Op. cit.* (pages multiples).

5. J.-M. Gareau (1990). *La percée du développement économique communautaire dans le Sud-Ouest de Montréal: le programme économique de Pointe-Saint-Charles (1983-1989)*, Montréal, IFDEC.

Centre-Sud et La Petite-Patrie[6], également à Montréal, illustrent bien nos propos à cet égard. De telles communautés locales ont réussi à redémarrer parce qu'il y avait combinaison de plusieurs éléments: une condition commune, une identité collective, des relais culturels et institutionnels qui ont soutenu leur réémergence[7];

3. la communauté est une réalité qui se construit, une réalité en devenir: «La communauté n'est pas une question de tout ou rien; c'est une affaire de degrés. Et l'intensité du sentiment communautaire est un indicateur de l'éventuelle capacité à réaliser avec succès des programmes locaux de développement économique[8].» Cela pour le succès du développement économique local certes, mais aussi dans le développement d'autres formes d'organisation des communautés locales;

4. pour être en mesure de se développer avec un certain succès, une communauté locale doit également avoir une population, ou un groupe de personnes, relativement stable. Elle doit également avoir une population relativement homogène au point de vue de l'appartenance de classe.

On abordera donc cette section en considérant que ce n'est pas le hasard qui nous a guidé dans l'organisation des textes, mais bien cette idée d'un travail d'organisation communautaire qui s'articule, par-delà la diversité des champs d'intervention, autour de trois moteurs d'action collective: la localité, l'intérêt, l'identité.

LES PRATIQUES PAR CHAMP D'INTERVENTION ET LES ANALYSES AUXQUELLES ELLES DONNENT LIEU

Comment se pratique l'organisation communautaire dans ses différentes communautés d'appartenance et à quelles conclusions un travail communautaire d'une certaine durée arrive-t-il après dix, vingt ou trente années? Les auteurs inscrits dans le présent chapitre ont été invités à répondre à cette question. À vous de juger du résultat, secteur par secteur, de cette pratique dans les différents champs identifiés.

---

6. Louis FAVREAU (1989). *Mouvement populaire et intervention communautaire (de 1960 à nos jours): continuités et ruptures*, Montréal, Éd. du Fleuve/CFP.

7. D. SÉGRESTIN (1979). «L'identité professionnelle dans le syndicalisme français», *Économie et humanisme, 245*, janvier-février, p. 12-26.

8. Stewart E. PERRY (1987). *Op. cit.*, p. 63 (traduction libre).

Cependant, en abordant ou en terminant la lecture de cette section, si vous n'aviez qu'un seul élément à retenir de cet ensemble ici analysé par nos collaborateurs, nous dirions sans hésitation, à l'instar de Louis Favreau et Lucie Fréchette à propos de l'organisation communautaire en Amérique latine, que le travail d'organisation nous semble d'abord être une action de développement *au long cours*. L'organisation communautaire ne donne pas toujours, ni même souvent, les résultats escomptés à court terme. Mais elle réussit, à long terme, car des portions significatives des classes populaires (jeunes, femmes, assistés sociaux, chômeurs, personnes âgées, communautés ethniques, communautés de voisinage bafouées dans leur environnement...) entrent dans une dynamique de transformation de leurs conditions et de leur pouvoir social:

> Comme ce fut le cas pour la guerre à la pauvreté aux États-Unis et pour d'autres programmes de développement participatif, même si le développement communautaire a semblé un échec à court terme, on peut dire qu'il a effectivement réussi à plus long terme en dépit du fait que les succès n'ont pas été tels que les promoteurs l'avaient anticipé[9].

Ce fil conducteur peut aider à mieux lire la réalité de l'organisation communautaire dans ses différents champs de pratique et à mieux se convaincre, sans complaisance, de sa pertinence comme outil de développement de communautés locales, comme outil de développement dans la lutte contre les différentes formes de pauvreté de nos sociétés.

---

9. Donald E. Voth et Marcie Brewster (1989). «An overview of international community development», James A. Christenson et Jerry W. Robinson, *Community Development in Perspective*, Iowa, Iowa State University Press, p. 299 (traduction libre).

1

L'organisation communautaire avec des communautés locales «économiquement défavorisées»

▼

1.1.

L'organisation communautaire
en milieu urbain d'un grand centre

▼

Jean-Robert Primeau

LA PAUVRETÉ

La pauvreté économique des populations

Parler des communautés urbaines économiquement défavorisées, c'est parler de la pauvreté. C'est un lieu commun agressif à force d'évidence. Mais la pauvreté d'aujourd'hui ne se pose pas de la même façon qu'il y a vingt ans par exemple. Dans un quartier comme Hochelaga-Maisonneuve, au sud-est de Montréal, la pauvreté prend plus d'ampleur maintenant et a un nouveau visage. Ce quartier a un passé ouvrier important. Il était considéré comme la capitale mondiale de la chaussure dans les années 30. Des dizaines d'usines productrices de chaussures le parsemaient et embauchaient des milliers d'ouvriers et d'ouvrières. On en retrouve à peine deux ou trois actuellement où travaillent quelques dizaines de producteurs et productrices. Il en est de même dans plusieurs autres secteurs économiques de production: l'alimentation, la transformation des métaux, la construction navale, les activités portuaires, le textile, le vêtement, la bonneterie, etc. Des mises à pied massives, des fermetures fracassantes ont balisé depuis les trente dernières années le douloureux chemin vers la dégradation de ce quartier.

> La majorité de ces emplois n'ont pas été remplacés et les travailleurs ont été laissés pour compte. Une période de chômage

suivie de l'aide sociale: voilà le sort qui a été réservé à une fraction importante de cette population[1].

Sur une population de près de 50 000 habitants, autour de 12 000 personnes dépendent de l'aide sociale, et environ 6 000 touchent des chèques de chômage. Avec les autres formes de paiements de transferts gouvernementaux, près de 25 000 personnes attendent régulièrement leur chèque de l'État. C'est environ 50 % de la population. Si on ajoute à cela les travailleurs au salaire minimum et ceux au travail précaire, on en arrive à une conclusion claire: oui, la pauvreté gagne du terrain. Mais la pauvreté prend aussi de nouveaux visages: deux bénéficiaires de l'aide sociale sur trois sont des personnes seules; 44 % des familles avec enfants à la maison sont monoparentales. C'est beaucoup si on compare ces résultats avec ceux de l'ensemble de la région 06-A (Île-de-Montréal) où on compte 27 % de familles monoparentales. Plus de 40 % des jeunes ne terminent pas leurs études secondaires. Est-ce surprenant quand on sait que dès le primaire beaucoup d'écoliers se présentent en classe le ventre vide au point où, dans certaines écoles, on ne fait plus passer de tests après le 15 de chaque mois parce que les enfants ont faim et manquent de concentration! Cet état de choses entraîne des échecs scolaires répétés et, à long terme, le décrochage.

Il n'est pas rare de voir des ménages à très faibles revenus affecter 30, 40 ou 50 % et plus de leurs revenus aux loyers. Près de 10 % des bébés ont un poids insuffisant à la naissance (moins de 2 500 g), comme dans de nombreux pays en voie de développement.

La pauvreté des sciences sociales et des intervenants

Il y a la pauvreté des populations mais aussi celle des intervenants. Il y a dix ou quinze ans à peine, nous n'étions même pas conscients de notre propre pauvreté tant le trésor des sciences sociales nous semblait inépuisable et sûr. Cependant,

> [...] les sciences sociales actuelles connaissent la pénitence. Elles sont condamnées à se refaçonner, plongées dans la nostalgie d'une époque encore proche où «leurs grandes théories» bénéficiaient d'une large audience. [...] Elles ne sont plus guère créditées de la capacité de donner le sens (dans la double acception du mot) de l'histoire qui se fait. [...] Elles bougent, elles s'éloignent des systèmes de références et des modes explicatifs qui les ont orientées

---

1. Gilles BEAUCHAMP *et al.* (1990). *S'organiser, s'entraider, s'en sortir*, programmation de l'Équipe d'organisation communautaire 1989-1992 et plan d'action 1989-1990, CLSC Hochelaga-Maisonneuve, p. 5.

durant plusieurs décennies, elles changent d'objets et interrogent elles aussi le savoir[2].

Cette situation force les intervenants et les intervenantes sur le terrain à rester à l'affût des changements sur le plan théorique malgré les impératifs de l'action.

LES PROBLÈMES NE PEUVENT ATTENDRE

Mais il y a les impératifs de l'action! Les incertitudes théoriques ne doivent pas paralyser l'action. Même si le marxisme est tombé en disgrâce en plusieurs lieux, «il ne s'agit pas seulement de comprendre le monde, mais de le transformer», disait Marx avec justesse. Mais il faudrait peut-être ajuster cette maxime et dire: «Même si on ne comprend plus très bien le monde ou même si notre compréhension du monde n'est jamais satisfaisante, on doit quand même tenter de le transformer».

Par exemple, faut-il attendre d'avoir une étude scientifique exhaustive sur la pauvreté dans le quartier Hochelaga-Maisonneuve et des explications sur les différences individuelles dans le processus d'appauvrissement avant d'intervenir sur la faim, le logement, l'emploi, etc.? On risque de perdre plus de temps à attendre que les résultats de la recherche pure et dure nous indiquent des pistes sûres d'intervention qu'à tenter des expériences à partir d'une connaissance empirique du milieu et de l'expression de besoins par les populations elles-mêmes. Ce qui ne nie en rien l'utilité de la recherche.

Le changement, la transformation ne tiennent pas à notre avis à un modèle, à un paradigme; ils peuvent être induits par un ensemble de modèles que l'on pourrait regrouper sous le vocable du pluralisme. Il ne s'agit pas ici de prétendre que tout est dans tout et inversement, mais de comprendre qu'il n'y a pas de meilleure voie en général.

Beaucoup de gens s'entendent par exemple pour dire que seule une redistribution de l'immense richesse du pays peut résoudre le problème de l'appauvrissement grandissant. Comment fait-on? On attend le grand soir, ou on essaie d'avancer sur plusieurs fronts en même temps? On ne retient que cette solution, ou on pense qu'elle est nécessaire mais non suffisante? Remettre subitement une grosse somme à un

---

2. Georges BALANDIER (1988). *Le désordre. Éloge du mouvement*, Paris, Éditions Fayard, p. 63.

itinérant ou à un «junkie» ne règle pas nécessairement son problème. Il y aurait donc plusieurs chemins utiles en fonction du changement souhaité et du temps disponible pour y arriver.

Accepter de travailler dans un cadre pluraliste n'a pas à signifier l'acceptation du *statu quo* social. Comme nous l'entendons, le pluralisme ne se limite pas à assurer la stabilité de la société et à «poursuivre les intérêts de sous-groupes à l'intérieur d'un ensemble de normes communes[3]». Il faut aussi s'interroger sur ces normes et leur application, et remettre continuellement en question l'équilibre social:

> La maladie la plus dangereuse pour l'espèce humaine, ce n'est ni le cancer, ni les maladies cardio-vasculaires, comme on tente de nous le faire croire, mais plutôt le sens des hiérarchies, de toutes les hiérarchies[4].

Malgré son pessimisme quant à l'avenir de l'espèce humaine, Laborit avance l'idée que «prendre systématiquement le parti du plus faible est une règle qui permet pratiquement de ne jamais rien regretter».

LE MODÈLE PLURALISTE D'INTERVENTION

Le modèle pluraliste d'intervention ne devrait exclure aucun des principaux types d'intervention communautaire cités par Louis Favreau[5]: le développement communautaire, le planning social, l'action sociale. Si le but premier de l'intervention communautaire est le changement social, toutes les formes de changements sont souhaitables: le changement personnel, l'acquisition d'habiletés[6], l'acquisition de pouvoir, le partage des richesses, le tout à l'intérieur d'organisations créées localement et qui peuvent, dans certains cas, rejoindre des mouvements sociaux. Cette orientation pluraliste n'est pas sans fondement, dans un quartier comme Hochelaga-Maisonneuve où le mouvement populaire a une longue histoire et où les groupes populaires et organismes communautaires foisonnent: des organismes de défense (accidents du travail, chômage, logement), des organismes d'éducation populaire (Le Carre-

---

3. Charles F. GROSSER et Jacqueline MONDROS (1985). «Pluralism and participation: The political action approach», Samuel H. TAYLOR et Robert W. ROBERTS, *Theory and Practice of Community Social Work*, New York, Columbia University Press, p. 154.

4. Henri LABORIT (1976). *Éloge de la fuite*, Paris, Éditions Robert Laffont, p. 146.

5. Louis FAVREAU (1989). *Op. Cit.*, p. 280 sq.

6. Charles F. GROSSER et Jacqueline MONDROS (1985). *Op. cit.*, p. 159 sq.

four familial, La Coopérative d'action communautaire, La Marie Debout, etc.), le Collectif en aménagement urbain, la Table de concertation regroupant 22 organismes de jeunesse, la Corporation de développement (CDEST) regroupant des dirigeants d'entreprise et des délégués d'organismes communautaires, des organismes communautaires se développant comme entreprises communautaires pour assurer leur propre épanouissement ainsi que le développement dans un milieu qui en a cruellement besoin (par exemple Le Boulot Vers, La Puce Communautaire, le *Chic Resto-Pop*). On pourrait en ajouter plusieurs encore: une table de concertation, qui privilégie la formation de coopérateurs et coopératrices du travail comme voie de développement de l'emploi (Formec: formation, emploi coopératif), le YMCA, qui a un service de développement communautaire, et le Pavillon d'éducation communautaire, qui se définit comme un incubateur communautaire et offre services et possibilités de prise en charge à des centaines de participants et participantes assidus.

Dans un tel milieu où le niveau de développement du mouvement communautaire permet d'attaquer les problèmes et de mettre en branle des solutions multiples aux différentes facettes, quel type d'intervention pouvait privilégier l'équipe d'organisation communautaire du CLSC qui se compose non seulement des organisateurs et organisatrices et des travailleurs et travailleuses communautaires, mais aussi d'une nutritionniste et d'agents de relations humaines? Quel type d'intervention pouvait permettre à une dizaine d'intervenants et d'intervenantes de travailler ensemble, de se comprendre, de s'épauler tout en ne créant pas une Tour de Babel? Le choix d'un modèle pluraliste d'intervention ne s'est pas fait par hasard. Il était, il est le seul ciment possible entre une intervenante qui travaille dans les écoles sur la question de la violence, des rêves, de la relaxation, et une autre qui intervient à Entraide Logement (information des locataires sur leurs droits), et une autre encore qui a mis sur pied une halte-garderie à très bas prix ouverte le jour et le soir (Halte-Répit), pour d'autres qui tiennent un comptoir alimentaire (le CARRE) pour les familles les plus démunies du quartier, etc.

Des rencontres avec Laval Doucet (Université Laval) et Louis Favreau (Université du Québec à Hull) ont convaincu notre équipe que nous devions adopter un modèle pluraliste si nous voulons donner un sens à notre travail comme équipe enracinée dans le quartier.

POSTULATS SUR LA NATURE DE LA SOCIÉTÉ

Grosser et Mondros appellent «biais» leurs postulats sur la nature de la société. Nous sommes d'accord avec ces biais; ce sont l'inégalité, l'exclusion, le pouvoir et le conflit. Sur les *inégalités*, les preuves sont faites et sont accablantes: «L'écart de l'espérance de vie en bonne santé, entre les quartiers favorisés et défavorisés est de 14 ans[7].» L'*exclusion* renvoie à la sous-représentation des classes populaires auprès des centres de décision veillant à la répartition des ressources. Le *pouvoir*, comme l'argent, est relativement concentré dans notre pays. Cependant, certains pouvoirs sont plus à la portée des populations locales: les institutions, la commission scolaire, la ville. Il ne faut pas craindre de rechercher les occasions pour influencer les décisions de ces centres de pouvoir ou encore y faire accéder les premiers touchés. Le *conflit* est aussi une composante de notre société. Les intervenants communautaires ne le créent pas, mais peuvent l'utiliser pour atteindre des objectifs souhaités.

LES PROBLÈMES À TRAITER

À partir de ces postulats, la question des problèmes à traiter ne se pose plus, tant ils sont criants: l'injustice du soi-disant système de sécurité du revenu, le logement cher, la sous-alimentation, les inégalités dans la formation générale et professionnelle, le chômage et les faibles revenus pour les jeunes, les femmes, etc.

L'équipe de travail dont je suis membre a décidé d'intervenir à six niveaux différents:

— Nous offrons un soutien aux familles par rapport à leurs compétences parentales.

— Nous travaillons auprès de la jeunesse pour tenter de briser le cercle vicieux de la pauvreté.

— Nous intervenons dans les questions de logement et de l'environnement parce qu'un quartier défavorisé économiquement l'est aussi grandement à ces niveaux.

— Nous intervenons sur certains déterminants de la santé de la population. [...]

— Nous nous devons d'aider les gens à [...] faire respecter leurs droits dans le cadre de l'application de la nouvelle loi de l'aide sociale; face au problème de l'employabilité nous aidons les gens à développer leurs compétences.

---

7. Gilles Beauchamp *et al.* (1990). *Op. cit.*, p. 43.

> – Nous consacrons une bonne part de nos énergies aux conséquen-
> ces du vieillissement et au maintien à domicile parce qu'ici
> comme ailleurs, la population vieillit et même un peu plus[8]!

Sont-ce des priorités que nous nous sommes données? Réponse en
Normand: Oui et non. Oui, dans le sens où nous avons examiné la
trentaine de «dossiers» dans lesquels nous étions impliqués et nous
avons cherché les parentés, les fils conducteurs qui nous permettaient
de nous représenter notre travail de façon cohérente. Non, parce que
tous les membres de l'équipe ont poursuivi leur travail dans les dossiers
où ils étaient déjà impliqués. Nous voyons très bien que nous sommes
absents de certaines problématiques (criminalité, hausse de la distribution de drogues fortes, de la prostitution, etc.) ou que certains problèmes s'alourdissent malgré notre intervention (violence, chômage,
détresse de personnes seules, de familles, etc.). Comment déterminer
des priorités pour agir avec le maximum d'impact possible? Nous ne
connaissons pas encore de méthode infaillible. À partir de certains
outils que nous avons élaborés ces dernières années, un comité de notre
équipe va tenter de présenter des propositions satisfaisantes pour
l'ensemble de l'équipe. Les éléments suivants pourront sûrement nous
servir de guides:

- la gravité du problème, son impact sur la population;
- les demandes d'organismes ou d'individus;
- la conjoncture (comme la «réforme» récente de l'aide sociale);
- la possibilité de susciter des changements concrets;
- la possibilité de mobiliser et d'atteindre la prise en charge par
les gens ou les groupes eux-mêmes.

Chose certaine, pour arriver à des résultats, il faut être prêt à des
remises en question constantes, à commencer par celle du morcellement
de nos interventions.

L'INTERVENTION DANS L'ÉCONOMIQUE

Est-ce hérésie ou cohérence que d'intervenir sur le plan économique
avec des partenaires de l'entreprise privée? Nos postulats sur la société,
et particulièrement sur le conflit, ne devraient-ils pas nous interdire de
tenter de trouver des solutions économiques pour notre milieu avec
l'aide de ceux que l'on a traditionnellement reconnus comme responsables de la situation dans laquelle la population se trouve, c'est-à-dire

---

8. *Ibid.*, p. 11.

l'entreprise privée – et particulièrement la grande – et les différents paliers de gouvernement? Est-ce céder uniquement à une mode récupératrice que favoriser le développement économique et communautaire? Certains vont même jusqu'à dire qu'intervenir à ce niveau constitue un honteux détournement des ressources communautaires.

Loin de moi la prétention de trancher le débat. Alain Touraine mettait de l'avant trois principes pour reconnaître un mouvement social:

> [le] principe *d'identité*, c'est-à-dire la défense de ses intérêts propres comme groupe social, le principe *d'opposition* à d'autres groupes sociaux et le principe de *totalité* c'est-à-dire une référence aux valeurs générales de la civilisation[9].

Si les délégués et les déléguées du mouvement communautaire au sein d'organismes de concertation économique sont issus d'organismes qui ont bien cerné les intérêts de la population et de leurs membres; s'ils voient bien en quoi ces intérêts s'opposent à ceux de rentabilité du capital; si enfin leurs vis-à-vis du monde de l'entreprise et du pouvoir sont prêts à viser les mêmes objectifs de la revitalisation du milieu, alors en quoi cela pourrait-il être tabou d'expérimenter, de tenter l'expérience de relever le niveau économique d'une région?

Exclure le travail communautaire et la population générale de ces efforts de revitalisation ne fait que nous priver de la compréhension de certains enjeux et du pouvoir de défendre les intérêts que nous promouvons. Bien sûr, le conflit peut survenir. Et il ne manquera sûrement pas de le faire. Mais où il y a conflit, il peut y avoir partage. Laisser toute la place à «l'ennemi» (dans le vocabulaire conflictuel), c'est lui laisser toutes les retombées, sans partage; sans compter le bénéfice d'avoir défendu, seul, le bien-être commun. Le communautaire seul peut aussi tenter avec succès des incursions dans le domaine de l'économie. Dans le quartier Hochelaga-Maisonneuve, de telles expériences existent et sont jusqu'à maintenant concluantes en ce que, d'une part, elles créent des emplois et, d'autre part, elles répondent à des besoins sociaux importants. C'est le cas du *Resto-Pop* qui a créé 15 emplois, accueilli 45 stagiaires de l'aide sociale et offre, à très bas prix, des centaines de repas quotidiennement. C'est aussi le cas du Boulot Vers, qui permet à des dizaines de jeunes ayant connu de grandes difficultés personnelles et sociales de faire l'apprentissage du travail par la production de meubles. La Puce Communautaire, de son

---

9. Alain Touraine (1965). *Sociologie de l'action*, Paris, Éditions du Seuil, p. 160 sq. (c'est nous qui soulignons).

côté, est devenue, avec les années, un centre de formation en informatique accessible aux membres du milieu communautaire.

La situation de l'emploi dans des quartiers populaires comme Hochelaga-Maisonneuve ne laisse pas beaucoup de place pour les hésitations idéologiques. Mais le débat demeure grand ouvert...

AVEC QUI FAUT-IL TRAVAILLER?

Dans l'équipe d'organisation communautaire, pour la majorité de nos dossiers, nous travaillons en collaboration avec un ou plusieurs organismes communautaires. Le plus souvent, dans ce dernier cas, nous n'intervenons pas directement avec la population: il en va autrement lorsque nous travaillons avec un seul organisme communautaire. Les groupes et les individus participants devraient toujours être les premiers touchés par la situation. S'il s'agit de la contestation de la réforme de l'aide sociale, les premières personnes concernées devraient être les assistés sociaux. S'il s'agit de l'aménagement urbain d'un quartier, il faudra recruter des personnes aux prises avec des problèmes ou des organismes intervenant avec ces personnes (par exemple des locataires exploités, des membres de coopératives d'habitation s'opposant au passage d'une autoroute, etc.). Enfin, s'il s'agit de développement économique et communautaire, il faudra amorcer le processus avec la population qui vit les problèmes de chômage et de dégradation économique. Le Programme économique Pointe-Saint-Charles est un excellent exemple en ce sens.

> [...] le conseil d'administration est formé de 13 membres dont quatre sont résidents, quatre proviennent des organismes populaires, quatre d'entreprises du quartier et un/e employé/e. [...] Présentement le C.A. et l'exécutif sont composés d'une majorité de femmes[10].

Le PEP est issu du milieu populaire. Il est normal que le milieu populaire conserve la majorité des voix. La Corporation de développement de l'Est n'a pas suivi le même cheminement; elle en est cependant à approfondir ses racines communautaires. L'avenir nous dira laquelle des deux stratégies était la meilleure pour ce qui est du pouvoir et du contrôle des classes populaires sur leur développement économique.

Dans quelque problématique que ce soit, la détermination des objectifs avec la population qui vit le problème doit toujours se faire à

---

10. Louis FAVREAU (1989). *Op. cit.*, p. 112.

l'intérieur d'un processus de résolution de problèmes: l'identification, la recherche des causes, la recherche de solutions, l'établissement d'un plan d'action et le bilan. Ces différentes étapes peuvent être plus ou moins longues si elles nécessitent de la recherche, de l'information, des débats; elles peuvent aussi se répéter régulièrement au cours du cheminement suivi par le groupe, le regroupement ou le collectif qui mène l'action.

LES STRATÉGIES D'INTERVENTION

Le modèle pluraliste défini par Grosser et Mondros comprend quatre types de stratégies:

1. Le *morale-building,* qui se centre sur la satisfaction des membres d'un groupe ou d'un organisme et se traduit souvent par des activités culturelles ou des intérêts sociaux ou récréatifs. Pour les personnes seules et les chefs de famille monoparentale, la vie est souvent dure. Dans toutes les consultations que nous avons faites, le besoin de fêtes et de rencontres sociales s'est exprimé.

2. La stratégie de résolution de problèmes par la constitution, par exemple, d'un comité de locataires, d'une association de défense des droits sociaux.

3. Une stratégie de développement de solutions de remplacement, telles que des coopératives de travail, par exemple, ou des garderies répondant à des besoins nouveaux (soirs, fins de semaine), etc.

4. La stratégie de transfert de pouvoirs qui consiste à influencer un pouvoir dans l'intérêt d'un groupe social précis ou à amener ce groupe à s'emparer d'un pouvoir[11].

À un moment ou à un autre de la vie d'un organisme communautaire ou du processus d'intervention communautaire, ces quatre stratégies peuvent être à l'ordre du jour. Selon nous, il n'y a pas de stratégie «inférieure ou supérieure».

LE RÔLE DE L'INTERVENANT ET DE L'INTERVENANTE

Quels rôles devraient tenir l'intervenant et l'intervenante communautaire dans ce contexte? Selon Grosser et Mondros, il y en a trois: 1) édu-

---

11. Charles F. GROSSER et Jacqueline MONDROS (1985). *Op. cit.*, p. 161-163.

cateur ou éducatrice; 2) développeur de ressources; et 3) mobilisateur ou mobilisatrice.

Comme éducateur ou éducatrice, l'intervenant ou l'intervenante communautaire aide les participants à reconnaître des problèmes, à chercher des solutions possibles; il ou elle les encourage à s'interroger sur des préjugés, et travaille à libérer le potentiel de chaque membre de l'organisation. En tant que développeur de ressources, l'intervenant communautaire va participer à des activités de recherche, de sollicitation de fonds, de demande de subvention, d'embauche et d'encadrement de personnel, de préparation de dépliants, d'affiches, de conférences de presse, etc. C'est dire la tension que peut vivre l'intervenant puisque dans notre société, chacune de ces activités correspond à une spécialité. Ou bien il identifie et utilise des ressources existantes extérieures, ou bien divers membres d'une équipe se spécialisent et agissent en complémentarité. Chose certaine, leur implication est fondamentale.

Comme mobilisateur, l'intervenant communautaire va remettre en question des mythes, va amener les gens à penser et à parler des possibilités de changement dans les relations de pouvoir.

CONCLUSION

L'avenir est-il au travail communautaire?

Il y a fort à parier que l'histoire de l'humanité étant ce qu'elle est, et particulièrement l'histoire de ce siècle (qui semblait avoir accouché de théories politiques assurant la libération des peuples: Cuba, Chine, Albanie, Nicaragua, etc.), que l'action communautaire (étatisée ou non) prenne de plus en plus d'importance en autant qu'on ne l'utilise pas pour la domestication des populations. Toute société étant toujours perfectible, elle demande constamment le renouvellement des efforts pour contrer la domination et l'exploitation. Il n'y a ni démocratie ni liberté acquises une fois pour toutes, mais une lutte constante pour briser les dominations et viser la justice sociale.

L'avenir de la participation

Est-ce vrai qu'en dépit des efforts déployés, les gens à faible scolarité participent moins à la vie communautaire? Dans le quartier Hochelaga-Maisonneuve, on se rend compte que le nombre imposant et la vitalité des organismes communautaires sont reliés à la participation de la population, que ce soit au Tour de Lire (groupe alpha), au Carrefour familial Hochelaga, au CARRE (Comptoir alimentaire de rencontres, de références et d'entraide), au Pavillon d'éducation communautaire, à la Cuisine collective, à la Marie Debout ou dans plusieurs autres groupes populaires et organismes communautaires. Malgré toutes les difficultés que la vie quotidienne leur impose, nous serions prêt à faire l'hypothèse que les moins scolarisés s'engagent plus intégralement que les plus scolarisés. À en juger par les conditions de vie des personnes en quartiers populaires, on est porté à croire que les politiques sociales visent à maintenir et même à approfondir les inégalités sociales (aide sociale, chômage, entre autres). Rien de surprenant alors à ce que les femmes, les enfants, les jeunes, les personnes vivant des problèmes de santé mentale soient de plus en plus démunis.

Dans ce contexte-là, il ne fait nul doute que l'entraide volontaire et bénévole a un impact important dans les communautés. Est-ce que cela disqualifie les services institutionnalisés? Pas nécessairement. Dans certains cas, ces services peuvent jouer un rôle complémentaire; dans d'autres, ils sont à l'origine des premiers. Chose certaine, le succès des organismes d'entraide et de ceux basés sur le bénévolat repose en bonne partie sur le respect de la culture populaire.

1.2.

L'organisation communautaire en milieu semi-urbain/semi-rural

▼

WILLIAM A. NINACS

Au début des années 70, deux travailleurs en chômage et un prêtre-ouvrier déboisent un terrain dans le cadre d'un projet de création d'emploi. En discutant, ils réalisent qu'un regroupement d'achats permettrait une épargne appréciable au niveau de leur épicerie. Ils recrutent une trentaine d'autres personnes et fondent le premier club coopératif de consommation dans la région des Bois-Francs.

Au début des années 80, un groupe de citoyennes d'une petite municipalité cherche à mettre sur pied une organisation communautaire de dépannage et de services divers d'entraide. Elles reçoivent l'appui du CLSC, qui parraine un projet dont le résultat sera la création d'un deuxième centre d'action bénévole sur son territoire.

Dans le milieu des années 80, un organisme communautaire de personnes handicapées décèle le besoin d'un atelier de réparation de fauteuils roulants. Avec l'aide de la Corporation de développement communautaire, on choisit de développer les talents locaux de personnes handicapées elles-mêmes par le biais d'une entreprise autogérée axée sur le service – une coopérative de travail dont la majorité des membres sont, en fait, des personnes handicapées.

Ce texte s'inspire en partie de deux articles de l'auteur: «L'intervention communautaire: une alternative à l'intervention sociale», *Revue canadienne de santé mentale communautaire, 9*, (1), printemps 1990, et «Vingt ans d'expérience», *Relations, 548*, 1989.

Pris séparément, chacun de ces trois exemples permet d'identifier des caractéristiques propres à l'époque durant laquelle l'activité d'organisation communautaire a eu lieu et, plus particulièrement, le lien entre l'entreprise communautaire[1] qui en résultera et la structure de soutien dominante.

Pris ensemble, ces exemples permettent de cerner certaines particularités de l'intervention d'organisation communautaire, comme on la pratique dans la région des Bois-Francs[2]. On peut aussi y déceler des traits communs des entreprises communautaires mises sur pied, de l'évolution des pratiques, et même de certains enjeux pour l'avenir.

LES TROIS ÉPOQUES DU DÉVELOPPEMENT COMMUNAUTAIRE DANS LES BOIS-FRANCS

Initié dans les années 60, par suite de l'analyse de différents éléments de crise économique et des problèmes correspondants vécus par une partie de la population à revenu limité, le développement communautaire cherche à concilier des finalités sociales avec des impératifs économiques. Plus tard, il tiendra compte des préoccupations écologistes, pacifistes et culturelles. En général, ce développement se concrétise par la mise sur pied d'entreprises communautaires à structure collective, soit des coopératives ou des compagnies sans but lucratif.

Les premières organisations sont issues d'une volonté populaire de trouver des solutions de remplacement au mode de production-consommation axé sur le capital et le profit privé, l'augmentation des besoins, la surconsommation et l'endettement. D'autres organisations émergent par la suite, émanant soit des groupes de femmes, des groupes de personnes handicapées et des groupes de solidarité internationale, soit des courants alternatifs, écologistes et pacifistes. Si l'origine

---

1. Le concept d'entreprise communautaire est défini plus loin dans ce texte. En général, il englobe les groupes populaires, groupes de services, coopératives et organismes qui constituent le mouvement populaire et communautaire.

2. La région des Bois-Francs se compose des MRC d'Arthabaska et de l'Érable, dont les villes d'Arthabaska, de Plessisville et de Victoriaville sont les centres urbains les plus importants. Ce qui représente une population de 83 635 personnes (1986) réparties dans 48 municipalités sur une superficie de plus de 3 400 km². Quelques indicateurs significatifs: 98 % de la population est d'origine québécoise, dont 85 % sont francophones unilingues; le salaire moyen se situe à 20 % sous la médiane de la province; 30 % de la main-d'œuvre reçoit des prestations d'aide sociale ou d'assurance-chômage.

de chaque organisation lui est propre, elle part toujours d'une volonté populaire de répondre à un besoin collectif par le regroupement.

Depuis vingt ans, la région des Bois-Francs a connu trois grandes époques de développement communautaire et chacune d'elles peut être identifiée à la structure de soutien prédominante du moment.

Le CRIS

Organisé en 1972, le Centre de relèvement et d'information sociale (CRIS) est le lieu d'organisation et d'articulation de l'action communautaire dans les Bois-Francs jusqu'à la fin des années 70. Une action globale est alors mise de l'avant avec une recherche d'autonomie et d'autogestion:

> [...] évitant toute forme de centralisation stérile de l'organisation communautaire, le CRIS a plutôt encouragé et favorisé une autogérance par les usagers de ces services et les animateurs permanents qui y collaborent. De la sorte, chaque service s'est organisé selon ses propres besoins, à son propre rythme, à la mesure du profil social et de la volonté de ceux qui y participent le plus près[3].

Cela se traduit par le développement au CRIS de trois volets d'action:

1. la clinique sociale où on cherche à répondre à tous les besoins, et donc un lieu de dépannage (nourriture, logement, argent...), de consultations (psychosociales, juridiques, budgétaires...) et de référence;

2. l'action collective, à partir des besoins identifiés à la clinique sociale, basée sur l'événement plutôt que sur la planification – le «VOIR-JUGER-AGIR» de la JOC[4] – et orientée vers l'autonomie éventuelle de chaque groupe – le «FAIRE, FAIRE AVEC, FAIRE FAIRE», aussi de la JOC;

---

3. «Le CRIS, quarante mois d'action sociale, un bilan, une étape, mars 1972 – juin 1975, Victoriaville, 24 septembre 1975», Ginette GENOIS (1986). *Histoire du développement communautaire des Bois-Francs de 1972 à maintenant,* texte inédit, août, p. 4.

4. Avec la JEC (Jeunesse étudiante catholique), la JOC (Jeunesse ouvrière catholique) constitue la base principale de l'action catholique au Québec durant les années 60. Plusieurs militants et militantes du CRIS ont fait partie de la JOC et, selon un d'entre eux, la source du projet communautaire des Bois-Francs a son origine dans la JOC des années 60. Voir Henri-Paul LABONTÉ (1990). *Ce germe portait un si bel avenir,* texte inédit, novembre, p. 1.

3. les prises de position publiques, par le biais de chroniques dans les hebdos locaux, à la télévision communautaire – elle-même mise sur pied par le CRIS – et des conférences, dénonçant les carences et les vices du système, la bureaucratisation, le professionnalisme et le privilège, analysant les causes et les effets de la pauvreté, proposant en solution de remplacement un modèle de démocratie participative et autogérée.

Travailler au CRIS, c'était adopter un milieu de vie axé principalement sur les valeurs chrétiennes en faveur des plus démunis. On cherche des solutions collectives, concrètes et tournées vers l'action («l'évangile du lundi matin»), ce qui a parfois donné lieu à une certaine opposition à la réflexion idéologique. Les animateurs et animatrices doivent aussi faire preuve d'une polyvalence remarquable, ce qui va à l'encontre de la spécialisation professionnelle préconisée par les lieux traditionnels de formation.

Durant cette période, l'histoire du communautaire se développe autour de coopératives de consommation, de groupes populaires et d'organisations communautaires de service. Il faut noter ici une préoccupation de ne pas dissocier les coopératives des autres organisations communautaires. Dans le contexte québécois, le secteur coopératif de base[5] et le secteur communautaire sont considérés comme deux pôles distincts en matière de développement. Cependant, dans les Bois-Francs, on a toujours pensé qu'ils faisaient partie d'une même famille: ce qui les unit, c'est l'adhésion aux valeurs communes – pas n'importe quelles valeurs, mais celles qui ont un fondement collectif – et la détermination de les mettre en pratique.

La volonté d'intégrer l'ensemble du réseau communautaire dans une stratégie de relèvement social se manifeste donc dès le début et suscite des collaborations étroites entre les différentes entreprises communautaires de la région. Cependant, malgré de nombreuses tentatives de regroupement, aucune structure formelle de concertation n'a pu être réalisée.

La fin de cette période est marquée par une rupture dans le mouvement populaire de la région, résultat direct de la sympathie de certaines personnes pour la cause marxiste-léniniste et le refus du

---

5. Il n'est pas question ici des coopératives n'ayant que des préoccupations quasi exclusivement économiques, tels le Mouvement Desjardins, les coopératives agricoles et les mutuelles d'assurances. En général, il s'agit plutôt de coopératives de travail, de coopératives d'habitation et de coopératives de consommation.

CRIS de participer à des débats idéologiques qu'il juge stériles. Le CRIS avait plusieurs autres préoccupations, dont principalement sa propre survie financière.

Le CLSC

Même si le CLSC Suzor-Côté n'ouvre ses portes qu'en 1981, son histoire a débuté plusieurs années auparavant.

«Soixante-quinze personnes sont venues s'interroger au local du CRIS, le 3 mars dernier, sur l'avenir de l'organisme. Le CRIS doit-il devenir un CLSC[6]?»

Vers la fin des années 70, la mise sur pied du CLSC est prise en main par un des dirigeants du CRIS, qui emporte avec lui l'idéologie et les valeurs du CRIS ainsi que le vœu émis (dès 1976) que le nouveau CLSC ne soit pas un CRIS «domestiqué», mais plutôt un CLSC «sauvage». À ses yeux, le CLSC n'est qu'un autre type de groupe populaire...

Le CLSC Suzor-Côté a d'ailleurs montré dès sa fondation qu'il ne reniait pas ses origines. Il va d'abord chercher les praticiens sociaux du CRIS; il continue le dépannage individuel (nourriture et autres); il récupère l'atelier du meuble destiné aux plus démunis; il collabore à la fondation de la première maison des jeunes (dans les Bois-Francs) en 1981. Son directeur, Jean-Guy Morissette, vient aussi du CRIS et son directeur adjoint, William Ninacs, de l'ACEF[7].

En 1981, la première intégration du CLSC Suzor-Côté est celle des travailleurs et travailleuses du CRIS: la clinique sociale du CRIS serait dorénavant les services sociaux courants du CLSC. Le prêtre-ouvrier devient le premier organisateur communautaire du CLSC et on embauche la secrétaire du CRIS comme commis intermédiaire au CLSC. Le CRIS cesse toute activité, sauf l'administration des fonds de dépannage.

Quant au volet d'action communautaire au CLSC, on souhaite la polyvalence et le militantisme du CRIS. En conséquence, au CLSC, l'action communautaire est considérée comme l'affaire de tout le monde: on croit que chaque membre du personnel devrait, idéalement, participer dans une organisation communautaire. De plus, la programmation

---

6. ACEF DE VICTORIAVILLE (1976). «Le CRIS: une "chaude" assemblée», *Le consommateur des Bois-Francs, 1*, (3), mars, p. 6.

7. H.-P. LABONTÉ (1990). *Op. cit.*, p. 8.

préliminaire prévoit des liens privilégiés entre le CLSC et les organisations communautaires du milieu. Malheureusement, aucune rencontre formelle de concertation entre le CLSC et les groupes du coin n'a lieu durant les premières années.

Le développement communautaire durant cette période peut être qualifié de décousu. L'apparition de plusieurs nouvelles organisations communautaires, initiées par des groupes qui n'avaient aucun lien direct ni avec le CRIS ni avec le CLSC, amène une diversité inattendue de pratiques à l'intérieur du mouvement populaire de la région. Ces nouvelles organisations communautaires se considèrent, elles aussi, comme partie prenante du communautaire.

Un besoin de cohésion s'ajoute donc au désir de regroupement. Par suite d'un colloque syndical et populaire en 1982, une table de concertation d'organisations communautaires voit le jour. Celle-ci vise une nouvelle structure de concertation qui répondrait aux besoins des groupes de la région. Avec le soutien et l'appui du CLSC, elle emprunte une voie inusitée dans le but de trouver un financement pour ce projet. En 1983, après une étude présentant l'impact économique des organisations communautaires dans les Bois-Francs, elle réussit à convaincre la Conférence socio-économique régionale[8] d'adopter (à l'unanimité!) une proposition d'engagement visant à désigner la sous-région des Bois-Francs zone pilote pour la consolidation et le développement des entreprises communautaires et à ces fins, de créer une corporation de développement communautaire.

La «Corpo»

En juin 1984, le communautaire des Bois-Francs se dote enfin d'une structure d'aide technique, de concertation et de services en mettant sur pied la Corporation de développement communautaire des Bois-Francs.

---

8. Les conférences – que l'on appelle souvent «sommets» – socio-économiques sont de vastes opérations de concertation qui se déroulent maintenant à tous les quatre ans dans chacune des régions. Axées sur la concertation entre les différents intervenants et intervenantes socio-économiques de la région et entre la région et le gouvernement du Québec, elles ont pour but de définir les grands axes de développement régional et de présenter au gouvernement des projets conformes à ces axes de développement.

La diversité du membership initial – composé de groupes populaires et de services, de groupes de femmes, de coopératives (consommation, habitation, travail), d'organismes et individus associés – se traduit par une certaine absence d'idéologie. La Corpo cherche d'ailleurs à clarifier cette situation en organisant, deux ans après sa fondation, le premier colloque québécois sur le développement communautaire!

Les premières années de la Corpo sont mouvementées, mais il en résulte une articulation croissante du développement communautaire et un discours de plus en plus politisé. Au congrès d'orientation de 1988, les membres précisent les objectifs et, par l'énoncé de l'objectif global, ils réitèrent à la fois leur engagement à procéder à une transformation sociale et leur volonté d'y parvenir par la mise en commun et la concertation entre eux et les organisations et individus qui partagent l'objectif de vouloir faire advenir une société plus juste.

Voici l'objectif global de la Corporation de développement communautaire des Bois-Francs: dans le but de faire reconnaître et promouvoir les valeurs communes qui sont les assises d'une alternative sociale, articuler le projet communautaire dans la région des Bois-Francs par la mise en commun des connaissances, la concertation, l'élaboration de politiques communes, de stratégie et de représentation politique, ce qui confère un rôle de leadership et de pression politique à la Corporation[9].

Pour assumer ses mandats, la Corpo a dû mettre sur pied des services pour ses membres et mener diverses actions tant auprès des différents paliers gouvernementaux qu'auprès des intervenants et des intervenantes des établissements et des institutions de la région[10].

Ses services de soutien direct s'adressent aux entreprises communautaires prises individuellement, dans le but d'améliorer leur fonctionnement, et ce, à tous les niveaux et toujours en fonction des valeurs tels la prise en charge et l'autonomie (individuelle et collective), la justice et l'engagement social (militantisme).

---

9. CORPORATION DE DÉVELOPPEMENT COMMUNAUTAIRE DES BOIS-FRANCS (1989). *Compilation des réponses au questionnaire du Comité d'aide au développement des collectivités*, texte inédit, 12 décembre, p. 18.

10. Au 31 mars 1991, le personnel rémunéré de la Corporation se partage six postes permanents (accueil, coordination, développement, secrétariat, gestion/animation de l'édifice communautaire, maintenance de l'édifice communautaire). D'autres activités sont assumées par des contractuels ou par des militants et militantes. Le financement provient de trois sources principales, soit de subventions du gouvernement du Québec (Office de planification et de développement du Québec, Direction générale de l'éducation aux adultes), de subventions municipales et de contributions du milieu (caisses populaires, cotisations des membres).

Les autres actions de la Corpo visent le «réseau des entreprises communautaires»: la gestion d'une police d'assurance collective, le regroupement d'achats, un bulletin de liaison mensuel (incluant un calendrier des activités), un centre de documentation, des sessions de formation, des ateliers de réflexion puis la production et la distribution de diverses publications. De cette façon, la Corpo maintient un contact permanent avec l'ensemble du milieu communautaire, ce qui lui permet de jouer un rôle de première ligne en matière de concertation.

Elle offre aussi des services en matière de création de coopératives de tout genre – plus particulièrement de coopératives de travail – et de compagnies sans but lucratif. Il va de soi que les nouvelles entreprises communautaires mises sur pied par la Corpo reçoivent un encadrement particulier. Selon son expérience, on s'assure de la «mise en pratique des valeurs» par l'organisation de nombreuses activités de formation. Celles-ci vont de l'apprentissage académique formel au niveau collégial[11] à la formation professionnelle, à l'organisation d'ateliers de réflexion semi-annuels et de sessions de formation ponctuelles.

Durant cette période, les moments clés du mouvement communautaire des Bois-Francs dans son ensemble correspondent somme toute aux moments déterminants de la Corpo elle-même depuis 1984:

1984: création de la première corporation de développement communautaire au Québec.

1985: protocole d'entente comme groupe-conseil pour l'implantation de coopératives de travail, location d'un édifice et regroupement physique de six organisations communautaires, mise sur pied d'un groupe de soutien aux initiatives jeunesse et d'un centre de photocopie.

1986: organisation du colloque québécois sur le développement communautaire et développement des services d'informatique.

1987: publication des actes du colloque et d'un bottin de toutes les organisations communautaires du Québec et étude de la prise en charge d'un édifice voué à la démolition.

1988: congrès d'orientation, prise en charge de l'édifice et réalisation de la Place communautaire Rita-Saint-Pierre.

---

11. Au début de 1987, la Corporation de développement communautaire des Bois-Francs signe un protocole d'entente avec le Cégep de Victoriaville en vertu duquel la Corporation joue un rôle privilégié dans l'organisation des cours donnés dans le cadre du programme en organisation communautaire.

1989: participation à l'élaboration du plan de stratégie de développement de la MRC d'Arthabaska (Comité d'aide au développement de la collectivité de la MRC d'Arthabaska) et à la Conférence socio-économique 04 (Mauricie/Bois-Francs/Drummond).

1990: dépôt d'un mémoire et participation à la commission parlementaire en rapport avec la régionalisation du ministère de la Santé et des Services sociaux et dépôt d'un avant-projet de mémoire à la Ville de Victoriaville en rapport avec l'élaboration de son plan d'urbanisme.

QUELQUES CONCEPTS CLÉS DU DÉVELOPPEMENT COMMUNAUTAIRE DANS LES BOIS-FRANCS

L'entreprise communautaire

Dans les Bois-Francs, à la fin de 1989, on retrouve au-delà de 80 entreprises communautaires touchant plusieurs facettes de la vie quotidienne: coopératives de consommation, d'habitation, de travail, garderies et centres de récupération, maisons de jeunes, maisons de femmes. La liste de ces entreprises communautaires peut sembler, à première vue, un peu hétérogène; il existe toutefois de nombreux points de convergence qui sont repris dans la définition suivante, proposée par la Corporation de développement communautaire des Bois-Francs[12]:

Une entreprise communautaire naît d'une initiative populaire, de la créativité des gens; elle vise à générer, pour la collectivité, des activités utiles ayant des retombées économiques tout en cherchant à concilier des finalités sociales aux objectifs économiques; elle vise une démarche collective en regroupant des gens autour d'un projet à réaliser; elle cherche d'abord à répondre aux besoins identifiés par ses membres; elle privilégie un cadre légal et une structure de participation démocratique (une personne, un vote); elle privilégie la participation des membres à sa gestion; elle tend à promouvoir dans sa structure et dans sa pratique les valeurs de justice sociale visant l'élimination de la discrimination et de l'oppression; elle vise à collectiviser ses actifs tangibles et intangibles.

Comme on peut le voir, l'«entreprise communautaire» s'éloigne de la conception traditionnelle liée à l'entreprise privée. Il faut y voir une

---

12. Corporation de développement communautaire des Bois-Francs (1987). *Fais-moi signe de changement,* actes du colloque provincial sur le développement communautaire (Victoriaville 1986), p. 246.

tentative d'expression de l'alliance de l'impératif économique avec les finalités sociales ainsi qu'une reconnaissance de l'entrepreneurship collectif, même si l'organisme est sans but lucratif. Comme l'entreprise privée, on cherche à produire des biens ou des services en s'appropriant des techniques et des outils d'une saine gestion (aspect «entreprise»). Mais, contrairement à l'entreprise privée, on cherche à mesurer l'efficience et l'efficacité des opérations par l'atteinte d'objectifs sociaux (aspect «communautaire»).

Un exemple concret est celui de la prise en charge de l'ancien centre administratif d'Hydro-Québec, qui s'est faite à partir de principes établis par toutes les entreprises communautaires membres de la Corporation de développement communautaire des Bois-Francs avant même l'étude de préfaisabilité. Ces principes exigent, entre autres, que l'édifice serve à l'ensemble du communautaire et non seulement les locataires. Les études, l'organisation et les rénovations sont terminées en moins d'un an: la Place communautaire Rita-Saint-Pierre, d'une superficie de 62 750 pieds carrés, abrite aujourd'hui plus de 35 entreprises communautaires ainsi que quelques locataires du secteur privé. La gestion, assumée par la Corpo, vise à la fois l'animation communautaire et l'administration.

Ce projet novateur permet de consolider les opérations des organismes par la rationalisation de l'utilisation de locaux, l'organisation de services collectifs et l'application d'une politique de tarification qui tient compte de la capacité de payer. Le partage d'informations, d'expertises et de ressources est rendu possible par la proximité des différents groupes. De plus, la réouverture d'un restaurant populaire, l'organisation de trois nouvelles entreprises communautaires – une résidence pour jeunes sans abri, une halte-garderie et une coopérative de travail en entretien ménager – et l'expansion de certaines activités ont déjà créé plusieurs nouveaux emplois permanents.

Dans un autre ordre d'idées, le rejet de toute forme de planification de haut en bas est implicite dans la définition de la Corpo d'une entreprise communautaire. Le succès du communautaire dans les Bois-Francs – comme ailleurs – a toujours été directement proportionnel à sa capacité de répondre aux besoins identifiés et celle-ci dépend de son enracinement dans le milieu «populaire».

La surprenante tolérance des allégeances variées que l'on retrouve dans les Bois-Francs repose sur un dénominateur commun de base qui peut se résumer par l'expression «Une solution collective à un besoin collectif».

L'intervention communautaire[13]

Afin de veiller à la création d'organisations qui correspondent à cette définition et qui font la promotion et la mise en pratique des valeurs sous-jacentes, les intervenants et les intervenantes du développement communautaire dans les Bois-Francs ont dû adopter une approche idéologique et fonctionnelle tout à fait différente des grands courants de pensée traditionnelle. Sans avoir été clairement définie, celle-ci a pris la forme d'une stratégie axée sur un ensemble de principes dont la source implicite est celle de l'action catholique des années 60. Sur le plan idéologique, l'inspiration principale provient intuitivement, entre autres, de Saul Alinsky, Paolo Freire, Gustavo Gutierrez, Ivan Illich et E. F. Schumacher[14].

Il en résulte une intervention différente, une intervention communautaire, qui se définit par la Corporation de développement communautaire des Bois-Francs[15] dans ces termes: d'abord, c'est par l'intervention qui leur est propre que les organisations communautaires se distinguent à la fois du réseau de la santé et des services sociaux ainsi que des autres associations dites «volontaires».

L'intervention communautaire possède les caractéristiques suivantes:

- une vision globale de la santé et du bien-être des personnes et de la société et donc la conviction profonde que le contexte

---

13. Le concept de l'intervention communautaire présenté dans ce texte est celui que l'on retrouve dans les documents qui émanent des Bois-Francs et qui cherche à englober les interventions d'action sociale et de développement communautaire. Il est possible que la définition varie un peu avec les définitions plus classiques de ce terme.

14. Ces auteurs ont écrit des livres dont les idées se sont souvent retrouvées dans des documents de réflexion et autres textes qui circulaient à l'époque à l'intérieur des différents réseaux du mouvement populaire et communautaire. Parmi les œuvres les mieux connues:

Saul ALINSKY (1976). *Manuel de l'animateur social*, Paris, Éditions du Seuil.

Paolo FREIRE (1973). *Pédagogies des opprimés*, Paris, Petite collection Maspero/130.

Gustavo GUTIERREZ (1974). *Praxis de libération et foi chrétienne: notes pour une théologie de la libération*, traduit de l'anglais par le Réseau des politisés chrétiens, texte ronéo de mai 1976, 61 p.

Ivan ILLICH (1969). *Libérer l'avenir*, Paris, Éditions du Seuil.

E. F. SCHUMACHER (1973). *Small is Beautiful*, Londres, Abacus.

15. CORPORATION DE DÉVELOPPEMENT COMMUNAUTAIRE DES BOIS-FRANCS (1990). *Mémoire présenté à la Commission des affaires sociales relatif à l'avant-projet de loi «Loi sur les services de santé et les services sociaux»*, p. 26-27.

économique, politique, social, culturel et écologique dans lequel les gens vivent constitue un des déterminants majeurs et principaux de leur état de santé et de bien-être, d'où une divergence avec tous ceux et celles qui considèrent l'individu comme le seul et unique responsable de son mieux ou mal-être;

— une approche globale qui tient compte de toute la personne et non pas de son seul problème – médical, social, économique ou autre –, et donc une opposition à la médicalisation forcée et à la bureaucratisation à outrance incluant un refus de se laisser enfermer dans des programmes au détriment de son action;

— une origine qui provient d'une initiative populaire, de la créativité des gens avec une capacité de répondre de façon différente à de nouveaux besoins et avec une recherche de voies plus respectueuses de l'autonomie et de la dignité des personnes;

— une vision plus égalitaire des rapports entre les intervenants et intervenantes et les usagers et usagères ou bénéficiaires liée à la croyance selon laquelle une véritable approche thérapeutique (quels que soient le problème et la personne impliquée) repose sur la solidarité et non sur la domination du savoir, du pouvoir, de l'institution;

— une opposition au service vu comme une fin en soi sachant d'expérience que le service seul, même humain, même chaleureux, même novateur, à partir du moment où il est installé et devient une fin en soi, ne comporte plus les mêmes capacités de transformation;

— une démarche collective en regroupant des gens autour d'un projet à réaliser, donc des pratiques différentes d'exercice du pouvoir qui se traduisent en formes diversifiées de démocratie directe et participative dans lesquelles les personnes impliquées prennent en charge collectivement des réponses à leurs besoins;

— un désir de faire advenir une société davantage égalitaire, habitée d'un projet de société nouvelle qui ne connaît plus la pauvreté, le sexisme, les logiques technocratiques, les abus de pouvoir avec un refus d'accepter l'accroissement de la consommation comme moteur de l'économie et critère de la qualité de vie.

Lorsque le communautaire intervient dans le domaine économique, son action revêt les *mêmes* caractéristiques que celle pratiquée dans le domaine social. Et son intervention sur le plan pédagogique – appelée «éducation populaire» – a aussi des caractéristiques identiques.

L'IMPACT DU DÉVELOPPEMENT COMMUNAUTAIRE DANS LES BOIS-FRANCS

Dans les Bois-Francs, entre 1984 et 1990[16], 44 nouvelles entreprises communautaires voient le jour.

Les principaux secteurs de croissance sont les coopératives d'habitation, les garderies et les services de garde, ainsi que les services en général.

Le tableau qui suit comporte quelques données pertinentes sur l'ensemble des entreprises communautaires des Bois-Francs.

(au 31 mars)	1984	1986	1988	1990
Revenus annuels*				
• subventions	n/d	2 233 000	3 278 000	4 121 000
• autres	n/d	5 016 000	6 312 000	5 445 000
Total	5 600 000	7 249 000	9 590 000	9 566 000
Actifs nets	2 253 000	3 536 000	6 458 000	9 443 000
Emplois permanents				
• temps complet	n/d	151	197	167
• temps partiel	n/d	28	63	55
Total	94	179	260	222
Salaires annuels	1 072 000	1 773 000	3 213 000	3 847 000

* Il ne faut pas mesurer la santé du communautaire *dans son ensemble* par le simple pourcentage d'autofinancement: chaque secteur doit plutôt être analysé séparément. La source de ces données est la Corporation de développement communautaire des Bois-Francs: les statistiques de 1990 sont préliminaires (tirées d'une enquête en cours) au moment de la rédaction de ce texte.

---

16. Les six années correspondent aux années d'existence de la Corporation de développement communautaire des Bois-Francs. Il ne faut toutefois pas confondre l'impact du communautaire avec l'impact de la Corporation. La Corporation contribue directement à la création de quatre entreprises communautaires et aux emplois correspondants, et ce, malgré que ses objectifs ne comprennent pas la création d'emplois ou le développement économique. La Corporation, en présentant ce portrait, n'a aucunement le désir de s'approprier les réalisations du communautaire dans son ensemble. Cependant, le dynamisme du communautaire est évident et on croit fermement que la Corporation y contribue largement par ses nombreuses activités et par le leadership qu'elle assume.

Notons que ces statistiques n'incluent pas les projets d'emplois temporaires (comme le programme fédéral de développement de l'emploi). Au 31 mars 1990, le communautaire encadre une quarantaine de projets temporaires sur lesquels travaillent 187 personnes.

De plus, ces données ne comprennent pas les emplois créés par les entreprises communautaires et maintenus par le secteur privé lors du passage de certaines activités du communautaire au privé. Par exemple, lorsque la cueillette de déchets récupérés est prise en main par l'éboueur privé dans la MRC d'Arthabaska en 1989, le communautaire «perd» 29 emplois, même si les postes sont maintenus par le nouveau propriétaire.

Par-delà ce premier portrait statistique, on peut constater un impact social de la panoplie de services communautaires rendus à la population, services qui améliorent le bien-être quotidien des citoyens et des citoyennes qui reçoivent ces mêmes services; sur les personnes qui les dispensent, car celles-ci véhiculent des valeurs différentes et nouvelles; sur les 9 778 membres des entreprises communautaires qui communiquent régulièrement avec leur organisme, par le rôle de prévention que jouent les groupes populaires et les groupes de services, rôle insuffisamment assumé par le secteur public de la santé et des services sociaux.

Il importe de noter ici que chaque entreprise communautaire est indépendante, privée et fonctionne avec ses instances élues: dans les Bois-Francs, en 1990, 570 personnes siègent sur les différents conseils d'administration, dont 60 % sont des femmes. Il s'agit là d'une pratique de démocratie représentative, car ces personnes sont choisies lors des assemblées générales annuelles; ces dernières sont, dans les faits, des forums démocratiques où s'exerce la prise en charge par les membres.

En résumé, de la contribution à la réduction des coûts sociaux en passant par le soutien durant les périodes économiques difficiles et durant les conflits de travail, de l'amélioration de l'autonomie individuelle à la capacité de gérer des actifs, de l'intégration sociale à la réintégration sociale, l'impact social du communautaire se fait sentir partout sans pour autant être «mesurable»[17] ou même se faire voir par la grande majorité des gens.

---

17. Au sens traditionnel de ce terme, c'est-à-dire d'une manière exclusivement quantitative. Pour le communautaire des Bois-Francs, les mesures économiques traditionnelles ne peuvent pas et ne doivent pas traduire la portée de son intervention, qui n'est pas strictement orientée vers le développement économique. Elle est plutôt orientée vers les finalités sociales mais les instruments de mesure à ce niveau sont quasi inexistants.

L'ENJEU DU DÉVELOPPEMENT COMMUNAUTAIRE DANS LES BOIS-FRANCS

Il n'y a, selon nous, qu'un enjeu pour le mouvement communautaire – dans les Bois-Francs comme ailleurs – et c'est tout simplement le maintien de sa spécificité qui repose sur son autonomie. À titre d'illustration, voyons brièvement les quelques éléments de la conjoncture qui prévalent au moment que d'écrire ces lignes.

Un grand nombre d'organisations communautaires qui œuvrent dans les domaines de la santé, des services sociaux, de l'éducation, de la culture et de l'environnement ont en commun un financement précaire, le plus souvent inadéquat. La reconnaissance de l'État ne s'est pas encore traduite par des programmes de subvention souples ou par des montants adéquats, quoiqu'il faille reconnaître une orientation récente de la part du ministère de la Santé et des Services sociaux plutôt prometteuse dans ce sens[18]. L'enjeu ici n'est pas la simple survie financière mais plutôt la recherche d'un financement compatible avec les pratiques et les principes du communautaire.

La réforme de la *Loi sur les services de santé et de services sociaux* précipite actuellement une structuration régionale du communautaire à un moment où sa structuration nationale se fait attendre. Le défi est très lourd de conséquences, surtout au niveau du maintien de l'autonomie des pratiques. L'enjeu ne concerne pas ici la concertation mais bien l'harmonisation des pratiques liée à la reconnaissance de la spécificité de l'organisation communautaire.

Dans le même ordre d'idées, aucun pallier gouvernemental ne reconnaît, à ce jour, l'importance de la structuration sous-régionale et intersectorielle des différentes organisations communautaires (par le biais, par exemple, des corporations de développement communautaire). L'enjeu consiste à faire reconnaître le type de structure que le mouvement communautaire a lui-même mis en place pour répondre à ses besoins spécifiques.

Le mouvement populaire est aussi confronté à une foule d'autres problèmes, telles la démobilisation, la sous-traitance... L'enjeu demeure cependant le même partout.

---

18. Voir en particulier la section 1.2.3 du Livre blanc du MINISTÈRE DE LA SANTÉ ET DES SERVICES SOCIAUX (1990). *Une réforme axée sur le citoyen*, Québec, p. 59-62.

EN CONCLUSION

Confronté à un monde qui rejette des valeurs collectives au profit des valeurs individualistes et devant l'absence d'une proposition d'un projet de société plus juste et plus équitable, l'enjeu principal auquel le communautaire doit faire face, c'est bien la survie de sa spécificité et de son autonomie.

Le Festival international de musique actuelle[19], les audiences de la Commission populaire itinérante, l'arrivée à Victoriaville d'organismes à caractère régional, les nombreux articles parus dans diverses publications sont autant de manifestations qui illustrent d'une autre façon l'impact du communautaire des Bois-Francs et génèrent sans aucun doute des retombées économiques et sociales dans cette région...

Son développement «holistique» repose sur des valeurs telles que la prise en charge et l'autonomie, le partage et la prévention, la préservation et la conservation, la récupération, le recyclage et le réemploi. Le communautaire dans les Bois-Francs ne craint donc pas de s'inscrire en opposition au modèle social et économique de l'État et de l'élite en proposant une solution de remplacement, soit une économie d'équilibre plutôt que de croissance[20].

---

19. «Le Festival, c'est indissociable du mouvement communautaire», affirme son coordonnateur, Michel Levasseur: *La Presse*, samedi 12 septembre 1987, p. D2. Voir aussi «Ces musiciens qui hantent Victo La Marginale», *Le Devoir*, samedi 3 octobre 1987, p. 1.
20. William A. NINACS (1989). «Vingt ans d'expérience», *Relations, 548,* p. 51.

2

L'organisation communautaire
avec des groupes sociaux
ou communautés de type «identitaire»

▼

2.1.

L'organisation communautaire avec des jeunes

▼

Jean-François René

Nés au cœur de la crise économique qui frappe l'Occident à partir du milieu des années 70, les Organismes communautaires jeunesse tentent de répondre depuis ce temps aux multiples besoins des jeunes d'aujourd'hui. Ils touchent de nombreux champs d'intervention: animation locale auprès des 12-18 ans (maisons de jeunes); hébergement pour les jeunes adultes; insertion socioprofessionnelle pour les 16-30 ans, etc. Ces pratiques, qui foisonnent un peu partout à travers le Québec, sont à la fois essentielles, compte tenu du soutien qu'elles apportent, et originales dans l'approche qu'elles proposent. Pourtant, sauf exceptions, elles sont perpétuellement aux prises avec des problèmes de financement, ce qui met en péril, sinon leur survie formelle, à tout le moins l'autonomie effective dont elles disposent présentement.

LA TOILE DE FOND

D'entrée de jeu, impossible de passer sous silence l'impact sur les jeunes générations des multiples transformations socio-économiques qui frappent les pays occidentaux depuis le milieu des années 70. Au Québec, les récessions en chaîne influent tant sur les conditions d'accès au marché du travail que sur l'orientation à donner aux politiques économiques et sociales. En ce sens, les nouvelles générations se retrouvent depuis plus de dix ans face à un problème d'insertion économique majeur, que reflète assez bien leur fort taux d'inactivité. Au début des années 80, en pleine récession économique, plus du quart (25 %) des 15-19 ans sont en chômage[1]. Statistiquement, la situation s'améliore un peu vers la fin de la décennie, ramenant le pourcentage de jeunes chômeurs sous la barre des 20 % et réduisant le nombre de bénéficiaires de l'aide sociale de près de moitié. Toutefois, durant la même période, un nouveau phénomène économique frappe de plein fouet: la précarisation du marché du travail. En tant que nouveaux arrivants, les plus jeunes sont directement touchés par cette réorientation de l'économie. Ce qu'on leur offre maintenant ce sont des emplois à temps partiel, à contrat, temporaires, etc., avec des conditions salariales et de travail nettement inférieures à ce qui se fait normalement dans les secteurs concernés[2].

Si nos institutions économiques sont en mutation, la famille n'est pas en reste, et n'offre plus, elle non plus, un profil unique. Familles éclatées, familles recomposées, familles monoparentales, voilà autant de formes nouvelles de vie familiale. Il ressort qu'un tel éclatement exige des enfants d'aujourd'hui de fortes capacités d'adaptation, et conduit parfois à de sérieux problèmes d'insertion. En témoigne une étude sur les jeunes itinérants à Montréal: «[...] dès lors qu'une société ne produit plus de définitions claires et univoques des rôles et des formes de contrôle social, il y a risque que cette situation anomique entraîne la fragilisation des personnalités, et avec elle toutes sortes de vacillements comportementaux[3].» Nos grands paramètres d'ordre culturel sont également en crise. Nous assistons, à la faveur de l'arrivée massive de nouveaux immigrants, à la pénétration de nouvelles cultures. Par le biais des canaux modernes de transmission, nous vivons à l'ère de la mondialisation de la culture. Et notre avenir collectif reste toujours à définir (autonomie du Québec, écologie). Les bouleversements sont donc ici aussi nombreux. Et si le métissage des cultures comporte de grandes richesses, il peut parfois générer l'instabilité et l'insécurité chez les jeunes générations.

Sur cette toile de fond se déploie un certain nombre de problèmes sociaux: décrochage scolaire, suicide, toxicomanie, itinérance, maladies transmises sexuellement, violence familiale, violence raciale, etc. Ils témoignent de l'actuelle difficulté de vivre de nombreux jeunes québécois.

---

1. K. ACHARD et al. (1986). «Aujourd'hui les jeunes», *INFO-FNEEQ, 4*, (3).

2. Richard LANGLOIS (1990). *S'appauvrir dans un pays riche,* Centrale de l'enseignement du Québec, Montréal, Éditions Saint-Martin, p. 63 sq.

3. Y. LAMONTAGNE et al. (1987). *La jeunesse québécoise et le phénomène des sans-abri,* Québec, Québec Science Éditeur, p. 36.

Même si elles étaient présentes il y a quelques années, ces problématiques n'avaient pas à l'époque l'acuité qui les caractérise maintenant. Et c'est un peu en réponse à ce contexte et aux problèmes qu'il génère, que se développe toute une panoplie de pratiques communautaires jeunesse, des pratiques qui s'adressent aux jeunes et qui sont très souvent animées par des jeunes.

C'est la fondation à Montréal, en 1969, du Bureau de consultation jeunesse (BCJ) qui ouvre la voie à une première vague de pratiques communautaires spécialisées dans le travail auprès des jeunes. Le BCJ devient le premier véritable Organisme communautaire jeunesse (OCJ), et se préoccupe d'abord des grandes questions de l'époque telles la drogue, la délinquance et la sexualité. Petit à petit, au cours des années 70, il étend son travail à l'emploi, à l'hébergement et à la prostitution juvénile. Il est aussi l'un des pionniers du travail de rue (forme d'intervention qui se déplace dans les milieux de vie des jeunes) à Montréal.

Toutefois, à quelques exceptions près, il faut attendre la fin des années 70 pour voir éclore un peu partout à travers le Québec une myriade d'organismes communautaires jeunesse: maisons de jeunes, maisons d'hébergement, organismes d'aide à l'emploi, groupes spécialisés (toxicomanie, suicide, etc.), ressources alternatives, groupes de pression, etc. Au total, plusieurs centaines d'organismes, sans compter tous ceux qui sont davantage liés au monde des loisirs et de la culture.

Dans les pages qui vont suivre, nous présenterons certaines de ces pratiques. Après avoir tenté de définir ce qu'est un Organisme communautaire jeunesse, nous décrirons certains champs d'intervention et leurs regroupements sous-jacents (maisons de jeunes, maisons d'hébergement, organismes d'insertion socioprofessionnelle). Comme il s'avère impossible de couvrir tous les aspects de notre sujet dans ces quelques pages, il nous fallut faire des choix, au demeurant toujours un peu arbitraires. En guise de conclusion, nous nous interrogerons sur les enjeux d'ici à l'an 2000, notamment sur le rôle de l'État, les stratégies d'action et le financement des OCJ.

CE QU'EST UN ORGANISME COMMUNAUTAIRE JEUNESSE

En novembre 1985, le Regroupement des organismes communautaires jeunesse du Montréal métropolitain (ROCJMM) organise le premier colloque des Organismes communautaires jeunesse du Québec (OCJ). Issue des discussions en atelier, la conclusion de ce colloque permet de formuler une première définition du communautaire jeunesse. Elle comprend quatre critères: 1) promouvoir «des organisations autonomes nées des besoins de la communauté»; 2) favoriser une intervention personnalisée, caractérisée «par une relation d'aide bilatérale et par des rapports plus égalitaires»; 3) privilégier «une approche globale qui vise la prise de conscience par le jeune de son identité ainsi que son autonomisation»; 4) «dépasser l'intervention de services, "l'occupationnel" et favoriser l'émergence d'espaces où les jeunes [...] sont acteurs et décideurs»[4]. Trois ans plus tard, à l'occasion des travaux de la Commission Rochon, certains responsables de regroupements jeunesse (RCOJ) identifient les points suivants:

> Les OCJ partagent la même philosophie d'intervention: l'appropriation de service [...]. L'appropriation de service s'enracine dans la participation des jeunes. Selon la spécificité de la problématique en cause, les jeunes sont appelés-es à choisir, à définir, à organiser eux ou elles-mêmes les activités. Par leurs interventions, les organismes communautaires jeunesse promeuvent la prise en charge des usager-ères[5].

Issus de la communauté et toujours en lien avec elle, les OCJ privilégient donc une approche qui tient compte de l'ensemble des besoins des jeunes. À travers une multitude d'activités qui sont parfois choisies et prises en charge par les jeunes eux-mêmes, les organismes jeunesse les aident à développer leurs multiples potentialités. Le jeune est donc, au sein des OCJ, reconnu comme un sujet, un acteur qui, sans faire abstraction de certaines difficultés ponctuelles, porte en lui des «possibles» dont il faut soutenir l'actualisation.

Une telle mise en perspective, un tel parti pris n'a de sens que s'il s'accompagne, sinon d'un projet de société, à tout le moins d'une critique minimale de la société dans laquelle le jeune évolue. Devant le nombre et la diversité des approches, il apparaît cependant difficile pour les OCJ de se doter d'un projet collectif commun. Toutefois, cela n'exclut pas des temps de partage et la prise de conscience de l'espace et du pouvoir détenus collectivement. C'est ce qu'a justement permis le colloque de 1985, expérience qui ne s'est pas répétée depuis, du moins sous un tel jour.

---

4. REGROUPEMENT DES ORGANISMES COMMUNAUTAIRES JEUNESSE DU MONTRÉAL MÉTROPOLITAIN (ROCJMM) (1986). *Actes du 1er colloque des organismes communautaires jeunesse du Québec,* tenu en novembre 1985 à Montréal, p. 63-64.

5. Y. VAILLANCOURT (1988). *La privatisation des services sociaux,* Commission d'enquête sur les services de santé et les services sociaux, Gouvernement du Québec, p. 132.

LES MAISONS DE JEUNES
OU LA SACRALISATION DE L'ANIMATION

C'est à Québec, en 1976, qu'apparaissent les premières maisons de jeunes. D'autres maisons voient progressivement le jour dans le Bas-Saint-Laurent, dans l'Outaouais et en Montérégie. Nous sommes alors dans la foulée du *Rapport Batshaw*, qui porte sur la situation des jeunes en centre d'accueil. Dans ce rapport, comme dans le projet de loi n° 24 sur la protection de la jeunesse, il ressort un fervent désir de valoriser les ressources du milieu. Après 1980, les maisons se multiplient à vue d'œil un peu partout à travers le Québec[6]. Deux cents maisons en une décennie, dont près de la moitié sont devenues membres du Regroupement des maisons de jeunes du Québec (RMJQ), fondé en 1980, en adhérant au «cadre de référence» qui tient lieu de document d'identification. Nous nous pencherons quelque peu sur le Regroupement et ses adhérents, conscient qu'aucun texte ne saurait rendre parfaitement compte de la vie qui foisonne derrière tant de pratiques.

Pour le Regroupement, «les maisons de jeunes sont des associations de jeunes et d'adultes qui se sont donné la "mission", sur une base volontaire, dans leur communauté, de tenir un lieu de rencontre animé où les jeunes de 12-18 ans, au contact d'adultes significatifs, pourront devenir des citoyennes et des citoyens critiques, actifs et responsables[7]». Les maisons de jeunes privilégient donc la prise en charge par les jeunes de leur environnement. Elles veulent développer des «acteurs actifs» et permettre aux jeunes de s'approprier un peu plus de pouvoir afin d'être en mesure, dans le Québec de demain, de prendre la place qui leur revient. Cette approche sous-tend une certaine vision de l'actuelle société québécoise et des changements qui s'imposent:

> Les MDJ optent pour la prise en charge et la coopération comme moyens de réaliser un partage plus équitable des richesses culturelles, sociales et matérielles, pour diminuer les inégalités socio-économiques [...] Une société démocratique doit être structurée de telle sorte que les citoyens-ennes aient accès dans leur communauté aux outils de gestion et de prise en charge de leur avenir[8].

---

6. Regroupement des maisons de jeunes du Québec (RMJQ) (1984). *Au tour des maisons de jeunes*, p. 11 sq, texte ronéo.

7. Regroupement des maisons de jeunes du Québec (RMJQ) (1988). *Cadre de référence (le) sur les pratiques en maison de jeunes*, Montréal, p. 23-24, texte ronéo.

8. *Ibid.*, p. 21.

Le projet de société des maisons est avant tout un projet qui valorise l'apprentissage de la vie démocratique, une démocratie à saveur autogestionnaire, à caractère pluraliste, non sexiste, multiraciale et non militariste. Soulignons ici que nous sommes assez loin des analyses plus radicales propres aux groupes de jeunes des années 70. De façon plus concrète, le projet des maisons membres du Regroupement est d'abord un projet d'animation, car ces dernières ont «essentiellement choisi l'animation comme mode d'intervention auprès des jeunes» parce qu'elles considèrent que la jeunesse n'est pas une maladie et que l'animation devrait normalement suffire pour outiller les jeunes afin qu'ils deviennent des citoyennes et des citoyens critiques, actifs et responsables[9].

Une telle option exclut du quotidien la relation d'aide plus individualisée. Les maisons cherchent donc peu à «intervenir», et si elles finissent parfois par le faire, c'est généralement dans des situations précises et sur une base volontaire[10]. Souvent, l'intervention consiste alors à référer le jeune à une autre ressource et à l'accompagner selon les besoins exprimés. Les maisons se perçoivent donc comme des organismes favorisant la prévention, comprise comme «l'action de s'attaquer aux sources des situations pouvant porter préjudice à la société et par le fait même, aux individus qui la composent[11]».

Le Regroupement s'est fixé toute une série d'objectifs spécifiques. Des mots clés en ressortent: démocratie, droit des jeunes, autonomie, prise en charge, etc. Onze grands principes de fonctionnement qui déterminent le quotidien d'une maison de jeunes en découlent. Notons, au passage, «une place publique, une extension du coin de la rue, un milieu de support et d'accompagnement, un milieu de relations volontaires et égalitaires, un milieu de confrontation, un lieu d'expression et de créativité, etc.[12]». Il ressort qu'une Maison de jeunes est d'abord un lieu de rencontres et d'échanges entre amis. Ce n'est pas en soi un espace animé au sens qu'il y aurait, en permanence ou à heures fixes, des activités structurées. Fréquentée souvent par un noyau de 40-50 jeunes au style plus ou moins apparenté, la maison se veut un lieu qui favorise la libre expression de leurs goûts, désirs et besoins.

---

9. *Ibid.*, p. 53.

10. Regroupement des maisons de jeunes du Québec (RMJQ) (1986). *Les maisons de jeunes (Au-delà de la ressource)*, mémoire présenté à la Commission d'enquête sur les services de santé et les services sociaux, Montréal, p. 7, texte ronéo.

11. RMJQ (1988). *Op. cit.*, p. 67.

12. RMJQ (1986). *Op. cit.*, p. 26-33.

Soutenue par l'équipe d'animation, elle peut devenir pour plusieurs l'occasion de réaliser en commun, de facon plus structurée, un certain nombre d'activités.

L'animation qui se pratique à l'intérieur des maisons se présente donc d'abord comme une animation de café, de salle de jeu. C'est à partir des propositions soumises, des besoins et des goûts exprimés que l'on débouchera sur des activités plus «organisées»: sorties au cinéma, fins de semaine de camping, rencontres sur des sujets qui touchent les habitués. D'abord espace de sociabilité, la maison permet à qui le désire, à travers l'implication souvent nécessaire pour réaliser une activité, de se responsabiliser et d'affirmer créativité et potentialité.

C'est aussi à travers l'expérience de groupe basée sur la démocratie, qui varie d'une maison à l'autre, que le jeune cherche à s'exprimer, à prendre plus de place, à mieux vivre l'expérience de la démocratie. Comme le souligne le document de référence, «les notions de délégation de pouvoirs, de mandats, de contrôle des délégués et de leur travail, de circulation de l'information [...], de consensus font partie de l'apprentissage[13]». Dans la pratique, l'exercice se vit diversement d'une maison à l'autre ou d'une période à l'autre à l'intérieur d'une même maison, en fonction des essais et expériences passés. L'assemblée «souveraine» de jeunes, la participation au conseil d'administration, les comités de jeunes élus sont autant de formes vécues de la démocratie en maison de jeunes.

Le Regroupement, quant à lui, vu le nombre élevé de maisons, a opté pour une structure régionale. Les 13 régions délèguent chacune un représentant au conseil d'administration. Par la force des choses, la vie associative, thème récurrent à l'intérieur du Regroupement, se vit par paliers: d'abord local (par maison); puis régional (un délégué par maison); et enfin national (un délégué par région). Si intéressante soit-elle, une telle structure a le désavantage de rendre plus hermétique chaque région, c'est-à-dire que la majorité des délégués ne se rencontrent qu'aux assemblées générales annuelles du Regroupement. Elle stratifie les paliers de pouvoir, avec le risque qu'une opinion locale se perde quelque part en chemin entre cette instance et le national. En fait, pour éviter une concentration excessive du pouvoir, une telle structure nécessite que les débats se fassent assidûment à chaque palier.

Or la petite histoire des maisons, comme celle de plusieurs autres organisations communautaires, nous rappelle les difficultés inhérentes

---

13. RMJQ (1988). *Op. cit.*, p. 57.

à l'exercice collectif du pouvoir et à la participation des principaux intéressés. Dans le cas présent, ce sont des jeunes entre 12 et 18 ans, ce qui n'en facilite pas l'exercice (entre autres légalement). Nombreux furent les remises en question et les débats sur la place à accorder aux jeunes, tant sur le plan local que sur le plan régional-provincial, sans qu'aucune solution magique n'ait à ce jour dissipé toutes les embûches rencontrées. L'apprentissage et l'exercice de la démocratie apparaissent donc comme l'un des défis d'avenir, ce qui n'enlève rien à cette pratique jeunesse de première importance, tant par son expansion que par le sérieux avec lequel elle fut développée.

LES MAISONS D'HÉBERGEMENT JEUNESSE OU INTERVENIR AU «RAS DU SOL»

Depuis le début de la crise économique, de nombreux jeunes rencontrent de graves problèmes d'hébergement. Pour y répondre, une bonne vingtaine de maisons d'hébergement émergent et offrent maintenant partout au Québec, à des jeunes de 12 à 30 ans sans domicile fixe, un soutien d'une durée variable. Fondé en 1987 durant l'année internationale des sans-abri, dans la foulée du colloque «Jeunes et sans toit» qui s'est tenu à Montréal l'année précédente, le Regroupement des maisons d'hébergement jeunesse du Québec (RMHJQ) chapeaute le travail de la plupart de ces maisons.

Malgré quelques traits communs avec les Maisons de jeunes, les 22 organismes d'hébergement membres du Regroupement, qui s'appuient sur leur propre document de référence[14], diffèrent tant par les usagers que par l'approche privilégiée. Il faut dans ce cas-ci intervenir, car le contexte et les bénéficiaires rejoints l'exigent. Ces maisons travaillent avec des jeunes aux prises avec des besoins essentiels (logement, alimentation, travail). Pour citer un intervenant, cela nécessite un soutien approprié, qui se traduit par une réponse très «au ras du prélart». Étant donné l'acuité de ces besoins, une approche d'animation ne saurait suffire à la tâche.

Que valorise-t-on dans cette intervention? Quelle philosophie la sous-tend? Elle se définit à partir des huits points suivants:

1) une ressource alternative et communautaire; 2) une approche globale; 3) un milieu ouvert; 4) un milieu souple et adapté aux

---

14. Regroupement des maisons d'hébergement jeunesse du Québec (RMHJQ) (1988). *Une alternative pour les jeunes sans abri: vers une reconnaissance des maisons d'hébergement jeunesse,* document de référence, Montréal, 79 p., texte ronéo.

besoins des jeunes; 5) une relation basée sur la confiance réciproque; 6) une écoute et un respect du vécu du jeune et de ses choix; 7) de l'intérêt pour son futur; 8) une intervention en collaboration avec le jeune[15].

Eu égard à ces paramètres philosophiques, il y a sept principaux objectifs d'intervention. En effet, les maisons visent à:

1) briser l'isolement; 2) conscientiser le jeune à sa réalité de vie; 3) favoriser l'autonomie et la prise en charge du jeune par lui-même; 4) développer une image positive de lui-même et des autres; 5) outiller le jeune pour sa démarche quotidienne; 6) stimuler un réseau d'entraide; 7) gagner la bataille du quotidien[16].

Toutefois, la pratique diffère souvent d'un organisme à l'autre. Ouvert 24 heures sur 24, sept jours par semaine, les maisons offrent gîte et couvert, ainsi qu'un soutien professionnel. La durée du séjour peut varier selon les maisons: de 21 jours à une année, certaines offrant à la fois de courts et de longs séjours. Quant au critère d'âge, quelques maisons ne reçoivent que des mineurs, d'autres que de jeunes adultes (18-30 ans), et certaines les deux. Les groupes sont assez restreints, variant de 8 à 21 jeunes par maison, ce qui totalise quelque 200 places à travers le Québec, un nombre qui s'avère largement insuffisant pour répondre à la demande. Environ 1 500 jeunes, pour la plupart des garçons, bénificient chaque année des services offerts par les maisons.

À la suite de l'accueil du jeune, les deux parties (le jeune et l'équipe) signent une sorte de contrat. Cette entente détermine les besoins actuels du jeune, ainsi que ses difficultés d'insertion et la durée du séjour. Une fois enclenchée, l'intervention reste collée à la vie quotidienne. Le jeune doit s'activer, occuper adéquatement sa journée, apprendre à planifier son temps. Il peut alors chercher un emploi, fréquenter un autre organisme, suivre une thérapie ou une cure de désintoxication, etc. En dehors de ce «temps de travail», il doit accomplir, en collaboration avec les autres jeunes, les tâches journalières et hebdomadaires que requiert l'entretien normal d'une maison. Ces activités n'ont qu'un but: permettre au jeune de se reprendre en main. En complément, il participe aussi à des activités de soutien ou de loisirs organisés par la maison, des occasions supplémentaires de socialisation. À la fin de son séjour, l'équipe offre au jeune le soutien nécessaire pour, par exemple, se chercher un logement ou une chambre. Par la suite, malgré les ressources limitées des maisons, on essaie d'assurer un suivi posthébergement.

---

15. *Ibid.*, p. 37-38.
16. *Ibid.*, p. 39-40.

Soutenue par le personnel et d'autres jeunes, une telle démarche permet à plusieurs jeunes d'amorcer une sorte de nouvelle vie. L'objectif ultime des maisons résume bien ce processus: «[...] que le jeune rebâtisse sa situation afin qu'il nous quitte dans une meilleure perspective d'avenir et d'autonomie, mais cette fois-ci riche de liens significatifs. En gagnant du pouvoir sur sa vie, qu'il se réapproprie une vie quotidienne plus saine et des moyens à sa mesure[17].»

À la lumière de cette présentation, comment qualifier l'intervention des maisons membres du Regroupement? S'agit-il vraiment d'un modèle d'intervention communautaire? La réponse exige certaines nuances. Il est clair que l'approche privilégiée est l'approche psychosociale, et les équipes de travail, sans être la chasse-gardée des professionnels, sont composées de gens au fait de cette approche. Le service offert est donc la relation d'aide. Face à une jeunesse lourdement désemparée, les maisons se doivent d'offrir d'abord une réponse aux besoins individuels les plus pressants. Il leur faut écouter et donner cette aide avant toute chose. Malgré tout, la dimension communautaire demeure présente à trois niveaux: 1) dans la lecture globale de la réalité; 2) dans une certaine prise de pouvoir des usagers ou ex-usagers; 3) dans certains liens avec la communauté.

Premièrement, les maisons procèdent à une lecture critique de la réalité socio-économique actuelle, qui permet de situer certains problèmes spécifiques, telles la toxicomanie et la prostitution, dans un contexte plus large, plus global. Selon le cadre de référence, «la société s'est donnée des structures déficientes pour supporter les jeunes. Nous sommes au début de l'aboutissement de cette désorganisation[18]». À l'heure actuelle, toutefois, cette critique globalisante ne se traduit pas par un projet alternatif très clair. Le premier projet se veut «un projet préventif pour éviter le pire et tenter d'amorcer avec ces jeunes un cheminement vers l'autonomie[19]».

Deuxièmement, nous retrouvons la volonté de démocratiser petit à petit les lieux de pouvoir à l'intérieur des maisons. Rappelant à bien des égards l'expérience des maisons de jeunes, cela s'est jusqu'ici traduit par la mise en place de comités ou assemblées générales de résidants, ou par la participation des résidants et d'ex-résidants au conseil d'administration local. Enfin, le troisième niveau établit des liens avec la

---

17. *Ibid.*, p. 40.
18. *Ibid.*, p. 1.
19. *Ibid.*

communauté environnante, à travers des contacts avec d'autres organismes du milieu, l'intégration de bénévoles et l'information auprès du grand public.

Encore embryonnaire, cette ouverture communautaire nous apparaît toutefois vitale pour l'avenir. Distinguant les maisons membres du type d'hébergement du RMHJQ des institutions publiques ou privées du même type (par exemple des maisons jumelées à des centres d'accueil pour jeunes), ce biais leur permet de se démarquer et de faire preuve d'une plus grande autonomie. Intéressant défi par ailleurs, qui nous renvoie au cœur du débat sur l'autonomie financière des maisons. Une autonomie continuellement recherchée depuis les débuts du Regroupement, et qui se traduit aujourd'hui par la création d'une fondation destinée au financement du Regroupement et de ses maisons. Dans cette quête compréhensible, qui passe aussi par une plus grande reconnaissance de la part de l'État, il ne faudrait toutefois pas que la dimension communautaire serve de monnaie d'échange, sinon cette pratique essentielle risque soit de sombrer, soit de se retrouver prise à son tour dans les mailles du filet étatique.

LES ORGANISMES DE RÉINSERTION SOCIALE ET PROFESSIONNELLE OU LES RISQUES DE LA PRODUCTIVITÉ

Une bonne cinquantaine d'organismes à travers le Québec travaillent à la réinsertion sociale et professionnelle des jeunes de 16 à 30 ans. Parfois membres du Regroupement québécois des organismes de développement de l'employabilité (RQODE), lequel unit des groupes travaillant avec des clientèles variées, ces organismes se sont aussi dotés, dans certaines régions (Montréal, Sherbrooke, Hull, Saguenay), d'instances locales leur permettant de se concerter spécifiquement autour de la clientèle des 16-30 ans.

Ces groupes, pour l'essentiel, aident des jeunes aptes au travail à combler des lacunes personnelles et professionnelles, qui bloquent ou ralentissent leur intégration au marché du travail. Deux types d'approches sont utilisées. La première, privilégiée par les «clubs de recherche d'emploi», offre une formation relativement courte (trois semaines environ). Des apprentissages de base (rédaction d'un curriculum vitæ, techniques d'entrevue, démarches d'emploi par téléphone, etc.) visent à outiller rapidement le jeune, lui facilitent ainsi sa recherche active d'emploi. Cette formation, non payée, doit rejoindre idéalement des participants qui possèdent déjà un certain degré de débrouillardise.

Le second type d'approche valorise une démarche à plus long terme. Elle comprend les étapes suivantes: 1) une formation préliminaire permettant d'établir un plan de carrière et de combler certaines lacunes tant sur le plan du savoir (par exemple les droits du travail) que du savoir-faire (par exemple les techniques de recherche d'emploi) et du savoir-être (par exemple le fonctionnement personnel); 2) un plateau de travail, qui se présente sous la forme d'un temps d'expérimentation et d'essai dans un milieu qui intéresse le jeune; 3) un stage qui rejoint le plus possible les goûts du jeune. Durant toute cette formation, qui peut facilement durer jusqu'à quinze semaines, le jeune est payé comme s'il travaillait. Une telle approche s'adresse à des jeunes qui ont la volonté de s'en sortir, mais qui rencontrent mille et une difficultés dans leur démarche d'insertion professionnelle.

Cela dit, malgré bien des similitudes dans les méthodes de travail, chaque organisme est très autonome. Nous sommes loin des cadres d'identification propres aux maisons de jeunes et aux maisons d'hébergement. Les organismes de réinsertion sociale et professionnelle se dotent donc généralement de lieux de concertation dont les objectifs demeurent fort généraux. Ces objectifs touchent au développement et à un meilleur financement des groupes, à l'échange de services entre membres, à l'information auprès d'autres organismes et auprès de la population, à la représentation, etc. Une collaboration, oui, mais qui n'altère en rien l'autonomie de chacun.

À l'image des maisons d'hébergement, le modèle d'intervention choisi pour le travail quotidien est de type psychosocial. L'intervention, car il s'agit bien d'intervenir auprès d'une clientèle parfois très mal en point, vise d'abord et avant tout à rendre les jeunes plus opérationnels, plus aptes à se débrouiller dans une société où le travail, malgré des changements d'attitude, demeure encore pour plusieurs le principal mode d'intégration sociale. Intervenant auprès d'une jeunesse souvent peu scolarisée et démunie sur le plan personnel, les organismes d'insertion visent à outiller le jeune, à le doter d'une plus grande confiance en lui, d'une meilleure autonomie, afin de lui permettre de se prendre en main, de mieux assumer son avenir. Comme le souligne l'Association jeunesse travail du Montréal métropolitain, qui regroupe une vingtaine d'organismes,

> [...] notre action de réinsertion sociale se double souvent d'un travail de soutien pour amener nombre de jeunes à se réapproprier leur identité [...] Notre intervention est avant tout centrée sur les problèmes des jeunes, elle ne se limite pas à faire du placement [...].

> Avant le placement, il y a eu tout un travail de formation, parfois de rééducation, d'encouragement, de support [...][20].

Toutefois, même si le modèle appliqué ici tend à prendre en ligne de compte l'ensemble des besoins de l'individu, sans chercher à le réinsérer à tout prix, il demeure néanmoins très individualisant. Dans la pratique quotidienne de ces organismes, le problème de l'emploi est entrevu avant tout à travers les carences propres à chaque jeune, que des apprentissages bien précis visent à combler, exit les facteurs plus structurels producteurs de cette faible employabilité. En fait, c'est un modèle un peu à l'image de notre univers économique. Sans nier la démarche, il est d'abord là pour produire des jeunes qui ont amélioré leur employabilité.

Cette orientation banalise la dimension communautaire, souvent mise en veilleuse, bien que ce soit pour plusieurs l'identification originelle. Présent sur le plan des grands principes, le communautaire affecte généralement peu la pratique quotidienne. Exception faite de quelques groupes, plus identifiés à un quartier, à un coin de ville, et qui conservent des liens étroits avec les autres organismes locaux, en participant entre autres à la table locale de concertation jeunesse.

Globalement, cette approche, très centrée sur l'individu, donne souvent de bons résultats sur le plan de la réinsertion socioprofessionnelle. Toutefois, en échange d'une telle réussite, elle doit parfois sacrifier son autonomie. En fait, on a parfois l'impression que certains de ces groupes sont davantage devenus des organisations imposantes, soutenues par un lourd financement (provenant majoritairement des divers paliers gouvernementaux), ce qui en fait quelque peu des sous-traitants de l'État. Peut-être sont-elles davantage des sociétés au sens de l'entreprise privée, bien sûr sans but lucratif, que des Organismes communautaires jeunesse (OCJ), et que la nécessaire rentabilité exige d'eux une nette tendance productiviste.

L'efficacité est donc ici au rendez-vous. Leur utilité socio-économique apparaît évidente. Leur financement «royal», si on le compare aux autres problématiques jeunesse, témoigne sûrement d'une certaine reconnaissance étatique de leur capacité à relancer, mieux que d'autres (l'État lui-même), la carrière de jeunes adultes. Et à n'en point douter, ils sont sans contredit pour de nombreux jeunes, source de soutien.

---

20. Association jeunesse travail du Montréal métropolitain (AJTMM) (1989). *Mémoire pour les audiences publiques du Conseil permanent de la jeunesse*, p. 4-6, texte ronéo.

Mais ils sont aussi un peu pris au piège, car c'est cette efficacité et cette centration sur la productivité qui leur a permis une telle réussite et un financement assez important. Et ce qui fait d'elles des organisations fortement dépendantes de l'État, aux prises avec des exigences qui ne leur offrent justement guère le temps pour prendre le recul nécessaire, recul qui permettrait de remettre en question les limites possibles d'une telle approche.

AU-DELÀ, D'AUTRES LIEUX

Avant de conclure, quelques mots sur d'autres secteurs d'intervention jeunesse à caractère communautaire – qui montrent eux aussi des signes évidents de vitalité –, dont il nous était impossible de faire état plus longuement dans le cadre de ce texte. Cette présentation allusive permettra à tout le moins au lecteur d'en prendre connaissance et de s'informer plus à fond s'il le désire.

Soulignons d'abord les multiples ressources alternatives mises en œuvre au niveau du dépannage. À cet égard, le domaine de l'alimentation est particulièrement éloquent, avec l'existence de cafés et de restaurants populaires un peu partout à travers le Québec. Sans être toujours exclusives aux jeunes, ces ressources ont souvent été l'initiative des jeunes. Au-delà de la réponse quotidienne à un besoin fondamental, elles permettent aussi à des individus, à travers divers projets, de se reprendre en main. Pensons au secteur culturel, truffé dans plusieurs régions d'une multitude de pratiques à caractère communautaire (par le biais de la radio, des journaux, de créations artistiques diverses, etc.). Dans ce cas-ci, c'est souvent sous l'apanage de jeunes de ces régions que se répandent ces pratiques. Sur le terrain des revendications et de l'action plus militante, il y a entre autres l'action revendicative de tous les organismes de lutte et de soutien aux assistés sociaux, organismes qui se sont battus ardemment pour contrer le projet de réforme de l'aide sociale proposé à la fin de la décennie 80.

Dans un tout autre champ d'intervention, soulignons également le développement d'une intervention jeunesse à caractère communautaire dans certains Centres locaux de services communautaires (CLSC). S'il nous est impossible d'inclure l'ensemble des pratiques jeunesse des CLSC à l'intérieur des paramètres définis précédemment (définition OCJ), il faut quand même insister sur l'important apport d'intervenants communautaires de CLSC auprès de groupes travaillant avec des jeunes. Pensons au soutien de projets aussi divers que des maisons de jeunes, des organismes d'insertion socioprofessionnelle, des pratiques de travail de rue, des tables locales de concertation-jeunesse, etc.

LES ENJEUX DE DEMAIN

Difficile, nous l'avons vu, d'inventorier en un si court texte un si grand nombre de pratiques. Difficile aussi de conclure, compte tenu que ce champ d'intervention ne cesse de se mouvoir et d'évoluer. Pourtant, il nous semble nécessaire de reprendre certains grands traits et de pousser un peu plus loin la réflexion.

D'une part, nous nous retrouvons donc en présence de toute une série de pratiques à la fois pertinentes socialement et aux approches souvent fort originales. Mais qu'est-ce qui explique un tel déploiement? Après la crise économique, les diverses mutations sociales et la restructuration de l'État-providence, la pauvreté matérielle et psychologique de bien des jeunes exige que des groupes s'intéressent à eux en priorité. Les OCJ occupent donc un créneau que personne d'autre n'occupait auparavant. Ils ont investi un champ qui s'était jusque-là fort peu développé. De telles interventions, aussi valables soient-elles, doivent être évidemment comprises en lien avec le désengagement de l'État amorcé à la fin des années 70. En fait, il s'agit plutôt ici d'un non-engagement. L'État, sous le couvert d'une crise des finances publiques, refuse donc d'investir, que ce soit dans des pratiques qui visent à contrer des problèmes sociaux souvent fort criants, ou dans des pratiques plus préventives (malgré son discours préventif). En conséquence, ce sera au milieu, aux communautés à assumer seuls la gestion de ces problèmes sociaux.

D'autre part, deux grands modèles d'intervention sont privilégiés: l'animation et l'intervention psychosociale. Peu ou pas de dimension militante, de mobilisation collective, d'action revendicatrice, du moins à l'image des années 60 et 70. Lorsqu'elles existent, les revendications passent généralement par la voie des formes de représentation officielle (commission parlementaire, audience publique, etc.). Quotidiennement, les organismes jeunesse mettent l'accent sur le service et n'excèdent guère ce volet. C'est à travers le travail journalier que l'on espère améliorer les conditions de vie des jeunes et avoir un impact sur la société de demain. De toute façon, c'est par le biais de pratiques très branchées sur la vie de tous les jours qu'il semble aujourd'hui possible de rejoindre les principaux intéressés, soit les jeunes eux-mêmes. En ce sens, lorsqu'elle existe, la dimension communautaire des OCJ passe également par des liens organiques vécus au jour le jour avec un milieu donné. La concertation, l'échange d'information, l'entraide sont bien plus à l'ordre du jour que l'action mobilisatrice.

Enfin, pour survivre et se développer, de telles pratiques nécessitent une reconnaissance sociale traduite par un financement plus important et plus régulier. Et c'est là que le bât blesse. La course au financement et à la reconnaissance du caractère spécifique des OCJ ne date pas d'hier. Sur ce terrain, toutefois, l'État ne répond guère. Seuls les organismes de réinsertion socioprofessionnelle ont relativement bien réussi dans ce domaine (et encore), mais au prix, nous l'avons vu, d'une relative mise en veilleuse de la dimension communautaire et d'un plus grand contrôle étatique. Pour les autres, c'est la course folle à chaque année pour faire entendre sa voix, une voix qui finalement s'apparente souvent à un cri dans le désert. En fait, en choisissant l'autre voie, celle de l'autonomie, les OCJ se retrouvent continuellement sur la corde raide, souvent obligés d'interrompre ou de diminuer leurs services et de sous-payer leurs intervenants.

Qui plus est, s'il s'avère de plus en plus difficile dans un tel contexte d'assurer la pérennité de ces pratiques, il deviendra d'autant plus ardu, le cas échéant, d'en conserver l'authenticité et la spécificité. À preuve, la récupération, par divers paliers gouvernementaux, de l'expertise développée dans certains secteurs, tels l'hébergement, par exemple, avec les maisons parrainées par des centres d'accueil pour jeunes; les maisons de jeunes, avec des programmes mis en place par des municipalités, l'exemple criant étant celui de Jeunesse 2000 à Montréal en 1990, qui sans aucune consultation avec les maisons de jeunes récupère le savoir et le personnel issus de ce milieu.

Dans ce contexte, un autre danger guette les OCJ, soit celui d'une intégration, ou d'une affiliation plus ou moins officielle aux ressources institutionnelles. Que faire, comme c'est déjà parfois le cas, si le financement se présente, mais en échange de balises trop rigides, obligeant une gestion plus productiviste et l'acceptation de clientèles non désirées? Que faire si la décentralisation des services sociaux et la fameuse «complémentarité» des organismes communautaires fait des OCJ des sous-traitants à la remorque du système? Faut-il, pour survivre, sacrifier sa différence? Cela pose toute la question de l'autonomie développée par les OCJ, sorte «d'autonomie plancher», en deçà de laquelle les contraintes étatiques seront trop lourdes pour permettre la continuité du travail dans une perpective originale et véritablement communautaire.

L'avenir n'est donc pas ce qu'il y a de plus rose. D'ici l'an 2000, ces débats auront cours, avec le risque constant de sombrer dans la «communautique», sorte de communautaire institutionnalisé, pour reprendre les mots du ROCJMM[21]. Ces risques exigent une accentuation des liens entre les organismes, peu importe le champ d'intervention. Si les OCJ (de même que d'autres groupes locaux ou nationaux) n'arrivent pas à faire le pont entre eux, le proverbe «Il faut diviser pour régner» s'appliquera probablement ici avec une triste efficacité. En fait, il n'y a plus de place pour les guerres de chapelles et les anathèmes. Seule une volonté réelle de se solidariser pourra venir à bout de ces diverses embûches.

---

21. REGROUPEMENT DES ORGANISMES COMMUNAUTAIRES JEUNESSE DU MONTRÉAL MÉTROPOLITAIN (ROCJMM) (1987). *Si vous attrapez des tiques...*, Montréal, texte ronéo.

2.2.

L'organisation communautaire avec des femmes

▼

Danielle Fournier
Linda Gagnon

Ce texte se veut une illustration d'une pratique d'organisation communautaire auprès des femmes. Nous avons privilégié les centres de femmes en raison de leur nombre (80), de leur visibilité et de leur rayonnement sur tout le territoire du Québec. De plus, leur approche globale de la question des femmes et les multiples formes d'intervention qui en découlent sont représentatives des pratiques féministes existantes.

À partir de la fin des années 70, les femmes créent des organismes qui abordent de nouvelles problématiques et développent des pratiques alternatives, et ce, dans une perspective de concrétisation d'un projet féministe. Il s'avère alors souhaitable d'ancrer dans la pratique la plus large possible les analyses relatives à la nécessaire transformation non seulement des rapports hommes-femmes, mais aussi des rapports des femmes avec les enfants, la famille et les institutions. Par conséquent, de nombreux groupes voient le jour: centres de santé des femmes, maisons d'hébergement, centres de femmes, CALACS (Centres d'aide et de lutte aux agressions à caractère sexuel), groupes d'intervention concernant le travail non traditionnel des femmes. Ces organismes interviennent dans le domaine de la santé, de la violence, de l'autonomie, de la pornographie, du viol, du travail... L'ensemble de ces terrains de lutte interpelle les femmes autant dans leur intégrité que dans leur identité.

Un des impacts les plus important de ce réseau a été de modifier considérablement et même de renouveler les pratiques au sein du mouvement communautaire au Québec. Il est impossible de l'analyser sans tenir compte de la place occupée par les groupes autonomes de femmes. La diversité et le nombre de groupes de femmes nous a obligé dans le cadre de cet article à faire un choix dans ce vaste réseau. C'est à partir de l'expérience des centres de femmes du Québec[1] que nous tenterons d'illustrer le dynamisme et la vitalité des groupes de femmes.

PREMIÈRE PARTIE: LES CENTRES DE FEMMES

Leur histoire

Le premier centre de femmes est apparu au début des années 70, dans la foulée du mouvement féministe. Il fut initié par deux ex-militantes du Front de libération des femmes et de deux militantes du comité ouvrier Saint-Henri dans le quartier du Plateau Mont-Royal. À ses débuts, le centre cherche d'abord à rendre l'avortement accessible aux femmes. Par la suite, il étend ses activités et initie entre autres la publication de *Québécoises Debouttes!*, la formation du théâtre des Cuisines et le Comité de lutte pour l'avortement. Il devient peu à peu le pôle de référence des féministes. Il ferme ses portes en 1975. Quelques centres ont vu le jour au milieu des années 70, entre autres, soit le Centre des femmes de Montréal, appelé autrefois le Centre d'information et de référence des femmes de Montréal, et le Centre femmes d'aujourd'hui à Québec. Mais il faut attendre le début des années 80 pour assister à l'émergence d'un réseau de centres de femmes à travers le Québec. À cette époque, une majorité de militantes au sein du mouvement des femmes désirent concrétiser et actualiser l'idéologie féministe dans le quotidien des femmes. D'une certaine façon, les objectifs féministes se font connaître auprès d'un plus grand nombre de femmes en commençant à pénétrer dans leur quotidien qui est, pour beaucoup, la maison. C'est dans ce contexte que plusieurs centres de femmes vont naître dans différents coins du Québec.

Notons la diversité dans l'origine de chaque centre. Il ne s'agit pas ici d'un mouvement planifié ou organisé par quelques-unes ou d'une volonté provinciale. Nous constatons que dans la majorité des cas, les initiatrices ne sont pas des féministes de longue date, mais des femmes

---

1. Des entrevues ont été réalisées auprès de:

Lyne DESSURAULT, du Centre de femmes de Verdun;
Linda GAGNON, du Centre d'éducation et d'action de femmes, à Montréal;
Michèle ASSELIN, agente de développement de l'R des centres de femmes;
Claudette BÉDARD, du Carrefour des femmes de Lachute.

issues de différents milieux qui veulent appliquer dans le quotidien les idées véhiculées à partir des années 70. La majorité des centres sont mis sur pied par des femmes du milieu soit bénévolement, soit à la faveur de programmes de création d'emplois. Plusieurs centres voient le jour par suite d'activités organisées à l'occasion de la journée des Femmes, le 8 mars, ou de luttes concernant les femmes, comme celle contre la pornographie. Elles ont alors toutes le désir de créer un lieu de rencontre et d'appartenance, et veulent faire sortir les femmes de leur cuisine afin de briser l'isolement psychosocial. C'est pourquoi nous pouvons affirmer que les centres sont vraiment issus de la communauté des femmes. Dès le départ, une conviction se développe, soit la nécessité de se coller aux besoins exprimés par les femmes du milieu.

Sans concertation préalable, un objectif commun se dégage: il s'agit de fournir aux femmes les moyens pour atteindre l'autonomie au sens large du terme. Cette perspective fait en sorte que les centres de femmes constituent un pôle d'attraction pour toutes les femmes, qu'elles soient travailleuses au foyer, travailleuses salariées, étudiantes ou chômeuses.

Dès le départ, les centres développent une approche globale qui vise à travailler à l'ensemble des conditions de vie des femmes dans une perspective de changement plutôt que d'adaptation. Ce choix les différencie des autres groupes de femmes qui ciblent une problématique spécifique, par exemple les centres de santé des femmes, les maisons d'hébergement et de transition pour femmes victimes de violence conjugale. Ils constituent une réponse concrète «d'une conscience aiguë des problèmes vécus localement par les femmes, de leur désir d'autonomie et de l'inexistence de ressources adéquates; du désir de trouver des solutions sur mesure, adaptées aux femmes de ce milieu et de se regrouper pour les identifier et les concrétiser[2]».

À travers l'évolution des centres, nous identifions une certaine unité d'idées en ce qui concerne leur nature et leurs objectifs; il nous faut donc reconnaître que chaque centre a sa propre couleur, son propre dynamisme et son originalité.

L'approche et ses objectifs

Les centres de femmes favorisent, comme nous l'avons déjà mentionné, une approche globale. C'est ce qui fait l'originalité du projet de ces

---

2. Lyse BRUNET et al. (en collaboration) (1985). *Les centres de femmes parlent argent. L'état de leur financement*, Montréal, p. 13.

centres, qui l'expriment comme un refus de scinder la réalité des femmes en mille et une problématiques isolées les unes des autres, mais de la voir plutôt comme un désir d'intervention dans toutes les facettes de leur vie. Les centres se définissent comme un carrefour. À la lecture de plusieurs documents produits par les centres, nous constatons que les femmes y viennent pour s'informer, se former, développer des solidarités, chercher de l'aide, agir individuellement et collectivement sur leurs conditions de vie. De plus, les centres pratiquent une démarche pédagogique active où l'ensemble des actrices est interpellé et impliqué dans la définition du projet féministe en mouvance, ce qui explique la diversité des activités et des moyens mis en œuvre pour répondre aux objectifs communs à tous les centres.

S'il est vrai qu'il existe un projet féministe commun à tous les centres, celui-ci n'est surtout pas restrictif. Nous sommes loin du principe «crois ou meurs». Il se construit à travers le temps et la pratique des centres. Il s'agit d'un processus de réappropriation de l'intervention féministe. Par exemple, ce processus est utilisé au niveau de l'action collective des centres. C'est souvent à partir de la demande individuelle de plusieurs femmes que s'amorce le processus de conscientisation. Il s'agit de collectiviser une situation-problème et d'entreprendre une action collective pour changer ou modifier les conditions de vie touchées par cette problématique. De plus, l'action collective appartient aux femmes actives dans les centres et devient un moment privilégié pour vivre des apprentissages concrets vers l'autonomie. De plus, l'action collective devient un moyen pour élargir le bassin des femmes et permettre à celles concernées par différentes thématiques de s'y impliquer.

Le réseau des centres précise et raffine son projet féministe, à la lumière et à partir des pratiques de chacun d'eux. D'une certaine façon, les centres reconnaissent que les pratiques sont porteuses de nouvelles connaissances. Cette démarche pédagogique nous semble être fort congruente avec les objectifs de base qu'ils poursuivent, soit:

— permettre à des femmes isolées, souvent démunies, d'entreprendre avec d'autres femmes, un processus d'autonomie sur divers plans: économique, affectif, social;

— susciter chez les femmes une prise de conscience que leurs problèmes sont sociaux, plutôt qu'individuels, découlent d'une discrimination systémique et peuvent être résolus par l'action collective[3].

---

3. Françoise DAVID *et al.* (en collaboration) (1986). *Les centres de femmes, une alternative à l'isolement psycho-social des femmes*, Montréal, p. 5.

Les liens avec la communauté

La polyvalence des centres de femmes favorise son intégration dans le mouvement communautaire. Contrairement aux autres groupes autonomes de femmes – tels les maisons d'hébergement, les CALACS, les centres de santé –, qui se sont développés davantage en parallèle au mouvement communautaire, les centres de femmes ont quant à eux toujours maintenu des liens privilégiés avec le mouvement communautaire.

La non-spécialisation des centres et leur ouverture à de multiples problématiques, leur désir d'amener les femmes à s'impliquer dans leur communauté amènent les centres à développer des échanges de services, des alliances, à participer à des regroupements locaux, régionaux et provinciaux.

Les actrices

Nous savons que les centres rejoignent des milliers de femmes chaque année, mais qui sont-elles? Le document *Les centres de femme, une alternative à l'isolement psycho-social des femmes* nous indique que les participantes des centres sont pour la plupart des travailleuses au foyer à faible revenu, et plusieurs d'entre elles sont chefs de familles monoparentales. L'âge varie de 18 à 70 ans, avec une majorité se situant entre 35 et 50 ans. Cela peut s'expliquer par le fait que les femmes de cette catégorie d'âge vivent une période intense de remise en question des rôles féminins traditionnels. Cependant, les centres se préoccupent de la faible représentation des jeunes femmes et plus particulièrement de celles qui ont seules la responsabilité de très jeunes enfants. C'est pourquoi les centres, depuis quelques années, mettent sur pied des haltes-garderies ou organisent des réseaux de gardiennage. Ces nouveaux services peuvent faciliter la participation de jeunes femmes et aider à briser leur isolement.

Les changements survenus au cours des 25 dernières années ont bouleversé les idées reçues et provoqué certaines prises de conscience. Les conditions de réalisation de ces changements n'ont pas toujours suivi; il y a en effet difficulté d'intégration des femmes sur le marché du travail (résistance des milieux de travail, manque de formation, discrimination, manque de garderies) et difficulté pour le couple de vivre les nouveaux rôles (violence conjugale, partage des tâches, contraception inadéquate). «Les acquis des luttes des femmes ne sont pas encore leurs acquis, souvent à cause des conditions sociales et matérielles dans lesquelles elles vivent[4].»

De multiples raisons poussent les femmes à fréquenter le centre de leur région ou de leur quartier. Certaines recherchent une solution à une situation-problème, désirent appartenir à un réseau qui prévaut ou veulent briser leur isolement; d'autres cherchent d'abord à s'impliquer dans la réalisation de projets ou approfondir leurs réflexions.

Parallèlement, qui sont les travailleuses des centres? Vouloir dégager un profil de ces femmes s'avère impossible. Nous constatons une grande diversité: des intervenantes possèdent une formation universitaire; d'autres se sont formées dans la pratique; quelques-unes sont dans la trentaine tandis que d'autres approchent la cinquantaine. Plusieurs s'affichent comme féministes. Quelque-unes refusent l'étiquette. Il n'y a pas de modèle unique et chacune peut y trouver sa place. Il est certain que cette situation engendre à l'occasion des difficultés de fonctionnement mais cette approche, à ce moment-ci, semble un préalable au développement dynamique du projet porté par les centres.

Il nous semble important de souligner que les centres se veulent aussi un lieu d'appartenance et de réflexion tant pour les travailleuses que pour les militantes qui s'y impliquent afin de développer le projet féministe des centres. Il en est de même pour les membres du conseil d'administration ou des collectives de gestion. Les interactions entre toutes ces femmes constituent la pierre angulaire de ces véritables carrefours.

Les axes d'intervention

Que se passe-t-il dans un centre de femmes? Les objectifs et les principes de base se traduisent à l'intérieur de quatre axes d'intervention qui caractérisent chaque centre. Notons que parfois certains centres développent plus particulièrement un axe ou l'autre.

D'abord, l'axe service des centres comprend la consultation court terme, l'accueil, la référence, la halte-garderie et parfois un centre de documentation. C'est un élément fondamental d'intervention étant donné le type de femme qui vient au centre et les problèmes qu'elle vit. Mais le service est conçu et offert dans l'optique suivante: il se veut une porte d'entrée et non une fin en soi. C'est pourquoi les centres encadrent ce

---

4. *Ibid.*, p. 8.

service dans des balises précises: intervention court terme (il ne s'agit pas ici d'intervention psychosociale du type CLSC et CSS), évaluation des besoins en vue d'une référence et incitation à participer aux activités de groupe.

Ce choix découle de l'approche globale qui relie les situations-problèmes individuelles vécues par les femmes aux conditions de vie de l'ensemble des femmes (inégalités sociales, pauvreté, discrimination, travail précaire).

Le projet éducatif des centres constitue le deuxième axe. Les activités visent, d'une part, l'apprentissage de nouvelles connaissances, la sensibilisation des femmes dans une perspective de changement individuel et collectif, et, d'autre part, l'acquisition d'outils leur permettant de réaliser ces changements. En examinant les différentes programmations des centres, on constate une grande diversité dans les activités offertes avec cependant une constante: ce sont toutes des activités de groupe qui privilégient la participation active des femmes et démystifie le rôle de l'experte. Les personnes-ressources qui animent ces rencontres utilisent l'expérience acquise par les femmes pour amorcer avec elles un processus de conscientisation aux problématiques déjà amorcée dans l'axe service.

Les centres développent des ateliers, des cours, des cafés-rencontres, des dossiers sur la condition féminine. Voici quelques exemples de cours et d'ateliers: Odyssée-ménopause, Femme et économie, Dépannage maison, Le quotidien de la violence, Pornographie, Autonomie financière, Partage des tâches, Mécanique automobile, Le marché du travail apprivoisé.

Devant la diversité et le nombre d'activités offertes, nous pouvons avoir l'impression d'une espèce de boîte à cours pour femmes. Dans plusieurs centres, ce danger est en partie écarté par deux principes. Il s'agit, d'une part, de répondre aux besoins exprimés par les femmes et, d'autre part, de faire l'effort d'articuler le projet féministe à l'intérieur de ces activités. Afin de réussir cette intégration, deux moyens sont privilégiés: d'abord, il y a rencontre entre la personne-ressource embauchée et les intervenantes du centre de femmes pour s'assurer que le plan de cours ou le contenu de l'atelier est conforme aux objectifs que le centre poursuit; ensuite, une rencontre collective des intervenantes et des personnes-ressources a lieu pour permettre à toutes d'échanger et d'unifier leur pratique d'intervention.

Certaines activités dont la formule est plus souple (par exemple les cafés-rencontres) sont une porte d'entrée privilégiée pour certaines d'entre elles. Elles permettent à ces femmes de participer à la vie de leur centre et de se créer un réseau.

De plus, le projet éducatif se concrétise aussi par la possibilité d'implication des femmes à la gestion collective du centre, à l'accueil et au soutien. La question du bénévolat a suscité de nombreux débats au sein de plusieurs centres. À ce moment-ci, les centres en arrivent à la conclusion que celui-ci doit avant tout servir à la démarche des femmes et non être une main-d'œuvre pour pallier les difficultés de financement des centres.

Le troisième axe est celui de l'action collective. Le développement d'actions collectives est peut-être le volet qui a toujours suscité le plus de difficultés. La mobilisation et l'intégration des participantes dans des actions ne sont pas toujours faciles. Traditionnellement, les luttes «politiques» ont été l'apanage des divers intervenants et intervenantes des groupes. Les centres, voulant développer une pratique différente, se heurtent au défi de démocratiser ces luttes et d'amener les femmes à adopter collectivement et publiquement des positions, à revendiquer à travers des actions des changements de mentalité et à défendre des droits.

Il est vrai que les centres ne se considèrent pas d'abord comme des groupes de lutte. L'action collective se veut un moyen pour atteindre les objectifs véhiculés par le projet d'un centre, à savoir l'autonomie individuelle et sociale des femmes.

Ces actions sont diverses mais toujours collées à la réalité et aux besoins des femmes d'un centre. Plusieurs centres ont mené des campagnes de sensibilisation contre la pornographie et l'obtention de règlements municipaux concernant l'affichage et l'étalage. D'autres ont entrepris des actions pour la mise en place de programmes d'accès à l'égalité ou la création d'autres ressources alternatives (maisons de naissance, CALACS). Il faut aussi mentionner que plusieurs centres suscitent et participent également à des luttes menées par d'autres groupes dans leur localité (par exemple la lutte contre la réforme de l'aide sociale et l'indexation des allocations familiales).

Enfin, le dernier axe est celui de la recherche et de l'expérimentation, qui n'est pas développé par tous les centres. C'est à l'intérieur de ce cadre que les centres développent de nouveaux types d'intervention, réfléchissent sur de nouvelles problématiques. Mentionnons le travail qu'ils ont effectué dans le cadre de la problématique de l'obsession de la minceur et de la ménopause, leurs recherches concernant la pornographie, l'inceste et la santé physique et mentale. Quelques centres ont même développé un volet publication. Les centres, avec les moyens limités qu'ils ont (ressources humaines, matérielles et financières dans certains cas), essaient d'être les initiateurs du renouvellement de pratiques sociales. Grâce au réseau développé par les centres, toutes ces recherches peuvent être rapidement diffusées et utilisées par d'autres centres.

Globalement, l'interaction des quatre axes caractérise la forme d'intervention des centres. Chacun s'influence et s'enrichit mutuellement. Malgré une intervention polyvalente, les centres peuvent développer une certaine spécificité. Il n'y a pas de grille commune de programmation, ni de gestion type, ni de modèle de pratique unique. Chaque centre peut développer sa propre personnalité. C'est pourquoi, tout en respectant la polyvalence, concept clé du projet d'un centre, certains centres proposent un apport particulier.

Par exemple, le Centre de femmes de Verdun intervient depuis plusieurs années autour de thèmes reliés à la santé des femmes et, particulièrement, depuis 1987, celui de l'obsession de la minceur. Le Carrefour des femmes de Lachute se penche sur la problématique reliée au travail des femmes. La Maison des femmes des Bois-Francs, qui veut intervenir en santé mentale, a élaboré une série d'émissions radiophoniques sous forme de radio roman. La Collective par et pour elle de Cowansville a publié deux livres, respectivement sur la pornographie et sur l'inceste. Enfin, depuis ses débuts, le Centre d'éducation et d'action des femmes de Montréal privilégie l'utilisation d'outils culturels (théâtre, cinéma, journal, ateliers de créativité) comme moyen privilégié d'intervention.

Les structures démocratiques

Un constat s'impose, selon lequel il n'existe aucun modèle unique d'organisation d'un centre. Cependant, nous percevons une volonté de créer de nouveaux modèles de gestion afin d'actualiser dans les structures le projet féministe. Quelle que soit la forme organisationnelle retenue, plusieurs centres visent un fonctionnement par consensus sans hiérarchie des rôles.

Certains centres optent pour une forme de cogestion entre l'équipe des travailleuses et le conseil d'administration. Celui-ci se compose de participantes, de féministes du milieu et dans la plupart des cas de travailleuses.

D'autres ont opté pour un fonctionnement en collective s'inspirant de modèles développés par d'autres groupes de femmes, et plus particulièrement les CALACS et certaines maisons d'hébergement.

DEUXIÈME PARTIE:
LE REGROUPEMENT DES CENTRES DE FEMMES

Le Regroupement des centres de femmes du Québec (l'R)

L'R a été créé à la suite d'une consultation menée par le comité d'étude provincial des centres de femmes (formé lors d'un colloque réunissant 53 centres de femmes en janvier 1984). Le résultat de cette consultation se trouve dans le document produit par le comité et il servira d'outil de base au colloque de juin 1985[5]. La formation du Regroupement est le résultat de cette démarche.

Les objectifs poursuivis par l'R s'inspirent du document de travail déposé au colloque de juin 1985[6].

Ces objectifs sont les suivants:

1. Développer et soutenir le réseau des centres de femmes.
2. Appuyer les actions des groupes, associations et regroupements qui visent l'autonomie et l'égalité des femmes ainsi que la promotion de leurs intérêts.
3. Développer la concertation entre les centres de femmes.
4. Représenter les centres de femmes dans leurs revendications communes.

Pourquoi l'R?

Lors de la création du Regroupement des centres de femmes, le choix du nom fut aussi une occasion de s'approprier le projet de centre de femmes. Cette démarche que les centres ont voulu collective a donné naissance à un nom qui reflète leur originalité, leur polyvalence. L'R, c'est le regroupement mais aussi le réseau. Il représente une époque (ère), un espace (aire) et l'oxygène (air) que les centres se donnent.

---

5. Lyse Brunet (1985). *Les centres de femmes ont-ils un avenir?*, Comité d'étude provincial des centres de femmes, Montréal, janvier.
6. *Règlements généraux de l'R des centres de femmes du Québec,* Montréal, 1985.

L'R a une structure de fonctionnement semblable à beaucoup d'autres regroupements. En effet, il est doté d'une assemblée générale, d'un conseil d'administration, d'un comité exécutif et de comités ad hoc. Cependant, une caractéristique particulière mérite d'être soulignée. Depuis ses débuts, l'R a toujours favorisé l'implantation de tables régionales pour permettre à tous les centres de participer également à la vie de leur regroupement. Par exemple, le conseil d'administration se compose de onze représentantes régionales qui sont choisies par chacune des régions. Chaque région a droit à une représentante, indépendamment du nombre de centres dans la région. L'assemblée générale ne fait qu'entériner ce choix.

Un des obstacles rencontré par les tables régionales est leur financement. Certaines d'entre elles s'autofinancent, d'autres font appel occasionnellement à l'R pour défrayer certains coûts. Certaines tables ont toutefois beaucoup de difficulté à vivre, particulièrement celles des régions éloignées. Cela peut représenter un frein important à leur développement.

L'R est appelé à jouer plusieurs rôles, et ce, malgré un financement très inadéquat. Nous pouvons les résumer de la façon suivante:

D'abord, l'R assure un soutien et une formation à ses membres par l'organisation de sessions de formation, la production de guides et d'outils de travail et, à l'occasion, en agissant à titre de consultant lors de difficultés ou de conflits dans les centres. Ce soutien est d'autant plus pertinent que, comme nous l'avons mentionné plus haut, les centres n'ont pas été formés par des «spécialistes».

Le second rôle de l'R est celui de la concertation, qui se traduit par son adhésion à plusieurs regroupements d'organismes (le Groupe des treize, un regroupement de groupes de femmes; la coalition des organismes communautaires du Québec; la coalition pour l'avortement...).

Ce mandat est d'autant plus pertinent que les centres qui travaillent à partir de multiples problématiques ont à se concerter pour entreprendre des actions communes dans divers champs. L'importance du réseau des centres de femmes et leur polyvalence font en sorte que les centres et l'R sont constamment interpellés par des coalitions, des regroupements pour prendre part à diverses luttes.

L'R ne saurait exister sans jouer un rôle de pression et de représentation, autant pour obtenir une reconnaissance sociale et financière de ses membres auprès des gouvernements, des institutions et de la population, que pour faire connaître les problèmes et la réalité que les femmes, en général, vivent.

Afin d'actualiser ce rôle, l'R a mis sur pied, en 1985, un comité de travail chargé d'étudier la question du financement des centres de femmes dans son ensemble avec l'objectif de proposer des mesures pour consolider les assises financières. Ce comité a produit un document en 1986[7] et, pour promouvoir les recommandations mises de l'avant dans ce document, l'R organise avec les centres de femmes une campagne de visibilité qui couvre une période de deux ans (1987-1988), tant auprès des bailleurs de fonds que de l'ensemble de la population.

Cette campagne vise en outre à faire reconnaître l'utilité et la nécessité des centres de femmes comme ressource alternative locale aux besoins des femmes et l'expertise développée dans les centres. L'établissement d'une politique de financement des centres de femmes du ministère de la Santé et Services sociaux respecte la spécificité des centres et les rend visibles par rapport aux autres groupes de femmes.

Les résultats de cette campagne, en 1989, sont l'obtention d'une politique de financement des centres pendant trois ans par le ministère de la Santé et des Services sociaux. De plus, cette action collective a permis à plusieurs femmes des centres de s'impliquer dans une lutte et d'y faire de nombreux apprentissages.

Cependant, dans le contexte actuel de crise, l'R demeure extrêmement vigilant sur la question du financement et se doit d'investir beaucoup d'énergie pour maintenir et développer les acquis financiers.

En dernier lieu, la recherche occupe une place privilégiée à l'R. Elle permet d'abord aux centres, et ensuite à d'autres instances, de mieux saisir l'impact de certaines politiques (la réforme de l'aide sociale, la politique de santé mentale...) sur les femmes, d'approfondir les difficultés qu'elles vivent (une recherche porte sur l'isolement psychosocial des femmes) et ainsi de trouver des moyens d'action concrets pour améliorer leurs conditions de vie.

Depuis ses débuts, l'R joue un rôle déterminant au sein du mouvement des femmes et a assumé une présence active dans le mouvement communautaire. Cet ancrage découle de l'implication des centres de femmes dans leur milieu. De plus, l'R a pris part à la lutte contre la réforme d'aide sociale, aux actions menées par la coalition pour le libre-choix et au projet Femmes en tête.

---

7. Lyse BRUNET *et al.* (1985). *Op. cit.*

L'AVENIR DES CENTRES DE FEMMES

Quelles sont les perspectives d'action des centres de femmes? La majorité des femmes qui fréquentent ces centres vivent entre autres deux réalités, soit la pauvreté et l'isolement psychosocial.

La problématique de la pauvreté n'est pas un problème récent. Les centres y ont toujours été confrontés et la stratégie d'intervention qu'ils adoptent est guidée par leur profonde conviction que la pauvreté n'est pas une responsabilité individuelle et que l'aide à court terme (dépannage) ne modifie en rien la pauvreté de chaque femme. Tout en développant certains services (comptoirs de linge, paniers de Noël, cuisines collectives...), ils mobilisent leurs membres dans des luttes concrètes qui visent l'amélioration des conditions de vie. C'est pourquoi les centres se doivent de choisir l'action collective et de remettre en question nos choix de société.

Les centres ont toujours accueilli de nombreuses femmes vivant des problèmes psychosociaux sérieux auxquels ils ont toujours répondu en favorisant l'apprentissage, l'autonomie, la capacité de choisir et d'agir de chacune. Depuis la fin des années 80, la vague de désinstitutionnalisation et les compressions budgétaires dans le domaine de la santé et des services sociaux ont entraîné, dans les centres, une augmentation de la demande d'aide psychologique.

Ceux-ci se trouvent donc confrontés au dilemme suivant: répondre à ces demandes sans moyens adéquats puis éviter de spécialiser leurs interventions et de négliger ainsi leur approche globale. Les centres ne peuvent fermer la porte à ces situations-problèmes, mais ils refusent de devenir des ressources alternatives en santé mentale.

Cette récente situation a obligé l'R à se pencher sur cette question. Un comité, composé de représentantes des centres, réfléchit à cette problématique et mettra de l'avant un certain nombre de pistes d'action.

Les défis de l'R

À chaque année, l'assemblée générale de l'R rassemble systématiquement tous les centres de femmes. C'est le lieu privilégié pour poursuivre la réflexion collective sur les enjeux et défis qui confrontent les centres.

À l'aube des années 90, l'R est confronté à plusieurs enjeux. Il s'agit de poursuivre la réflexion du projet féministe dans le but de mieux outiller les centres pour le concrétiser au quotidien. L'R doit développer des stratégies pour faire connaître l'importance du travail des centres et son impact positif sur la population, et assurer un financement adéquat de ces organismes. Il doit intervenir face à la redéfinition des politiques sociales, en collaboration avec les autres groupes de femmes et organismes communautaires, dans le but d'améliorer les conditions de vie de ces dernières.

Le réseau des centres de femmes est, au début de la décennie 90, un des éléments moteurs tant au sein du mouvement des femmes qu'au sein du mouvement communautaire. Sa capacité d'intervention, de poser des questions, d'analyser les problématiques, de rayonner dans plusieurs milieux et de renouveler les pratiques en fait un projet collectif toujours en mouvance. Le Regroupement que les centres se sont donné est devenu en peu de temps un pôle d'attraction sollicité par différents groupes, tant comme initiateur que comme appui dans différentes luttes et actions. Cette implication active des centres et de l'R prouve une fois de plus la réussite de l'actualisation de l'approche globale.

Nous sommes convaincues de la pertinence de ce projet et nous croyons qu'il continuera à jouer un rôle de premier plan pendant plusieurs années dans la réalisation d'un projet féministe, en concertation avec tous les autres groupes de femmes.

2.3.

L'organisation communautaire avec des personnes âgées

▼

ALAIN PILON

La population âgée n'est pas restée en marge du mouvement communautaire qui s'est déployé au Québec au cours des décennies 70 et 80. Nous présenterons, dans un premier temps, certaines dimensions des interventions publiques dans le domaine de la vieillesse qui définissent le cadre de l'action communautaire auprès des personnes âgées, des «aînées et aînés» – vocable à la mode pour désigner ces dernières. Par la suite, nous brosserons un tableau des formes d'action développées dans le réseau public et communautaire pour ensuite apporter des éléments d'analyse. En dernier lieu, nous identifierons certaines caractéristiques sociodémographiques de la population âgée qui, selon nous, influencent son engagement communautaire.

Par action communautaire, nous entendons les interventions collectives qui s'appuient sur une «mobilisation» des ressources des collectivités et des individus. L'action communautaire poursuit, à des degrés divers, des objectifs de prise en charge de la population par elle-même; elle sollicite dans ce sens sa participation active à la résolution de ses problèmes. Dans le domaine qui nous intéresse, la mise en place d'un espace social pour les personnes âgées est du ressort de plusieurs types d'intervenants de la société civile et de l'État, tels les regroupements communautaires de personnes âgées, les institutions régionales et publiques «légalement mandatées» comme les centres locaux de services communautaires (CLSC).

L'action communautaire envers la population âgée se meut dans un cadre où s'entremêlent, d'une part, des besoins d'insertion sociale pour des individus certes âgés mais avant tout désocialisés, exclus car improductifs, et d'autre part, des impératifs et des objectifs d'intégration, de régulation mais également de normalisation de la vieillesse.

L'ACTION COMMUNAUTAIRE DANS LE SECTEUR PUBLIC

Avant de dresser un portrait de l'action communautaire auprès de la population âgée dans le secteur public, il importe d'identifier certains paramètres de la politique de la vieillesse au Québec. L'action communautaire en est une pièce maîtresse, plus particulièrement de son axe «maintien à domicile». Cette politique s'est déployée par suite de la réforme du système de santé et des services sociaux instauré dans les années 70, réforme proposée par la Commission Castonguay-Nepveu.

Les éléments de la politique de la vieillesse

La politique de maintien à domicile repose pour l'essentiel sur la distribution de services de soins et d'aide dispensés par les CLSC. À cette dimension sanitaire s'ajoute une dimension sociale et économique. Celle-ci comprend un programme-soutien d'activités de toutes sortes. Ce volet correspond, d'une part, à la promotion d'activités de préparation à la retraite et d'information sociale sur les effets et causes du vieillissement, à l'encouragement au bénévolat et à la pratique de loisirs et, d'autre part, à l'adoption de diverses mesures relatives au logement, au revenu et à la santé. Enfin, les services en milieu substitut (les familles d'accueil et les pavillons d'accueil) complètent l'ensemble des mesures publiques prises à l'égard des gens âgés à domicile.

À travers plusieurs énoncés de principes, l'État a identifié une série de solutions et de moyens d'intervention spécifiques, dont l'action communautaire[1]. Il existe trois types de solutions. Il y a bien sûr la solution étatique où l'État s'est donné comme «responsabilité» d'assurer la prestation des services de soins et d'aide. Vient ensuite l'autosolution qui, elle, fait appel aux ressources personnelles des individus (famille et

---

1. MINISTÈRE DES AFFAIRES SOCIALES (MAS) (1980a). *Les services à domicile. Politique du ministère des Affaires sociales*, Québec, MAS.

   MINISTÈRE DES AFFAIRE SOCIALES (MAS) (1985). *Un nouvel âge à partager. Politique du ministère des Affaires sociales à l'égard des personnes âgées*, Québec, MAS.

amis). Enfin, l'action communautaire a été définie, elle aussi, comme une solution qui, en puisant dans les ressources environnantes, devrait y trouver les conditions au maintien de la population âgée dans son milieu naturel. Un tel recours aux ressources «naturelles» provient du désir qu'aurait l'État de réduire la «dépendance développée à son égard» et à l'endroit «d'experts» pour résoudre les problèmes des personnes âgées[2].

Soulignons qu'à ces mesures de l'État québécois dans le domaine de la vieillesse s'ajoute l'action du gouvernement fédéral (cette action se joint à la gestion d'un système de revenu – universel et d'assistance – pour personnes âgées). Ce dernier s'est donné, durant la décennie 80, des structures de consultation auprès des gens âgés. Il encourage aussi leur participation sur une base collective par des programmes de subvention aux associations.

À travers les faits et gestes de l'État dans la gestion de la vieillesse, il y a promotion de l'individu âgé comme «citoyen à part entière» ayant un potentiel d'engagement sur le plan de l'entraide, du loisir et de l'élargissement des droits sociaux.

Comme l'a écrit, en 1985, un comité ministériel:

> Il faut éviter de voir les personnes de l'«âge d'or» comme des citoyens d'honneur que l'on traite avec déférence et respect mais qui n'ont qu'une participation symbolique à la vie sociale. Ce sont des citoyens à part entière qui veulent être consultés et participer aux choix de société. [...] Les personnes âgées sont capables d'engagement et de participation sociale non seulement pour défendre leurs droits et améliorer leur sort, mais aussi en s'occupant des autres et en travaillant activement au bien-être de leur communauté[3].

L'action communautaire en CLSC auprès des personnes âgées

Les pratiques d'action communautaire des CLSC se sont développées dans bien des cas par l'entremise de leur centre de jour. La vocation principale d'un centre de jour est d'offrir des services complémentaires qui rendront possible le maintien à domicile. Outre la distribution de divers soins de santé et de soutien (examens médicaux, repas, transport, etc.), un centre de jour a comme mandat de mettre sur pied divers

---

2. Ministère des Affaires sociales (MAS) (1985). *Op. cit.*

3. Comité ministériel permanent du développement social (1985). *Mieux vieillir, mieux vivre*, Québec, p. 12.

programmes d'action communautaire (d'information sociale et d'organisation, par exemple) et d'animation d'activités socioculturelles. Le premier centre de jour au Québec ouvre ses portes en 1972, dans l'est de Montréal. On en dénombre 29 en 1976 et 59 en 1981[4]. À la fin de 1986, 63,3 % des districts de CLSC sont dotés de centres de jour[5]. Leur répartition varie d'une région à l'autre ou selon le type de milieu (urbain, semi-urbain ou rural).

Dans le cas des CLSC, l'action communautaire a comme but spécifique de créer ou d'apporter un soutien au réseau social sous toutes ses formes. Cela s'intègre dans l'objectif global de réduire le taux de recours à l'hébergement ou du moins d'en repousser l'échéance le plus possible.

Dans un bilan sur le maintien à domicile, voici comment la Fédération des CLSC souligne l'importance de l'action communautaire:

> La conjugaison action communautaire et services à domicile [...] génère un impact réel sur l'hébergement des personnes âgées. Là où il existe une forte présence de services à domicile, associée à une action communautaire soutenue auprès du milieu, les demandes d'hébergement en centres d'accueil sont moins manifestes, parfois presque inexistantes[6].

Cette étude de la Fédération des CLSC dresse, entre autres, un portrait global de l'action communautaire auprès de la population âgée. En 1984-1985, 82 des 106 répondants (76,7 %) avaient entrepris des activités collectives auprès de la population âgée. Cette tendance varie selon «l'âge» des établissements: par exemple, les plus anciens enregistraient un taux d'activité supérieur aux nouveaux établissements. Aussi consacraient-ils un «temps communautaire (plus élevé) en proportion des heures en services à domicile (aide et soins)[7]».

Les interventions communautaires en CLSC sont très diversifiées. Selon les résultats de l'enquête de la Fédération des CLSC, 29,2 % des CLSC ont comme activités collectives des sessions d'information (conférences, colloques, etc.); 27,4 % offrent des sessions de formation à des groupes bénévoles; 20,8 % interviennent dans le «Dossier Habitation» (HLM); 17,9 % offrent des cours de préparation à la retraite et, finale-

---

4. MINISTÈRE DES AFFAIRES SOCIALES (MAS) (1981). *Le centre de jour pour personnes âgées. Politique du ministère des Affaires sociales*, Québec, MAS, p. 1.

5. MINISTÈRE DE LA SANTÉ ET DES SERVICES SOCIAUX (MSSS) (1988). *Rapport annuel 1987-1988*, Québec, Les Publications du Québec, p. 33-35.

6. FÉDÉRATION DES CLSC (FCLSC) (1986). *Bilan du maintien à domicile dans les CLSC: problématiques des services et des ressources*, tome I, J. Roy, février, p. 12.

7. *Ibid.*, p. 50.

ment, 13,2 % organisent des rencontres communautaires diverses (par exemple les repas). Parmi les autres activités, notons celles qui portent sur le transport, les groupes de croissance et de santé (conditionnement physique, dépistage, etc.) et celles qui visent le soutien de Clubs de l'âge d'or et de groupes de pression[8].

Parmi les ressources du milieu avec lesquelles collaborent les CLSC, les plus importantes sont les centres de bénévolat (76,7 % des CLSC), les groupes bénévoles (57,8 %), les Clubs de l'âge d'or (72,2 %) et les «popotes roulantes» (60,0 %).

Ce portrait sommaire nous permet de constater, entre autres choses, de quelle façon le travail de promotion de «l'action volontaire» ou bénévole érige un pan non négligeable de l'action communautaire auprès des personnes âgées dans les CLSC. Ce type d'action est d'ailleurs soutenu par des subventions de l'État. Au tournant de la décennie 80, l'État a commencé à subventionner de façon importante les groupes bénévoles actifs dans le secteur du maintien à domicile pour les gens âgés (et pour les personnes handicapées).

En 1985-1986, le ministère de la Santé et des Services sociaux a versé 4 821 000 $ à 479 organismes bénévoles[9]. Ce montant est passé à 5 756 900 $ en 1988-1989, réparti entre 538 groupes[10]. En 1985, on estime qu'entre 70 à 80 % des subventions versées aux organismes communautaires (groupes bénévoles inclus) vont à ceux qui comptent une clientèle âgée[11]. Les activités des groupes bénévoles subventionnés comportent des visites amicales, un service d'accompagnement, divers services d'aide à domicile, le gardiennage, la distribution de repas («popotes roulantes») et des rencontres d'entraide[12].

Les CLSC et les entreprises communautaires

Une des nouvelles tendances avec laquelle les CLSC ont été amenés à «composer» au cours de la décennie 80, et qui a interpellé son action

---

8. *Ibid.*, p. 52-53.

9. Ministère de la Santé et des Services sociaux (MSSS) (1987). *Rapport annuel 1985-1986*, Québec, Les Publications du Québec, p. 14.

10. Ministère de la Santé et des Services sociaux (MSSS) (1990b). *Rapport annuel 1988-1989*, Québec, Les Publications du Québec, p. 28.

11. Commission d'enquête sur les services de santé et les services sociaux (1987). *Dossier «Personnes âgées»*, Québec, Les Publications du Québec, p. 87.

12. Ministère de la Santé et des Services Sociaux (1990a). *Programme de soutien aux organismes communautaires 1990-1991*, Québec, MSSS.

collective, est reliée à l'avènement des entreprises communautaires, notamment dans le domaine du maintien à domicile[13].

Ces entreprises ont souvent été créées, entre autres raisons, pour favoriser la réinsertion sur le marché du travail de jeunes assistés sociaux ou de personnes en chômage. Certains de ces projets ont été vus comme des moyens de compléter, pour ne pas dire poursuivre, des services abandonnés ou distribués au compte-gouttes par certains CLSC. Ces entreprises sont présentées comme des modèles exemplaires de prise en charge du milieu par le milieu même. Leurs activités comprennent généralement l'exécution de travaux d'entretien et de réparations mineures, l'accompagnement, le gardiennage, etc. Dans bien des cas, ces entreprises sont parrainées par des organismes communautaires de gens âgés.

Les CLSC collaborent avec ces entreprises de différentes façons. Cela a pris plusieurs formes dont celles de mettre à leur service des ressources humaines et techniques ou encore de leur référer une clientèle. Des CLSC ont établi des contrats de service avec certaines d'entre elles (par exemple les travaux d'entretien).

Cependant, certains CLSC ont un avis partagé quant à la collaboration avec ces entreprises communautaires. Considérées par quelques-uns comme des ressources «complémentaires» à leurs services, d'autres perçoivent ces entreprises comme des moyens de récupérer les jeunes (sans emploi), de développer un réseau public de seconde qualité avec un avenir précaire et des conditions de travail peu enviables[14].

Par ailleurs, un grand nombre d'activités collectives pour personnes âgées, comme les loisirs sportifs et culturels, ont pu être organisées en collaboration avec des ministères québécois tels le ministère du Loisir, de la Chasse et de la Pêche (MLCP) et le ministère de l'Éducation. De même, le gouvernement d'Ottawa intervient, de son côté, en accordant une aide financière pour des activités communautaires. À titre d'exemple, dans le cadre du programme «Nouveaux Horizons», créé en 1972, une somme de 10 millions de dollars a été versée aux

---

13. Ces entreprises poursuivent des objectifs économiques à but lucratif ou non et ont un fonctionnement interne de type autogestionnaire. Aussi, elles prennent leur source d'une intervention communautaire. Voir R. MATHIEU, R. BOURQUE et Y. VAILLANCOURT (1988). *Les entreprises communautaires dans les services sociaux au Québec. Recherche exploratoire,* Montréal, Comité conjoint UQAM-CSN-FTQ.

14. FÉDÉRATION DES CLSC (FCLSC) (1986). *Op. cit.,* p. 56-57.

associations de gens âgés pour la mise sur pied d'activités bénévoles et culturelles, et ce, pour la seule période 1986-1987[15].

Comme on peut le constater, un large champ entourant le cadre de vie à la vieillesse est touché par l'action communautaire du secteur public, et plus particulièrement celle déployée par les CLSC. Avant d'y apporter des éléments d'analyse, voyons ce qui se «passe» depuis les années 70-80 du côté communautaire chez les personnes âgées elles-mêmes.

L'ACTION AUTONOME DES PERSONNES ÂGÉES

Les personnes âgées se sont données des outils collectifs de prise en charge. On peut les classer en trois grandes catégories.

Les associations de socialisation

Les associations de socialisation sont surtout connues sous le vocable «Clubs de l'âge d'or» ou encore «groupes bénévoles». Leurs activités sont généralement de type récréatif et l'entraide. Les groupes bénévoles, par exemple, interviennent auprès de gens âgés vivant à domicile ou en institution.

La plupart de ces associations fonctionnent grâce à l'engagement bénévole de leurs membres. Elles s'autofinancent ou reçoivent un soutien financier d'institutions locales ou gouvernementales. Ces associations ont pratiquement toutes bénéficié, un jour ou l'autre, de l'appui du secteur de l'action communautaire des CLSC, sous forme de ressources humaines ou techniques (animation, consultation, locaux, etc.).

On ne peut passer sous silence le rôle joué par certaines associations locales de personnes âgées dans la mise sur pied des CLSC notamment. Une large partie des services dispensés, entre autres, par ces associations ont été intégrés dans les CLSC. Ce fut le cas dans les quartiers Centre-Sud (Place Vermeil) et de l'est de Montréal[16].

Enfin, dans cette catégorie d'associations nous pouvons inclure celles de personnes retraitées composées exclusivement d'anciennes et d'anciens collègues de travail[17].

---

15. APPROVISIONNEMENTS ET SERVICES CANADA (1990). *Annuaire du Canada 1990*, Ottawa, MASC.

16. J.-L. COSSETTE (1983). «Place Vermeil», *Vie ouvrière, 169*, p. 58-61.

17. H. DAVID (1989). *L'action collective et les personnes âgées ou retraitées dans le mouvement syndical et les associations du 3e âge*, Montréal, IRAT, dossier n° 1.

Les centres communautaires

La seconde catégorie regroupe les centres communautaires. À un certain niveau, leurs activités et fonctions recoupent celles des associations de socialisation. Mais leur spécificité est l'autogestion d'un lieu physique, d'un centre communautaire proprement dit où divers services et activités (éducatives, sanitaires, récréatives et d'entraide) sont organisés.

Près d'une quarantaine de centres existent au Québec. Ils sont généralement constitués sur une base linguistique et ethnique. Par exemple, dans la région de Montréal, on retrouve autant de centres francophones (13) qu'anglophones et allophones (12). Autogérés, ces centres ont souvent une personne salariée à leur service. Ils bénéficient de l'appui d'institutions publiques (CLSC, municipalités, etc.) et survivent en grande partie grâce à des subventions du MSSS, du gouvernement d'Ottawa, de Centraide et de programmes de développement à l'emploi[18].

Place Vermeil est un exemple de centre communautaire. Il a été fondé en 1972 et est situé dans le quartier Centre-Sud de Montréal. Son site physique est une maison «comme les autres», propriété du centre, où sont offerts des repas et sont organisées des activités récréatives, des ateliers d'alphabétisation et divers services bénévoles. Mentionnons également l'Institut du 3e âge des Bois-Francs, qui s'est donné une vocation plus «intellectuelle» avec des activités tels des cours, des comités d'étude et un centre de documentation.

Les groupes de pression

Sur le plan de la défense des droits sociaux pour personnes âgées, on retrouve trois groupes de pression. Ils ont été, à des degrés divers, particulièrement actifs sur la scène politique québécoise et canadienne durant la décennie 80. Ce faisant, ils ont popularisé certains aspects politiques de la problématique de la vieillesse.

L'Association québécoise de défense des droits des retraités et pré-retraités (AQDR), fondée en 1979, est le plus actif des groupes de pression. En 1990, elle évalue son membership à 10 000 personnes.

---

18. GROUPE DE TRAVAIL SUR LES CENTRES COMMUNAUTAIRES POUR PRÉ-RETRAITÉS ET RETRAITÉS (1987). *Avoir pignon sur rue... Des centres communautaires présents et dynamiques*, Montréal, Centre Berthiaume-Du-Tremblay, p. 10.

L'AQDR a publié divers manifestes et dossiers portant sur la situation économique des personnes âgées, le logement, les services sociaux et les femmes âgées. Depuis 1986, elle entreprend la publication de la revue *La force de l'âge*.

Au cours des années 80, l'AQDR est particulièrement active dans divers dossiers d'actualité. Elle démontre sa capacité de mobilisation en participant et en organisant, de concert avec des associations québécoises et canadiennes, des manifestations, pétitions, etc. pour protester contre des projets peu populaires du gouvernement Mulroney comme celui de la désindexation partielle des pensions de retraite en mai 1985. L'AQDR a aussi été un membre influent de la Coalition des aînés du Québec contre la TPS (taxe sur les produits et services). La question des femmes, par exemple les écarts défavorables pour ces dernières sur le plan économique de même que la santé, pour ne nommer que ceux-là, est mise en relief dans les revendications et les activités de l'AQDR. D'ailleurs, son comité de la condition féminine a organisé un colloque, en 1983, sous le thème «À cinquante ans, qu'est-ce que tu deviens?» ainsi que des journées d'étude.

Pour sa part, la Fédération de l'âge d'or du Québec (FADOQ) est créée en 1970. Elle dénombre, en 1990, environ 200 000 membres regroupés dans près de 1 200 clubs locaux.

Cette association a une longue tradition dans l'organisation d'activités récréatives et de loisirs. Toutefois, elle développe peu à peu un volet «social» pour enfin jouer un rôle de groupe de pression, ce qui l'amène à présenter des mémoires sur différentes questions d'actualité concernant les conditions de vie des personnes âgées. La FADOQ s'est aussi jointe à certaines coalitions d'associations de personnes âgées qui ont vu le jour durant les années 80. Depuis 1978, la FADOQ publie le journal mensuel *Âge d'Or Vie Nouvelle,* qui accorde une place importante à la promotion des loisirs et à des conseils pour «bien vieillir».

Finalement, le Forum des citoyens âgés (FCA), fondé en 1965, est le plus ancien groupe de pression de personnes âgées au Québec. Il se définit davantage comme un groupe de rencontre axé sur la «causerie» qu'un groupe de pression. Du reste, son membership s'élève à seulement 600 membres en 1990. Ses activités se limitent surtout à la diffusion d'information sur la vieillesse et les conditions de vie à la retraite. Le Forum participe également à des commissions parlementaires en y présentant des mémoires.

Vers un «pouvoir gris»?

Les regroupements collectifs de personnes âgées sont une réalité très hétérogène tant dans leurs objectifs, leurs activités que dans leurs structures. Longtemps présentés et perçus comme de simples «clubs de parties de cartes», certains groupes du «monde» du troisième âge tentent de se défaire de cette image. D'où, d'ailleurs, leurs interventions sur le plan politique.

En effet, ces groupes ont de plus en plus pris part durant la décennie 80 aux activités politiques qui concernent de près ou de loin la population âgée. Nous pensons plus particulièrement aux débats sur l'abolition de l'âge obligatoire de retraite, la situation économique des gens âgés et le développement des services sociaux et de santé. Ces groupes représentent une nouvelle tendance, minoritaire du reste, au sein des regroupements collectifs de la population âgée. Ce mouvement a donné naissance, au début des années 80, à la CAREQ (Concertation des associations de retraités du Québec).

Ces groupes de pression ont contribué sans aucun doute à faire de la vieillesse un «problème social», en soulevant l'indignation face aux piètres conditions de vie vécues par un grand nombre d'individus. À ce chapitre, l'AQDR a joué un rôle avant-gardiste avec des manifestes, des dossiers et des expositions d'affiches, notamment sur les questions relatives à l'économie et aux femmes âgées.

Cette «politisation» des personnes âgées représente pour certains le signe d'un temps nouveau: celui de la montée d'un «pouvoir gris». Ce dernier se serait manifesté lors de protestations publiques sur les débats entourant la réforme des pensions en 1982, organisées par l'AQDR sur la Colline parlementaire. Il se serait aussi exprimé par les coalitions, tant québécoises que canadiennes, de personnes âgées qui ont vu le jour lorsque le gouvernement Mulroney a tenté de désindexer inopinément la pension de retraite, en 1985, et de retirer, l'année suivante de manière radicale certains droits des retraités à l'assurance-chômage. Ce «pouvoir gris» s'est également opposé à la TPS, en 1989-1990, et à des réformes fiscales.

LES FORCES ET LES LIMITES DE L'ACTION COMMUNAUTAIRE AUPRÈS DES PERSONNES ÂGÉES

Après cette description générale (et bien incomplète) des types d'actions communautaires pour personnes âgées et des activités des principaux intervenants, nous aborderons l'analyse de cette réalité. L'action communautaire comme stratégie d'intervention a en sa faveur des éléments incontestables. Cependant, elle compte aussi, croyons-nous, des limites importantes.

L'action communautaire comme pratique innovatrice

L'action communautaire occupe une place importante comme mode d'intervention innovateur dans la gestion publique de la vieillesse axée sur la désinstitutionnalisation et la non-institutionnalisation, qui a émergé de la réforme du système de santé et des services sociaux au début des années 70.

Pour la population âgée, rappelons-le, cette réforme a porté, entre autres, sur la désinstitutionnalisation. Le mouvement de désinstitutionnalisation correspondait, d'une part, à des réactions négatives d'ordre économique générées par le placement en institution et d'ordre idéologique: ce mode de vie marginalise en isolant et en créant une dépendance des gens âgés. On y critique aussi la déshumanisation des lieux et des soins. D'autre part, cette nouvelle approche – la désinstitutionnalisation – représente une réaction positive à l'action «traditionnelle», dans la mesure où elle favorise le maintien à domicile. Ce qui suscite la mise en place de programmes préventifs et curatifs de services et de soins à domicile, de programmes-soutien en partie structurés au sein des CLSC[19]. À cela s'ajoute, plus tard, une aide («mesures de répit et de dépannage») telle l'hospitalisation de jour pour faciliter le soutien familial aux personnes âgées.

Il y a donc dans l'action communautaire un désir de rompre avec le caractère de «prise en charge totale» de la gestion d'alors des problèmes de la vieillesse. Ainsi, on peut dire que l'action communautaire correspond à une approche innovatrice, qui vise à ce que la vieillesse soit vécue comme une étape de vie assimilée aux autres dans un habitat non institutionnalisé. À ce moment-là, elle hérite de rôles et fonctions qui consistent, aujourd'hui encore, en la réunion des conditions favorisant un cadre de vie «normal» pour la population âgée.

---

19. A. GRANDMAISON (1982). «La désinstitutionnalisation en regard de la population âgée: un phénomène paradoxal», *Intervention*, 64, p. 12-20.

On sait comment la désinstitutionnalisation des personnes dépendantes âgées a obtenu un succès relatif. Au Québec, on enregistre un taux d'hébergement des personnes âgées de 7 % comparativement à 5 % en France et en Grande-Bretagne.

Voir MINISTÈRE DE LA SANTÉ ET DES SERVICES SOCIAUX (MSSS) (1989). *Pour améliorer la santé et le bien-être au Québec: Orientations*, Québec, MSSS, p. 43.

D'autres points forts de l'action communautaire proviennent, cette fois, de son intention de déprofessionnaliser les rapports à la vieillesse et, en corollaire, la dépendance envers les spécialistes et les institutions publiques. Aussi, on y retrouve un désir de résoudre les problèmes vécus par la population en faisant appel à ses propres ressources, à ses structures collectives comme les réseaux d'entraide ainsi qu'au potentiel des individus. À cela se greffe l'objectif de développer des structures locales d'insertion et de socialisation ainsi que des structures souples et démocratiques, du moins en principe.

De telles activités concourent à créer et à consolider des milieux de vie et d'entraide. Sans ces derniers, un grand nombre d'individus seraient exclus de tout circuit de communication, d'échange et de rapports humains tant, d'un côté, pour bénéficier d'un service, par exemple, que, de l'autre, pour contribuer par leur engagement à donner forme à de telles relations. L'action communautaire «joue» donc sur un double registre personnel: recevoir pour certaines personnes et, pour d'autres, donner.

Ces activités socioculturelles, les regroupements, et toute la vie associative qui en découle remplissent bel et bien des fonctions dites expressives et instrumentales[20]. Le soutien social que fournissent ces regroupements est inestimable. Il procure aux individus un appui cognitif, normatif, affectif et matériel dont les effets positifs en santé, par exemple, ont été démontrés[21]. Ne serait-ce que pour cet apport indéniable à la qualité de vie de la population âgée, le bien-fondé de l'objectif de prise en charge du milieu par lui-même par le recours aux ressources personnelles et collectives est indéniable. Les nouvelles tendances qui consistent à vouloir mettre en place des structures de type «entreprise communautaire» contribuent, d'une certaine manière, elles aussi, à l'atteinte de tels objectifs.

---

20. C. ATTIAS-DONFUT et A. ROZENKIER (1983). «Des clubs du troisième âge aux mouvements associatifs: une dynamisation sociale des personnes âgées», *Gérontologie et Société*, *26*, p. 89-100.

  F. GOVAERTS (1981). «Les centres de culture populaire: lieux d'expression et moyens de prévention du vieillissement», *Loisir et Société*, *4*, (1), printemps, p. 109-119

  S. MOFFET (1985). «La vie associative des personnes âgées», *Service social*, *34*, (1), p. 55-77.

21. M. RENAUD (1987). «De l'épidémiologie sociale à la sociologie de la prévention: 15 ans de recherche sur l'étiologie sociale de la maladie», *Revue d'épidémiologie et santé publique*, *35*, p. 3-19.

Par contre, les éléments problématiques de cette approche sont, eux aussi, nombreux. Une série de facteurs mettent durement à l'épreuve les principes de l'action communautaire et son application.

À titre d'exemple, la problématique du maintien à domicile dans laquelle s'insère celle de l'action communautaire s'est gravement dégradée durant la décennie 80. D'ailleurs, à l'aube des années 90, ce secteur fonctionne encore avec les mesures et les objectifs d'une politique élaborée en 1979[22]. Depuis, les services à domicile sont devenus insuffisants et le curatif, par rapport au préventif, a pris rapidement le dessus. Le nombre d'effectifs dans les CLSC est demeuré inférieur aux prévisions et la clientèle s'est transformée[23]. Cette dernière a vieilli et se trouve souvent en perte d'autonomie avec, en conséquence, des besoins de services et d'aide croissants et complexes. D'ailleurs, pour plusieurs personnes, le maintien à domicile est devenu une hospitalisation à domicile. Leur situation s'est «alourdie», faisant en sorte que ces personnes, souvent posthospitalisées, requièrent, entre autres, un nombre élevé d'heures de présence, de soins ou d'aide. Bref, pour les CLSC, la demande a dépassé rapidement l'offre, remettant en cause les principes d'accessibilité des services et même leur gratuité[24].

L'action communautaire serait-elle prise dans un étau? Se trouve-t-elle coincée entre la légitimité de ses objectifs d'intervention préventive dans les milieux, en ce qui concerne les réseaux de base, et le poids des impératifs sociopolitiques de l'État, de son désengagement et de leurs répercussions sur les CLSC[25]. Il y a fort à parier que oui. Du reste, il n'est pas étonnant que l'action communautaire en CLSC en ressorte étouffée, pour ne pas dire banalisée. Une des rares recherches sur l'organisation et le travail communautaires en CLSC met en relief plusieurs contraintes «laissant croire que l'action communautaire [...] est remise en question dans ses fondements mêmes[26]». On y relève,

---

22. M. DUMONT-LEMASSON (1988). «Politique du maintien à domicile», ASSOCIATION POUR LA SANTÉ PUBLIQUE DU QUÉBEC, *Le maintien à domicile: à la recherche d'un nouvel équilibre*, Montréal, 22 avril, p. 76-79, texte ronéo.

23. FÉDÉRATION DES CLSC (FCLSC) (1988). *Les services à domicile: une responsabilité publique*, 11 novembre.

24. Depuis quelques années, des agences privées de soins et d'aide à domicile ont fait leur apparition. Leurs services sont payés soit par les individus ou par les CLSC.

25. D. BOURQUE (1988). «La mise au pas tranquille des CLSC», *Nouvelles pratiques sociales*, *1*, (1), p. 43-58.

26. Y. HURTUBISE, G. BEAUCHAMP, L. FAVREAU et D. FOURNIER (1989). *Pratiques d'organisation et de travail communautaires en CLSC*, Montréal, Regroupement québécois des intervenants en action communautaire en CLSC, p. 3.

entre autres indices, la «dislocation» de ses activités, une «augmentation des mandats de création de groupes bénévoles» au détriment du travail auprès de groupes de pression et le «non-remplacement des effectifs absents pour cause de maladie ou autres».

En fait, l'approche communautaire touche plusieurs questions de fond: Une autogestion communautaire de la vieillesse est-elle encore possible? Tente-t-on par l'action communautaire de réanimer un cadre de vie depuis longtemps moribond si on se fie, par exemple, aux travaux menés en anthropologie du vieillissement[27]? L'appel au soutien social prôné dans le cadre de l'action communautaire n'alimente-t-il pas aussi un certain conservatisme en essayant de contrer l'étiolement des relations communautaires et le dépérissement des valeurs d'antan? Des valeurs «pures» qui accordaient un rôle important à la gestion familiale des personnes âgées, groupe d'individus d'ailleurs relativement peu nombreux. L'âge d'or de la vie communautaire est-il révolu au profit d'une telle prise en charge de la famille? De plus, quelle est la capacité de la communauté et des individus d'intervenir sur les conditions de vie des personnes âgées? Non pas de façon ponctuelle (comme tel geste d'entraide, par exemple) mais de façon continue. Il ne faut pas oublier, comme on a tendance à le faire en cette ère du contre-État, que les prémisses des actions publiques dans le domaine social reposent sur des facteurs objectifs telles la déficience des communautés locales en ressources de toutes sortes et leur désintégration.

Des facteurs démographiques sont également au nombre des raisons justifiant une gestion publique de la vieillesse. Comment? D'une part, la chute de natalité a réduit le bassin d'enfants donc d'aidants potentiels de parents âgés. D'autre part, une plus grande espérance de vie fait en sorte que les adultes «vieillissants» se retrouvent avec des parents âgés qui, la longévité aidant (ou nuisant!), subissent davantage des maladies chroniques et diverses incapacités. On comprendra, du reste, comment les aidants naturels (que l'on devrait plutôt nommer aidantes naturelles, la plupart étant des conjointes, filles ou brus) parviennent difficilement, aujourd'hui plus que jamais, à assurer un soutien à leurs parents[28].

Les effets conjugués de ces facteurs sociaux et familiaux ont désapproprié tant les individus que les collectivités des moyens de gérer

---

27. R. Santerre (1986). «Vieillir au Québec hier et aujourd'hui», *Cahiers de l'ACFAS, 41*, p. 247-267.

28. Lesemann et Chaume (1989). *Familles-providence. La part de l'État*, Montréal, Éditions Saint-Martin.

adéquatement certaines situations problèmes. Que l'État se soit «bureaucratisé», qu'il fasse la sourde oreille aux besoins ou qu'il ait créé une demande boulimique de services et, ce faisant, qu'il ait perdu sa légitimité, cela est une toute autre affaire. Il ne faudrait surtout pas jeter le bébé avec l'eau du bain!

Par ailleurs, le recours, voire la dépendance des groupes de personnes âgées envers l'aide gouvernementale en termes financiers, matériels et organisationnels ne sont-ils pas des indices d'obstacles à l'existence d'un communautaire «autonome»?

Au demeurant, des tendances structurelles extérieures à l'action communautaire (vieillissement de la population, éclatement de la famille, etc.) et les attitudes anorexiques de l'État dans le domaine social (saturation des ressources d'hébergement, sous-financement des CLSC, etc.)[29] handicapent sérieusement le potentiel des individus et de la communauté. Partant, s'en ressent la visée de prise en charge que renferme l'action communautaire. Au-delà de ces contraintes politiques, structurelles et institutionnelles, qui ont comme conséquence de «tasser» l'action communautaire en CLSC, d'autres enjeux «guettent» ce mode d'intervention auprès de la population âgée.

L'action communautaire comme intervention préventive

L'action communautaire en CLSC menée auprès de la population âgée se veut préventive, c'est-à-dire une intervention agissant en amont, sur les facteurs amenuisant la qualité de vie. D'où, entre autres, la création de structures collectives tels des réseaux d'entraide, des associations de loisirs ou encore l'organisation d'activités de promotion de la santé.

Force est de constater toutefois que ce type d'action sur le mode de vie risque d'être de faible portée car, faut-il en prendre note, il se concentre sur des «retombées» comme un faible niveau d'activités culturelles ou encore des habitudes de consommation «malsaines». Or, comme l'a bien démontré la sociologue française A.-M. Guillemard[30], les styles de vie à la retraite sont tributaires de déterminants sociaux dont les rapports de travail. En clair, le fait que des individus se retrouvent à la

---

29. Avec en plus une privatisation croissante dans le domaine de l'hébergement collectif pour personnes âgées. Voir Y. VAILLANCOURT et D. BOURQUE (1989). «La privatisation des services d'hébergement auprès des personnes âgées», *Nouvelles pratiques sociales*, 2, (1), p. 53-73.

30. A.-M. GUILLEMARD (1972). *La retraite, une mort sociale*, Paris, Mouton.

retraite avec une faible qualité de vie est attribuable à leur situation professionnelle. Pour cette raison, l'action dite préventive faite au moment de la retraite, en aval des déterminants «à risque», demeure bien limitée et arrive «sur le tard». Cette remarque renvoie à la problématique, malheureusement peu considérée, des possibilités d'action locale des CLSC sur les conditions «sociales» structurantes.

De plus, ce type d'action préventive ne risque-t-il pas d'occulter certains enjeux tout comme le fait une activité mise de l'avant en action communautaire, soit la préparation à la retraite[31]? Cette dernière, sous le couvert d'un encouragement à la planification de la retraite sur les plans financier, psychologique et de la santé responsabilise les individus et réduit le succès d'une «bonne» retraite à une action personnelle[32]. Qui plus est, cette démarche légitime l'intervention d'une panoplie de «spécialistes» des questions de la retraite. Ne serait-ce que pour un tel recours à des professionnels de la retraite, cette démarche fait en sorte qu'un objectif important de l'action communautaire, soit celui de la déprofessionnalisation de la problématique du vieillissement, est complètement raté.

LES ENJEUX SOCIAUX DE L'ACTION COMMUNAUTAIRE

L'action communautaire en CLSC et celle émanant des personnes âgées se recoupent à bien des égards, et ce, avec des moyens variables et des ressources différentes. Ces interventions contribuent, sans aucun doute, à créer un «social âgé» et à améliorer la «cause des vieux»[33]. Simultanément, les actions collectives, tant publiques que celles des personnes âgées, encadrent et normalisent le processus social du vieillissement, ce qui fait apparaître ce dernier comme naturel. Par conséquent, la situation sociale de la population âgée est vidée d'enjeux importants.

---

31. Approche qui brouille la compréhension de certains aspects du vieillissement au travail. Voir A. PILON (1990). «Le vieillissement de la main-d'œuvre: où est le problème?», *Le Devoir*, 18 avril, p. 9.

32. A. PILON (1991). «La vieillesse: reflet d'une construction sociale du monde», *Nouvelles pratiques sociales*, 3, (2), p. 141-156.

33. R. LENOIR (1984). «Une bonne cause. Les assises des retraités et des personnes âgées», *Actes de la recherche en sciences sociales, 52-53*, p. 80-87.

De la socialisation à l'encadrement

Comme nous l'avons vu précédemment, dans les deux «types» d'actions communautaires, publique et de la «base elle-même», il y a développement d'activités à caractère social, de loisirs culturels et de défense des droits sociaux. De part et d'autre, ces interventions posent les bases de l'épanouissement de milieux de vie pour les personnes âgées.

Mais l'action communautaire soulève d'autres enjeux que l'accès à une vie associative et à un réseau d'aide et de services. Ce qui nous amène à aborder le rôle de l'action communautaire en matière d'encadrement et de normalisation de la population âgée. En effet, autant l'action communautaire en CLSC que l'intervention collective autonome de la population âgée fournissent un cadre de vie socialement défini. Celui-ci prend des formes multiples mais relève avant tout d'une représentation qui particularise la vieillesse. Il dirige et organise la vie des gens âgés de telle sorte qu'il a tendance à naturaliser l'étape de vie qu'ils traversent. Prétendre que les diverses formes d'actions communautaires structurent et modèlent la vie de la population âgée signifie qu'elles l'orientent vers l'adoption d'un modèle de vie, de principes et de pratique d'activités qui semblent propres à sa situation d'âge, bref, qu'elles la «poussent» à se distinguer des autres. De cette façon, n'a-t-on pas tendance à «oublier» que la vieillesse relève d'une construction sociale et qu'une telle entreprise entretient une vision de sa condition réduite à celle d'une réalité allant de soi?

La vieillesse telle qu'on la conçoit relève d'une pure invention sociale. Comme mode de vie inactif, elle s'apparente à un *no man's land*. En effet, la salarisation des rapports sociaux a posé les bases d'une dévalorisation de cette étape de la vie. Elle l'a confinée à une situation mal définie, car non productive, tout en plaçant les individus dans un état de dépendance économique. Ce faisant, la vieillesse comme processus humain est devenue une question sociale.

La population âgée, compte tenu de sa position à l'extrémité du pôle central des relations sociales et de l'identité que structure le travail salarié, se bute à un problème d'insertion. Son intégration au sein de regroupements, de lieux de rencontre et d'activités socioculturelles constitue une voie privilégiée dans notre société pour contourner la marginalisation. Dépourvue de tout rôle producteur, la population âgée s'est vue «offrir» un rôle de consommateur de temps libre, de biens et d'activités.

La façon de vivre sa vieillesse par l'entremise de l'action-consommation est d'ailleurs perçue comme un gage de bien vieillir par le discours «scientifique», dont celui de la gérontologie et d'une de ses composantes théoriques, l'activisme[34]. La satisfaction et la qualité de vie à la retraite dépendraient de nouveaux rôles sociaux que chacun doit s'approprier. L'avance en âge inciterait les individus à s'éloigner des normes établies, ce qui est perçu comme un comportement déviant. La participation sociale devient dans cette perspective une fin en soi. Il est facile de constater de quelle façon cette «théorie» de l'activisme, du savoir vieillir, renferme des dessous normatifs, canoniques, modelant certains styles de vie à la retraite. À coup sûr, elle engendre une demande d'activités et de loisirs. Existerait-il des comportements «respectables» avec l'avance en âge?

L'action collective, comme mode d'intégration de la population âgée à la vie sociale, poursuit cette naturalisation de la vieillesse dans la mesure où elle accorde à l'âge, et également au rassemblement de gens en fonction de leur situation chronologique, un pouvoir en lui-même, voire un potentiel de prise en charge et de démarginalisation. Par conséquent, il apparaît comme allant de soi que des individus d'une même classe d'âge, et seulement en fonction de cette affinité, entreprennent, à titre d'exemple, des démarches communes et collectives. Peut-on soutenir que la «cause des vieux» s'érige sur un tel critère: celui de l'âge? *Old is beautiful?*

D'ailleurs, l'action autonome des personnes âgées se distancie-t-elle vraiment de ce modèle dominant? Par exemple, l'engagement bénévole ou encore l'organisation de services communautaires pour et par des personnes âgées constituent-ils des modes d'insertion réellement valorisés et reconnus dans une société centrée sur le travail salarié? Vieux débats pour les vieux, diraient certains...

Enfin, on ne peut passer sous silence l'effet de régulation économique qu'alimente l'action communautaire. En effet, la recherche d'une telle participation sociale ouvre la voie à une consommation collective et individuelle de biens et de services. Pensons, à titre d'exemple, à l'industrie des loisirs, aux subventions gouvernementales destinées à des activités collectives et la mise en place d'équipements (par exemple les centres communautaires). Il y a incontestablement insertion de la population âgée dans des circuits économiques de consommation.

En somme, à travers les actions publiques et collectives, il s'est développé une structure d'encadrement du mode de vie des gens âgés. Cette dernière a pris forme avec la mise en place d'une panoplie de

---

34. A.-M. Guillemard (1980). *La vieillesse et l'État*, Paris, PUF.

services publics et d'activités parallèles à ceux du réseau communautaire. Ce processus de prise en charge s'est consolidé avec l'action de «spécialistes» en gérontologie et dans d'autres disciplines (loisir, animation, travail social, sciences de la santé, etc.), en particulier dans le secteur public. Cette forme de gestion de la vieillesse repose certes sur une transformation des conditions de vie des personnes âgées avec le passage à l'industrialisation et des changements dans les relations familiales. Mais elle résulte aussi, faut-il le souligner, d'une nouvelle conception de la vieillesse, conception qui tend à lui confier des attributs dont l'exercice de rôles et de fonctions distincts mais également distinctifs.

Pour terminer, nous présenterons certaines caractéristiques sociodémographiques de la population âgée, qui influencent l'action communautaire envers ce «groupe cible» mais aussi son potentiel d'action autonome.

LA OU LES POPULATIONS ÂGÉES

Il serait trop facile de définir la population âgée comme un tout homogène ayant des intérêts et des ressources d'une commune mesure. En fait, plusieurs variables caractérisent cette population. D'emblée, il ne faudrait surtout pas oublier que l'avance en âge limite elle-même, à des degrés divers, et ce, comme processus humain, l'engagement social des individus.

La population âgée en tant que réalité sociale, et non seulement démographique, ne consiste pas en la somme des individus qui la composent. Elle est pénétrée par des rapports sociaux qui distribuent les gens dans des conditions de vie fort inégales. Par conséquent, n'est pas vieux qui veut! Certains le sont plus que d'autres, et l'âge chronologique n'a pas de responsabilité à cet égard. Il va sans dire que les individus vivent un rapport différentiel à la vieillesse en fonction de leur capital socio-économique[35]. Au juste, y aurait-il «mobilisation» d'un certain type de personne âgée plutôt qu'un autre par l'action communautaire?

Au-delà de cette dimension sociale, la population âgée se répartit en sous-groupes. Ce qui renvoie à une relation particulière à la vieillesse comme période de vie, culturellement entre autres, et à une variabilité des capacités d'engagement social. D'une part, si la population âgée ne

---

35. A.-M. Guillemard (1972). *Op. cit.*

se résume pas à la vieillesse, la vieillesse, elle, et ce que les gérontologues nomment le «quatrième âge», c'est-à-dire les gens de 75-80 ans et plus, englobe un nombre important d'individus qui font face aux aléas du grand âge. Cette réalité objective est celle d'un grand nombre de personnes qui, comme on le sait, occupent une place grandissante sur le plan démographique. En effet, comme le démontre le tableau 1, la population des 75 ans et plus croît de façon importante au Québec. En 1961, elle représente 33 % des 65 ans et plus; en 1986 cette proportion passe à 37,4 %. En chiffres absolus, cette tranche d'âge est passée de 101 238 à 243 120 personnes, soit plus du double. Nul doute que cette tendance au vieillissement de la population âgée est à considérer quand on «pense» action communautaire. À titre d'exemple, elle influence la capacité d'aide par les milieux naturel, familial ou bénévole de cette population souvent dépendante vivant encore à domicile.

À l'opposé de cette tendance «lourde», une nouvelle donnée caractérise le monde âgé. Avec le phénomène de la retraite anticipée, un nombre considérable d'individus font leurs premiers pas plus tôt dans le monde du troisième âge inactif. Au Québec, ce phénomène a de fait pris de l'ampleur depuis une décennie ou deux. Le tableau 2 illustre cette tendance particulièrement forte dès la soixantaine et même vers la mi-cinquantaine. La participation au marché du travail salarié des hommes de 60-64 ans, par exemple, chute de 67,4 à 53,0 % entre 1971 et 1986. Celle des femmes passe, elle aussi, de 22,6 à 19,9 %.

Ce groupe de «jeunes vieux et vieilles», autre expression qu'utilise la gérontologie pour désigner ce groupe, a un profil social assez différent de la population actuelle des 65 ans et plus. Il arrive à la retraite avec un pouvoir d'achat supérieur à celui des générations précédentes. Généralement, il bénéficie d'un meilleur état de santé et d'un niveau de scolarité plus élevé. Il tire avantage aussi d'une vie associative qui a connu de l'expansion au Québec, et à laquelle une partie de cette population a été socialisée. Ces individus à la retraite s'identifient-ils au modèle «âge d'or» traditionnel? Cela reste à voir.

Enfin, intervenir auprès de gens âgés, c'est agir auprès d'une population majoritairement féminine. En effet, au Québec, en 1986, près de 6 personnes sur 10 âgées de 65 ans et plus sont des femmes (tableau 1), soit 59,4 contre 52,7 % en 1961. L'action communautaire auprès des femmes âgées soulève plusieurs problématiques. À celle du vieillissement s'ajoute celle de la situation spécifique des femmes. Celle-ci renvoie, d'une part, à des conditions de vie de pauvreté dans bien des cas et à ses corollaires, soit l'isolement et la maladie. D'autre part, elle remet en question la situation des femmes dans les associa-

TABLEAU 1

Population âgée de 65 ans et plus selon le sexe, Québec, 1961 et 1986

	1961				1986			
	Hommes	Femmes	Hommes et femmes	%	Hommes	Femmes	Hommes et femmes	%
65-74 ans	98 257	106 895	205 152	67,0	176 665	230 855	407 520	62,6
75 ans et plus	46 533	54 705	101 238	33,0	87 150	155 970	243 120	37,4
Total	144 790	161 600	306 390	100	263 815	386 825	650 640	100
65 ans et plus	47,3	52,7	100	40,6	59,4	100		
% Québec			5,9			9,9		

Sources: BUREAU FÉDÉRAL DE LA STATISTIQUE (s. d.). *Recensement du Canada,* cat. 94-541, vol. 1, partie 2, Ottawa, p. 20.5-20.6 et cat. 94-518, vol. 3, partie 2, p. 9.83-9.84.

BUREAU DE LA STATISTIQUE DU QUÉBEC (1989). *Le Québec statistique,* Québec, Les Pub. du Québec, p. 322-323.

TABLEAU 2

Taux d'activité chez les 55-59, les 60-64 et les 65 ans et plus selon le sexe, Québec, 1971, 1981 et 1986 (en %)

	Hommes			Femmes		
	1971	1981	1986	1971	1981	1986
55-59 ans	78,3	80,5	76,1	29,6	34,2	35,3
60-64 ans	67,4	65,8	53,0	22,6	22,8	19,9
65 ans et plus	21,5	14,6	11,7	9,0	5,8	4,0

Source: STATISTIQUE CANADA (s. d.). *Recensement du Canada,* cat. 94-777, vol. 3, partie 7, Ottawa, p. 13.22-13.24; 1984: cat. 92-915, vol. 1, série nationale, p. 1.49; 1989: cat. 93-111, p. 3.11-3.12.

tions. Y trouvent-elles toujours les conditions requises pour un engagement d'égal à égal avec les hommes? Qu'il nous soit permis d'en douter.

On le voit, l'action communautaire auprès de la ou des populations
âgées doit inévitablement composer avec cette réalité multiforme, les
possibilités, le potentiel et aussi les obstacles (pas tous infranchis-
sables, par ailleurs) que constitue – et qui constituent – cette catégorie
sociodémographique.

CONCLUSION

Nous avons identifié certains paramètres dans lesquels se meut l'action
communautaire pour la population âgée au Québec comme elle nous
apparaît depuis les décennies 70-80.

Un large secteur d'intervention communautaire s'est étendu à plusieurs facettes des conditions de vie des personnes âgées. Les domaines
du loisir, des droits et de l'entraide ont été intégrés à cette spirale. De
nouveaux enjeux ont émergé: du passe-temps, les objectifs des regroupements sont devenus la défense de droits. Toutefois, l'influence d'un
«pouvoir gris» reste à démontrer. Ce pouvoir sera-t-il «donné», et ce,
comme stratégie gouvernementale de «consultation» des personnes âgées
comme «acteurs connaissant ses besoins» ou bien sera-t-il «acquis» à
travers des luttes? Comme nous l'avons vu, des pressions telle la progression démographique du groupe des «très âgés» se manifestent dans
un contexte où l'État compresse ses engagements sociaux. Quelles
orientations prendront ou plutôt donnera-t-on à ces tendances sur le
plan social? Qui interviendra, comment et surtout au nom de quoi, de
quelle interprétation faite de la situation de la population âgée?

En fait, tout cela renvoie, entre autres, à la difficile tâche de tracer
une ligne, une frontière entre les dimensions de cette trilogie sociale.
Mais ce faisant, clarifierons-nous un peu plus la problématique de fond:
celle de la vieillesse, du temps «libre» que représente la vie à la retraite?

2.4.

L'organisation communautaire avec des groupes ethniques

▼

André G. Jacob

Quelle est l'importance et la signification du processus migratoire pour les immigrants et les réfugiés? Du contexte prémigratoire? Des conditions de départ et des conditions d'arrivée dans le pays d'accueil? Ce sont là des réalités qui deviennent des dimensions très significatives dans le développement des communautés ethniques, lieu privilégié où se reproduisent les rapports de classes et où se joue toute la dynamique des rapports d'insertion dans la nouvelle société. Dans ce contexte, l'organisation communautaire fait face à des dimensions particulières, soit la gestion de la différence et des enjeux spécifiques à l'arrivée des immigrants et des réfugiés. Comment les institutions et les organismes tentent-ils d'intervenir sur le plan communautaire? Voilà la question centrale!

La théorie et la pratique en organisation communautaire dans les milieux multiethniques connaissent déjà un développement assez riche, particulièrement depuis les années d'après-guerre. Aux États-Unis, théoriciens et praticiens furent rapidement confrontés aux relations multiethniques ou interculturelles (selon l'usage dans différents milieux) mais, au Canada, il semble que l'on commence à peine à s'éveiller à ces dimensions. Dans le passé, les analyses de l'organisation communautaire ont souvent oublié cette problématique spécifique. Serait-ce la traduction des multiples solitudes qui composent le petit univers québécois? Quoi qu'il en soit, à titre d'exemple, la Commission d'enquête sur les services sociaux et de santé (la Commission Castonguay) publie en 1972 un volumineux rapport, dans lequel on ne retrouve qu'une demi-page sur les services sociaux et le travail communautaire en milieu multiethnique.

À l'époque, l'opinion publique perçoit encore trop souvent l'immigrant comme un resquilleur, un «voleur de jobs»; quant aux réfugiés, ils occupent peu de place dans les politiques et dans l'opinion publique. Aujourd'hui, immigrants et réfugiés n'ont plus à entrer par la poterne. Encore trop absents des débats au début des années 80, ils font l'objet d'analyses et de nouveaux questionnements que depuis le milieu de la dernière décennie. En 1987, la seconde Commission d'enquête sur les services sociaux et de santé (la Commission Rochon) étudie surtout l'accessibilité aux services sociaux et de santé, mais laisse de côté les problématiques sociales reliées à l'arrivée des réfugiés et l'impact des politiques d'immigration sur les populations immigrantes. Évidemment, on passe sous silence les conséquences des choix politiques du gouvernement du Québec qui sont de favoriser les immigrants investisseurs au détriment des travailleurs et des réfugiés.

La Commission Rochon est un peu plus généreuse: elle accorde un volume complet à cette problématique, tout en faisant un certain nombre de recommandations relatives à l'accessibilité des services sociaux publics aux gens originaires de divers pays, elle reconnaît le rôle dynamique essentiel joué par les services sociaux privés, appelés communément services communautaires ou organismes non gouvernementaux (ONG). Par contre, elle ne se prononce pas sur l'organisation communautaire en milieu multiethnique.

Établir quelques paramètres pour mieux comprendre l'organisation communautaire en milieu multiethnique s'impose. En premier lieu, il faut accorder une attention particulière aux situations vécues par les immigrants et les réfugiés, avec insistance sur ces derniers. Deuxièmement, pour illustrer la réalité de ces milieux, il faut montrer les objectifs et les stratégies développées dans les diverses pratiques communautaires.

QUELQUES FACTEURS INCONTOURNABLES

L'organisation communautaire en milieu multiethnique ne se différencie pas tellement par la méthodologie, mais plutôt par ce qui caractérise les milieux à forte concentration ethnique. Dans les débats courants, on présente souvent l'ethnicité comme une sorte de concept univoque applicable à tous les groupes et communautés ethniques, alors que divers éléments viennent caréner l'approche de l'intervention en milieu multiethnique, notamment l'analyse du contexte prémigratoire des immigrants et des réfugiés, le contexte migratoire, l'existence ou la non-existence d'une communauté dans le pays d'accueil, la conjoncture sociale, politique et idéologique, qui détermine les politiques et les procédures d'accueil et d'établissement dans la société hôtesse, les programmes d'intervention soutenus par l'État tant dans les services sociaux privés que publics.

Le processus migratoire

En traitant un contexte migratoire, il faut automatiquement analyser le contexte prémigratoire. Selon la simple et célèbre théorie de Hoover[1], les jeunes adultes prennent habituellement la décision de quitter le territoire où ils ont vécu leur enfance dans le but d'améliorer leur situation de revenu et d'emploi. Cependant, le facteur économique n'explique pas tout. Les migrants mettent aussi dans la balance les divers facteurs reliés à leurs perspectives d'avenir. La décision d'émigrer découle de facteurs multiples conjugués. Ainsi, dans un premier temps, le futur migrant considère que le territoire où il vit ne lui convient plus (facteurs répulsifs), sur le plan économique ou politique, social et culturel; dans un deuxième temps, il se laisse porter par l'attrait d'un nouveau lieu de résidence (facteurs positifs).

Les facteurs décisionnels s'avèrent très différents à chacune des deux étapes. Dans le pays d'origine, les facteurs sont donc plutôt répulsifs ou négatifs; l'individu ne trouve pas un emploi valorisant et rentable, la situation politique est insécurisante, le coût de la vie s'avère trop élevé, les biens de consommation sont non disponibles, les conditions de logement sont mauvaises, la répression obsède de larges secteurs de la population, etc. En fait, la plupart de ces éléments se résument à des conditions de vie et à un contexte sociopolitique où l'individu ne trouve pas de raisons valables de poursuivre sa vie. Dans la deuxième étape, la perception de facteurs positifs reliés à l'attrait de conditions de vie et de conditions socio-économiques plus avantageuses dans des territoires plus développés ou selon des modèles différents vient déterminer la décision de migrer.

Jusqu'ici, en ce qui concerne le processus migratoire, nous sommes toujours à un niveau théorique mais la question à se poser consiste à savoir comment, dans la pratique, le nouvel arrivant vit des rapports sociaux dans la nouvelle société où il aspire à une insertion la plus harmonieuse possible. Deuxièmement, comment, dans ce processus

---

1. E. M. HOOVER (1971). *An Introduction to Regional Economics,* New York, Alfred A. Knops (Books economics).

d'insertion, l'individu immigrant et réfugié peut-il être relié à une démarche d'organisation communautaire?

Le contexte prémigratoire sert souvent de point de référence dans le processus d'insertion des individus et dans leur éventuelle implication, leur participation à un degré ou l'autre à la société d'accueil. Phénomène assez paradoxal, malgré les nombreux facteurs répulsifs dans le pays d'origine, la majorité des individus confrontés à la réalité du pays d'accueil utilisent valeurs, modes de vie, coutumes, etc. comme cadre de référence pour comprendre leur nouvelle société.

Des situations concrètes faciliteront une meilleure compréhension de ce processus fort complexe. Dans les années 80, environ un million de Salvadoriens émigrent vers divers pays, fuyant la répression et la guerre alors que trois millions d'Iraniens et trois millions d'Afgans, un million de Somaliens, etc. demandent l'asile dans des pays limitrophes, en Europe et en Amérique du Nord, afin de fuir l'inquisition intégriste, l'instabilité politique et une situation économique détériorée. Au total, environ quinze millions de réfugiés sont toujours à la recherche d'un pays. Au cours de la même décennie, le Québec et le Canada mettent l'accent sur le recrutement d'investisseurs, surtout asiatiques, invités à venir participer au développement de petites et moyennes entreprises. Une distinction simple s'impose donc très clairement entre la situation des réfugiés et celle des immigrants; si le réfugié et l'immigrant quittent leur pays dans l'espoir de trouver un milieu de vie meilleur, leurs aspirations et leurs conditions de départ sont très différentes. L'un quitte habituellement sans avoir choisi de partir, alors que l'autre le fait de façon plus volontaire, même si beaucoup d'immigrants sont aussi des victimes de la guerre. Une fois arrivés au Canada, ou ailleurs, l'implication de l'un et de l'autre sera très différente; plusieurs réfugiés auront davantage tendance à s'impliquer dans une lutte de solidarité politique avec des gens de leur pays d'origine ou une action communautaire, alors que les immigrants concentreront toutes leurs énergies à la mise en marche d'un commerce ou au développement de leur avenir professionnel. Une recherche portant sur les réfugiés révèle que le projet «Retour au pays d'origine» prend une signification beaucoup plus grande chez les réfugiés que chez les immigrants[2].

Certaines variables ont une nette influence sur l'attitude et les choix de l'immigrant ou du réfugié. Il en va ainsi pour certaines variables sociodémographiques significatives telles que l'âge au moment de

---

2. Jocelyne BERTOT et André G. JACOB (1991). *Les réfugiés: deux études de cas, les Salvadoriens et les Iraniens,* Montréal, Éditions du Méridien.

l'arrivée du pays d'accueil, le sexe, les antécédents socioculturels comme le niveau de formation, l'expérience de travail, la connaissance de la langue dominante dans le pays d'accueil, etc. Il faut également tenir compte des facteurs structurels reliés aux conditions de départ (guerre, répression, dépossession complète de ressources vitales, etc.). Ces facteurs prennent une signification importante dans la mesure où ils indiquent habituellement les caractéristiques de l'immigration de tel ou tel groupe, de tel ou tel individu.

Dans leur processus d'insertion, les individus suivent des cheminements très différents selon les facteurs subjectifs qui les animent et selon les situations objectives nouvelles avec lesquelles ils sont confrontés. Dans une étude sur les modèles d'intégration psychosociale, Hutnik[3] identifie quatre stratégies différentes: 1) une stratégie d'*assimilation,* quand l'individu se perçoit comme appartenant à une communauté dominante et non comme membre d'un groupe ou d'une communauté ethnique; 2) une stratégie de *dissociation*, quand l'individu se perçoit comme membre d'un groupe minoritaire et pas du tout comme membre de la majorité; 3) une stratégie d'*acculturation,* quand l'individu s'identifie à la fois au groupe ethnique et à la majorité; 4) une stratégie de *marginalisation*, quand l'individu ne s'identifie ni à la communauté dominante ni à son groupe d'appartenance.

Ces stratégies, toutes de type fonctionnaliste, nient les conditions objectives d'insertion des immigrants et des réfugiés: les politiques d'immigration, les politiques d'accessibilité aux services sociaux et de santé, l'organisation des rapports sociaux de production. Dans la réalité, une majorité de réfugiés, en immigrant, entrent dans un processus de prolétarisation; qu'ils soient originaires de milieux ruraux ou professionnels, la première porte de l'insertion est souvent la manufacture, l'hôtellerie ou la cuisine d'un restaurant. Ils font donc face à des conditions objectives significatives sur le plan subjectif. En quelque sorte, il y a changement dans leur situation de classe.

Dans un processus d'insertion complexe, qu'il serait trop long d'analyser ici, l'individu développera donc sa propre stratégie et par le fait même son implication ou non à un niveau ou l'autre dans des actions communautaires, selon les conditions objectives et subjectives de son immigration.

---

3. Mimmi HUTNIK (1986). «Patterns of ethnic minority identification and modes of social adaptation», *Ethnic and Racial Studies, 9,* (2), p. 154.

L'existence de la communauté

En 1981, le gouvernement du Québec introduit une nouvelle notion dans le discours politique québécois, soit la «communauté culturelle». Dans sa politique dite de convergence culturelle, le gouvernement du Parti québécois vient de réduire l'ethnicité à la culture. Sans faire tout le procès de cette politique, il faut au moins signaler que les nouvelles orientations évacuent les différences, la considération des rapports majorité-minorités et la prise en charge des rapports de classes à l'intérieur des communautés. En ce qui nous concerne, nous référons à la notion de communauté ethnique parce qu'en un mot, l'ethnicité est beaucoup plus spécifique que la culture.

Quand on parle de communauté ethnique, il faut dépasser la référence à un territoire pour référer à un groupe en voie d'organisation ou organisé sur un territoire donné, vivant dans un processus dynamique interne, animé par un double mouvement de conservation et de changement d'identification par rapport à une langue, à une culture, à des traditions et à la confrontation avec de nouveaux schèmes de référence inscrits dans les structures et la culture de la société d'accueil. On pense, par exemple, à des communautés anciennes comme la communauté italienne, la communauté chinoise, la communauté grecque, la communauté ukrainienne, etc. Ces communautés existent de façon plus formelle en se référant à un territoire donné, à un niveau d'organisation de services adéquat et à une histoire propre. Par contre, plusieurs individus originaires de différents pays ne peuvent dire qu'ils ont une communauté située quelque part. C'est le cas notamment de petits groupes comme les Guatémaltèques, les Maliens, les Tunisiens et bien d'autres qui ne peuvent se référer à une communauté organisée; leur communauté n'a aucun équivalent dans la réalité.

Par rapport à une communauté dominante, le processus constant de différenciation, d'accentuation des particularismes et des différences, mais aussi des convergences et des rapprochements, est plus aigu dans un groupe ethnique que dans un groupe appartenant à la majorité, et le processus de formation d'une communauté ne suit pas un cheminement linéaire, simple et clair. La communauté naît tout autant sous les pressions du nombre et des capacités d'un groupe ou d'une communauté à gérer son présent et son avenir dans une société d'accueil que par les efforts d'un certain nombre d'individus doués de qualités particulières, d'un leadership leur permettant de devenir des porte-parole reconnus.

L'appartenance à un territoire s'avère une dimension secondaire, bien que souvent révélatrice du niveau d'organisation d'une communauté. La notion de communauté ethnique et, au Québec, de communauté culturelle, est typique du Canada et des États-Unis; les Européens ne réfèrent aucunement à ces notions et parlent plutôt de façon indéfinie des «étrangers», des «immigrés» et des «migrants». À Montréal par exemple, dans une étude sur la communauté portugaise de Montréal, Lavigne considère deux aspects fondamentaux, soit l'aspect perceptuel et l'aspect organisationnel:

> L'idée de communauté, compte tenu du contexte nord-américain où elle a pris corps, renvoie à celle d'un petit groupe ou sous-groupe composé d'individus ayant en partage un ou des intérêts sur lesquels existerait un consensus. Elle évoque aussi l'idée d'organisation c'est-à-dire d'une mise en forme des relations interindividuelles afin de pouvoir mener une action collective à l'intérieur de la société[4].

Appliquée aux communautés ethniques, cette notion signifie un regroupement des individus autour d'une commune réalité ethnique ou raciale, couplée avec un niveau d'organisation assez élevé pour mener une action sociale commune en tant que groupe ethnique. Cette organisation se manifeste à la fois par la création d'associations et par la mise en place de services destinés à soutenir la vie communautaire: commerces, écoles, médias, églises, services sociaux, etc. Cette approche rejoint la perception que nous pouvons observer dans les diverses monographies sur les communautés ethniques au Québec[5].

Au-delà de la notion de communauté, il faut faire la distinction entre groupe ethnique et communauté ethnique, ce qui peut paraître d'une simplicité déconcertante. Pourtant, cette nuance devient fondamentale et surtout très utile dans la pratique, car elle permet de faire les nuances qui s'imposent entre les diverses composantes ethniques de la société. Par exemple, pourquoi parle-t-on de communauté grecque,

---

4. Gilles LAVIGNE (1987). *Les ethniques et la ville: l'aventure urbaine des immigrants portugais à Montréal*, Montréal, Le Préambule (collection Science et théorie), p. 64.

5. Stefanos CONSTANTINIDES (1983). *Les Grecs au Québec*, Montréal, Éditions Le Métèque.

   Paul DEJEAN (1978). *Les Haïtiens au Québec*, Sainte-Foy, Presses de l'Université du Québec.

   Denise HELLY (1987). *Les Chinois à Montréal: 1877-1951*, Montréal, Institut québécois de recherche sur la culture.

   Claude PAINCHAUD et Richard POULIN (1989). *Les Italiens au Québec*, Hull, Éditions Asticou.

italienne, portugaise, chinoise et non d'une communauté chilienne, salvadorienne, hondurienne, ethiopienne, sénégalaise, laotienne, etc.? Tout simplement parce que ces groupes atteignent un niveau d'organisation facilement repérable (d'ailleurs souvent traduit par l'appartenance à des enclaves géographiques) et rejoignent davantage les caractéristiques d'une communauté. Est-ce contradictoire avec le fait de parler de l'identification à une communauté? Pas vraiment. Dans les faits, en référence à l'intervention, le niveau d'organisation traduit bien la signification d'une communauté réelle. Par exemple, dans la pratique, les intervenants ne disent pas: «Je travaille dans la communauté mexicaine mais avec des Latinos...» Par ailleurs, des gens disent souvent: «Je travaille dans la communauté grecque...» Dans la pratique, l'utilisation des termes n'est pas le fait du hasard...

Évidemment, la communauté offre un soutien organique au développement d'une identité ethnique propre. L'immigrant et le réfugié, même après plusieurs années de vie au Canada, sont toujours confrontés à d'autres valeurs, à d'autres coutumes, à une autre langue que la leur de telle sorte que l'association avec les compatriotes d'origine, d'une manière ou d'une autre, apparaît comme une réaction normale face à l'anxiété générée par la confrontation à une situation et à des valeurs nouvelles dans le processus d'insertion. On peut alors parler d'un rapport à l'ethnicité.

Le rapport à l'ethnicité est fondamental dans la formation de la communauté. Dans son étude sur l'identité culturelle, Abou insiste sur l'importance de la «solidarité organique» quand les individus sont confrontés à une réalité culturelle différente de la leur et majoritaire en raison de leur origine ethnique et nationale[6]. La communauté ethnique offre un type de soutien supplémentaire à l'immigrant et au réfugié; ils y trouvent des services et des institutions qui leur permettent de prolonger en quelque sorte leurs modes de vie et de comportements habituels, d'assurer la transmission de leur héritage culturel (langue, religion, normes et valeurs spécifiques) et d'obtenir un soutien concret et cohérent par rapport à leur perception de leurs problèmes. On voit, par exemple, les grandes communautés ethniques (Italiens, Chinois, Grecs, Portugais, Juifs) de Montréal tenir à offrir des services spécifiques à leur communauté. De plus, de par sa fonction de «préservation» des intérêts et des valeurs en référence à la société d'accueil, la communauté génère un sentiment d'appartenance et de protection individuelle et collective.

---

6. Selim Abou (1981). *L'identité culturelle: relations interethniques et problèmes d'acculturation*, Paris, Anthropos, p. 121.

Au-delà de cette fonction, certains auteurs estiment que la communauté peut aussi représenter une sorte d'entrave à l'insertion, dans la mesure où la préservation de l'identité ethnique, culturelle et sociale assurée par la communauté entretient le repli sur les valeurs et les modes de comportement plus centrés sur le pays d'origine que sur la société d'accueil[7]. Nous sommes convaincu que le développement d'une communauté autour de caractérisques ethniques reste un privilège qu'une société comme la nôtre peut s'offrir pour enrichir ses perspectives, sa dynamique sociale et jeter les bases d'une action communautaire profitable aux nouveaux citoyens et aux nouvelles citoyennes d'un pays toujours en devenir.

La conjoncture de l'accueil

S'il y a une difficulté commune que l'on rencontre chez la plupart des individus des groupes et communautés ethniques, c'est bien l'isolement: isolement par rapport à la communauté dominante et isolement entre les groupes et communautés ethniques. Le sentiment de solitude, par exemple la séparation de la famille et du réseau de soutien; l'isolement social, par exemple la rupture avec le milieu de vie, le voisinage, les loisirs, la vie sociopolitique; l'isolement culturel, par exemple la langue, les activités artistiques, les médias, l'habillement, la religion; l'isolement spatial, par exemple dans le milieu de vie urbain. C'est souvent pour faire face à tous ces niveaux de difficulté que de multiples organismes se développent dans les diverses communautés.

La plupart des politiques d'accueil visent à faciliter l'insertion des individus au marché du travail mais dans des perspectives très différentes selon les pays hôtes. Si, aux États-Unis, la stratégie dominante est l'assimilation (le *melting-pot*), au Canada, nous avons une politique qui s'inspire du multiculturalisme, c'est-à-dire le modèle dit de la «grande mosaïque canadienne» où les diverses communautés et groupes ethniques peuvent conserver leur culture et s'intégrer à la société dominante tout en protégeant leur identité. Même si depuis 1981 la notion de «communauté culturelle» fait partie du vocabulaire socio-

---

7. W. A. Vega, B Kolody et J. R. Valle (1987). «Migration and mental health: An empirical test of depression risk factors among immigrant Mexican women», *International Migration Review, 21*, (3), p. 512-528, New York, Center for Migration Studies.

Mary Wood (1988). «Revue de la littérature sur la santé mentale des migrants», *Santé, Culture, Health, V*, (1), GIRAME.

politique québécois, elle est toujours très critiquée par les groupes et communautés ethniques en raison de sa perspective assimilatrice sur le plan strictement culturel, évacuant ainsi les dimensions structurelles comme les problèmes socio-économiques et les difficultés réelles inhérentes aux rapports entre les minorités et la majorité. Encore là, la critique de cette notion fait partie d'un autre débat déjà mis de l'avant par plusieurs théoriciens[8].

Les problèmes de l'accueil des réfugiés sont devenus particulièrement aigus au cours des années 80. Au début de la décennie 90, plus de 100 000 revendicateurs du statut de réfugié attendent une réponse à leur demande d'obtention d'un statut, et ce, depuis parfois cinq ou six ans. Les conséquences des difficultés générées par cette attente injustifiable ont donné naissance à de nombreux organismes consacrés à l'accueil et à l'adaptation, souvent avec le titre de «partenaires» de l'État, comme les qualifient les divers paliers de gouvernement.

MILIEUX ETHNIQUES ET ORGANISATION COMMUNAUTAIRE

La promotion et la défense des droits aux services

S'il est une pratique très bien récupérée par l'État, c'est bien l'organisation communautaire en milieu interethnique. Au milieu des années 70, les projets communautaires pullulent. En 1976, quand le gouvernement fédéral lance son Livre vert sur la politique d'immigration, des dizaines d'organismes se mobilisent rapidement pour le contester et mener une action efficace. Dans les communautés plus anciennes, on voit naître des associations vouées à la promotion et à la défense des droits des travailleuses et des travailleurs immigrants, à leur syndicalisation et qui font des pressions sur diverses instances publiques. Mentionnons entre autres l'Association des travailleurs grecs (1971), la Fédération italienne des travailleurs immigrants et de leur famille (1972), l'Association du personnel domestique (1974), la Maison d'Haïti (1974), le Bureau de la communauté chrétienne d'Haïti (1975), l'Union des travailleurs immigrants (1975), le Mouvement démocra-

---

8. Daniel GAY (1985). «Réflexions critiques sur les politiques ethniques du gouvernement fédéral canadien et du gouvernement du Québec», *Revue internationale d'action communautaire, 14,* (54), p. 79-96.

R. KALINAGO (1985). «Discours de l'État et récupération des cultures», *loc. cit.,* p. 73-78.

tique portugais (1973), l'Association des travailleurs immigrants de Québec (1976). Toutes ces organisations peuvent compter sur un financement substantiel et régulier de la part du Secrétariat d'État et du ministère de l'Immigration du Québec (l'actuel ministère des Communautés culturelles et de l'Immigration du Québec).

Peu à peu, le montant des subventions augmente mais les deux paliers de gouvernement orientent leurs efforts vers les services individualisés. La plupart des organismes, y compris les groupes de pression, veulent toucher leur part de la manne et s'orientent lentement vers la distribution de services. Aujourd'hui, les millions de dollars de subventions vont essentiellement à des activités folkloriques et à des services sociaux privés qui mènent des actions à court terme comme le dépannage, l'information et la référence.

Malgré une politique concertée, tant au gouvernement provincial qu'au fédéral, pour orienter les subventions vers le développement de services, divers types d'interventions communautaires ont quand même vu le jour grâce à l'engagement de militantes et de militants ou d'intervenantes et d'intervenants soucieux de répondre à des besoins auxquels les organismes dispensateurs de services ne peuvent apporter de réponses adéquates. Tenant compte de l'évolution de la situation depuis le début des années 80 et des objectifs et stratégies mis de l'avant par divers groupes, il ne nous apparaît pas trop risqué de situer l'action des organismes en milieu interethnique au niveau de deux grands types, soit l'action sociale et la planification sociale.

La planification sociale

Les services sociaux privés

Depuis le début des années 80, de nombreux organismes à caractère ethnique ont vu le jour sous le titre «d'organismes communautaires» ou de «services communautaires» souvent appelés aussi organismes non gouvernementaux (ONG), par exemple La Maisonnée, l'Hirondelle, le Centre latino-américain, la Maison internationale de la Rive-Sud, le Centre communautaire iranien, etc. Une certaine confusion règne toujours dans la terminologie développée par l'État et transmise par les divers programmes de financement; si l'on parle de services et d'organismes communautaires, le terme «communautaire» ne réfère pas à une action ou à une intervention de nature communautaire. On parle bien de services individualisés offerts à l'ensemble de la communauté ou des communautés, selon les cas.

En fait, le modèle des services d'assistance est devenu prédominant et ne favorise plus le regroupement de gens issus de diverses communautés ethniques sur la base de leur appartenance à une ethnie ou à une classe. Dans la plupart des cas, ces organismes furent mis sur pied par des militants chrétiens de diverses Églises, soucieux d'offrir des solutions de rechange aux réfugiés souvent soumis au laissez-faire légendaire des gouvernements en ce qui concerne l'accueil social, l'établissement et l'aide psychosociale. Sur le plan de l'accueil, politiciens et fonctionnaires se targuent souvent de tout faire pour faciliter l'adaptation mais, en réalité, ils récoltent les avantages des retombées politiques, parce que malgré les deniers publics, sans le travail parfois héroïque accompli par une armée de travailleuses et de travailleurs et de bénévoles, leur investissement serait nul.

Pour saisir les grands traits de l'évolution des services sociaux privés d'assistance, il faut remonter aux années d'après-guerre. Depuis la création de l'Organisation internationale pour l'immigration par le pape Pie XII en 1946 et de la Commission internationale sur l'immigration en 1951, l'Église catholique joue un rôle très actif dans les services sociaux aux immigrants et aux réfugiés; aussi, depuis ce temps, les diverses Églises protestantes se sont résolument engagées dans la même voie. Cette forte influence des Églises a souvent permis des réalisations magistrales dans le domaine des services. Dans la longue tradition de l'immigration au Québec, on a toujours observé une implication des communautés religieuses dans l'accueil et l'établissement mais, dans les années 50, cette fonction dévolue à l'Église connaît un virage important au moment où le débat prend forme autour des positions mises de l'avant par le pape Pie XII, à savoir la reconnaissance des droits des immigrants et des réfugiés et l'importance pour les catholiques d'agir dans ce champ d'action pour contrer «l'avance communiste». Il n'est donc pas surprenant de constater que l'Église a joué un rôle important, surtout d'assistance dans des perspectives charitables, mais aussi de contrôle social en fonction de ses intérêts idéologiques et politiques.

Depuis la réforme des services sociaux et de santé en 1972, l'État joue un plus grand rôle mais, contrairement à d'autres secteurs d'intervention, il laisse encore les Églises, et surtout l'Église catholique, pallier l'absence de services publics. La visée fondamentale et pragmatique de l'État est d'abord de permettre la création d'organismes dispensateurs de services en mesure d'offrir les services sociaux requis par les réfugiés au moment de leur arrivée et tout au long de leur processus d'insertion. Ces organismes ont une fonction palliative, par rapport aux services publics souvent lents et peu souples, afin de s'adapter au mouvement rapide des arrivées et aux nouvelles difficultés dans les populations de réfugiés en particulier. Les ONG ont l'avantage d'offrir des services peu coûteux dans la langue des usagers. Il s'agit d'un investissement très intéressant pour les deux paliers de gouvernement: avec du personnel sous-payé et des bénévoles dévoués, on finance des services qui, autrement, coûteraient au moins trois fois plus cher. Si on a quelque peu délaissé les perspectives paternalistes et charitables, le courant philanthropique reste toujours dominant et laisse peu de place à l'organisation communautaire.

Au cours des ans, certains organismes orientés vers l'assistance ont favorisé le développement de quelques programmes communautaires comme des cours de langue, la formation de Clubs de l'âge d'or sur une base ethnique, etc. Dans d'autres secteurs, des groupes d'entraide se sont aussi développés, par exemple des centres pour les femmes latino-américaines victimes de violence.

Soulignons un fait particulièrement digne de mention, soit les réalisations multiethniques comme l'Association multiethnique pour les personnes handicapées, qui offre des services aux gens de diverses origines mais qui s'implique aussi dans la promotion et la défense des droits individuels et collectifs des personnes handicapées. Le développement du réseau des professionnels impliqués dans le traitement des victimes de torture constitue une autre initiative à caractère multiethnique significative dans l'aide aux réfugiés.

La formation

Quelques groupes, qui s'inscrivent dans les perspectives de planification sociale, sont nés depuis 1985, orientés vers la formation ou la sensibilisation du grand public. En fonction de ces stratégies, mentionnons entre autres Québec Multi-Plus et Nous tous un soleil. L'Institut interculturel québécois (autrefois le Centre interculturel Monchanin), formé au début des années 80, occupe une place un peu à part, car il repose sur une bonne équipe de permanents et de bénévoles assez imposante et ses nombreuses réalisations en font un organisme crédible auprès des diverses institutions qui dispensent des services et offrent des programmes de formation à leurs employés. À la fin des années 80, le Centre des services sociaux du Montréal métropolitain, en vertu d'une entente de service avec l'Institut, assurait la formation d'une partie de son personnel.

L'action culturelle

Enfin, on retrouve une panoplie d'organismes qui organisent, souvent comme une action secondaire, des activités à caractère culturel: cours de langue, cours de danse folklorique, théâtre dans la langue d'origine, soirées traditionnelles, soutien à des activités religieuses tradition-nelles, etc. Une part importante de ces énergies des organismes est canalisée vers la sauvegarde de la culture et des traditions. Dans beaucoup de communautés, on célèbre les fêtes traditionnelles, par exemple le Nouvel An chinois, iranien, vietnamien, etc., la Pâque orthodoxe chez les croyants de rite byzantin, la fête de l'Aïd chez les Musulmans, etc. Le soutien de ces activités culturelles revient souvent à des organismes qui ont comme priorité l'offre de services sociaux à la population de leur communauté. Dans le cadre de programmes spé-ciaux, on met de l'avant de telles activités pour favoriser le maintien des traditions et de l'identité ethnique, tout particulièrement chez les jeunes.

L'action sociale

Les groupes de pression

Malgré la prédominance des services dans une approche consensuelle, ces mêmes organismes mènent des luttes pour promouvoir et défendre les droits des réfugiés, surtout par le biais de grandes coalitions où ils regroupent leur force comme la Table de concertation des organismes pour les réfugiés, et le Conseil canadien pour les réfugiés, deux orga-nismes créés en 1979. Ils se situent quasi exclusivement au niveau de l'action sociale et agissent en réseau de concertation, utilisant des stratégies de représentation et de sensibilisation du public, parfois des pressions.

En somme, parallèlement à ce glissement radical vers le dévelop-pement de services privés financés par l'État au cours des années 80, ces nouvelles associations se sont développées et se présentent sur la scène publique comme des groupes de concertation représentatifs des communautés et groupes ethniques ou de catégories spécifiques de nouveaux arrivants comme les réfugiés.

La «Table des réfugiés», comme on l'appelle dans le milieu (à laquelle participent surtout des intervenants qui représentent des or-ganismes liés à la pratique avec les réfugiés), est devenu assez rapide-ment un groupe de pression. Au tout début, on souhaitait tout simplement créer un lieu de concertation et d'échange d'information sur les services aux réfugiés mais, souligne un rapport de la Table en 1984,

> [...] par la force des circonstances, elle a développé une synergie incomparable entre diverses forces et s'est imposée comme un organisme de pression et un réseau d'information irremplaçable. En effet, en plus de créer un système de dépannage financier et de mettre sur pied un abri pour les réfugiés en attente de statut, elle a assumé la tâche d'administrer quatre projets «Relais» (programme de développement de l'emploi du ministère de la Main-d'œuvre et de l'Immigration) offrant du travail à une cinquantaine de réfugiés. De plus, elle a parrainé plusieurs projets d'emploi temporaire au niveau provincial. «La Table» a organisé en collaboration très étroite avec les principaux nouveaux groupes de réfugiés, une manifestation pour souligner l'abandon de l'aide financière aux réfugiés par les gouvernements[9].

Si la Table a fait des pressions occasionnelles, c'est surtout lors de la compression des subventions et que les organismes en étaient affectés. Par contre, lors de la dernière période de modification de la loi de l'immigration canadienne en 1987 et 1988, la Table a dénoncé certaines mesures nouvelles proposées dans la loi, mais n'a pas une stratégie constante de pression. Dans les faits, on s'en tient surtout à une stratégie de concertation intergroupe, à une collaboration avec les divers paliers gouvernementaux sur des questions comme les programmes spéciaux d'accueil, les questions relatives à l'admission et l'intégration au marché du travail, les cours de langue, etc. Sur le plan de l'action, au sens très large, on poursuit toujours comme objectif de sensibiliser le grand public à la situation des réfugiés, ce qui semble assez bien réussi en raison de l'oreille attentive des médias à leurs positions.

De son côté, le Conseil canadien pour les réfugiés (CCR), organisme à caractère «fédéral», agit comme un réseau d'échange d'information sur les enjeux, les luttes et les pratiques locales et régionales. Sa stratégie principale comme organisme-réseau consiste surtout à organiser deux colloques chaque année et à publier un bulletin. Dans le passé, sa stratégie de pression n'a pas été très convaincante; de façon générale, les porte-parole du CCR ont organisé des rencontres «amicales» et informelles avec les ministres de l'immigration qui se succèdent à la Chambre des communes et ont utilisé le «lobbying» auprès de hauts fonctionnaires.

---

9. TABLE DE CONCERTATION DES ORGANISMES DE MONTRÉAL AU SERVICE DES RÉFUGIÉS (1984). *Dialogue avec et sur les réfugiés*, 14 septembre (Phase III du projet, du 1er avril 1983 au 31 mars 1984), p. 2.

À la décharge du CCR, les dirigeants de l'organisme ne font qu'exécuter les mandats donnés par les membres; la majorité d'entre eux sont financés par les divers organismes gouvernementaux pour faire de «l'établissement», c'est-à-dire offrir des services d'assistance et de dépannage aux réfugiés et aux immigrants, et n'ont pas tellement intérêt à mordre la main qui les nourrit. Comme dans beaucoup d'autres secteurs, ils font face, dans la pratique, à une contradiction: l'agir suit les lignes directrices tracées par le ministère de la Main-d'œuvre et de l'Immigration lui-même et le Secrétariat d'État puisque ce sont eux qui financent les projets, «vache-à-lait» des organismes non gouvernementaux. Dans un tel contexte, les velléités de pression sont réduites.

Parallèment à l'action de la Table et du CCR, un autre organisme de concertation (le CIPACC) voyait le jour autour de la question de l'accessibilité aux services, devenue un enjeu important pour les communautés et groupes ethniques. Autour de cet enjeu, deux revendications majeures ont réussi à mobiliser assez de gens pour former une coalition d'une cinquantaine d'organismes impliqués dans les divers milieux ethniques: d'abord l'ouverture de postes dans la fonction publique et dans les institutions du réseau des services sociaux et de santé à plus de membres de diverses communautés ethniques; ensuite une amélioration sensible des services sociaux et de santé afin qu'ils soient mieux adaptés et plus accessibles aux communautés et groupes ethniques. Après la dissolution du CIPACC (Comité d'implantation du programme d'accès aux communautés culturelles), seulement trois ans après sa mise en place par le Parti québécois en 1981, plusieurs membres des diverses communautés, en particulier des intervenants sociaux, ont voulu reprendre le flambeau par une stratégie de lobbying auprès des instances gouvernementales et par une action de sensibilisation de l'opinion publique, et se sont regroupés au sein de l'Alliance des communautés culturelles pour l'égalité dans la santé et les services sociaux du Québec (1984).

Par ailleurs, de véritables groupes de pression sont nés de la volonté de faire reconnaître certains droits et de faire changer certaines situations jugées inacceptables. C'est le cas notamment du comité sur l'immigration de la Ligue des droits et libertés, du MQCR (Mouvement québécois contre le racisme) en 1979, et de SOS Racisme en 1986.

Si le MQCR est issu de la Centrale de l'enseignement du Québec et qu'il oriente surtout son action vers la sensibilisation de l'opinion publique, en particulier les membres de la CEQ, SOS Racisme naît sous l'inspiration de l'organisme du même nom en France et sous le choc de sérieux problèmes de racisme dans certains milieux comme les services de taxi, l'hôtellerie, la restauration, les écoles, les quartiers haïtiens, etc. Les contingents de plus en plus élevés d'immigrants et de réfugiés venus de pays du Sud, donc de gens de couleur ou tout au moins facilement «visibles», provoquent donc souvent des incidents à caractère raciste dans différents milieux, en particulier sur les lieux de travail et dans les écoles.

La société québécoise fait alors l'apprentissage de la différence: l'État et les entreprises privées doivent envisager de nouvelles situations et prendre des mesures correctrices qui tardent à venir aux yeux de plusieurs membres des diverses communautés visibles. Après un long débat sur un enjeu délicat et l'action concertée de la Ligue des droits et libertés et de l'Association des chauffeurs de taxi noirs, il fallait un organisme plus identifié de façon permanente à la lutte contre le racisme. En 1986, SOS Racisme (l'actuel SOS Intégration) prend donc racine au Québec et commence son long travail de sensibilisation de l'opinion publique et de pression quand il y a lieu. En mars 1988, SOS Racisme tente même d'organiser le premier congrès de la Fédération internationale de SOS Racisme à Montréal mais, malheureusement, le projet échoue en raison de conflits internes; un tel événement aurait sûrement permis de donner un élan vraiment solide à un organisme qui est appelé à jouer un rôle de premier plan dans la lutte contre le racisme. Depuis, l'organisme périclite par manque de perspectives et d'un leadership renouvelé et actif de façon permanente.

Par ailleurs, à l'exception du Collectif des femmes immigrantes, de l'Association du personnel domestique et du groupe Au bas de l'échelle, le Comité d'aide aux réfugiés, les groupes de pression actifs de façon permanente ne sont pas très nombreux dans les milieux interethniques. D'autres organismes ou programmes spéciaux ont vu le jour strictement en vue de fournir des services, par exemple des centres de femmes, l'Association des Latino-Américains (mise sur pied avec l'aide du CLSC Côte-des-Neiges).

Les projets communautaires

Les YMCA, les YWCA et quelques CLSC ont développé des programmes d'organisation communautaire. Par exemple, le CLSC Côte-des-Neiges a largement contribué à la création de l'Association des Latino-Américains de Côte-des-Neiges. Les «Y», surtout depuis le début des années 80, ont toujours mis de l'avant divers programmes d'alphabétisation, d'animation auprès des jeunes, etc.

Plusieurs Groupes de recherche technique (GRT) spécialisés dans le soutien à l'implantation de coopératives de logement ont développé des projets avec des groupes de diverses origines.

On connaît aussi des expériences communautaires dans certaines paroisses à Longueuil et à Saint-Apollinaire, près de Québec. Dans ces cas, les paroisses prennent en charge un groupe de réfugiés, les aident à se trouver un logement et dans leurs démarches pour trouver un emploi, entrer à l'école, etc. À Saint-Apollinaire, l'expérience fut très concluante puisqu'en 1989, seize familles laotiennes s'installaient dans ce petit village et l'entreprise Laflamme, un manufacturier de portes et de fenêtres, acceptait d'embaucher tous ces réfugiés.

L'action de solidarité

Tout au long du processus d'insertion des nouveaux arrivants, le point de référence est souvent le pays d'origine. Ce phénomène est particulièrement vrai chez les réfugiés qui, la plupart du temps, ont quitté leur pays dans des conditions difficiles Dans bien des cas, on vit avec la perspective du retour dans le pays d'origine, d'où l'importance de garder des liens et de poursuivre la lutte de libération quand il s'agit de militantes et de militants qui ont été chassés de leur patrie. Les années 70 et 80 sont certes les années d'immigration de réfugiés venus du Sud, surtout de l'Asie du Sud-Est, du Moyen-Orient, de l'Amérique centrale, de l'Amérique du Sud, des Antilles et de l'Afrique. Beaucoup de ces réfugiés poursuivent leur lutte politique par leur travail de solidarité et créent des organismes qui correspondent à leurs préoccupations, par exemple le Comité pour le respect des droits humains au Chili, le Comité Québec-Chili, le Centre chrétien pour l'Amérique latine, le Centre international de solidarité ouvrière, l'Association des femmes progressistes du Salvador, Québec-Palestine, etc. Ces groupes s'inspirent de plusieurs approches largement véhiculées en Amérique latine comme la théologie de la libération de Gustavo Gutierrez et des frères Boff, les stratégies de conscientisation de Paulo Freire et divers courants d'inspiration marxiste.

En conclusion, il faut souligner que ce panorama est forcément incomplet et risque de ne pas rendre justice à tout ce qui se fait sur le terrain. Par contre, en traçant les grands traits du contexte dans lequel les services sociaux «communautaires» se sont développés et en faisant voir divers types d'actions, il est possible de distinguer les principaux enjeux, les visées, les objectifs et les stratégies dominantes de l'action communautaire dans les communautés et groupes ethniques. Brosser un tableau exhaustif de la situation devient un défi de taille en raison même de la nature des groupes et communautés ethniques, parce que tout évolue très rapidement dans ces milieux; par exemple, ce qui est vrai pour les réfugiés du Sud-Est asiatique en 1980 ne l'est plus en 1990, car dans une période de dix ans, Vietnamiens, Cambodgiens et Laotiens se sont donné des structures communautaires importantes et en l'an 2000, le portrait aura encore changé.

La situation des services au Québec diffère un peu de celle du Canada anglais parce que le monopolisme de l'Église catholique fut particulièrement significatif au Québec et l'étatisation des services sociaux et de santé en 1972 a provoqué un virage particulier; par contre, au Canada anglais, l'ensemble des services aux réfugiés reste aussi sous l'aile protectrice des diverses Églises, ce qui en soi ne crée qu'une différence dans des orientations superficielles. Dans les faits, les pratiques sociales sont soumises aux mêmes critères imposés par le financement de l'État et les perspectives philanthropiques et charitables des Églises sont sensiblement les mêmes.

Qu'en sera-t-il dans l'avenir? Bien malin qui peut le prédire. Depuis quelques années, on observe une prise de conscience de la fragilité des organismes ancrés dans le chenail creusé par les politiques de soutien financier des divers paliers de gouvernement. Plusieurs réfugiés critiquent des programmes gouvernementaux, las de faire des galipettes devant les fonctionnaires, cherchent activement de nouvelles avenues par lesquelles ils pourraient mettre en branle de véritables projets de développement communautaire, entreprendre des actions communautaires dans leur communauté, promouvoir et défendre leurs droits sans crainte de perdre «leurs» subventions, développer de nouvelles solidarités entre les organisations populaires québécoises, les syndicats, les groupes d'entraide et les associations culturelles.

Enfin, il faut souligner le travail remarquable entrepris par les services publics, surtout depuis l'entrée en vigueur du plan d'action du ministère des Services sociaux et de Santé en 1990; depuis ce temps, réfugiés et immigrants trouvent une meilleure écoute dans les services et des centaines de professionnelles et professionnels ont reçu une formation plus adéquate pour travailler avec eux en tenant compte de la spécificité de leur vécu antérieur à leur arrivée, des difficultés d'insertion et des différences culturelles. Certes, l'accent porte toujours sur les différences culturelles, mais les efforts des divers organismes ethniques pour démontrer que seules les «bonnes» attitudes et une connaissance juste des valeurs des autres ne suffisent pas à permettre le développement d'interventions adéquates. La redéfinition des programmes de financement des gouvernements et des modèles d'intervention des organismes s'inscrit comme une démarche essentielle et est devenu le point d'amure où se fixent les nouvelles perspectives pour trouver un équilibre plus juste entre programmes d'assistance et programmes d'organisation communautaire.

3

L'organisation communautaire
avec des groupes d'intérêts

▼

3.1.

L'organisation communautaire avec les assistés sociaux et sans-emploi, locataires, consommateurs...

▼

RÉJEAN MATHIEU
CLÉMENT MERCIER

INTRODUCTION

Le concept de groupes d'intérêts renvoie dans le présent texte aux groupes qui, apparentés au mouvement populaire, ont comme champ d'action les conditions de vie, incluant la recherche de la qualité de vie. Ceux-ci se définissent tout autant comme groupes de services que comme groupes de pression[1], s'inscrivant aussi bien dans une approche de défense de droits individuels et collectifs. C'est ainsi que nous voulons les distinguer des groupes de pression classiques (par exemple les chambres de commerce), parfois plus larges, mais pas nécessairement «populaires»[2] et des associations volontaires parmi lesquelles on peut aussi bien compter des clubs d'utilisation des micro-ordinateurs que les clubs de loisirs paroissiaux[3].

Par certains aspects, ils correspondent aux groupes identitaires, aux mouvements sociaux et aux communautés géographiques, dans la

---

1. J.-P. DESLAURIERS, J.-F. DENAULT, P. CHAVANNES et M. HOUDE (1985). *Les générations de groupes populaires de Sherbrooke (1970-1984)*, Sherbrooke, Université de Sherbrooke.

   P. R. BÉLANGER et B. LÉVESQUE (1987). «Le mouvement social au Québec: continuité et rupture (1960-1985)», *Animation et culture en mouvement*, Sainte-Foy, PUQ.

2. J. MEYNAUD (1962). *Les groupes de pression*, Paris, PUF.

3. A. MEISTER (1974). *La participation dans les associations*, Paris, Éditions Économie et humanisme/Éditions ouvrières.

mesure où la démarche des groupes précités porte aussi sur les problèmes liés à leurs conditions économiques et au changement politique, ce qui est habituellement le cas. Cependant, le caractère distinctif des groupes d'intérêts provient de ce qu'ils se définissent et se structurent d'abord à partir des rapports problématiques que les individus entretiennent sur le plan conjoncturel ou structurel avec l'État, la grande entreprise et les principaux secteurs institutionnels (éducation, santé, services sociaux, justice, sécurité du revenu), à partir de l'un ou l'autre aspect spécifique du rôle de consommateur, travailleur, citoyen ou bénéficiaire de services.

Par contre, ils se distinguent des groupes et organismes du monde syndical, en ce sens que malgré les similitudes et les liens étroits qui les relient à ces derniers, ils n'existent pas et n'interviennent pas en vertu et en regard des lois et des cadres du monde organisé des relations de travail.

Ces premiers éléments de définition appellent des précisions et des nuances. Dans un premier temps, nous examinerons tour à tour les groupes d'intérêts sous l'angle des champs d'action à l'intérieur desquels ils opèrent, des problématiques qu'ils prennent en charge, des formes organisationnelles qu'ils revêtent ainsi que des activités qu'ils réalisent. Cela nous amènera à introduire différentes catégories nous permettant de mieux spécifier la nature de ce champ de l'organisation communautaire. Dans un deuxième temps, nous aborderons certaines questions à portée théorique et pratique que nous suggèrent le vécu récent et les perspectives d'avenir de ces groupes.

VERS UNE TYPOLOGIE DES GROUPES D'INTÉRÊTS

La typologie que nous proposons vise à illustrer la complexité et la diversité des «groupes d'intérêts à caractère populaire». Elle ne saurait prétendre d'une part à l'exhaustivité des catégories retenues et d'autre part à leur mutuelle exclusivité.

Champs d'action

Nous inspirant de la vaste classification de Meynaud[4] sur les groupes de pression, nous retenons deux grands champs d'action non exclusifs

---

4. J. MEYNAUD (1962). *Op. cit.*

l'un à l'autre, mais dont le caractère particulier agit comme élément déterminant de la constitution et du maintien de ce type des groupes d'intérêts.

La première catégorie rejoint les groupes qui se constituent sur la base des conditions économiques et de la gestion des ressources, à partir des problèmes matériels, financiers ou professionnels des personnes qui font partie du groupe ou de la catégorie sociale qu'il représente ou veut représenter. Nous y retrouvons les groupes intervenant dans les secteurs suivants: le revenu, l'emploi, le statut professionnel, le logement, les transactions commerciales, le développement, la préservation ou la restauration d'un milieu de vie.

Dans la seconde catégorie, définie par le champ des idées et des valeurs, nous retrouvons les groupes qui se forment autour d'une cause définie par une problématique sociale ou politique ou par une idéologie. Il s'agit ici de toute la gamme de groupes organisés pour revendiquer et souvent, en même temps, offrir des services en regard de questions liées au rôle, à la reconnaissance ou à l'orientation de certaines institutions (famille, système scolaire, religion...), de certains droits, de certains services personnels (garderie, école, santé, services sociaux) ou de certaines pratiques (éducation populaire, médecines alternatives, avortement).

Dans cette catégorie, le groupe se situe parfois clairement sur le terrain de la promotion ou de la défense d'idées ou de valeurs (par exemple un parti politique à fort contenu idéologique – à la fois mouvement et parti – comme le Parti Vert et le PQ, à ses débuts, une troupe de théâtre et une librairie engagées, les groupes pacifistes, les groupes écologistes, les coalitions sur l'avortement et les regroupements de solidarité internationale). Très souvent, cependant, ces groupes s'inscrivent dans un univers beaucoup plus fluide, le spécifique de cette catégorie étant alors d'autant plus difficile à saisir qu'elle peut émerger du champ économique, s'y combiner ou encore y aboutir. C'est ce qui, en fondant et en orientant l'objet et le sens de l'action, amène le groupe à déborder son objet matériel, financier ou professionnel, et le caractère local ou organisationnel de l'enjeu de sa lutte. Nous sommes ici aux frontières de l'action politique et du mouvement social[5], c'est la nature

---

5. Le concept de mouvement social réfère à des conduites d'individus et de groupes qui, en dehors des partis politiques, s'organisent et agissent en réclamant et en expérimentant des changements sociaux qui représentent une solution de remplacement par rapport au modèle dominant de conduites. Selon Alain TOURAINE (1978), les organisations syndicales, coopératives et socialistes ont été les principaux mouvements sociaux qui se sont constitués à travers l'émergence de la

de la revendication et son enjeu qui permettent de déterminer la portée de l'action. Celle-ci prend nécessairement, à un moment ou l'autre, la forme de la lutte politique, incluant à l'occasion la lutte électorale, et elle peut atteindre une portée de mouvement social. Dans cette dernière éventualité, la défense ou la promotion des «intérêts» du groupe ou de la catégorie sociale atteint alors la taille d'un projet de changement social[6].

Problématiques

Sous l'angle des problématiques, on peut classifier ces groupes en deux catégories. La première catégorie concerne les groupes qui réunissent ou rejoignent des personnes dont le statut social est dévalorisé dans nos sociétés et dont la problématique est d'une part marquée par un *rapport de dépendance à l'État,* et d'autre part définie en relation avec le *travail* et le *revenu comme réalités économique et professionnelle* ou encore en relation avec des *problèmes d'insertion sociale et d'accès aux ressources.* C'est dans cette catégorie qu'on retrouve des problématiques comme celles des assistés sociaux et des sans-emploi[7].

Ces groupes s'inscrivent dans la mouvance de tendances fortement développées à une certaine époque, soit celle du syndicalisme ouvrier, qui revendique et obtient l'assurance-chômage et autres services et bénéfices sociaux, et celle de la *guerre à la pauvreté,* qui a pris forme au début des années 60. Cette catégorie de groupes d'intérêts se caractérise par des revendications auprès de l'État en matière de droits et de services, et par des tentatives de revalorisation du «non-statut» qui constitue le fait d'être chômeur et bénéficiaire de l'aide sociale. Dépendant de la conception des personnes à l'égard de ce statut (et de la

---

société industrielle; le féminisme, le nationalisme et l'écologisme seraient les «nouveaux mouvements sociaux», ceux de la société postindustrielle (*La voix et le regard,* Paris, Seuil). Pour atteindre la portée d'un mouvement social complet, les conduites doivent, à partir de problèmes organisationnels ou institutionnels concrets, et se développant autour d'une conscience claire de l'identité (au nom de qui on s'organise et revendique), de l'opposant (contre qui on se bat) et des enjeux (au nom de quoi) de la lutte, proposer (et en même temps s'en inspirer) des avenues au modèle dominant d'orientation et de gestion de la société.

6. A. Touraine (1978). *Op. cit.*

   A. Melluci (1983). «Partir des conflits pour analyser les mouvements sociaux», *Revue internationale d'action communautaire (RIAC), 10,* (50), automne, p. 41-48.

7. F. F. Piven et R. Cloward (1977). *Poor Peoples Movements, Why they Succeed, How they Fail,* New York, Pantheon Books. Cette tendance est appelée Welfare Rights Movements par ces auteurs.

conjoncture sociale du moment), ces groupes auront plus ou moins de difficulté à recruter des membres, les victimes de ces situations ayant plus ou moins tendance à s'identifier à ces groupes et à ce statut[8]. En raison de ces problèmes vécus le plus souvent sous leur aspect le plus stigmatisant, ces groupes doivent la plupart du temps ajouter à un objectif de promotion collective, celui de développement individuel, avec des accès et des ponts entre l'un et l'autre, voire de l'un par l'autre[9].

La *seconde catégorie* rejoint des personnes dont la problématique est plus *spécifique et circonscrite* en regard du *vécu de la personne*, à la fois dans le champs des conditions économiques et dans le champ des idées et des valeurs. Le rapport à l'État est moins direct: les personnes n'en dépendent pas pour leur revenu ou leur statut. Ce qui n'empêche pas un lien avec l'État sur le plan juridique, réglementaire et administratif, de même qu'à travers des programmes de subvention destinés non pas aux personnes, mais aux groupes eux-mêmes (parfois à travers des personnes comme dans le cadre de programmes d'emploi subventionnés).

Nous sommes ici dans le champ plus global des conditions de vie, mais aussi de la qualité de la vie. Cela se traduit dans des problèmes de *consommation* de biens et de services (généralement privée et individuelle, mais parfois collective et publique, par exemple dans le cas des usagers d'équipements et de services collectifs tel le transport, comme par exemple l'organisation appelée Transport 2000 à Montréal; l'école, comme le groupe La maîtresse d'école...) à travers une approche qu'on pourrait qualifier de *syndicalisme de la consommation collective ou du cadre de vie*[10].

Ces groupes se forment aussi à partir des problèmes de *droits fondamentaux* (par exemple la défense contre le racisme, la promotion des droits des réfugiés, des immigrés, des détenus ou ex-détenus, de l'avortement, etc.) souvent exprimés sous la forme de luttes pour des droits civiques ou des droits sociaux. Nous retrouvons également dans cette catégorie des revendications liées à des composantes importantes du *mode de vie* des personnes (écoles laïques, garderies, enfants handi-

---

8. Voir M. Lesage (1986). *Les vagabonds du rêve*, Montréal, Boréal; et P. Grell (1985). *Étude du chômage et de ses conséquences: les catégories sociales touchées par le non-travail*, Montréal, École de service social.

9. Voir J.-P. Deslauriers et H. Pouliot (1982). *Les groupes populaires à Sherbrooke, pratique, financement et structure*, Sherbrooke, Université de Sherbrooke.

10. P. R. Bélanger et B. Lévesque (1987). *Op. cit.*

capés, etc.) de même que la recherche *d'autonomie et d'expérimentation sociale* des nouveaux mouvements sociaux[11].

Ces groupes se forment souvent sur la base d'un droit, d'un service ou d'une condition de vie à protéger, à restaurer ou à promouvoir, et leur revendication se traduit par une contestation de l'existant ou une demande d'intervention corrective de la part de l'État sur le plan législatif ou politico-administratif. Dans le cas des groupes liés à la consommation et au syndicalisme du cadre de vie, l'action est souvent entraînée et structurée par les contradictions et tensions générées par la société de consommation de masse. Celles-ci se présentent aussi bien sur le plan des rapports économiques entre consommateurs, producteurs, commerçants et professionnels, que sur le plan de l'univers culturel et politique, à travers les effets déstructurants et aliénants des interventions des grandes entreprises et des différents paliers de gouvernement liés aux modes de vie et aux milieux de vie (environnement, heures d'ouverture des commerces, action des téléspectateurs, aménagement urbain, etc.).

Formes organisationnelles et activités

Un dernier regard porté sous l'angle des formes organisationnelles et des activités permettra de compléter la mise en perspective de ce champ de l'organisation communautaire. Sous cette dimension, nous proposons de redistribuer les groupes en quatre catégories.

D'abord les *collectifs de services*, qui offrent des services à des personnes désorganisées ou à un public spécifique, sans que les bénéficiaires soient nécessairement membres; nous incluons ici les services sociaux de type Dernier recours, les Groupes de ressources techniques en habitation (GRT), les librairies alternatives ou populaires, les collectifs de théâtre d'animation, etc.

Viennent ensuite les *collectifs de pression*, développés par un groupe parfois restreint de personnes, en vue d'une action militante ou d'une problématique spécifique, le plus souvent portés par des intellectuels militants et des victimes conscientisées et formées, et qui, en outre, offrent des services de défense aux personnes aux prises avec le problème (ACEF, APA, Ligue des droits et libertés de la personne, etc.).

---

11. P. ROSANVALLON (1981). *La crise de l'État-providence,* Paris, Seuil.

Mentionnons également les *regroupements de personnes, d'usagers ou de victimes*, orientés vers la mobilisation et l'organisation d'une catégorie ou d'une classe sociale. Ces groupes sont constitués et portés principalement par les personnes directement concernées ou mobilisées par une problématique et qui souvent font à la fois des pressions et fournissent des services en ce qui a trait à cette problématique. Dans l'action, on vise à rejoindre l'ensemble de cette catégorie sociale, ou clientèle, et à obtenir pour elle des changements par des actions de mobilisation et de pression publique (manifestations, occupations, boycottages, pétitions, etc.). C'est ce qui fait qu'ils se définissent souvent comme des organisations de masse. Ces groupes, qui correspondent aussi grosso modo à ce que Lamoureux, Mayer et Panet-Raymond[12] appellent «organisations populaires» sont parfois des regroupements de groupes locaux. À titre d'exemple, mentionnons les ADDS et OPDS, les Regroupements de locataires, de chômeurs, le FRAPRU, certains organismes d'éducation populaire, certains groupes (femmes, jeunes, homosexuels, etc.) orientés vers la mobilisation.

Enfin, les *groupes d'auto-organisation*, à vocation économique ou sociale, tournés vers la satisfaction des besoins de leurs membres par une organisation contrôlée par ceux-ci (coopératives de consommateurs, de travailleurs, de locataires, groupes d'entraide, etc.). Il est à noter que certains de ces groupes sont aussi des collectifs de services.

Rappelons que, à l'instar des catégories qui précèdent, cette catégorisation ne peut prétendre à l'étanchéité. Ainsi, des actions de pression peuvent être initiées par d'autres groupes que les groupes de pression (par exemple des collectifs de services peuvent le faire occasionnellement) et des organisations de masse peuvent s'inscrire dans une stratégie provisoire ou dominante de lobbying; l'entraide n'est certes pas limitée aux groupes d'auto-organisation, des groupes de pression peuvent offrir des services, etc.

Le cas des groupes de locataires est éloquent à cet égard, compte tenu du caractère particulier de cette problématique et des variations conjoncturelles et régionales qui la caractérisent. On en retrouve parfois dans l'un et l'autre type, selon qu'il s'agit de groupes de pression (tel le FRAPRU) ou de groupes d'auto-organisation à vocation économique dans le secteur du logement (telles les coopératives d'habitation, etc.). Le type d'appropriation de la problématique – parfois individuel, voire

---

12. H. LAMOUREUX, R. MAYER et J. PANET-RAYMOND (1984). *L'intervention communautaire*, Montréal, Éd. Saint-Martin.

individualiste, parfois correspondant à une conscience axée sur la justice sociale – favorise soit la mise sur pied de projets à vocation économique, soit la création de collectifs de pression, selon la motivation des gens qui s'y impliquent et la conjoncture sociale et politique.

DES PRATIQUES À REVOIR

Ces quelques jalons méthodologiques étant posés, nous aborderons certaines questions liées aux pratiques d'organisation communautaire observables dans ces groupes. Nous traiterons d'abord des pratiques nouvelles qui s'y sont développées en dépassant la dichotomie entre stratégies conflictuelles et stratégies consensuelles. Ensuite, nous étudierons les impacts de ces nouvelles pratiques sur l'organisation communautaire prise comme méthode.

Des stratégies en mutation

La plupart des analystes s'entendent pour identifier, au cours des années 80, un affaiblissement du moins apparent des *stratégies conflictuelles* et des mobilisations de masse, ainsi qu'une remontée en force des *stratégies de type consensuel*. On peut même affirmer que durant cette décennie, l'action sociale ne s'appuie plus sur une analyse de rapports de classes et d'importants projets de changement, et que la stratégie ne passe plus par les grandes luttes et la contestation ouverte[13]. C'est ce qui permet d'affirmer que l'action sociale passe maintenant davantage par les groupes d'intérêts sectoriels et même corporatistes, par le repli sur le groupe et le local, que par l'action de classe. Les collectifs de services et les groupes d'auto-organisation occupent beaucoup plus de place sur la scène publique et dans la pratique des groupes que les collectifs de pression et les organisations de masse.

Ces changements s'expliquent en grande partie par la *conjoncture de crise* du début de la décennie, qui a entraîné entre autres une

---

13. J.-P. DESLAURIERS (1985). «De l'animation à la révolution», *Service social, 34,* (2-3), p. 369-388.

J. PANET-RAYMOND (1985). «Nouvelles pratiques des organisations populaires... Du militantisme au bénévolat au service de l'État», *Service social, 34,* (2-3), Université Laval, Québec.

P. R. BÉLANGER et B. LÉVESQUE (1987). *Op. cit.*

L. FAVREAU (1989). *Mouvement populaire et intervention communautaire (de 1960 à nos jours): continuités et ruptures,* Montréal, Éd. du Fleuve/CFP.

importante remise en question de l'État-providence, une tendance générale au désengagement de l'État, un mouvement de désinstitutionnalisation et un constat d'échec des grandes mobilisations des années 70. À travers ces changements, le militantisme s'est considérablement transformé, faisant une plus grande place au culturel et à l'économique plutôt qu'au politique. Sur le plan tactique, on a eu tendance à adopter une approche beaucoup plus discrète, incluant l'utilisation de méthodes comme le lobby traditionnel, la concertation dans divers «lieux» nouveaux comme les «sommets économiques», les alliances dans des organismes à vocation économique et de développement (Fonds de solidarité de la FTQ, corporations de développement économique, etc.).

Globalement, on a pu constater, toujours durant cette même période, que le mouvement social auquel semblait correspondre le mouvement populaire[14] s'est beaucoup moins exprimé par des mobilisations larges et continues, et par des manifestations et autres formes aussi explicites de mécontentement, même si on a pu en voir certains retours – ponctuels – face à des problématiques comme la langue, la question constitutionnelle, la réforme d'aide sociale ou la loi sur l'avortement, etc. Bref, la mobilisation de masse et les tactiques «radicales» ont perdu beaucoup de valeur dans les règles de l'action militante, l'attention se portant plutôt sur l'auto-organisation, la prise en charge et l'efficacité de la gestion.

Cette transformation des tactiques et des stratégies pendant les années 80 s'explique aussi par le déclin des grandes idéologies de changement qui ont inspiré l'action sociale des années 70. Mentionnons à titre d'exemple les courants d'idées et les projets marqués par la participation, les droits sociaux, l'autogestion ou même se réclamant du «MLisme[15]»; pour ces courants, l'action sociale se concevait et s'élaborait en fonction d'une mobilisation large et d'une pression ouverte à exercer sur l'appareil politico-administratif en vue d'un changement structurel plus ou moins global et radical.

Ce déclin, que certains attribuent à l'incapacité des grandes théories et idéologies à expliquer les problèmes sociaux et à orienter l'action sociale de façon efficace, accompagne et en même temps permet l'émergence de nouveaux modèles marqués par la recherche de la seule

---

14. A. TOURAINE (1978). *Op. cit.*

    G. GAGNON et M. RIOUX (1988). *À propos d'autogestion et d'émancipation*, Québec, IQRC.

15. M. DESY *et al.* (1980). *La conjoncture du Québec au début des années 80*, Rimouski, Librairie socialiste de l'Est.

efficacité organisationnelle à court terme. Ceux-ci, qui se réclament de
«la fin des idéologies», misent sur l'individualisme, le marché, l'entreprise privée et sur le développement économique pour lui-même, et en
même temps valorisent l'entrepreneur et le technocrate comme modèle
d'intervention et de militantisme. Le projet libéral a en quelque sorte
pris toute la place, entraînant une gestion du social qui s'appuie de plus
en plus sur le bénévolat, et qui passe par la concertation et le partenariat.

Par ailleurs, ces changements ont en même temps permis aux
groupes et aux communautés de base de profiter de lieux et de conditions dans lesquels on peut davantage miser sur l'autonomie et l'innovation dans la recherche du changement social. En fait, ils peuvent
aussi s'expliquer par cette troisième stratégie, qui a toujours existé à
côté et par-delà le consensuel et le conflictuel, et que certains associent
au courant de *l'expérimentation sociale*[16]. Empruntant ses tactiques
aussi bien au consensuel qu'au conflictuel, celui-ci s'est développé à
partir d'une culture politique inspirée par la création d'idées, de valeurs
et de modèles de pratiques à partir de l'action, dans une stratégie où le
changement se vit et se gère dans le quotidien, immédiatement et là où
c'est possible d'agir de façon autonome.

Cette vision, qui s'apparente grandement à la tradition et à la
pensée anarchistes du siècle dernier, est très présente dans les groupes
dont les pratiques sont proches des *nouveaux mouvements sociaux*,
notamment les mouvements féministe, écologiste et populaire. Si elle
s'exprime souvent à travers les approches écologiques et humanistes,
dans le «penser globalement, agir localement», dans la recherche de
pratiques qui se voudraient plus démocratiques et conviviales dans les
rapports internes (entre participants et entre usagers-intervenants),
elle ne se traduit cependant pas dans une idéologie et une stratégie
articulées autrement que dans le refus des superstructures permanen-
tes et rigides, et des modèles dogmatiques prêts à porter.

En regard de ces pratiques nouvelles, s'agit-il d'une vision à courte
vue, d'un opportunisme un peu facile, d'une pratique peu propice à de
réelles transformations, s'inscrivant dans une nouvelle forme de «capitalisme autogéré»[17] ou, au contraire, d'un nécessaire retour à l'action de

---

16. P. Rosanvallon et P. Viveret (1977). *Pour une nouvelle culture politique*, Paris,
    Seuil.

    J.-P. Deslauriers *et al.* (1985). *Op. cit.*

    L. Favreau (1989). *Op. cit.*

17. A. Bihr et J.-M. Heinrich (1979). *La néo-social démocratie ou le capitalisme
    autogéré*, Paris, Le Sycomore.

base pour permettre à la vie et à la pratique de reprendre ses droits sur la théorie pour ensuite l'inspirer et entraîner un réel changement social? Seul le temps nous permettra d'y voir plus clair, mais il nous apparaît déjà possible d'esquisser certaines réponses en soumettant ces pratiques à de nouvelles approches et catégories d'analyse.

D'une stratégie fermée à des pratiques multidimensionnelles et intégrées

Certains auteurs ont qualifié la situation de crise actuelle de société en transition, où ce qui meurt cohabite avec ce qui naît ou veut naître, traduisant ainsi les contradictions et les conflits en même temps que les tentatives de reconstruction qui se font jour dans la société de consommation ou postindustrielle[18]. Pour d'autres, comme Yves Barel[19], nous vivons une situation de blocage, une situation de «vide social».

Pour ce dernier, la situation est bloquée parce qu'il n'y a pas de solution en vue à la crise actuelle: «La solution à la crise ne paraît relever ni de la reprise de la croissance, du productivisme ou de l'État-providence, ni de leur disparition[20].» On se sent impuissant face aux problèmes qui se posent, parce qu'on voit bien que les choses ne peuvent plus continuer et, en même temps, on ne voit pas comment on pourrait les changer. L'individualisme et la recherche d'autonomie sont des réflexes normaux en pareil cas, mais ils sont problématiques dans la mesure où ils se présentent comme des conduites d'attente et de repli; l'autonomie n'est pas un but en soi, mais s'avère «la position la plus logique et la plus avantageuse lorsque l'issue d'un certain nombre de problèmes sociaux est indécidable, et lorsque le social a du mal à délivrer son propre sens[21]».

Le vide social dans lequel nous sommes se manifeste comme la rupture du dialogue entre la population et les appareils et institutions qui la représentent. La fonction politique ne peut alors plus s'exercer au niveau des enjeux globaux et en référence à une recherche de transcendance, c'est-à-dire ce qui permet de donner un sens à une action ou à une pratique, de relier le local et le global, le particulier et

18. M. Rioux (1978). *Essai de sociologie critique*, Montréal, HMH.

     A. Touraine (1984). *Le retour de l'acteur*, Paris, Fayard.

19. Y. Barel (1984). *La société du vide*, Paris, Seuil.

20. *Ibid.*, p. 23.

21. *Ibid.*, p. 20.

l'universel, le quotidien et le permanent. Pour Barel, «Autant que le recul des "religions" ou des "idéologies", ce qui marque la faiblesse "tanscendantale" de la société contemporaine, c'est la difficulté d'établir une articulation entre le microsocial et le macrosocial, le spécifique et l'universel, les sentiments personnels et les codes, une difficulté qui est portée à son comble quand elle n'est même plus *aperçue*[22]».

L'action politique, qui s'est cantonnée dans la sphère économique, n'opère plus qu'au niveau intermédiaire, comme stratégie de défense de l'autonomie et des intérêts particuliers. C'est ce qui amène les groupes à négocier entre eux suivant le mode du corporatisme, dans une approche où chacun réduit la portée de sa revendication à ce que le système peut lui donner, refusant de s'attaquer au système entier en vue de le transformer. C'est la règle du particularisme, la société n'étant plus que le produit de ses rapports sociaux et subordonnée à un code privilégiant la rationalité technocratique et la dépolitisation du social.

Selon Barel, le corporatisme, qui est par définition le refus de la transcendance, mise sur le rôle accru de la négociation entre acteurs qui se veulent autonomes, ce qui peut entraîner la rupture de communication entre l'universel et le particulier. La seule façon d'éviter la rupture consiste à ramener le politique à son rang de médiateur et de catalyseur de la recherche de transcendance. Cette recherche de transcendance peut aussi bien passer par le recours à la *tradition*, de par «sa capacité de faire face à des situations concrètes changeantes ou différentes[23]», que par la *transgression*, qui permet par la fonction critique de se tourner vers l'avenir. Les deux ont ceci de commun qu'elles font se «dilater le niveau de perception et d'action», les «grandes» transcendances (la nation, l'humanité, la terre) devant toutefois se greffer sur les «petites» (l'individu, le groupe, le local, l'organisation) pour éviter que les unes et les autres ne basculent dans le «vide».

Finalement, pour Barel, le vide social actuel n'est pas un phénomène inusité; toute période de grands changements sociaux s'accompagne d'un tel flottement et de telles manifestations de retrait et, selon lui, le déblocage est à l'œuvre au sein du blocage. La recherche d'autonomie pourrait alors être vue non pas comme la solution, mais comme engageant un processus de transformation qui, par lui-même, est incompatible avec l'éternisation du blocage actuel.

À la condition toutefois qu'on soit capable de porter l'action au-delà de la stratégie corporatiste et qu'on l'inscrive dans la recherche des

---

22. *Ibid.*, p. 102 (c'est Barel qui souligne).
23. *Ibid.*, p. 107.

transcendances, grandes et petites, qui permettent de relier l'autonomie et l'action politique. À la condition aussi, comme le suggère Paul R. Bélanger, que les groupes ne s'enferment pas dans l'autonomie, ou à l'inverse qu'ils ne se perdent pas dans l'action politique, car «l'absorption dans l'autonomie ou dans l'action politique fait perdre aux groupes communautaires leur capacité réelle d'invention de nouveaux modes de fonctionnement de la société[24]». Ces conditions étant réunies, les groupes se transforment alors en mouvements sociaux, et, par-delà les dimensions tactiques et stratégiques, pourrait s'élaborer à travers leurs pratiques «une nouvelle rationalité dans la gestion du social».

De telles analyses nous obligent à ramener la problématique des pratiques et des stratégies évoquées précédemment au cœur du changement social actuel, dans une situation de blocage où sont déjà à l'œuvre des éléments de déblocage. Les pratiques des groupes ne peuvent cependant acquérir une capacité de déblocage ou de transformation qu'en s'ouvrant à une démarche de recherche de transcendance, là où la jonction s'opère entre les divers niveaux du véritable changement historique. Cette démarche appelle cependant à la transgression, à l'imagination de solutions de remplacement petites et grandes qui pourraient s'inscrire dans le nouveau paradigme de l'*harmonie*, que Marcel Rioux[25] voit succéder au paradigme de conquête qui a jusqu'ici caractérisé la société industrielle et la société de consommation. Comme d'autres le proposent, on pourrait alors parler de «processus de transvaluation[26]», c'est-à-dire comme l'explique Jean-Pierre Deslauriers, «d'un changement fondamental de valeurs, tant sociétales que collectives, groupales et personnelles. En outre, ce processus de transvaluation se complète d'un sentiment de liberté, de capacité de s'ouvrir à de nouvelles expériences qui libèrent les potentialités jusqu'ici refoulées[27]».

C'est ainsi, selon nous, que nous sommes amené à dépasser la dichotomie consensuel/conflictuel, et à situer dans une perspective plus fondamentale et ouverte sur les interrogations qui soulèvent les pratiques de partenariat, d'auto-organisation, de concertation, de prise en

---

24. Paul R. BÉLANGER (1989). «Développement local et latéralisation du social: la contribution des mouvements sociaux», *Le local en mouvements,* GRIR, Chicoutimi, Université du Québec à Chicoutimi, p. 81.

25. M. RIOUX (1982). «Remarques sur les pratiques émancipatoires dans les sociétés industrielles en crise», *Les pratiques émancipatoires en milieu populaire,* Québec, IQRC, p. 63.

26. E. GOLDMAN (1972). Citée par J.-P. DESLAURIERS (1985). *Op. cit.,* p. 384.

27. *Ibid.*

charge. Dans la situation nouvelle que nous connaissons, les pratiques ne peuvent plus être vues à travers les lunettes de l'ancien monde, celui qui meurt; en même temps, nous n'avons pas la capacité d'apprécier correctement, à partir de ce qui se donne à voir et à entendre comme nouveau ou en voie de naître, ce qui pourrait bien nous aider à sortir de la crise ou à tout le moins à y survivre. Ce qu'on peut retenir, c'est qu'un nouvel angle de vision s'impose si nous voulons nous doter d'outils d'analyse qui tentent d'intégrer au mieux les divers niveaux où s'expriment les stratégies et, conséquemment, les tactiques.

Dans une telle perspective, les stratégies définies par le consensus ou le conflit pourraient acquérir une dimension instrumentale à l'intérieur d'une «stratégie» plus complexe et globale. Nous pourrions alors parler d'approche intégrée, c'est-à-dire qui permet de s'attaquer à la fois aux mentalités, aux structures, aux institutions et aux organisations, et qui situe la stratégie sur un continuum allant du consensus au conflit; de même, elle pourrait relier d'une part théorie et pratique, d'autre part universel et particulier, individu, petit groupe et collectivité. Une telle approche devrait aussi permettre d'associer le «comment faire» et le «que faire» dans un rapport dialectique constamment tendu vers de nouvelles façons de concevoir et de gérer les rapports sociaux. C'est ce que Rosanvallon[28] appelle la révolution permanente.

L'approche structurelle de Moreau[29] apparaît comme une contribution qui va dans ce sens. Sur le terrain, de telles pratiques existent aussi à l'état plus ou moins articulé et global dans maints groupes et organisations du mouvement populaire. C'est peut-être dans les groupes écologistes qu'elles se produisent avec le plus de vigueur. Mais, selon nous, l'illustration la plus intégrale pourrait bien venir du mouvement autochtone, comme il s'est révélé à travers la crise d'Oka en 1990.

Pour traiter adéquatement cette délicate question, il nous faudrait pouvoir décoder tout le sens de cet affrontement qui figure parmi les plus durs qu'on ait eu à vivre au Québec, ce qui déborde largement notre propos. Nous voulons néanmoins nous y arrêter pour tenter de dégager ce qu'elle nous révèle sur le plan de l'approche et de la stratégie d'action communautaire. À ce titre, il nous semble qu'il faut voir la crise d'Oka comme le produit d'un enjeu territorial local qui, en raison de l'incapacité gouvernementale chronique à gérer la question autochtone et de la radicalisation de la revendication autochtone elle-même, a forcé

---

28. P. Rosanvallon (1976). *L'âge de l'autogestion,* Paris, Seuil.

29. M. Moreau (1979). «A structural approach to social work practice», *Revue canadienne des Écoles de service social, 5,* (1), p. 78-94, Ottawa.

le jeu de la définition et du traitement de toute la problématique elle-même. L'enjeu local a alors acquis d'autant plus de puissance qu'il devenait une cause alimentée par la conscience vive de l'identité nationale et de l'autonomie politique à restaurer et à promouvoir. Ces éléments micro et macrosociaux se sont alors fusionnés dans une lutte dont la force a eu un effet mobilisateur jamais vu jusque-là, nous semble-t-il, chez la masse des Amérindiens, malgré son caractère radical et violent plutôt inhabituel dans la culture et la pratique de ces communautés.

Il est vrai que cette problématique est beaucoup plus complexe que ce que nous en retenons ici. Malgré tout, il nous semble que la crise d'Oka doit être située dans la perspective d'une approche globale d'affirmation (nationale en l'occurrence), où la cause a atteint un niveau de transcendance tel qu'elle a permis de cristalliser les diverses composantes d'un mouvement dans un projet concret significatif pour le groupe aussi bien que pour chaque individu; elle a aussi forcé le traitement du problème à travers la fonction politique au sens large, attaquant aussi bien les valeurs que les structures sociales en cause. Dans une telle approche, le conflit aussi bien que le consensus sont considérés dans leurs capacités fonctionnelles à faire avancer les choses et non comme des stratégies mutuellement exclusives. Pourrait-on dire alors que la mobilisation, le militantisme et l'action communautaire organisée ne sont pas d'abord affaire de stratégie au sens classique du terme, mais bien davantage liés à la production de sens que peuvent générer une action, un projet ou une organisation?

De l'individualisme au néo-tribalisme

Pour conclure ces considérations théoriques, il nous apparaît important de faire état d'une approche qui complète bien ce que nous avons dit jusqu'ici de la crise et des conduites des individus et des groupes. Il s'agit de Maffesoli qui, dans *Le temps des tribus*, propose une vision qui est loin de renchérir sur l'individualisme et le narcissisme dont parlent généralement les théoriciens de l'action communautaire en décrivant les années 80.

Partant de l'affirmation que «le peuple se préoccupe sans vergogne, c'est-à-dire sans hypocrisie ni souci de légitimation, de ce qui est la matérialité de la vie, de tout ce qui est proche, pourrait-on dire, par opposition à l'idéal ou au report de jouissance[30]», Maffesoli rappelle que

---

30. M. Maffesoli (1988). *Le temps des tribus. Le déclin de l'individualisme dans les sociétés de masse*, Paris, Méridien Klincksiek, p. 75.

«l'Histoire, ou les grands événements politiques sont avant tout le fait de la masse[31]». Dans cette foulée, il propose «une première "loi" sociologique: *les divers modes de structurations sociales ne valent que dans la mesure, et si elles restent en adéquation avec la base populaire qui leur a servi de support*». De cette loi, il tire la conclusion que les institutions déconnectées de leur base deviennent «creuses et vides de sens», mais aussi que «si la socialité peut ponctuellement se structurer dans des institutions et des mouvements politiques précis, *elle les transcende tous*». D'où son affirmation à l'effet que «la perdurance de la socialité à travers le petit groupe explique que le désengagement politique massif que l'on peut observer de nos jours ne soit nullement corrélatif d'une déstructuration accélérée, mais au contraire l'indice d'une vitalité renouvelée[32]».

En fait, loin de partager l'opinion qu'une des caractéristiques maîtresses actuelles serait l'individualisme ou le narcissisme, il postule «que la saturation de la forme politique va de pair avec celle concernant l'individualisme». Il prend à témoin «le conformisme des jeunes générations, la passion de la ressemblance dans les groupes ou "tribus", les phénomènes de mode, la culture standardisée...» pour affirmer «que l'on assiste à une déperdition de l'idée d'individu dans une masse bien plus indistincte. Celle-ci n'a que faire de la notion d'identité (individuelle, nationale, sexuelle) qui fut une des conquêtes les plus importantes du bourgeoisisme»[33].

Or il s'agit là, selon Maffesoli, d'une condition de ce qu'il appelle un «moment de fondation», c'est-à-dire une conjoncture marquée par la fin d'une «civilisation» (et donc de l'individu aussi bien que d'une certaine structuration sociale) et par «le pluralisme des possibilités, l'effervescence des situations, la multiplicité des expériences et des valeurs». Il qualifie cette conjoncture de «moment culturel par excellence» (par opposition à un «moment politique», pourrait-on dire). Or un tel moment culturel est un bouillon de culture «grouillant, monstrueux, éclaté, mais en même temps riche en possibilités futures». C'est dans ces éclatements que perceront normalement de nouvelles formes de «l'être-ensemble», c'est-à-dire la lente «élaboration d'une individualité personnelle et sociale», lieu privilégié de l'épanouissement du politique, étant entendu que «c'est quand il y a une identité personnelle que l'on retrouve une identité nationale»[34].

---

31. *Ibid.*, p. 77.
32. *Ibid.*, p. 80.
33. *Ibid.*, p. 85.
34. *Ibid.*, p. 86.

Une telle perspective amène à mieux identifier les lieux actuels de l'être-ensemble et donc d'une éventuelle action communautaire plus efficace: petits regroupements «tribaux» ou «claniques» prenant diverses formes telles que «groupes de parenté, groupes familiaux, groupes secondaires, *peer-groups*», cimentés davantage par «l'affect» que par la raison, par ce qu'il appelle «l'esprit de corps [...], cause et effet de l'interaction, de la réversibilité qui sont certainement les éléments les plus étrangers à la vie politique». Il y inclut l'éveil des ethnies, les revendications autochtones, la recherche d'un nouveau rapport à la nature, l'engouement pour les médecines douces.

Dans ce mouvement, qu'il qualifie de néo-tribalisme, Maffesoli propose certains lieux particulièrement significatifs, tels les *sectes religieuses* (avec leur accent sur l'instituant et l'affectif, plutôt que sur l'institution – comme les Églises, par exemple – et la raison), les *associations diverses* (qui ponctuent leur vie collective de repas communautaires, comme les Églises et l'eucharistie), les organismes de promotion de nouvelles valeurs, les groupes d'entraide, etc. On pourrait même y ajouter les entreprises à caractère communautaire ou les regroupements d'hommes et de femmes d'affaires (en opposition, justement, à un certain entrepreneurship essentiellement individualiste), etc.

C'est donc en eux qu'il convient de chercher la forme contemporaine (postmodernité, dira-t-il ailleurs) qu'est en train de revêtir la socialité. En un mot, «*l'économie* de l'ordre politique, fondée sur la raison, le projet et l'activité, laisse la place à *l'écologie* d'un ordre organique (ou holistique) intégrant à la fois la nature et la proxémie[35]». Bref, il nous suggère de savoir reconnaître «l'effervescence du néo-tribalisme qui, sous ses diverses formes, refuse de se reconnaître dans quelque projet politique que ce soit, qui ne s'inscrit dans aucune finalité, et qui a pour seule raison d'être le souci d'un présent vécu collectivement[36]».

Selon cette analyse, les groupes affinitaires et le mouvement du néo-tribalisme pourraient donc constituer en soi un ferment de changement social beaucoup plus actif que ce qu'il n'y paraît. Elle nous amène à penser qu'à travers ces groupes tribaux et par-delà le désaveu de l'action politique traditionnelle, on permet de produire une identité non conformiste, et en même temps on ouvre sur la recherche de nouvelles formes de la fonction politique. C'est dire que le phénomène pourrait constituer une tendance sociologique lourde de cette fin de siècle. De

---

35. *Ibid.*, p. 91.
36. *Ibid.*, p. 96.

plus, l'analyse de Maffesoli introduit l'importance de la conscience écologique qui, selon Edgar Morin[37], nous interroge au point de nous conduire à un nouveau mode de pensée, la *pensée écologisée*. Celle-ci pourrait bien constituer le creuset d'où émergeront la recherche de transcendance évoquée par Barel et la stratégie intégrée qui nous semble y correspondre.

De nouveaux enjeux dans une société en mutation

Quelles que soient les approches qui nous guideront dans nos analyses, certains constats demeurent incontournables dans l'action sociale actuelle, en particulier dans la vie des groupes d'intérêts à caractère populaire.

Un militantisme différent

À ce niveau, l'indiscutable transformation du militantisme soulève toute la question des rapports entre les militants, les leaders et les professionnels dans les groupes. À la limite, elle nous amène même à nous demander si l'affaiblissement des stratégies conflictuelles n'obéit pas aussi à une logique d'institutionnalisation ou de corporatisation de la pratique.

L'État et, dans une mesure grandissante, les organismes privés de financement comme Centraide ont joué un rôle évident dans cette transformation du militantisme, par le raffinement progressif de leurs rapports avec les organismes populaires et communautaires. Plus particulièrement, le processus de financement par l'État de ces groupes est devenu de plus en plus sélectif, forçant ceux-ci à transformer, voire à biaiser leurs objectifs, ou à tout le moins, leurs modes d'action. L'utilisation largement abusive (toujours au nom du contrôle, par les «élus», des sommes accordées aux organismes communautaires...) de critères de sélection de plus en plus pointus (généralement dans le sens d'objectifs de plus en plus axés sur les services et sur l'action bénévole), comme aussi le développement d'exigences particulières quant au type d'employé acceptable par le programme de subvention ne peuvent qu'avoir joué un rôle de régulation sociale dans les rapports entre l'État et les

---

37. E. MORIN (1988). «Pour une pensée écologisée», *Le Monde diplomatique*, octobre, p. 18.

groupes populaires et communautaires. Ainsi en a-t-il été des programmes Pacle (aide à la création locale d'emploi), Pecec (programme expérimental de création d'emploi communautaire) et des programmes d'insertion à l'emploi pour clientèles fortement défavorisées.

La reconnaissance institutionnelle (et financière) des organismes communautaires que s'apprête à faire le Québec dans le cadre de la restructuration des services sociaux et de santé (réforme Côté) pourra certes réduire les conditions de précarité dans lesquelles ces organismes évoluent, mais elle accroîtra à coup sûr le lot de contraintes vers une plus grande institutionnalisation. Tout en demeurant une réalité difficile à contourner, celle-ci pourra être relativisée et maintenue à distance, si étant avertis de ces dangers, les groupes se donnent des mécanismes assurant une dose suffisante d'autonomie au groupe et la réelle implication d'une base militante.

Par ailleurs, la façon dont les leaders (qui sont souvent les permanents) conçoivent et jouent leur rôle contribue parfois davantage à cette institutionnalisation qu'à assurer la vivacité militante. On pourrait même dire, dans la mesure où les intérêts de ces leaders vont dans le sens d'assurer la survie et le développement du groupe pour lui-même, qu'ils pourront avoir tendance à ajuster les règles de fonctionnement d'après des impératifs de durée et des critères de performance imposés par l'environnement. Et, pour cela, ne faut-il pas développer des structures plus spécialisées, des processus complexes de planification à long terme et des mécanismes d'encadrement plus «professionnels»? Toutes choses qui sont fort utiles, mais qui peuvent mal s'accommoder de la participation élargie de militants usagers ou non professionnels...

Autrement dit, l'intérêt même de ces leaders passe souvent par leur transformation graduelle en «nouveaux technocrates». C'est ainsi qu'on pourrait interpréter le développement de groupes hyperspécialisés (à l'image des ministères gouvernementaux et des institutions de l'État...), où on a secondarisé graduellement les structures de prise en charge par les gens directement touchés par la problématique, au profit d'une plus grande efficacité des services ou du cadre organisationnel en général. On a vu de nombreux groupes populaires devenir les victimes d'une recherche désespérée de la compétence, très «à la mode» dans les années 80 et évidemment mesurée à l'aune du niveau de diplômation. Plus encore, n'a-t-on pas vu ces groupes devenir les victimes du «syndrome de l'excellence», évidemment presque toujours individuelle et en tous cas généralement fondée sur l'action humanitaire et les services, plutôt que sur une action sociale portée par une volonté de changement? Combien de groupes populaires se retrouvent avec des responsables de finances que ne désavoueraient pas les commerçants les plus traditionnels, ou avec des coordonnateurs ou coordonnatrices dont la compétence de gestionnaires semble le principal critère de performance?

Le phénomène se présente différemment suivant les formes organisationnelles. Ainsi, les regroupements d'usagers et les groupes d'auto-organisation y sont moins sujets parce qu'ils ont davantage besoin d'un membership actif pour fonctionner, que l'homogénéité est plus grande entre les usagers et les militants, et capables de plus d'autonomie dans leur fonctionnement. Également, la nature revendicative des regroupements d'usagers les maintient dans une dynamique plus critique et mobilisante.

Organiser la révolte: des termes contradictoires?

Par-delà ces explications de type conjoncturel liées aux leaders et aux règles de financement, la tendance à l'institutionnalisation et la montée des stratégies consensuelles viennent peut-être plus fondamentalement de la nature même de l'action sociale dans le champ de l'action communautaire.

Pour être initiée, toute action de changement qui emprunte la voie transgressive doit procéder d'un refus de la situation vécue et du désir de la changer en dehors des voies traditionnelles. C'est vrai dans l'ensemble de l'action communautaire, mais il nous semble que ça le soit davantage dans le champ des problèmes de l'économie et de la gestion des ressources, en particulier dans les problématiques de dépendance et de marginalité en regard du travail, du revenu et de l'insertion sociale. Ce qui nous amène à affirmer que plus la situation est lourde d'oppression et d'exploitation, de désorganisation et de marginalisation, plus le désir de changement doit passer par un net sentiment de *révolte*[38]. Or la révolte ne contiendrait-elle pas sa propre négation dès lors qu'elle cherche à s'organiser, à se planifier, bref, à se «professionnaliser» d'une certaine façon[39], risquant alors de se détacher d'une analyse ouverte sur la «révolution permanente», sur une approche

---

38. Nous entendons ici par révolte toute forme de contestation qui emprunte des formes plus ou moins radicales, en dehors des voies de la participation institutionnalisée ou non. Il ne s'agit plus d'un sentiment et d'une réaction de refus d'obéissance que de l'action politique typique habituellement reconnue comme manifestation ouverte contre l'ordre établi, qu'elle soit violente ou non, sans l'exclure.

39. F. F. PIVEN et R. CLOWARD (1977). *Op. cit.*

intégrée certes, mais surtout développée et entretenue par la créativité du groupe et l'analyse critique?

Peut-on imaginer la révolte autrement que *spontanée et irrationnelle?* Puisque son action est *transgressive*, n'est-elle pas vouée à une certaine spontanéité, celle-là même dont le moteur est la colère ou l'insatisfaction au moment de son éclatement? Dès que le temps atténue l'émotion et laisse place à l'organisation, l'action qui s'installe dans la durée n'aurait-elle pas tendance à chercher des approches politiques plus «douces», plus corporatistes, ou à l'autre extrême plus radicales, et à devenir l'affaire des organisateurs professionnels ou des intellectuels organiques? Plus encore, au moment où certains succès ont été atteints, la révolte n'a-t-elle pas tendance à subir une lente érosion qui finit par la désamorcer en même temps que la colère qui l'a fait naître? N'est-ce pas ce qui pourrait expliquer le caractère difficile et éphémère de plusieurs groupes et actions de mobilisation? N'est-ce pas aussi ce qui pourrait justifier qu'on saborde l'organisation dès qu'on atteint les objectifs de départ ou en tout cas un certain succès? Ou encore, dans le cas des groupes qui durent, est-ce que ça pourrait expliquer leur éventuelle intégration, parfois bien inconsciente, aux mécanismes institutionnels de gestion des rapports sociopolitiques?

Bien sûr, on serait tenté de répondre catégoriquement, par oui ou par non, selon nos orientations idéologiques propres. Mais en fait, les réponses ne sont pas si simples. Car si une colère peut durer parce que ses causes non seulement perdurent, mais deviennent de plus en plus intolérables, il est également vrai que la *canalisation organisée de la révolte doit se plier à des exigences souvent suicidaires.* Nous venons d'évoquer les contraintes du financement. Ajoutons les difficultés reconnues des organisations démocratiques et des associations volontaires: toute organisation dite participative a une tendance naturelle avec le temps à voir s'atrophier la démocratie qui l'a fait naître[40]. Le pouvoir des administrateurs ou d'une minorité de dirigeants fait son apparition aussi sûrement que l'organisation s'installe dans la durée et se donne des moyens pour y pourvoir. Peu à peu se resserre l'étau de l'action planifiée et, si on n'y prend garde, entraîne la disparition graduelle de l'analyse critique et des objectifs mobilisateurs. Lorsque des menaces imminentes à la survie de l'organisation ou aux conditions de vie ou de travail des permanents font sentir leur morsure, on se tourne alors à

---

40. Robert MICHELS (1970). «Oligarchy», in O. GRUSKY et G. MILLER (1970). *The Sociology of Organizations, Basics Studies,* New York, The Free Press.

A. MEISTER (1974). *Op. cit.*

nouveau vers la mobilisation de la base et les pressions plus radicales. Entre temps, on risque d'avoir perdu ses alliés les plus efficaces et même ses propres membres parce qu'on n'a pas su continuer à mettre l'accent sur le *travail à la base et sur une analyse critique, intégrée et partagée de la situation à changer.*

Des militants et des professionnels dans les organismes communautaires

Cela nous amène au rôle et à la place des professionnels dans les organismes communautaires. Cette question a toujours fait l'objet de nombreux débats; dans ce cadre-ci, qu'il nous suffise d'en évoquer quelques-uns.

La question clé demeure, évidemment, celle du pouvoir énorme que les professionnels sont susceptibles de détenir dans la mesure où ils occupent généralement des fonctions qui les amènent à exercer le contrôle sur le cœur même des organismes. Qu'ils soient responsables de la coordination, de l'animation ou des finances, aussi bien que de la formation et de l'information, ils cumulent rapidement l'essentiel des informations «sensibles» et risquent d'accaparer le pouvoir que cette information procure. Seules des mesures sévères (structures et processus liés à la prise de décision) peuvent contrer de telles tendances, et les expériences connues de fonctionnement collectif indiquent non seulement que c'est possible, mais que c'est nécessaire si on veut assurer la survie de l'organisation[41].

Ces relations «tendanciellement» contrôlantes entre professionnels et intervenants salariés et «aidés» ou «entraidés» risquent d'être accrues par le déplacement des services du domaine public vers celui du privé communautaire. Les services reliés au domaine de l'intégration à l'emploi (SEMO et autres) en sont de bons exemples. Seule l'importance accordée à une approche alternative réelle peut contrer cette tendance. Comme à la Maison Saint-Jacques (groupe communautaire montréalais œuvrant dans le domaine des soins en santé mentale) par exemple, où on a généralement su se distinguer de façon importante des services institutionnels, à un point tel que ceux-ci sont les premiers à le reconnaître. Son caractère «communautaire et alternatif» lui a permis, par exemple, de mettre sur pied des programmes de retour au travail

---

41. R. Sainsaulieu, M. O. Marty et P. E. Texier (1986). *De la démocratie en organisation*, Paris, Éd. des Méridiens.

absolument inédits et impensables dans le milieu institutionnel, du moins dans ses structures actuelles.

On ne réussit cependant pas toujours à développer et à conserver ce caractère communautaire et alternatif. Souvent, dans ces groupes financés par des programmes clientèles, on finit par reproduire une logique institutionnelle et les rapports inégaux de l'aide professionnelle. De façon générale, surtout dans les groupes les plus innovateurs sur le plan de l'«alternativité», l'action se réalise dans la précarité avec tout ce que cela comporte de roulement de personnel et d'instabilité. Or la capacité d'innovation dans ces groupes est directement proportionnelle à l'implication et à l'engagement de leurs participants, ce qui suppose une certaine stabilité du noyau de base et un effort constant dans l'entretien du militantisme qui peut assurer la relève et la continuité.

On voit donc l'ampleur du défi de l'alternativité et du communautaire. Par-delà la transcendance originelle qui, au départ d'un groupe, est nécessaire pour fusionner les énergies, les affects et les idées dans un projet «transgressif», il faut s'assurer de disposer de mécanismes qui assurent la constance de l'énergie d'entretien du groupe, bien sûr, mais aussi de son projet. C'est en grande partie aux permanents (militants ou professionnels) qu'il revient de gérer ces mécanismes. Il faut qu'ils en aient une conscience claire et qu'ils disposent d'outils et de mandats appropriés; il faut aussi évaluer leur expertise et leur performance aussi bien à leur capacité d'entretenir le militantisme qu'à leurs qualités et réalisations en gestion financière et administrative ainsi qu'à leur compétence professionnelle.

CONCLUSION: VERS UNE PENSÉE ÉCOLOGISÉE COMME MÉCANISME D'INTÉGRATION

La tentative de classification que nous avons faite en introduction nous a permis de délimiter ce champ de l'organisation communautaire, mais finalement, elle aura davantage servi à décrire et à situer différents groupes les uns par rapport aux autres qu'à définir formellement les groupes d'intérêts comme catégorie spécifique. La difficulté qu'entraîne la définition vient de ce que les frontières entre les champs de pratiques sont loin d'être étanches, en particulier entre les groupes d'intérêts tels que nous les avons identifiés et les autres catégories (identitaires, géographiques); tout groupe peut à l'occasion occuper l'un ou l'autre espace que nous avons retenu pour bâtir notre classification. C'est pourquoi nous nous sommes par la suite intéressés davantage à la problématique d'ensemble des pratiques et des groupes en action communautaire qu'à des problèmes particuliers de pratiques. Sur ce terrain plus spécifique, nous avons exploré certains aspects des rapports entre permanents professionnels ou bénévoles et militants, en insistant surtout sur les risques d'institutionnalisation qu'entraîne l'affaiblissement du militantisme et de l'analyse critique.

Le principal questionnement développé dans cette discussion a porté sur l'apparente transformation des pratiques à partir du constat de la remontée des stratégies consensuelles depuis les années 80, notamment à travers la concertation, la prise en charge et les tactiques de négociation «douces». Derrière cette situation, nous y avons vu une crise de société (d'abord économique, mais aussi politique et culturelle) où les pratiques nouvelles misant sur l'autonomie, l'individualisme et la prise en charge par les groupes de base peuvent constituer des contributions et même des formes de la nouvelle société en émergence. Pourvu cependant que ces pratiques permettent de relier l'autonomie et l'action politique dans la recherche de formes de gestion du social plus efficaces et démocratiques, et qu'elles nous entraînent à sortir du corporatisme dans lequel les rapports sociaux risquent de s'enfermer, y compris les stratégies consensuelles non critiques.

De là, nous avons constaté que la dichotomie consensuel/conflictuel était peut-être dépassée, les problèmes sociaux actuels exigeant pour être approchés des stratégies intégrées qui ouvrent plus sur la transgression et la transcendance que sur l'affrontement ou la concertation comme règles de l'action sociale. Cette recherche de transcendance appelle selon nous une nouvelle façon de voir les choses qui relie l'universel et le particulier, le micro et le macrosocial, l'individualisme et la solidarité collective. Ce nouveau paradigme, que plusieurs voient comme remplaçant également la volonté de conquête sur la nature qui a dominé jusqu'ici, par une volonté d'y vivre en harmonie, pourrait bien devenir le pivot de cette approche intégrée que nous recherchons pour maintenir les pratiques ouvertes sur le changement social à venir.

L'organisation communautaire doit donc faire face à de nouveaux défis. L'évolution même de la société nous invite plus que jamais à nous doter de nouveaux outils d'analyse, afin de la mieux comprendre et d'y intervenir à la fois plus intelligemment et plus efficacement. Si, selon les termes classiques, la mobilisation est rendue plus difficile, c'est peut-être que les modèles sont dépassés, mais c'est peut-être aussi que les contenus qui favorisent le consensus et l'action ne sont plus les mêmes.

En terminant, il nous apparaît nécessaire d'insister à nouveau sur l'importance tout à fait centrale des questions environnementales. La «pensée écologisée», pour reprendre l'expression d'Edgar Morin, nous incite à réunir l'humanité à la «Terre-Patrie» ou à sa «Matrie». Comme on ne peut plus penser «développement» tout simplement, on ne peut plus penser seulement «social» ou seulement «politique». Il nous faut maintenant restituer l'intérêt de l'humanité dans la survie de la planète dont il constitue une partie.

Conséquemment, les groupes d'intérêts ne pourront plus se renfermer sur une action à courte vue: ils devront penser autrement, c'està-dire penser écologiquement, au sens à la fois le plus large et le plus engageant du terme.

En ce sens, l'environnement pourrait bien devenir un lieu d'unification et de mobilisation. Car cette problématique offre l'avantage d'inciter chaque individu à faire sa part s'il veut en profiter à son tour... Par exemple, pensons à des thèmes comme «Consommation et milieu de vie», «Logement et qualité de vie», «Environnement et droits de la personne»...

Même pour des assistés sociaux et des chômeurs, aussi bien que pour tous les «laissés-pour-compte», qu'on les retrouve localement ou qu'ils constituent des peuples entiers à travers notre monde d'inégalités, l'environnement pourrait bien devenir un enjeu clé, non seulement sur le plan personnel et planétaire, mais même dans leur situation particulière, dans la mesure où la nécessité de plus en plus évidente de passer du développement sauvage à l'écodéveloppement ne peut que contribuer à transformer l'ensemble des structures économiques, y inclue la relation au travail et à l'emploi. Le monde de la concurrence et de la compétition capitaliste lui-même pourrait bien se voir ramener de force vers une vision du monde et un «sens» beaucoup moins propices au stress et au *burnout,* et donc beaucoup plus humains et sereins.

Pour aborder cette question d'un autre point de vue, ne pourraiton pas dire que la pensée écologisée se doit d'intégrer les «laissés-pourcompte», où qu'ils soient et de quelque origine que provienne leur condition, pour être elle-même efficace, voire viable. En ce sens, elle devra cesser de se présenter, comme elle le fait trop souvent, dans ses formes embryonnaires actuelles, comme une «pensée neutre», intellectuelle, voire «spirituelle». Elle devra s'incarner, se concrétiser, «prendre en charge tous ses enfants», sous peine de ne jamais véritablement exister comme une conscience de la Terre-Mère. Pour cela, elle devra lier l'économie au social, le culturel au politique, et en particulier, elle devra trouver, au-delà même des difficultés inhérentes aux remises en question fondamentales qu'elle apporte déjà à nos modèles de développement, des solutions de remplacement valables à l'économisme dominant. En ce sens, l'action communautaire aussi devra être remise en question et oser «choisir l'audace»[42]. Comme l'humanité tout entière devra choisir le dépassement du darwinisme et du «struggle for life» pour en arriver à une véritable gestion à la fois humaine et écologique de la planète.

---

42. A. LIPIETZ (1989). *Choisir l'audace,* Paris, Éd. La Découverte.

Troisième partie

▼

L'organisation communautaire dans le tiers monde

L'organisation communautaire dans les pays du tiers monde: l'Afrique et l'Amérique latine

LAVAL DOUCET

LOUIS FAVREAU

1.
L'organisation communautaire en Afrique

YAO ASSOGBA

2.
L'organisation communautaire en Amérique latine

LOUIS FAVREAU

LUCIE FRÉCHETTE

L'organisation communautaire dans les pays du tiers monde: l'Afrique et l'Amérique latine

▼

Laval Doucet
Louis Favreau

L'organisation communautaire, lorsqu'il s'agit du tiers monde, est plus communément identifiée à la notion de «développement communautaire». Ce type d'organisation communautaire émerge plus précisément dans l'après-guerre, dans le cadre de la construction de l'ONU et de ses différents organismes affiliés (UNESCO, UNICEF, OMS...). Parler de l'organisation communautaire dans l'immédiat après-guerre nous renvoie également à la percée du «développement communautaire» comme champ reconnu de pratique dans le contexte de la fin du colonialisme et de l'émergence à l'échelle internationale du concept de «développement».

Les premières expériences, qui affichent une certaine ampleur, sont initiées en Inde en 1952, conjointement par l'ONU et les États-Unis. Elles sont alors vigoureusement soutenues par la Fondation Ford et l'Agence américaine pour le développement. C'est là l'expérience la plus connue. Mais l'ONU, par l'intermédiaire de ces différents programmes, sert de tremplin à des projets de développement communautaire dans plus de vingt-cinq pays du tiers monde au cours de la décennie 50. Dans les années 60, le «développement communautaire», après avoir été l'initiative des États coloniaux, devient celle des États indépendants (en Afrique particulièrement) qui insèrent cette stratégie d'intervention dans leur plan de développement national (alphabétisation, développement rural...).

À une échelle plus modeste mais non moins significative par sa trajectoire qui a plus de quarante ans (des années 50 à aujourd'hui), avec une perspective plus innovatrice et plus portée à prendre en compte les conflits, il faut également penser à l'expérience d'animation rurale en Afrique, entre autres au Sénégal, du courant *Économie et humanisme* du père Lebret en France[1].

Mais c'est surtout au début des années 70 (en Amérique latine) ou au début des années 80 (en Afrique), que l'organisation communautaire fait un saut qualitatif important en étant associée principalement à des Organisations non gouvernementales (ONG), et par là même, à des projets initiés directement par ces ONG dans des communautés locales, et non plus principalement à des initiatives gouvernementales[2].

Dans les années 50-60, ces ONG, dont les premières ont surtout été de filiation religieuse deviennent des organismes à caractère mi-privé et mi-public et se développent, pour la plupart, en micro-institutions offrant des services variés à des communautés locales pour assurer l'organisation de celles-ci à moyen et à long terme ou pour répondre à des besoins urgents. Règle générale, à partir des années 70, ces ONG sont composées de professionnels issus des classes moyennes urbaines, c'est-à-dire des animateurs communautaires, des architectes, des travailleurs sociaux, des sociologues, des vétérinaires et des agronomes, des aménagistes et des urbanistes, des géographes et des économistes, des enseignants et des éducateurs populaires... travaillant en association avec des organisations locales de paysans, de travailleurs ou d'habitants des bidonvilles...

Les ONG dites de développement, pour les différencier des ONG d'urgence, sont des lieux privilégiés de pratique de l'organisation communautaire, sur une base bénévole, semi-professionnelle ou professionnelle. Ce type de pratique s'articule autour de ce qu'il est convenu

---

1. Il faut à ce propos se référer au courant de gauche de l'Église en France, qui naît pendant cette période, courant encore très vivant aujourd'hui dans le domaine du développement communautaire sur le plan international. Voir la revue *Croissance* (anciennement *Croissance des jeunes nations*) et la revue *Économie et humanisme*.

2. On aura remarqué ici que le démarrage de ce type nouveau de développement communautaire coïncide avec les projets de guerre à la pauvreté dans des pays comme les États-Unis et le Canada à l'intérieur des quartiers pauvres des grands centres urbains. Cette guerre à la pauvreté, tout en ayant reçu son impulsion première des gouvernements libéraux en place, sera rapatriée par des mouvements locaux, des Organismes sans but lucratif (OSBL), sorte d'ONG qui forment l'armature de base à l'actuel mouvement populaire et communautaire.

d'appeler le micro-développement, c'est-à-dire un travail qui comporte généralement trois axes:

1. une intervention de soutien à des micro-réalisations (des micro-projets) à l'intérieur de communautés locales motivées par le changement de leurs conditions de vie dans le domaine de la santé, du logement, de l'éducation...;

2. la défense de droits sociaux de catégories particulièrement bafouées de la population, notamment des travailleurs agricoles dans les campagnes et des habitants dans les bidonvilles par l'organisation de syndicats, de comités de quartier autour de questions vitales comme l'accès à l'eau, à l'électricité... et à des équipements collectifs en matière de santé, d'éducation...;

3. la mise en place de démarches de développement local intégré permettant l'auto-organisation de communautés locales autour d'un certain nombre de priorités qui génèrent des projets à volets multiples où se croise la résolution de problèmes d'emploi, d'aménagement du territoire, de santé communautaire, d'alphabétisation des adultes et de mise sur pied de centres d'éducation, de centres communautaires...

Ces ONG sont très souvent des organismes de coopération internationale, c'est-à-dire des ONG de pays du Nord travaillant à la solidarité et à la coopération avec des pays du Sud. On peut penser, au Québec, à des OCI comme SUCO (Service universitaire canadien outremer), CECI (Centre d'études et de coopération internationale), Développement et Paix... Mais ces ONG sont aussi de plus en plus des ONG nationales (péruviennes, brésiliennes, sénégalaises...).

Brièvement, on peut dire que les ONG s'engagent dans deux types de projets[3]: d'abord des projets d'animation de populations locales défavorisées avec participation directe de ces communautés et développement d'un partenariat, c'est-à-dire un soutien financier, par exemple une association avec des organismes du milieu, des jumelages Nord-Sud d'associations, de mouvements ou de municipalités; puis des projets d'accompagnement, c'est-à-dire la mise à contribution d'une expertise spécifique comme celle d'animateurs communautaires ou d'agents de développement de projets, de travailleurs sociaux, de vétérinaires ou encore d'agronomes...

En d'autres termes, en plus des politiques gouvernementales d'aide aux populations locales et en plus de l'aide d'urgence, il existe des

---

3. J.-D. BOUCHER (1986). *Volontaires pour le tiers monde*, Paris, Karthala, p. 105-123.

pratiques de *community development*, des pratiques d'ONG dites de développement, lesquelles cherchent, par leur travail, à améliorer les conditions de vie de communautés locales et très souvent à faire émerger des communautés locales plus autonomes sur le plan social, économique et politique[4].

Dans les textes de cette troisième partie, on observe d'abord une importante similitude de contexte entre l'Afrique et l'Amérique latine: la pratique de l'organisation communautaire et des ONG de développement est étroitement liée à la situation de sous-développement et à la faiblesse des États qui offrent peu ou pas de services à caractère public en matière d'éducation, de santé et de services sociaux aux communautés locales.

Mais on note aussi des différences majeures dans l'organisation du travail communautaire. On y voit en quoi les conditions d'exercice de cette pratique sont différentes selon qu'il s'agit de l'Afrique noire (texte de Yao Assogba) ou de l'Amérique latine (texte de Louis Favreau et Lucie Fréchette).

Dans le cas de l'Afrique noire, les ONG nationales, de même que leur partenariat avec des mouvements sociaux, sont beaucoup plus récents. Le «développement communautaire» est d'abord initié par les États coloniaux, puis par les gouvernements locaux soutenus dans leurs efforts par des organismes de l'ONU. Le développement communautaire s'est en outre d'abord et principalement exercé en milieu rural, dans les villages beaucoup plus que dans les villes.

En ce qui concerne l'Amérique latine, des mouvements sociaux (organisations paysannes, syndicats ouvriers, organisations étudiantes dans les universités, formations politiques de gauche...) existent très souvent avant même l'arrivée d'ONG du Nord ou l'émergence d'ONG nationales. C'est ainsi que l'organisation communautaire voisine depuis assez longtemps des mouvements sociaux et a tendance à être interpelée directement par ceux-ci. En outre, l'urbanisation en Amérique latine s'étant développée beaucoup plus rapidement qu'en Afrique, le travail d'organisation de communautés locales a alors dû prendre racine en milieu urbain de façon nettement plus déterminante et plus tôt historiquement.

Mais par-delà les différences d'un continent à l'autre, d'un pays à l'autre, il faut surtout retenir, sur une trajectoire de longue durée, trois

---

4. Voir à ce propos le dossier de la revue *Nouvelles pratiques sociales, 4,* (1), 1991, entièrement consacré au travail des ONG québécoises et canadiennes en Afrique et en Amérique latine de même qu'au travail des ONG nationales.

apports centraux du *community development* dans les pays du tiers monde, apports qu'on pourrait être porté à oublier à travers les débats qui ont cours sur sa valeur.

D'une part, en tant que pratique, à l'intérieur d'un processus de longue durée, l'organisation communautaire dans les pays du tiers monde a, cent fois plutôt qu'une, prouvé que la réalisation de projets de développement dans des communautés locales et leur aboutissement ne sont possibles qu'à condition d'y associer étroitement les populations locales. D'autre part, comme pratique, l'organisation communautaire dans les pays du tiers monde ouvre un avenir dans la lutte contre la pauvreté dans la mesure même où elle établit de significatives passerelles avec les mouvements sociaux de ces pays (les organisations paysannes, les organisations communautaires dans les bidonvilles, les organisations de femmes de milieux populaires...). Enfin, comme processus et méthodologie d'intervention sociale, l'organisation communautaire dans les pays du tiers monde demeure un des rares outils à avoir fait preuve d'une relative efficacité sociale à l'intérieur des communautés locales défavorisées. Cela vaut d'ailleurs autant pour les communautés locales défavorisées des pays du Nord.

Après avoir abordé ces différents aspects, il faut mentionner d'importants débats et des questionnements de toutes sortes chez les intervenants sociaux impliqués dans un travail de développement communautaire international. Par exemple, on ne peut aujourd'hui passer à côté d'un bilan majeur de la coopération internationale et du travail des ONG du Nord en Afrique, dans la mesure même où ces sociétés sont à un tournant majeur: développement d'une véritable société civile dans plusieurs pays de l'Afrique francophone, émergence d'ONG nationales qui concurrencent les gouvernements sur le terrain même du travail auprès des communautés locales... De même, du côté de l'Amérique latine, on ne peut contourner l'ampleur du développement des ONG nationales depuis plus de vingt-cinq ans et ses répercussions sur la trajectoire même des mouvements sociaux et des formations politiques de gauche de ces pays du sud de l'Amérique[5]. Notons par exemple qu'au Pérou, uniquement, sont présentes plus de 300 ONG nationales de développement auxquelles il faut ajouter une cinquantaine d'ONG nord-américaines et européennes[6].

---

5. S. CORDELLIER (1987-1988). «Chili, la politique autrement», *État du monde*, Paris/Montréal, La Découverte/Boréal, p. 500-501.

6. M. PADRON *et al.* (1988). *Las organizaciones no gubernamentales de desarrollo en el Peru*, Lima, DESCO.

M. PADRON (1982). *Cooperacion al desarrollo y movimiento popular: Las asociaciones privadas de desarollo*, Lima, DESCO.

On ne peut non plus passer sous silence l'important travail de coopération et de solidarité internationale qui se fait ici même au Québec. En effet, plus de cinquante ONG (nationales et régionales), rattachées à l'Association québécoise des organismes de coopération internationale (AQOCI), accomplissent un travail d'éducation à la solidarité internationale dans leur milieu respectif, font pression sur notre gouvernement pour modifier les modalités de l'aide étatique internationale et mettent de l'avant des revendications pour favoriser des rapports plus égalitaires entre pays du Nord et pays du Sud, soutiennent financièrement des projets que certaines ONG ou organisations populaires du Sud leur soumettent, envoient des coopérants (pendant un, deux ou parfois trois ans) qui font de l'éducation populaire, de l'animation syndicale ou communautaire, du travail social, dans des domaines aussi diversifiés que la santé communautaire, le développement rural, l'aménagement du territoire, l'économie sociale, l'éducation populaire, les enfants de la rue...

On voit donc par là que cette section sur l'organisation communautaire dans les pays du tiers monde ne constitue pas un exotisme, une sorte de hors-d'œuvre: des intervenants sociaux québécois et canadiens[7] sont impliqués depuis au moins deux décennies dans un travail de solidarité et de coopération internationale, travail d'organisation de communautés locales dans des pays du Sud mais aussi travail dans nos propres communautés locales au Québec, en association avec des partenaires dans ces pays du tiers monde.

Enfin, une autre raison nous a motivé à développer cette section: une bonne partie du travail d'organisation communautaire pratiquée dans ces pays inspire le travail fait ici même dans des communautés locales défavorisées. On peut penser à l'influence qu'a chez nous depuis plus de vingt ans l'éducation populaire conscientisante de Paolo Freire et autres éducateurs latino-américains[8]. On peut penser, plus récemment, à l'influence à l'intérieur du mouvement pour le désarmement et la paix, de la pensée de Gandhi[9] concernant les stratégies d'action directe non violente – ce qui nous renvoie au travail d'organisation

---

7. Y. Assogba, L. Favreau et G. Lafleur (1991). «Coopération internationale: nouveaux défis», *Nouvelles pratiques sociales, 4,* (1), printemps.

   T. Brodhead *et al.* (1988). *Ponts de l'espoir? (les organismes bénévoles canadiens et le tiers monde),* Ottawa, Éd. Institut Nord-Sud.

8. Voir à ce propos les textes de Yves Hurtubise (sur l'action conscientisante) et Julio Fernandez (sur l'éducation populaire) dans la première partie de ce livre.

9. J.-M. Muller (1981). *Stratégie de l'action non violente,* Paris, Seuil.

communautaire en Asie, travail que nous n'avons malheureusement pas pu développer dans le cadre de cette section. Mentionnons également les expériences réussies d'organisation communautaire en Amérique latine comme celle de Villa el Salvador au Pérou[10], bidonville de 300 000 habitants, qui en un peu moins de vingt ans a réussi à se constituer en communauté autogérée, ou encore à des expériences réussies d'organisation communautaire en Afrique francophone comme celles initiées par des groupements paysans/villageois appuyés par des ONG du Nord ou des ONG nationales au Burkina-Faso[11] et au Sénégal.

---

10. FAVREAU, L., L. FRÉCHETTE, R. LACHAPELLE et A. ZAPATA (1992). «Une expérience réussie d'organisation communautaire: Villa el Salvador, Pérou», *Nouvelles pratiques sociales, 5* (2), printemps.

11. B. Lédéa OUEDRAOGO (1990). *Entraide villageoise et développement (groupements paysans au Burkina-Faso)*, Paris, L'Harmattan.

1

L'organisation communautaire en Afrique

▼

1.1.

L'organisation communautaire avec des communautés locales en Afrique

▼

Yao Assogba

INTRODUCTION

Le développement communautaire, dans l'acception moderne du concept, a été introduit en Afrique comme une pratique devant favoriser une plus grande participation des populations à des programmes coloniaux de développement social et économique. Après l'accession à l'indépendance politique de la plupart des pays de l'Afrique sud-saharienne au début des années 60, les nouveaux États africains, avec le concours des organisations internationales d'aide et de coopération, ont opté pour une stratégie de développement dit de modernisation par la réalisation de grands travaux. Mais cette stratégie était loin de répondre aux besoins fondamentaux tels que l'alimentation, la santé, l'éducation, etc. des populations rurales.

Deux décennies après l'accession à l'indépendance des États africains, soit au début des années 80, alors qu'on a constaté le bilan peu reluisant de la stratégie de développement des années 60, le développement communautaire a été sérieusement (re)considéré par les États africains et par les Organismes de développement et de coopération internationale comme théorie et pratique appropriée pour un réel changement social dans les régions les plus défavorisées du continent[1]. C'est la philosophie communautariste voulant que les populations concernées par les projets socio-économiques soient les principaux acteurs du

---

1. Vincent Cosmao (1984). *Un monde en développement?*, Paris, Éditions ouvrières.

développement de leurs communautés, qui est clairement évoquée et mise en relief par les théoriciens et les praticiens du développement.

Mais par ailleurs, la philosophie et l'histoire des Organisations non gouvernementales de développement et de coopération internationale (ONG) font d'elles les meilleures partenaires dans les projets de développement communautaire[2]. Dans les années 80, la plupart des gouvernements africains ont donc défini et adopté des stratégies de développement national qui privilégient des micro-réalisations. Celles-ci devant être l'œuvre conjointe des populations bénéficiaires, des ONG nationales et internationales.

L'objet de cet article est de présenter une étude descriptive du développement communautaire en Afrique sud-saharienne. Le texte comprend cinq sections. La première comporte un bref historique du développement communautaire et de l'animation rurale dans cette région du continent. La deuxième et la troisième décrivent respectivement l'une et l'autre des pratiques en Afrique anglophone et en Afrique francophone. Dans la quatrième, nous formulons des commentaires critiques pour montrer la portée et les limites du développement communautaire ou de l'animation rurale dans ces «deux Afriques». La cinquième section est consacrée au cas particulier de l'Afrique lusophone[3].

Historique du développement communautaire

La Grande-Bretagne est le premier pays à utiliser le concept de développement communautaire pour désigner les programmes d'éducation populaire dans ses colonies[4]. Les mouvements nationalistes commencent à se développer dans les colonies pendant l'entre-deux-guerres. Dans le but d'atténuer les aspirations autonomistes des populations africaines et sous prétexte de «protéger» ses colonies contre le communisme, la Grande-Bretagne élabore des programmes de développement social et économique favorisant une plus grande participation des communautés.

---

2. Henri Rouille D'Orfeuil (1984). *Coopérer autrement: l'engagement des ONG aujourd'hui*, Paris, L'Harmattan.

3. L'Afrique lusophone désigne l'ensemble des anciennes colonies portugaises en Afrique: Angola, Mozambique et Guinée-Bissau. Notre exemple porte sur ce dernier pays.

4. Marjorie Mayo (1975). «Community development: A radical alternative?», *Radical Social Work*, Boily, Roy et Brake Mike (Éd.), New York, Pantheon Books, p. 129-143.

Les projets de développement communautaire mis sur pied jouent un double rôle à la fois politique et économique. Ils calment les tendances nationalistes radicales des peuples colonisés par la forme d'une certaine démocratie qu'ils introduisent et par la participation collective. Par ailleurs, la Grande-Bretagne tire profit des projets communautaires à vocation économique réalisés par une main-d'œuvre «bon marché» (sinon gratuite). Mais ces projets développent également certaines infrastructures dans les colonies.

La pratique du développement communautaire dans les colonies britanniques est caractérisée par une décentralisation du pouvoir permettant à la population d'exercer une certaine influence. La méthode anglo-saxonne accorde une importance aux associations volontaires, qui étaient les porte-parole des populations auprès du gouvernement colonial.

Dans les colonies françaises, c'est plutôt la stratégie d'animation sociale rurale du socialisme utopiste de l'Église catholique française progressiste, dont l'idéologue est le père L. J. Lebret.

> «Animation rurale» was born out of the utopian socialisavision of society held by the French Catholic Left and directly from the work of Father L. J. Lebret which, though deeply infused with ideology and political philosophy, had its origins in work with poor peasants in fishing villages of France[5].

L'animation rurale, plus récente que le développement communautaire, démarre dans les colonies françaises d'Afrique noire pour répondre à des problèmes de développement bien précis, et ce, à partir du moment où les services techniques de l'administration coloniale sentent la nécessité d'associer les populations aux programmes de développement rural.

> Il s'agissait à l'époque, d'associer directement les paysans aux opérations menées par l'administration en vue d'augmenter la production agricole. Le problème se posait en termes de modernisation et d'économie. La conséquence la plus directe fut la mise en route de campagnes de vulgarisation agricole et de coopératives[6].

C'est ainsi par exemple, qu'entre 1953 et 1966 on assiste à la création de nouveaux services techniques dans les anciennes colonies françaises. Les Sociétés indigènes de prévoyance (SIP) deviennent les

---

5. Donald E. Vote et Marcie Brewster (1989). «An overview of international community development», James A. Christenson et Jerry W. Robinson, *Community Development in Perspective*, Iowa State University Press, p. 286.

6. Alfred Mondjanagni (1984). *La participation populaire au développement en Afrique noire*, Paris, Karthala, p. 159-160.

Sociétés mutuelles de production rurale (SMPR), qui deviennent à leur tour les Sociétés mutuelles de développement rural (SMDR). Les premières expériences d'animation rurale ont lieu au Maghreb, notamment au Maroc en 1959. Elles s'étendent quelques années plus tard (1960-1962) au Sénégal, à Madagascar, au Niger et dans la majorité des pays de l'Afrique sud-saharienne.

Pour l'essentiel donc, après l'accession à l'indépendance des différents États, le développement communautaire ou l'animation rurale est maintenu comme action de développement social et économique dans ces pays. De manière générale, les caractéristiques socio-économiques de ces pays se présentent comme suit: une prédominance d'un secteur agricole utilisant une technologie traditionnelle à très faible productivité; 70 à 80 % de la population active vivant dans les zones rurales et ayant un faible niveau de vie; un secteur industriel le plus souvent limité à des activités d'extraction minière et quelques rares industries de transformation; un taux de scolarisation faible se traduisant par une pénurie de main-d'œuvre qualifiée; une insuffisance des infrastructures sanitaires; une fonction publique pléthorique et un secteur privé très réduit. Les pays africains font face également à d'autres problèmes non moins importants tels que la famine, le manque d'eau, la sécheresse, l'endettement extérieur, etc.

Du point de vue politique, les États africains sont néo-colonisés. Sur le plan national, les régimes sont à parti unique et très peu démocratiques. Sur le plan international, les États dépendent économiquement des puissances industrielles de l'Europe de l'Ouest ou de l'Amérique du Nord. Si l'histoire coloniale et l'histoire postcoloniale marquent différemment les pratiques du développement communautaire en Afrique anglophone, en Afrique francophone et en Afrique lusophone, il demeure toutefois que ce sont les problèmes communs, brièvement décrits ci-haut, que ces pratiques cherchent à résoudre dans chacune de ces aires géopolitiques du continent africain. Mais que faut-il entendre par ces notions de développement communautaire et d'animation rurale? En quoi consiste chacune de ces pratiques?

Le développement communautaire en Afrique anglophone

Après une enquête sur les expériences de développement dans les pays du tiers monde, les Nations Unies en sont venues à définir le développement communautaire dans ces régions comme:

> [...] l'ensemble des procédés par lesquels les habitants d'un pays unissent leurs efforts à ceux des pouvoirs publics en vue d'amélio-

rer la situation économique, sociale et culturelle des collectivités, d'associer ces collectivités à la vie de la nation et de leur permettre de contribuer sans réserve aux progrès du pays. Les procédés supposent tous deux éléments essentiels: les habitants participent activement [...] des services techniques et autres sont fournis [...], ces programmes concernent généralement des collectivités locales [...][7].

Cette acception du terme reflète assez bien ce qui se pratique en Afrique anglophone comme développement communautaire. On reconnaît la participation active des populations concernées au processus de changement social, mais on attribue également un rôle important à l'État ou à tout organisme extérieur dans ce processus. La collectivité est censée prendre part aux principales étapes de réalisation des projets de développement avec le soutien financier ou technique de l'État. Le but recherché est la satisfaction des besoins fondamentaux des populations, de manière à améliorer leurs conditions économiques et sociales.

Au Malawi par exemple, les grands projets de développement agricole, forestier, sanitaire et d'approvisionnement en eau potable ont souvent nécessité la participation communautaire des populations rurales. L'approche coloniale consiste alors à proposer à celles-ci des techniques susceptibles d'encourager des initiatives communautaires lorsqu'elles n'existent pas. Ainsi, sous l'incitation des services techniques coloniaux, les premiers Comités villageois pour des projets de développement communautaire sont créés dans différentes régions du pays entre 1948 et 1954.

Si la stratégie coloniale est surtout axée sur la participation des populations à la phase d'exécution des projets, la stratégie postcoloniale propose par contre que les populations participent aux phases d'identification, de planification et d'exécution des projets. À cet effet, des structures sont mises sur pied. Il s'agit notamment des Groupes d'action qui agissent dans les villages et les zones et des Comités de développement de district qui font la liaison entre les structures de développement régionales et nationales. Toutes ces structures sont supposées contribuer à la réalisation des projets nationaux et locaux dans des domaines aussi variés que l'agriculture (cultures de riz, de thé, de tabac, de café, l'élevage, la santé, etc.). Est-ce à dire qu'elles ont donné les résultats escomptés de participation communautaire et d'amélioration significative des conditions de vie des populations? Un auteur bien averti répond clairement en ces termes: «Bien que des

---

7. J. F. SALBERG et Suzanne WELSH-BONNARD (1970). *Action communautaire*, Paris, Éditions ouvrières, p. 56.

structures adéquates de promotion de la participation aient été mises en place, leur seule existence ne garantit automatiquement ni la participation, ni une répartition équitable des fruits du développement[8].»

Une stratégie semblable à celle du Malawi est développée en Tanzanie après l'indépendance. Les structures de développement communautaires mises sur pied dans ce dernier pays sont des Comités de développement des villages et des Comités de développement des régions. Contrairement au Malawi, les structures tanzaniennes provoquent une participation plus grande des populations dans l'identification et l'exécution des projets, notamment dans les secteurs de l'éducation primaire et de l'approvisionnement en eau[9].

Toutefois, les pratiques du développement communautaire dans ce pays n'ont pas été sans quelques difficultés. Les plus importantes sont les problèmes de planification des projets, le manque de consultation adéquate entre les organismes étatiques chargés du développement, le fait qu'il y ait une répartition inégale des retombées positives des projets entre les régions et entre les populations.

Les États anglophones de l'Afrique de l'Ouest adoptent également la pratique du développement communautaire comme stratégie du changement social dans les régions rurales de leur pays. Tel est, en particulier, le cas du Nigeria depuis les années 50. Selon Adéjunmobi, «successive governments in Nigeria the 1950 have recognised the importance of community development as a method for effecting changes in the economic and social life of the rural population[10]».

Les structures de mise en œuvre des projets de développement communautaire sont des Associations de développement créées dans les régions, les districts et les villages. Au début des années 70, la coordination financière et technique de ces structures est confiée à un organisme public appelé Directorate for Roads and Rural Infrastructures (DFRRI). Ce nouvel organisme favorise la réalisation de nombreux projets de développement communautaire avec le concours des Organisations non gouvernementales (ONG) de coopération internationale.

---

8. G. K. ADDAI (1984). «People's participation in development at grassroot level. A case study of Malawi», A. MONDJANAGNI (1984). *Op. cit.*, p. 218.

9. A. J. FERNANDES (1984). «Central coordination for effective rural development», A. MONDJANAGNI, *op. cit.*

10. A. ADÉJUNMOBI (1990). «Self-help community development in selected Nigerian rural communities: Problems and prospects», *Community Development Journal*, 25, (3), p. 225.

Les secteurs socio-économiques les plus touchés par ces projets sont l'agriculture, l'approvisionnement en eau et l'assainissement, l'éducation, la santé, la construction de pistes, les coopératives. Mais ici comme ailleurs en Afrique, le développement communautaire connaît des problèmes de participation effective des populations et de pérennité des projets, une fois que les agents de développement externes à la communauté cessent leurs actions d'encadrement[11].

Dans l'ensemble, l'Afrique anglophone met en œuvre des programmes de développement communautaire de type «intégratif». En quoi consiste au juste le programme intégratif? Il s'agit d'une stratégie globale qui associe les efforts d'action communautaire au niveau local, aux efforts financiers et techniques des gouvernements, régional et national ou de tout autre organisme extérieur pour assurer le développement rural intégré (DRI). Le DRI est une pratique d'intervention dans les zones rurales qui vise le progrès économique et social de la paysannerie. Il touche à la fois aux dimensions agricole, sociale et éducative du développement. Dans le domaine de l'agriculture, on se préoccupe de la répartition et des formes d'usage des terres. On s'intéresse à la dynamique des populations, à leur formation technique et à leur éducation en général. Tout ce processus débouche généralement sur l'organisation de coopératives agricoles, artisanales et l'aménagement des territoires agricoles pour une meilleure production, etc. On vise en dernière analyse une autosuffisance des populations rurales.

Le programme intégratif possède sa propre administration et dispose d'importants moyens techniques et financiers. Mais ce programme ne donne pas souvent les effets escomptés. Les exemples «classiques» que l'on peut citer en Afrique anglophone sont ceux de la Tanzanie et dans une certaine mesure de la Zambie, où les États tentent l'expérience du développement communautaire (programme intégratif) par la «villagisation» de leur pays. Dans son livre *L'Afrique étranglée*, René Dumont[12] analyse les expériences tanzaniennes et zambiennes et il explique pourquoi elles ont échoué[13].

---

11. *Ibid.*, p. 234.

12. René Dumont *et al.* (1980). *L'Afrique étranglée*, Paris, Seuil.

13. Pour la Tanzanie voir René Dumont *et al.* (1980). *Op. cit.*, chapitre IV, p. 116-188 et pour la Zambie voir p. 102-114. Nous expliquons certains échecs du développement communautaire ou de l'animation rurale en Afrique noire dans la section «Commentaires critiques» du présent texte.

L'animation rurale en Afrique francophone

L'animation rurale est une pratique qui a été introduite dans les anciennes colonies françaises en vue de promouvoir les actions du développement par la participation communautaire. Pour augmenter la production agricole et faciliter l'introduction de nouvelles techniques, il fallait associer les paysans aux différents programmes élaborés par l'administration, d'où l'apparition des campagnes de vulgarisation et des coopératives. L'animation rurale est donc perçue en Afrique francophone comme une action éducative qui vise une participation communautaire tout en l'associant aux opérations administratives en vue du développement.

> Aucune opération de développement ne peut se passer de la sensibilisation des populations aux actions à entreprendre; qu'il s'agisse du forage d'un puits, d'un aménagement hydro-agricole de la production agricole ou de la santé, il est indispensable d'animer le village afin qu'il prenne une part active à l'amélioration de ses conditions d'existence. À cet égard, la nécessité d'associer les autorités du village dans ces opérations s'impose à tous les niveaux de l'animation[14].

La méthode relative à cette pratique est celle de l'animation, qui procède par différentes étapes allant de la sensibilisation jusqu'à l'exécution et l'évaluation des projets, en passant par la consultation de la population. Les agents d'animation appartiennent à différents services administratifs. Dans la plupart des pays d'Afrique francophone, on trouve des institutions de formation des agents d'animation rurale[15].

Dans la pratique, on peut distinguer deux types de programmes d'animation rurale en Afrique francophone: le programme national et le programme sectoriel. Le premier est mis en œuvre par des organismes gouvernementaux dont les actions sont étroitement liées au développe-

---

14. Jean-Marc ELA (1982). *L'Afrique des villages,* Paris, Karthala, p. 132.

15. *Ibid.,* p. 131.

Les principales institutions de formation des agents d'animation dans la plupart des pays d'Afrique francophone sont l'École nationale d'assistance sociale et l'École nationale d'hygiène.

Les Maisons familiales forment également des agents de développement communautaires qui travaillent surtout dans les zones rurales. Aussi, l'Institut africain pour le développement économique et social (INADES, dont le siège social est à Abidjan, en Côte-d'Ivoire) et qui a des bureaux dans les grandes villes de l'Afrique francophone est un organisme qui forme les populations rurales et les aide dans la réalisation des projets communautaires. Enfin, l'Institut panafricain pour le développement (IPD) forme des cadres africains pour le développement communautaire ou l'animation rurale.

ment global du pays. L'exemple classique d'un programme national d'animation rurale est celui du Sénégal.

Dans les années 60, le plan de développement rural du Sénégal prévoit passer du système d'associations agricoles aux coopératives agricoles. Les coopératives doivent alors contribuer au développement rural et par conséquent à la promotion paysanne. Pour mener à bien ce plan, un programme national d'animation rurale est élaboré et mis en œuvre par le ministère du Plan et du Développement (ministère à vocation socio-économique dans les pays d'Afrique francophone). Le programme touche à l'agriculture, à l'élevage et aux forêts. L'animation rurale est sous la responsabilité des Centres d'expansion rurale polyvalente (CERP) implantés dans chaque circonscription du pays[16]. D'autres pays d'Afrique francophone tels que le Niger, le Burkina-Faso développent également ce type de programme.

Quant au second type, soit le programme sectoriel, il touche à des secteurs spécifiques dans des zones déterminées. Visant essentiellement l'accroissement de la production des cultures de rente, le programme sectoriel d'animation rurale procède avec trois opérations. D'abord sur le plan éducatif, une campagne de sensibilisation est menée auprès des paysans pour expliquer le bien-fondé d'une augmentation de la production culturale. Vient ensuite une action de modernisation des exploitations, qui se traduit par l'introduction d'une nouvelle technologie, par exemple la culture attelée, le tracteur, etc. Enfin, la troisième opération consiste à doter les villages d'équipements locaux tels que des puits, des habitats, etc. L'animation rurale proprement dite se fait également par phases successives: la sensibilisation populaire, la formation des encadreurs locaux par des stages de courte durée et leur recyclage par la suite. Les programmes sectoriels sont mis en œuvre dans la plupart des pays d'Afrique francophone qui veulent moderniser et accroître la culture du coton après leur accession à l'indépendance. Le Sénégal, le Niger, le Burkina-Faso, la République Centrafricaine sont des cas bien connus[17].

Mais quels sont les résultats des programmes et projets d'animation rurale dans le domaine de l'agriculture en Afrique noire francophone? Une documentation abondante existe aujourd'hui sur la question[18]. La

---

16. Bureau international du travail (BIT) (1970). *L'animation rurale dans les pays de l'Afrique francophone*, Genève, BIT.

17. *Ibid.*

18. Chantal Blanc-Pamard *et al.* (1984). *Le développement rural en questions. Paysages, espaces ruraux, systèmes agraires* (Maghrek, Afrique noire-Mélanésie), Paris, Éditions de l'ORSTOM.

plupart des publications, écrit un géographe spécialiste du développement rural, «mettent clairement en lumière les résultats limités, souvent les échecs auxquels conduisent les interventions étatiques en vue
de la «modernisation» agricole et la quasi-stagnation, sinon dans beaucoup de cas, la dégradation continuelle des conditions de la vie dans les
campagnes[19]».

Pourquoi une telle situation? Gu-Konu rejoint, par sa réponse, les
explications déjà et souvent avancées par d'autres auteurs[20]:

> Exclusivement fondée sur la rationalité technique, elle [la prati-
> que du développement dans les divers pays d'Afrique] ne prend
> pas en compte les logiques des systèmes de production paysans.
> Ces logiques ne peuvent-elles pas constituer des sources d'inspira-
> tion où une réflexion novatrice pourrait puiser les matériaux
> d'une nouvelle approche de la question du développement appli-
> quée aux sociétés africaines[21]?

S'il existe un secteur prioritaire de développement où l'animation
a été utilisée comme «technique de changement social», c'est bien celui
des projets d'approvisionnement en eau et d'assainissement dans les
zones rurales. Si la participation communautaire est peu privilégiée
durant les deux premières décennies d'indépendance des États africains (1960-1970 et 1970-1980), on commence à lui accorder une place
importante à partir des années 80, c'est-à-dire durant la Décennie
internationale de l'eau potable et de l'assainissement (DIESA) procla-
mée par les Nations Unies.

> Il ressort de l'expérience acquise au fil des ans en matière d'appro-
> visionnement en eau et d'assainissement que pour obtenir les
> meilleurs résultats, il est indispensable que les collectivités parti-
> cipent à la planification et à l'exécution des projets et que d'autres
> secteurs prennent part simultanément à l'effort de développe-
> ment. C'est pourquoi on a adopté des stratégies de développement
> multisectoriel et de participation communautaire pour les projets
> qui seraient exécutés pendant la Décennie internationale de l'ap-
> provisionnement en eau potable et de l'assainissement[22].

---

19. Y. Emmanuel GU-KONU (1984). «Le développement rural: que recouvrent les mots?»,
    Chantal BLANC-PAMARD et al. (1984). Op. cit., p. 480.

20. P. BOIRAL et al. (1985). Paysans, experts et chercheurs en Afrique noire, Paris,
    Karthala.

21. Y. Emmanuel GU-KONU (1984). Op. cit., p. 483.

22. Anne WHYTE (1987). Principes directeurs pour la planification de la participation
    communautaire aux projets d'approvisionnement en eau et d'assainissement, Genève,
    OMS, p. 7.

Des expériences de participation dépassant la traditionnelle corvée communautaire d'exécution de travaux sont réalisées dans le cadre des projets d'approvisionnement en eau potable et d'assainissement durant la DIEPA. C'est ainsi que les organismes nationaux et internationaux de développement mettent sur pied, au cours de la DIEPA, des systèmes locaux de gestion financière, d'entretien et de maintenance communautaires des infrastructures d'eau et d'assainissement.

Signalons, entre autres, les expériences de revenu communautaire provenant de micro-projets de champs collectifs au Togo[23] et au Cameroun[24]. Conac *et al.*[25] ont réuni dans un ouvrage général des études pluridisciplinaires sur les politiques de l'eau et de la participation communautaire en Afrique. Nous avons également présenté ailleurs des études de cas sur la gestion communautaire de l'eau et sur les pratiques participatives dans le cadre des projets d'hydraulique villageoise en Afrique francophone[26]. Toutes ces études insistent sur les efforts particuliers déployés durant la DIEPA pour favoriser la participation des populations rurales, non seulement à la réalisation des projets d'eau et d'assainissement, mais également à la prise en charge de ces projets.

L'animation se fait également dans les quartiers défavorisés des zones urbaines. Il peut s'agir des pratiques d'animation à la base pour organiser des jeunes en groupes d'artisans menuisiers, ou des femmes pour faire le commerce, ou enfin pour l'assainissement de quartiers. Dans un livre récent écrit par un animateur communautaire sénégalais, on présente des expériences communautaires de groupements de jeunes et de femmes, de groupement des menuisiers, d'opérations santé, puisards, égouts, etc., dans les quartiers populaires de Dakar au Sénégal[27].

---

23. Yao Assogba (1988a). «Afrique francophone: vers un transfert de la gestion de l'eau aux villageois», *Revue internationale d'action communautaire, 19,* (59), p. 177-183.

24. Christine Van Wijk-Sybesma (1989). *L'eau à quel prix? La participation communautaire et la prise en charge des coûts d'entretien par les usagers,* La Haye, CIR, Centre international de l'eau et de l'assainissement, p. 219-244.

25. Gérard Conac *et al.* (1985). *Les politiques de l'eau en Afrique. Développement agricole et participation paysanne,* Paris, Economica.

26. Yao Assogba (1988a). *Op. cit.*

    Yao Assogba (1989). «Pratiques participantes des ONG en Afrique. Le cas du PHV-CUSO au Togo», *Nouvelles pratiques sociales, 2,* (1), p. 147-164.

27. Emmanuel Ndione (1987). *Dynamique urbaine d'une société en grappe: un cas, Dakar,* Dakar, ENDA.

Ces projets communautaires visent en général l'insertion des jeunes ou des femmes dans les circuits de production susceptibles d'améliorer leurs conditions socio-économiques de défavorisés ou bien à résoudre des problèmes d'hygiène, de logement, etc. dans les quartiers pauvres des centres urbains.

Mentionnons qu'un courant important de développement communautaire a cours en Afrique sud-saharienne depuis la fin des années 70. Il s'agit de l'intégration de la femme africaine dans les projets de développement. Après avoir constaté que les femmes africaines qui participent à toutes les activités de production sont paradoxalement exclues des processus décisionnels et des retombées socio-économiques des projets de développement, les experts internationaux ont élaboré et proposé, notamment depuis l'Année internationale de la femme en 1975, des principes et des stratégies d'intervention permettant à la femme africaine de jouer pleinement son rôle en tant que bénéficiaire des projets[28]. Il importe de mentionner l'approche «Gender and Development» ou «Genre et développement», plus radicale, qui vise non pas une simple intégration des femmes au développement, mais plutôt un changement des rapports sociaux qui défavorisent la femme africaine[29].

Commentaires critiques

Le développement communautaire, ou l'animation rurale, a été vu par les États africains et les organisations de développement et de coopération internationale comme principe et méthode d'action appropriée pour effectuer des transformations sociales et économiques dans les régions défavorisées des pays d'Afrique. Mais les sciences sociales nous enseignent aujourd'hui que depuis la fin de la Seconde Guerre mondiale, les discours et les pratiques du développement, dans le tiers monde en général et en Afrique en particulier, sont fondés sur deux principaux paradigmes. Il s'agit d'une part du paradigme déterministe

---

28. Isabelle DROY (1990). *Femmes et développement rural*, Paris, Karthala.

Nancy THEDE (1988). «Intégration des femmes au développement versus alternatives de développement des femmes», V. M. P. DAROSA *et al. Développement, coopération et intervention sociale: discours et pratiques*, Ottawa, PUO, p. 53-63.

29. Gita SEN et Caren GROWN (1985). *Development Crisis and Alternative Visions: Third World Women's Perspectives, Down*, New Delhi.

fortement influencé par le positivisme[30] et d'autre part du paradigme interactionniste de type weberien[31].

Les spécialistes qui œuvrent à l'intérieur du paradigme déterministe recherchent en général les causes et les facteurs universels du développement ou du changement social de manière globale. Ils mettent en évidence les conditions universelles nécessaires et suffisantes pour assurer le développement d'une société[32]. Le point important qui semble commun aux tenants de ce paradigme est l'idée que le développement implique un changement radical dans la mentalité des collectivités concernées par le processus de développement, en l'occurrence les populations paysannes des pays en voie de développement. Ce processus est réduit, grosso modo, à une simple question de transfert «mécanique» des facteurs définis comme les déterminants des transformations sociales nécessaires à «l'évolution» d'une société sous-développée: la technologie et le capital financier. Les perceptions, les valeurs et l'univers symbolique des populations ne sont guère pris en considération dans les opérations du développement[33].

Quant au paradigme interactionniste, il est timidement pris en considération dans les théories et pratiques du développement vers la fin des années 70 et le début des années 80, par suite de l'échec de nombreux projets ainsi que des résultats de recherches des ethnologues qui ont mis en évidence le fait que le développement d'une communauté ne peut se faire en dehors de la logique sociale, culturelle et économique de ses membres. C'est à partir de ce moment que les écrits et les débats sur la politique du développement «mettent de plus en plus l'accent sur l'importance des perceptions et des valeurs indigènes et la désirabilité de chercher des alternatives à la transplantation mécanique des modèles institutionnels occidentaux[34]».

---

30. Le classique du paradigme déterministe est sans doute W. W. Rostow (1963). *Les étapes de la croissance économique,* Paris, Seuil. Voir aussi un autre classique: David McClelland (1961). *The Achieving Society,* Princeton, New Jersey, Van Nostrand.

31. Raymond Boudon (1984). *La place du désordre critique des théories du changement social,* Paris, PUF.

   Henri Mendras et Michel Forsé (1986). *Le changement social,* Paris, Armand Colin.

32. Le lecteur peut consulter avec intérêt le bilan critique que Raymond Boudon (*op. cit.*) a fait des théories du changement social.

33. Peter Berger (1978). *Les mystificateurs du progrès,* Paris, PUF, p. 217-225.

34. *Ibid.,* p. 200.

Le paradigme interactionniste suppose la notion fondamentale de rationalité de l'acteur. L'action humaine est rationnelle, en ce sens qu'elle poursuit des fins compatibles avec les données de la situation[35]. L'adoption d'une innovation ou le processus de développement en général est alors vu comme le résultat de l'agrégation des décisions individuelles des acteurs sociaux dotés d'une rationalité et situés dans un système social donné. Le rapport de l'acteur social, ou le projet de développement, s'inscrit dans la logique sociale, culturelle et économique propre à cet acteur. Ce rapport joue une fonction d'adaptation à la situation sociale dans laquelle se trouve l'agent social en question[36].

Un exemple illustre le principe explicatif du paradigme interactionniste: il s'agit d'un projet d'installation d'un puits dans une communauté du Sahel[37]. Confrontés à la mortalité infantile causée en particulier par des conditions insalubres et l'eau polluée du marigot, les habitants d'un village situé à proximité des frontières du Niger et du Mali ont voulu forger un puits dans leur village. Un groupe «d'experts» en développement leur proposent toutes sortes de systèmes: pompe mécanique, noria et kelib. Les villageois succombent au début à la séduction de la modernité: une pompe motorisée, quoi de mieux!

Mais ils ne tardent pas à se rendre compte, en faisant le calcul coût/risque/bénéfice anticipé, que le moteur comporte davantage de risques sur le plan économique, politique et social. D'abord, il y a la question des coûts du moteur et de l'essence. Ensuite, il y a la peur de se faire chasser de leurs terres par le gouvernement, une fois celles-ci rendues fertiles par l'eau.

Les villageois optent donc en dernière analyse pour le kelib, un système d'adduction simple muni d'une corde tirée par un âne, ayant une outre au bout, qui va et vient entre le fond du puits et la surface. Les «développeurs» occidentaux ont été surpris du choix. Pourquoi n'ont-ils pas choisi la noria, qui débite beaucoup plus que le kelib[38]? La

---

35. Paul Dumouchel (1984). «Les effets pervers et le principe de la rationalité», J. P. Revillard et al. (1984). Les effets pervers dans la communication, Paris, Presses universitaires de Lyon, p. 131.

36. Raymond Boudon (1984). Op. cit., p. 39-71.

37. Exemple tiré des actes d'un colloque tenu à Paris à l'Institut d'études politiques en 1981, et publiés sous la direction de Jad Khallouf et Pascal Pacaut (1982). Nouveaux espoirs de développement chez les pauvres, Paris, Éditions du Centurion, p. 18-19.

38. La noria est une chaîne de godets dans un plan vertical, entraînée à l'aide d'un système mécanique rudimentaire par un âne qui tourne en rond.

réponse du chef du village est très éloquente, en ce qu'elle met en évidence le comportement logique d'un *homo œconomicus* et d'un *homo socialis* typique de l'Afrique:

> Nous aurions trop d'eau avec la noria. Cela se saurait et tous nos voisins viendraient avec leurs troupeaux qui ne se contenteraient pas de boire mais mangeraient aussi le peu de pâturages qui nous restent; nous ne pourrions pas, pour des raisons d'hospitalité et parce que nous sommes de bons musulmans, les empêcher d'accéder au puits et de boire. Mais nous serions rapidement ruinés. Comme nous ne voulons pas abandonner nos coutumes d'hospitalité ni nous ruiner, nous préférons prendre le kelib[39].

Il s'agit donc d'un choix rationnel fondé sur une logique sociale et économique, mais non d'un choix «irrationnel» attribuable à un changement aveugle aux traditions. Le postulat de la rationalité de l'acteur suppose, sur un plan pratique, que les intervenants tiennent compte dans le processus de réalisation d'un projet de développement communautaire des croyances, des motivations, de la rationalité et des stratégies des populations bénéficiaires.

Le paradigme dominant au cours des trente dernières années en Afrique dans les pratiques du développement, en général, et du développement communautaire en particulier est le paradigme déterministe: «La conception dominante du développement est déterministe. C'est celle d'Auguste Comte, pour qui la marche du progrès suit un cours naturel et nécessaire, tracé par la loi de l'organisation humaine[40].»

C'est ce qui explique, toutes choses étant égales par ailleurs, que la plupart des projets de développement communautaire ont le plus souvent réduit le processus de développement au transfert «mécanique» de la technologie et du capital financier, négligeant paradoxalement la participation effective des populations aux différentes étapes du développement communautaire, à savoir l'identification des besoins, la conception, l'élaboration, l'exécution, le suivi et l'évaluation des projets. Les intervenants ne tiennent pas souvent compte de la logique culturelle, sociale et économique des populations. Les campagnes de sensibilisation ou de «conscientisation» visent surtout à «dépaysanner» la paysannerie.

> Se transformant en techniques d'intervention, cette approche a pénétré le développement communautaire et rural dans de nom-

---

39. Jad KHALLOUF et Pascal PACAUT (1982). *Op. cit.*, p. 18-19.
40. Mats FRIBERG et Björn HETTNE (1988). «La mobilisation au niveau local et la politique du système mondial», *Revue internationale des sciences sociales, 117*, p. 385.

breux pays en voie de développement impliquant entre autres la resocialisation, l'acculturation, le conditionnement opérationnel, somme toute, la manipulation unilatérale des paysans à travers toute une gamme de méthodes et d'agents ou d'intervenants du développement social[41].

Pendant longtemps, les chercheurs «déterminés» ont expliqué les nombreux échecs des projets de développement communautaire ou rural en Afrique noire par les résistances, les obstacles au progrès qu'offrent les paysanneries africaines, leurs comportements étant alors tributaires des structures sociales traditionnelles, archaïques peu ou pas compatibles avec la logique économique et technicienne propre aux sociétés développées[42]. Mais aujourd'hui, nombre de chercheurs africanistes travaillant dans le cadre du paradigme interactionniste expliquent les échecs des projets de développement en Afrique noire par la conception et la pratique déterministe du développement, qui consistent à ne pas tenir compte des logiques sociales, économiques dans le processus du développement, et des stratégies propres aux paysanneries africaines[43].

Ces auteurs précités posent dès lors la question fondamentale de l'écart inacceptable qui a longtemps existé entre la logique «technicienne», «productiviste», «économique» des projets de développement communautaire ou rural, et la logique sociale des paysanneries africaines qui sont dans des systèmes sociaux dont les valeurs culturelles sont autres. Selon Guéneau: «Possédant une rationalité différente, et authentique, on ne peut pas nier que l'Afrique est à sa propre manière un *homo œconomicus*. Il est une espèce d'*homo œconomicus* qui base ses actes sur des choix sociaux. C'est un *homo socialis*[44].»

En effet, dans la plupart des sociétés traditionnelles africaines, la dimension sociale et la dimension économique sont très liées. Le caractère social des choses possède un prix. L'*homo socialis* est donc un acteur social pour qui les préférences sociales priment sur la rationalité

---

41. Wilkie DARISMÉ (1989). «Le développement communautaire et social: de la négation de l'identité à la création de nouvelles solidarités», *Revue de l'Université de Moncton*, 22, (1-2), p. 183.

42. P. BOIRAL *et al.* (1985). *Op. cit.*

43. Marie-Christine GUÉNEAU (1986). *Afrique, les petits projets de développement sont-ils efficaces?*, Paris, L'Harmattan.

Dominique DESJEUX (Édit.) (1985). *L'eau. Quels enjeux pour les sociétés rurales?*, Paris, L'Harmattan.

P. BOIRAL *et al.* (1985). *Op. cit.*

44. Marie-Christine GUÉNEAU (1986). *Op. cit.*, p. 26.

économique pure. Et généralement, le paysan africain fait un choix de préférence du social. Le producteur africain, écrit Guéneau, «se rend parfaitement compte que ses préférences sociales n'obéissent pas à la rationalité économique, mais c'est volontairement qu'il les effectue selon sa propre logique, en conformité avec son échelle de valeurs[45]».

L'exemple classique que l'on peut donner est le choix des femmes africaines, qui assument la pénible corvée d'eau, de continuer d'aller puiser l'eau dans la brousse loin du village au lieu d'utiliser les puits installés près du village. Choix de préférence du social à la solution rentabilité économique, technique et même sanitaire qui leur est offerte par les puits! En effet, ces puits placés dans les villages privaient les femmes africaines du temps et de l'espace de liberté qu'elles recouvraient en parcourant de grandes distances pour aller puiser l'eau au marigot situé loin du village[46].

Admettant que les paysanneries africaines sont des acteurs sociaux dotés d'une rationalité relative à leur contexte social, les théoriciens et les intervenants qui s'inscrivent dans le paradigme interactionniste essaient de plus en plus d'élaborer et d'implanter des projets de développement en tenant compte davantage des données socioculturelles des sociétés rurales africaines ainsi que des stratégies des populations. En effet, selon Desjeux, la prise en compte «de tout ce qui compose les modèles culturels et symboliques d'une société est une condition nécessaire, mais non suffisante à la réussite d'un projet. Ces modèles s'inscrivent eux-mêmes dans des rapports de pouvoir et des enjeux économiques dont la prise en compte conditionne la résolution ou non du problème de la participation[47]».

La démarche des agents de développement communautaire consiste alors à bien analyser les relations existant entre les acteurs sociaux dans un système social, de manière à reconstituer les intérêts, les stratégies, les enjeux qui s'organisent par rapport aux objectifs que chaque individu ou groupe cherchent à atteindre. Appliquée dans des projets d'animation communautaire, cette démarche permet de mieux comprendre les conditions de réussite ou d'échec de l'implantation

---

45. *Ibid.*, p. 25.

46. Yao ASSOGBA (1988b). «Le paradigme interactionniste et le processus du développement communautaire: l'exemple des ONG en Afrique», *Revue canadienne d'études du développement, 9*, (1), p. 201-218.

   Claudette SAVONNET-GUYOT (1985). «Un développement au péril du paysan?», Gérard CONAC *et al., op. cit.*, p. 195-204.

47. Dominique DESJEUX (1985). *Op. cit.*, p. 14-15.

d'une innovation sociale, technique ou économique. Comme méthode d'évaluation, elle permet de comprendre la réalité, non pas comme elle devrait être, mais comme elle est[48].

C'est ce type d'intervention inspiré du paradigme interactionniste que certaines ONG nationales ou internationales pratiquent avec succès depuis quelques années dans des communautés rurales ou des quartiers défavorisés des centres urbains de pays d'Afrique sud-saharienne. Les intervenants, qu'ils fassent partie de la communauté locale ou qu'ils soient extérieurs à celle-ci, entrent en contact direct avec les populations rurales ou urbaines, d'abord pour les écouter et les comprendre, ensuite pour chercher avec elles les voies et moyens d'une véritable autopromotion paysanne. Les structures sociales et les valeurs traditionnelles des villages constituent généralement le point de départ d'une dynamique de développement.

Ce dernier n'est donc pas pensé à partir d'un modèle extérieur qui serait universel. Les caractéristiques de cet «autre» développement qui est en train de germer dans certaines régions du continent africain sont, entre autres, l'autonomie d'une société à définir ses projets en fonction de ses besoins, de ses valeurs culturelles, «autonomie qui est à la fois stratégie d'action et de mobilisation, et critère pour choisir les actions à entreprendre. Autonomie qui marque qu'une société compte d'abord sur ses propres forces, ses propres ressources, son dynamisme culturel, à partir de ses environnements naturels[49]».

Les moteurs de ce nouveau développement sont des organisations locales communément appelées associations paysannes, groupements paysans, associations féminines, qui se sont révélés avec le temps le meilleur potentiel de dynamisme de développement. C'est le cas, par exemple, du mouvement «Naam» relancé par un sociologue burkinabé[50].

Le mot *naam* désigne la pratique sociale traditionnelle qui consiste au partage occasionnel de tâches entre les jeunes pour des activités d'intérêt collectif (par exemple l'organisation des fêtes). Sous sa

---

48. Emmanuel NDIONE (1987). *Op. cit.*
    P. BOIRAL *et al.* (1985). *Op. cit.*
49. Piet BUIJSROGGE (1989). *Initiatives paysannes en Afrique de l'Ouest*, Paris, L'Harmattan, p. 182.
50. Burkinabé: Du Burkina-Faso, pays du Sahel en Afrique de l'Ouest.
    B. Lédéa OUEDRAOGO (1990). *Entraide villageoise et développement. Groupements paysans au Buskina-Faso*, Paris, L'Harmattan.

forme renouvelée, le Naam est un mouvement précoopératif qui concilie subtilement les valeurs traditionnelles en mutation et les valeurs modernes. Le Naam moderne vise à permettre à ses adhérents d'accumuler une plus-value pour l'investissement dans des activités de développement qui s'adressaient initialement aux jeunes villageois des deux sexes.

Les membres se consacrent principalement aux cultures communales de mil, de coton, de sésame et d'arachides, durant la saison pluvieuse. En saison sèche, ils entreprennent des activités communautaires comme la construction de fossés, de petits barrages, de puits, le reboisement, la fabrication de «foyers améliorés», etc. C'est ainsi que jeunes et adultes de la région de Yatenga, au Burkina-Faso, ne connaissent plus les migrations saisonnières massives d'antan. Constitués d'une centaine de membres en 1973, les groupements Naam masculins, féminins ou mixtes passent à plus de 2 500 en 1987[51].

C'est également le cas des groupements paysans dont parle Buijsrogge[52] dans son livre récent intitulé *Initiatives paysannes en Afrique de l'Ouest*. Père blanc des Sociétés des missionnaires d'Afrique, l'auteur a été, pendant vingt ans (1963 à 1983), formateur et animateur au Centre d'études économiques et sociales d'Afrique de l'Ouest (CESAO) à Bobo-Dioulasso, au Burkina-Faso. Le CESAO travaille avec des groupements paysans dans les secteurs de la santé, de l'agriculture (culture attelée, cultures maraîchères, plantation de vergers), des activités économiques de femmes, de l'hydraulique villageoise, etc. L'expérience de ces groupements paysans, écrit en dernière analyse le père Buijsrogge, est assez concluante pour affirmer qu'elle constitue un germe qui porte un espoir de développement en Afrique. Si cet espoir devenait réalité, «il ne s'agirait de toutes façons que d'un décollage. Celui-ci appellerait d'autres développements ultérieurs exigeant d'autres mises en œuvre [...] et d'autres analyses[53]».

Signalons enfin les exemples d'autres groupements villageois tels que le groupe des ressortissants de Wuro-Sogi au nord-est de la région du fleuve Sénégal, au Sénégal[54], les groupements des jeunes et des

---

51. OCDE (1988). *Des partenaires dans l'action pour le développement: les organisations non gouvernementales,* Paris, OCDE, p. 54.

52. Piet BUIJSROGGE (1989). *Op. cit.*

53. *Ibid.,* p. 211.

54. OCDE (1988). *Op. cit.,* p. 52.

femmes animés par l'Équipe Chodak à Dakar, au Sénégal[55], les associations féminines à Ouagadougou, au Burkina-Faso[56], etc.

Par ailleurs, le facteur pérennité qui a constitué jusqu'ici le problème épineux des projets de développement communautaire n'en représente plus un, car les organisations locales, étant les principaux agents endogènes de développement, semblent assumer naturellement et logiquement la prise en charge des projets. Il s'agit de leurs projets, ce qui fait que les populations rurales se sentent plus concernées, plus responsables quant à l'entretien, la maintenance et la pérennité des ouvrages issus des projets.

Ainsi donc, face à ce que Dumont[57] appelle «Deux décennies de développement: vingt ans d'échecs», chercheurs et intervenants tentent depuis la fin des années 70 de concevoir et de pratiquer un développement qui correspond davantage aux réalités culturelles, sociales et économiques des paysanneries africaines. Ce type de développement est réellement communautaire, en ce sens qu'il accorde une importance véritable aux acteurs du développement. De plus, nous sommes de l'avis de Berger, qui dit que «la littérature et les débats récents sur la politique du développement mettent de plus en plus l'accent sur l'importance des perceptions et des valeurs indigènes et la désirabilité de chercher des alternatives à la transplantation mécanique des modèles institutionnels occidentaux[58]».

Cette nouvelle orientation n'est pas simplement un discours. Les faits montrent qu'elle constitue en réalité la voie du développement des communautés rurales. En effet, dans une étude empirique portant sur des projets de développement communautaire en Afrique francophone, que nous avons analysés à l'aide d'un modèle théorique issu du paradigme interactionniste, nous avons constaté que les projets qui (toutes choses étant égales par ailleurs) connaissent du succès sont ceux qui correspondent à la logique sociale des bénéficaires et auxquels ils ont réellement participé. Les projets qui échouent le plus souvent sont, en général, ceux qui ne s'inscrivent pas dans la logique sociale des acteurs et auxquels ces derniers n'ont pas effectivement pris part[59].

---

55. Emmanuel Ndione (1987). *Op. cit.*

56. Suzanne Champagne (1990). *Pratiques associatives féministes. À propos d'associations féministes de la ville de Ouagadougou et du milieu péri-urbain*, n° 20, notes et travaux, Centre Sahel.

57. René Dumont *et al.* (1980). *Op. cit.*

58. Peter Berger (1978). *Op. cit.*, p. 220.

59. Yao Assogba (1988b). *Op. cit.*, p. 217.

Le cas particulier et historique de l'Afrique lusophone: la pratique conscientisante et la libération nationale en Guinée-Bisseau dans les années 70

De façon générale, l'Afrique sud-saharienne a été en dehors des expériences historiques d'éducation pratique de libération et de reconstruction nationales qu'ont connues des pays d'Asie (la Chine et le Viêt-nam) ou des Caraïbes (Cuba). Cependant, l'Afrique lusophone en général et la Guinée-Bisseau en particulier font exception à la règle. C'est ce qui explique sans doute que l'Afrique noire soit très peu citée lorsqu'on parle de l'éducation comme pratique réelle de libération populaire. Nous présentons dans ce texte sur le développement communautaire en Afrique, l'exemple historique de la Guinée-Bisseau, où les dirigeants nationalistes ont fondé toute la stratégie de libération du pays du joug colonial portugais sur l'éducation et la participation populaires.

La spécificité du développement communautaire en Guinée-Bisseau au cours des années 60 et 70 (période de guerre) réside dans son caractère explicitement politique. Le processus de libération nationale est basé sur l'éducation populaire conçue comme «la praxis qui permet au groupe social dominé, opprimé de prendre conscience de sa situation, de la comprendre et d'agir afin de se libérer[60]».

Les méthodes de développement communautaire élaborées par le Parti africain pour l'indépendance de la Guinée-Bisseau et du Cap-Vert (PAIGC) consistent alors à la mobilisation de la population des villes et des campagnes autour du PAIGC, à la mobilisation des ressources nécessaires pour la lutte et à la formation des cadres pour assumer des fonctions politiques et militaires. La mobilisation et l'éducation populaires ont été faites à la lumière d'une analyse sociologique des structures sociales et des pratiques culturelles des différentes couches sociales de la société guinéenne[61].

La participation et l'éducation communautaires s'étaient constituées autour d'un projet sociétal d'indépendance nationale par la lutte armée, d'un projet de développement d'une culture africaine non aliénante, et de construction d'une économie nationale fondée sur l'autogestion.

---

60. Yao Assogba (1981). *Éducation et libération nationale en Afrique. Le cas de la Guinée-Bisseau. Textes et documents*, Série I, n° 25, Québec, Université Laval, p. 1.

61. Amilcar Cabral (1975). *Unité et lutte, I et II*, Paris, Maspero.

    Bonnie Campbell (1977). *Libération nationale et construction du socialisme en Afrique*, Montréal, Nouvelle optique.

Cela s'est fait par étapes. D'abord, le PAIGC recrute et forme des cadres. Ensuite, ceux-ci vont informer et former la paysannerie. Cette opération devait conduire au déclenchement de la lutte armée contre le colonisateur portugais en 1962 et à la libération nationale de la Guinée-Bisseau en 1973. Au fur et à mesure que le PAIGC gagne la guerre, il construit une nouvelle société dans les «zones libérées» grâce à l'action communautaire. On met sur pied des programmes d'alphabétisation conscientisante des adultes, un système d'éducation national et démocratique, des centres médicaux, des magasins du peuple ainsi que des coopératives. Une nouvelle société naît donc dans cette région de l'Afrique de l'Ouest grâce à la pratique du développement communautaire.

EN GUISE DE CONCLUSION

La conception et la pratique de développement communautaire diffèrent selon les contextes historiques des trois parties de l'Afrique sud-saharienne, soit l'Afrique francophone, l'Afrique anglophone et l'Afrique lusophone. Mais ces différences ne doivent toutefois pas masquer les caractéristiques communes que revêtent les programmes et les projets de développement communautaire de même que leurs effets, dans l'ensemble des pays africains qui vivent une situation économique et socioculturelle relativement semblable.

On connaît le rôle important que les ONG du Nord jouent dans le développement général de l'Afrique. On sait également que le discours et la pratique des ONG du Nord s'inspirent fondamentalement des principes du développement communautaire. Ces ONG constituent avec celles (plus récentes) du Sud les principaux intervenants de l'action communautaire en Afrique. Toutes les réflexions sur le bilan et les perspectives d'avenir du développement communautaire au cours des trente dernières années ne peuvent exclure les ONG.

Les principaux agents, à savoir les ONG du Nord et du Sud (en émergence et en évolution), les États africains et les intervenants de différents horizons, qui voient dans le développement communautaire un mode d'intervention approprié aux transformations sociales nécessaires pour assurer de meilleures conditions de vie aux populations rurales défavorisées de l'Afrique sud-saharienne, doivent, sur le plan théorique, s'inscrire dans le paradigme interactionniste et, sur le plan pratique, aider les groupements villageois ou les associations paysannes à être les principaux acteurs du développement de leur communauté.

Ces organisations locales qui naissent du dynamisme interne des sociétés paysannes africaines constituent de nos jours les leviers potentiels d'un réel développement de ces sociétés. Les groupements paysans se présentent comme indicateurs de la voix nouvelle qui mène au développement de peuples par eux-mêmes. Ainsi, on ne développe pas, mais on se développe.

2

L'organisation communautaire
en Amérique latine

▼

2.1.

L'organisation communautaire avec des communautés locales en Amérique latine

▼

Louis Favreau
Lucie Fréchette

Dans le présent texte, nous voulons tenter d'élaborer une première synthèse de l'expérience urbaine d'organisation communautaire en Amérique latine en donnant une vue d'ensemble permettant de mettre ses pratiques en perspective, de même que les transformations sociales dans lesquelles elles s'inscrivent en ce début de décennie[1].

ORGANISATION ET DÉVELOPPEMENT COMMUNAUTAIRES EN AMÉRIQUE LATINE: ÉLÉMENTS DE REPÉRAGE DE LA PRATIQUE

L'organisation et le développement communautaires sont, au Québec comme dans l'ensemble de l'Amérique du Nord, deux notions traditionnellement différenciées, voire opposées. L'organisation communautaire se confond souvent ici avec l'action sociale de défense de droits; et

---

1. Ce texte reprend en partie un article paru dans la revue *Nouvelles pratiques sociales*, *4*, (1) (printemps 1991). Il est toutefois plus complet sur plusieurs points: description des différents domaines de la pratique, de la théologie de la libération, du rôle des organismes québécois de coopération internationale (OCI)... Nous puisons ici nos informations et notre analyse dans nombre d'années de réflexion et de pratique continue de solidarité et, de façon très intensive, depuis 1989, par un travail au Pérou et au Chili dans le cadre de projets de recherche et de coopération internationale de l'Université du Québec à Hull (UQAH), que nous animons et coordonnons.

celle de développement communautaire avec le développement local et l'entraide. Mais en Amérique latine, les deux notions sont intimement liées puisqu'il s'agit d'un ensemble d'interventions *dans* et *avec* des collectivités locales géographiquement et socialement bien circonscrites. La jonction de ces deux stratégies d'action collective en Amérique latine s'explique en partie par l'absence d'un État animateur et gestionnaire de changements sociaux, comme dans les pays du Nord. C'est ce qui entraîne une démarche à deux volets étroitement complémentaires plutôt que la différenciation du travail communautaire en courants distincts.

L'organisation communautaire en Amérique latine est donc tout à la fois: 1) un processus d'organisation de défense des droits sociaux de catégories particulières des classes populaires, processus cherchant d'abord à mobiliser les plus défavorisés (chômeurs, assistés sociaux...); et 2) un processus de reconstruction économique et sociale de communautés locales, misant elles-mêmes sur l'entraide (réseaux, et associations), la coopération (entreprises coopératives et communautaires de production de biens ou de services, de consommation ou de crédit) et la mise à contribution de tous les groupes sociaux de la communauté.

L'organisation communautaire à laquelle nous référons ne se réduit pas à une méthode, parmi d'autres, d'intervention sociale. Plus que cela, elle s'articule autour des composantes telles qu'un processus planifié de développement de communautés locales, une méthodologie de base (d'animation, de gestion, d'éducation, de négociation...) et la mise en place de projets conduisant à faire naître un mouvement[2].

HISTOIRE ET COURANTS DE L'ORGANISATION COMMUNAUTAIRE EN AMÉRIQUE LATINE

On peut affirmer, dans un premier temps, que les années 30-40 sont celles où l'Église catholique joue un rôle majeur dans la résolution des problèmes sociaux des classes populaires. Déjà, à cette époque, il existe des tendances différentes quant à la manière de lutter contre la pauvreté. D'un côté, un courant majoritaire impulse des œuvres de charité; mais de l'autre, les premiers balbutiements de l'action collective de type

---

2. Irwin T. Sanders (1958). «Theories of community development», *Rural Sociology*, *23*, mars, p. 1-12.

Dan A. Chekki (1979). *Community Development: Theory and Method of Planned Change*, New Delhi, Vikas Publishing.

communautaire se font sentir avec l'émergence des mouvements d'action catholique (JOC).

Pendant les années 50, parallèlement au développement des mouvements d'action catholique et l'organisation de syndicats chrétiens, perce timidement l'influence américaine du travail social professionnel et ses trois méthodes (le *case work*, le *group work* et le *community development*). Le contexte s'y prête cependant très peu puisque, règle générale, il n'y a pas de services sociaux durables, ni de lieux de pratique pour l'exercice professionnel du travail social personnel ou communautaire. En l'absence d'État-providence, la gestion étatique du changement social est réduite à sa plus simple expression. Ce qui vaut encore largement aujourd'hui.

Les années 60 sont considérées comme la décennie du macro-développement, avec l'émergence de nouvelles théories et de nouvelles politiques étatiques. C'est aussi celle du développement communautaire initié sur le continent latino-américain par des organismes de l'ONU[3], essentiellement à travers la mise sur pied de programmes éducatifs. Ces programmes visent à aider les marginaux des villes à s'intégrer socialement, entre autres par l'alphabétisation fonctionnelle. D'autres programmes de soutien aux paysans dans les campagnes (éducation et développement rural) veulent prévenir leur migration vers la ville.

C'est de la pratique et de la critique de cette pratique de développement communautaire que naîtront les premières expériences d'éducation populaire conscientisante de Paolo Freire, d'abord au Brésil de 1961 à 1964, année du coup d'État, puis au Chili où il est invité à travailler de 1964 à 1968[4].

Les années 70 se profilent d'abord sur un constat d'échec des programmes de développement communautaire de la décennie antérieure. Il n'y a pas d'emplois dans les villes. À la différence des pays du Nord, l'urbanisation a précédé de cent lieues l'industrialisation. À cause de la misère et de la répression des propriétaires fonciers, la migration de paysans vers les villes prend alors des proportions gigantesques. Les années 70 sont aussi le théâtre d'une conjoncture politique où défile une série de coups d'État militaires, soit au Brésil (1964), au Pérou (1968), en Bolivie (1970), au Chili (1973), en Argentine (1976) et

---

3. Et aussi, bien sûr, par nombre de communautés religieuses et d'Organisations non gouvernementales (ONG) européennes, canadiennes, québécoises...

4. Voir à ce propos l'article de Yves HURTUBISE sur l'action conscientisante, dans la première partie de ce livre.

en Uruguay (1976). Dans ces pays, l'État est plus que jamais sous le joug des militaires pour lesquels – exception importante du gouvernement du général Velasco au Pérou – tout encouragement à l'action coopérative, syndicale ou communautaire est exclu.

La seule possibilité, et le seul espoir transitoire du travail d'organisation communautaire, résident dans les Organisations non gouvernementales (ONG). Composées de coopérants venant de pays du Nord ou de coopérants nationaux au service des ONG qu'ils ont eux-mêmes créées, ces ONG offrent un espace d'organisation certes limité, mais dont le dispositif international évite la répression tous azimuts.

Les années 70 sont alors le fait de «petites opérations de développement conçues comme forme de résistance économique et politique[5]» dans un contexte où l'espace d'organisation, d'expression de revendications, de prise de parole s'avère relativement restreint. C'est l'époque de la défense des droits de la personne, soutenue par le secteur progressiste des Églises.

Au sein des Églises existe encore un fort courant religieux à caractère caritatif, mais le Concile Vatican II, sous la direction du pape Jean XXIII (1962), est venu laminer le conservatisme social et politique proverbial du catholicisme au bénéfice de profondes remises en question. Celles-ci vont provoquer la naissance de la théologie de la libération.

Loin d'être un simple courant intellectuel au sein de la théologie catholique, la théologie de la libération s'enracine dans un fort mouvement populaire de pays d'Amérique centrale (Nicaragua, Guatemala, Salvador), de pays andins (Pérou, Bolivie, Équateur) et de pays du cône sud (principalement le Chili et le Brésil). Elle a influencé significativement de nombreuses Églises nationales, notamment à partir des grandes conférences latino-américaines des évêques catholiques (Medellin, Colombie, 1968; Puebla, au Mexique pendant les années 70...).

De la théologie de la libération, on retiendra l'interprétation du message chrétien générée par des groupes populaires et des communautés de base et articulée par des intellectuels autour des thèmes suivants[6]:

1. Une critique de l'idéologie dominante légitimant le pouvoir et l'ordre établi;

---

5. M.-C. GUÉNEAU (1988). «L'émergence des ONG du Sud», *Croissance des jeunes nations, 310*, novembre, p. 15-18.

6. G. BAUM (1987). «Théologie de la libération et marxisme», *Revue internationale d'action communautaire, 17*, (57), printemps, Montréal, p. 135-141.

2. L'appel aux théories de la dépendance (surtout celle de l'Amérique latine vis-à-vis des États-Unis) pour expliquer le sous-développement et la pauvreté;

3. La dimension sociale du péché, celui-ci étant lié à une situation collective d'oppression;

4. une option préférentielle de l'Église pour les pauvres se traduisant dans des engagements sociaux et des pratiques sociales de lutte pour la justice, d'entraide et de solidarité;

5. L'Homme comme sujet de son histoire: les opprimés sont les agents de leur propre libération, l'action collective libérant du péché individuel et collectif d'apathie, de résignation et d'indifférence.

La théologie de la libération entraîne, à partir des années 70, l'engagement non équivoque de membres du clergé et des mouvements d'action catholique aux côtés des pauvres. C'est ce qui favorise le développement sans précédent de communautés de base, à la fois religieuses et sociopolitiques dans leur conduite collective[7]. Par là même, elles vont fournir l'indispensable soutien à l'organisation des paysans et des populations dans les bidonvilles et l'Église institutionnelle assurera, au besoin, la protection des organisations populaires locales contre la répression de l'État.

Au cours des années 80, les dictatures militaires s'essoufflent et se voient forcer à l'assouplissement. Un des résultats imprévu est alors la création de nouvelles ONG par des exilés de retour dans leur pays. Ces ONG sont soit des centres de recherche et de promotion collective, soit des équipes formées d'universitaires engagés professionnellement et socialement, soit des organismes de soutien à des associations de quartier, soit des organismes liés aux secteurs progressistes des Églises locales ou à des formations politiques de gauche. Elles œuvrent dans des domaines qui varient de l'éducation populaire jusqu'au développement économique local. Animées d'une inspiration nouvelle, elles commencent aussi à prendre en charge l'épineux problème de l'écologie du développement.

Depuis quelques années, on assiste à une timide prise en charge de thèmes tels l'approvisionnement alimentaire des villes et le problème des résidus urbains. Dans cette perspective, un nouveau travail communautaire prend actuellement forme autour, par exemple, de la mise en place de cuisines communautaires ou encore de l'exploitation

---

7. L. FAVREAU et A. JACOB (1990). «Nouvelles pauvretés, développement et transformation sociale», *Nouvelles pratiques sociales, 3*, (2), automne, Presses de l'Université du Québec, p. 195-210.

d'une agriculture s'insérant dans le développement urbain. Ces activités écologiques sont encore relativement récentes et pratiquées à une échelle réduite. Elles ne sont qu'au stade des expériences qui stimulent l'imagination sociale. Elles indiquent cependant un déplacement possible du centre de gravité du travail communautaire: de l'action trop exclusivement centrée sur les conditions de vie à la lutte qui associent intimement conditions de vie et environnement dans la foulée du *Rapport Bruntland*[8].

Ajoutons en outre que ce sont les élus locaux municipaux qui subissent aujourd'hui la plus forte pression autour de revendications populaires issues des bidonvilles qui s'organisent. De cela, il résulte 1) qu'un nombre significatif de municipalités infléchissent leurs priorités dans le sens du développement de ces communautés locales; et 2) qu'une partie du mouvement populaire de ces mêmes communautés prend conscience de l'importance d'occuper le terrain de la politique municipale.

On assiste donc à une modification importante du dispositif politique traditionnel par l'entrée en scène de municipalités progressistes où la nouvelle gauche et nombre de leaders populaires se font les dents en politique[9]. Le sens pratique, le pragmatisme reprennent une place prépondérante dans l'action entreprise. On ne veut pas négliger de s'attaquer aux fondations de l'édifice économique et social et au caractère macro-social du développement. Mais on sait davantage qu'auparavant que les facteurs culturels et le développement local et régional s'avèrent être les tremplins à partir desquels on peut le mieux modifier le cours des choses.

MISE EN CONTEXTE DES PRATIQUES D'ORGANISATION COMMUNAUTAIRE DE L'AMÉRIQUE LATINE D'AUJOURD'HUI

Le contexte d'ensemble: dette et économie informelle

L'Amérique latine participe du tiers monde: la pauvreté n'est donc pas le fait de ses extrêmes mais de l'immense majorité de ses populations[10].

---

8. Commission mondiale sur l'environnement et le développement (1988). *Notre avenir à tous*, Montréal, Éd. du Fleuve.

9. Henry Pease (1989). *Democracia local: Reflexiones y experiencias,* Lima, DESCO.

10. C. Boff et J. Pixley (1990). *Les pauvres: choix prioritaire*, Paris, Éd. du Cerf.

L'Amérique latine est le continent le plus endetté du monde. L'existence d'une telle dette amène le Fonds monétaire international (FMI) et la Banque Mondiale à imposer des programmes dits d'ajustement structurel, programmes qui, au bout du compte, forcent les gouvernants à faire des compressions énormes dans les dépenses sociales déjà si maigres de l'État. Cette dette signifie alors la diminution substantielle du pouvoir d'achat des classes populaires, diminution telle que des pans entiers de ces populations s'engouffrent dans la misère et dans la faim.

À cet égard, mentionnons que l'Amérique latine dispose, en 1988, d'un revenu inférieur à celui de 1980. Le cours des matières premières exportées par ces pays évoluant à la baisse, ils ont dû, en dernière instance, emprunter... pour payer leurs dettes. C'est le cercle vicieux et l'échec à s'engager dans la voie du développement. Le développement s'avère bloqué, car le surplus qu'engendre chaque pays ne sert pas à dégager des investissements nouveaux pour le développement, mais à rembourser la dette, ou pire, les seuls intérêts d'une dette qui continue d'augmenter d'année en année.

Donc le premier problème majeur auquel fait face l'organisation communautaire, c'est ce contexte structurel de pays qui ne font que s'appauvrir depuis plus de dix ans. Le développement général a été bloqué par la dette, mais aussi par l'accaparement du surplus par des bourgeoisies nationales centrées sur l'exportation. Cela conditionne au plus haut point la fragilité caractérisée de la démocratie. Tout au long des années 70, surtout, cet amalgame économique et social donne lieu à des coups d'État militaires fréquents, à une répression marquée des médias (assassinat de journalistes et fermeture de journaux, de postes de radio...) et des mouvements sociaux (syndicats ouvriers, organisations paysannes, comités de *pobladores* dans les bidonvilles...).

Ce contexte structurel chaotique éprouve durement les communautés locales et encore plus celles des bidonvilles. C'est cette situation qui a entraîné l'extension sans précédent d'une économie informelle: 50 % de l'économie de l'Argentine, 70 % de l'économie péruvienne... «Plus de 25 % de la population économiquement active en Amérique latine est dans le secteur informel, chiffre qui passe à plus de 40 % si on y inclue les femmes et les enfants qui travaillent [...] », selon une étude demandée à des experts par la Conférence épiscopale latino-américaine[11].

---

11. CELAM (1991). «La crise des systèmes économiques latino-américains», extraits tirés du journal *Excelsior* du 8 avril, p. 4A.

L'économie informelle est devenue condition de survie puis mode de vie d'une grande partie des populations d'Amérique latine[12]. En outre, elle permet la survie d'une couche de population condamnée à la misère dans des bidonvilles incapables de s'autoalimenter. Au Costa Rica et au Venezuela par exemple, de 75 à 80 % des travailleurs du secteur informel proviennent d'une famille pauvre. Les femmes et les enfants viennent partout grossir les rangs de cette économie informelle. Source temporaire de survie, le secteur informel peut accroître en même temps la paupérisation de la population en diminuant les rares mesures de protection sociale liées au travail formel. L'organisation communautaire est venue donner un sens à l'organisation informelle en y injectant des éléments d'éducation, d'organisation et de formes renouvelées de solidarité.

Le contexte particulier de l'organisation communautaire en Amérique latine: les bidonvilles

L'autre problème stratégique qui affecte plus directement le quotidien du travail d'organisation communautaire est le développement sauvage des bidonvilles. Les populations les plus démunies vivent de moins en moins dans les campagnes et davantage dans les centres urbains. Plus de 70 % de la population en Amérique latine est déjà urbanisée avec Mexico en tête qui atteindra en l'an 2000, soit dans moins de dix ans, 30 millions d'habitants. On a peine à concevoir la rapidité de cette explosion démographique: Buenos Aires compte 10 millions d'habitants, São Paulo 17 millions, Rio de Janeiro 11 millions et Lima 8 millions...

Dans le prolongement direct de cette migration rapide et massive surgit le cortège des problèmes classiques de l'organisation d'un milieu urbain: manque d'eau, manque d'égouts et de toilettes, ordures qui s'entassent au gré du hasard, manque d'électricité, insuffisance des moyens de transport, sans compter l'absence d'écoles et de centres de santé... *Favelas* au Brésil, *bariadas* puis *pueblos jovenes* au Pérou, *colonias* au Mexique, *poblaciones* au Chili, *ranchos* au Venezuela, *villas miseria* en Argentine... tels sont les noms que prend la réalité de l'urbanisation démente de ce continent[13].

---

12. G. Schneier (1990). «L'Amérique latine: une histoire de villes», *Revue internationale des sciences sociales*, août, p. 377-393.

13. N. Cannat (1988). *Sous les bidons, la ville...*, Paris, L'Harmattan.

    S. Finquelievitch (1985). «Les villes latino-américaines: énergie et alimentation», *Économie et humanisme, 282*, mars-avril, p. 28-33.

    G. Schneier (1990). *Op. cit.*

Dans les années 70-80, cette pauvreté est souvent devenue misère. L'écologie de ces pays a été saccagée par la progression anarchique des bidonvilles avec des taudis surpeuplés, un environnement insalubre, le chômage, la délinquance de survie, la progression insidieuse de la consommation de drogues, la santé et la vie précarisées.

On pourrait insister sur le bidonville comme lieu de misère. Et pourtant, paradoxe par excellence, ces bidonvilles sont des lieux d'espoir[14]. Car, dans bon nombre de bidonvilles, l'organisation sociale rappelle celle du village d'origine. Là où la population ne s'organise pas sur cette base, on assiste souvent à une détérioration insidieuse des rapports sociaux pouvant mener à la marginalisation quasi absolue de groupes de la population. Voilà, en bref, quelques conditions propres à de nombreux pays d'Amérique latine, pays où œuvrent des organismes impliqués dans un travail d'organisation communautaire.

Classes sociales et mouvements sociaux: la nouvelle configuration des années 90

Il n'y a pas si longtemps, lorsqu'on parlait de changement social en Amérique latine, c'est de révolution dont il était question... et de libertés bourgeoises mises en opposition avec les libertés réelles comme le campe la tradition léniniste encore dominante dans la gauche. Vieille combinaison d'usage que celle de l'analyse dite scientifique prenant sa source dans le marxisme-léninisme et de la stratégie essentiellement militaire couplée à l'héroïsme moral. Aujourd'hui, à l'heure du socialisme introuvable, c'est plutôt la démocratie qui est devenue le thème privilégié et, pour le mouvement populaire, toutes tendances confondues, un enjeu central.

C'est ainsi que le mouvement populaire des bidonvilles, femmes et jeunes en tête, se renforce et prend l'initiative, soutenu en cela par une Église devenue, un peu malgré elle à certains égards, une force d'opposition. Tandis que les partis politiques de gauche et les syndicats sont moins souvent qu'auparavant une force propulsive au sein des mouvements sociaux.

Lutte des plus pauvres, défense communautaire, identité culturelle et démocratie comme mode de gestion politique[15] caractérisent

---

14. A. MEISTER (1981). *L'autogestion en uniforme: l'expérience péruvienne de gestion du sous-développement*, Toulouse, Privat.

15. A. TOURAINE (1988). *La parole et le sang* (politique et société en Amérique latine), Paris, Éd. O. Jacob, p. 240-258.

aujourd'hui l'action collective dans plusieurs pays d'Amérique latine. Ce qui atténue la portée de la thématique révolutionnaire de l'anti-impérialisme et du socialisme, du syndicalisme ouvrier et du parti d'avant-garde.

Comment cela s'explique-t-il? La crise frappe durement l'Amérique latine depuis plus de quinze ans. La composition des classes sociales s'en trouve profondément changée, ramenant l'exclusion économique et sociale sur le devant de la scène de ces sociétés. En fait, l'économie informelle et le travailleur autonome itinérant (vendeurs ambulants...) deviennent les nouvelles figures sociales, bien davantage que l'économie des entreprises multinationales et l'ouvrier métallurgiste (mines, pétrole, automobile) organisé en syndicat. D'où l'urgence d'accorder, dans l'analyse sociale, plus d'importance aux thématiques moins structurelles et plus près des acteurs sociaux: les stratégies de survie (l'emploi informel, par exemple), la mobilité sociale, l'organisation des bidonvilles (en matière d'habitation, de santé et d'éducation...), le rôle des Organisations non gouvernementales (ONG) et des Églises dans la dynamique sociale et politique de sociétés dépendantes...

C'est dans ce nouveau paysage économique, social et politique que les communautés de base et la théologie de la libération, l'éducation populaire conscientisante et surtout l'organisation communautaire dans les bidonvilles tendent à prendre le devant de la scène sociale et politique[16]. À titre d'illustration de cette nouvelle situation, mentionnons Villa el Salvador au Pérou, bidonville de 300 000 habitants, ville aujourd'hui autogérée, par surcroît née de rien dans un coin de désert occupé illégalement par quelques centaines de familles en 1973. C'est cette expérience d'organisation communautaire qui fait dire à un chercheur du Worldwatch Institute:

> [...] les citoyens ont planté un demi-million d'arbres, construit 26 écoles, 150 garderies, 300 cuisines communautaires, et formé des centaines d'assistants médicaux qui vont de porte en porte. Malgré l'extrême pauvreté des habitants de la ville, le taux d'analphabétisme est tombé à 3 % – l'un des plus bas de toute l'Amérique latine – et la mortalité infantile est inférieure de 40 % à la moyenne nationale. Les principaux artisans de cette réussite ont été un vaste réseau de groupes de femmes et la structure adminis-

---

F. Dubet et al. (1988). Pobladores: *luttes sociales et démocratie au Chili*, Paris, L'Harmattan, p. 84-99.

16. H. Campfens (1987). *The Marginal Urban Sector: Survival and Development Initiatives in Lima, Peru*, Toronto, Ontario, University of Toronto Center for Urban and Communities Studies.

trative démocratique des associations de quartier, qui a des représentants dans chaque bloc d'habitations[17].

LES PRATIQUES D'ORGANISATION COMMUNAUTAIRE DES ONG EN AMÉRIQUE LATINE

De quelques pratiques du travail d'organisation communautaire des ONG de développement en Amérique latine

Depuis la décennie 70 surtout, l'organisation communautaire en Amérique latine est associée de façon significative au travail d'ONG de développement. Organismes à caractère tout à la fois semi-privé et semi-public, ces ONG sont de véritables institutions offrant des services variés à des associations locales ou régionales d'habitants d'un bidonville ou de sans-emploi. Ces ONG nationales sont la plupart du temps liées à des Organismes de coopération internationale (OCI) de pays du Nord. Ces ONG nationales, tout comme les OCI, sont règle générale composées de professionnels issus des classes moyennes urbaines (travailleurs sociaux, sociologues, vétérinaires, agronomes, aménagistes, urbanistes, géographes, économistes, enseignants...).

Généralement, initiateurs et bénéficiaires se retrouvent autour d'un dénominateur commun, le micro-développement, lequel prend forme autour d'une démarche à volets multiples: 1) le soutien à des micro-réalisations; 2) la défense de droits sociaux de catégories particulièrement bafouées de la population; puis 3) la mise en place d'un processus de développement local intégré, processus par lequel se planifient des priorités qui génèrent des projets habituellement polyvalents[18].

On notera ici que, la plupart du temps, initiateurs et bénéficiaires se retrouvent entremêlés: des intervenants professionnels, des militants de mouvements d'action catholique, une petite communauté de sœurs vivant, par option, avec les pauvres, un institut de recherche, des groupes coopératifs et communautaires, quelques coopérants étrangers, des militants politiques de gauche.

---

17. Alan B. Durning (1989). «Mobiliser les communautés de base», Lester R. Brown (1989). *L'état de la planète*, Paris, Economica, p. 264-265.

    Voir aussi DESCO (1986). *Organizaciones populares en Villa el Salvador*, Lima, Pérou.

18. B. Schneider (1985). *La révolution aux pieds nus*, Paris, Fayard.

Voilà un premier portrait global du travail d'organisation communautaire entrepris par centaines d'exemplaires dans la plupart des pays d'Amérique latine. On dénombre ainsi plus de 1 000 ONG nationales dans un pays comme le Pérou, parmi lesquelles environ 300 se caractérisent principalement par des projets de développement, des *tareas de desarrollo*[19]. S'y ajoutent et s'y mêlent tout à la fois 50 Organismes de coopération internationale (OCI qui travaillent ou financent des projets au Pérou même). Plus de 250 ONG de développement font de même au Mexique, plus de 1 000 au Brésil et au Chili...:

> [...] une nouvelle génération de communautés et de groupes locaux n'a cessé de se développer au cours des vingt dernières années [...] Contrairement aux organisations traditionnelles et aux mouvements politiques de masse, cette vague croissante de petites communautés est généralement pragmatique, délibérément centrée sur le développement, non alignée par rapport à la politique des partis, et essentiellement soucieuse de s'aider elle-même. Simultanément, une deuxième strate d'institutions a pris corps sur la première. Cette catégorie hétérogène d'organisations intermédiaires assiste les groupes de base en facilitant la diffusion d'informations, de produits et de fonds entre les petites communautés locales et des institutions plus grandes telles que les Églises, les États et le organismes qui effectuent des dons en faveur du développement [...][20].

C'est dans les populations rurales migrant vers les villes que le travail des ONG de développement va trouver son terrain le plus fertile, puis dans les quartiers populaires surpeuplés des villes. En bidonville, cette organisation communautaire s'oriente d'abord vers le soutien aux occupations de terrains par des familles, ensuite vers l'organisation collective des travaux de construction de logements, puis dans les domaines de l'éducation, de la santé et de l'emploi.

Ce type d'organisation communautaire rejoint d'abord les femmes et les enfants; dans les communautés locales, ce sont les femmes qui sont les principales actrices et partenaires permettant le développement d'outils de travail bien adaptés aux besoins locaux. Des *centros de madres* (centres de femmes), des cuisines communautaires et des campagnes de verres de lait dans les écoles ont tout à la fois aidé des jeunes et des familles, et fait prendre conscience à des femmes de leur capa-

---

19. M. PADRON *et al.* (1988). *Las organizaciones no gubernamentales de desarrollo en el Peru*, Lima, DESCO, p. 25-87.

20. Alan B. DURNING (1989). *Op. cit.*, p. 255-256.

cité à s'organiser et à prendre en charge les problèmes de santé des leurs[21].

Des programmes éducatifs et d'intervention auprès des enfants vont ainsi émerger dans des pays comme le Brésil, le Chili, la Colombie, le Venezuela et le Pérou. De ces expériences des années 70-80, on retiendra surtout l'importance primordiale de développer un leadership populaire et l'implication accrue des parents et de leurs associations dans le processus éducatif.

L'éducation, sur le plan théorique et légal, s'est généralisée pour les enfants de tous les pays d'Amérique latine. En réalité, elle ne rejoint qu'une partie de la jeunesse. Les projets éducatifs progressistes et innovateurs sont ceux qui ont intégré des éléments d'organisation communautaire. Ainsi, des programmes éducatifs et sociaux pour les enfants de la rue ont connu du succès au Brésil, en Colombie ou ailleurs, lorsqu'ils ont réussi à dépasser l'approche correctionnelle ou d'hébergement pour s'ouvrir à la dimension sociale et économique du phénomène des enfants de la rue. De même, l'accessibilité à l'éducation préscolaire et primaire s'est accrue grâce à des initiatives communautaires comme celle des écoles de banc de Carthagène en Colombie, des centres d'orientation de l'enfant et de la famille au Panama, des centres d'éducation préscolaire informels du Nicaragua, des programmes non scolaires d'éducation initiale de Villa el Salvador au Pérou...

Dans le domaine de la santé, l'aide d'urgence est plus souvent qu'autrement prévalante. Mais l'organisation communautaire réussit là aussi à s'imposer, car les nécessités de la prévention sautent aux yeux. C'est ainsi que des campagnes de vaccination, des enseignements en nutrition et en hygiène environnementale, des pressions pour obtenir de l'eau et des égouts sont devenus des composantes essentielles du travail de plusieurs intervenants de la santé et des services sociaux, davantage habitués à faire du travail curatif. À la Rocinha, immense *favela* de Rio de Janeiro, le travail communautaire en santé est associé à l'école et à un secrétariat municipal pour revendiquer des services municipaux. Au Guatemala, un lavoir communal a servi de centre d'éducation populaire. En Argentine, un comité d'éducation pour la santé a regroupé de nombreuses associations et encouragé l'éducation populaire. Au Pérou, des projets de santé communautaire ont rendu possible la promotion de la santé populaire par la mise sur pied des

---

21. R. y Albertini J. Haak (1987). *Estrategias de vida en el sector urbano popular*, Lima, Pérou, DESCO/FOVIDA.

H. Campfens (1987). *Op. cit.*

comités de santé dans trois des plus importants bidonvilles de Lima, la capitale (à Villa el Salvador, à San Juan de Lurigancho, à San Martin de Porres).

On peut aussi parler d'un investissement significatif de l'organisation communautaire dans le domaine de l'emploi à l'intérieur même de ces bidonvilles: coopératives de travail et *talleres de produccion,* sorte de micro-entreprises à gestion collective[22].

Ces champs de pratique de l'organisation communautaire peuvent paraître très divers. Mais par-delà les différences, des lignes directrices communes ressortent du travail et de la «culture organisationnelle» des ONG de développement, soit l'importance accordée à l'autonomie d'orientation et d'intervention, aux objectifs de soutien aux mouvements sociaux, au caractère non lucratif des activités et des projets et au caractère militant et fraternel du travail accompli.

Ces mêmes ONG, de par la nature de leur travail, se voient par ailleurs placées au cœur de contradictions sociales typiquement latino-américaines: elles sont, en travaillant au sein du mouvement populaire, au carrefour stratégique du débat entre le christianisme et le marxisme; elles sont au cœur du débat sur le pluralisme et la reconnaissance de l'indépendance des mouvements sociaux à l'égard des formations politiques de gauche (formations encore trop souvent éprises de la théorie du parti d'avant-garde); elles sont au cœur des problèmes de relations avec l'État, qui ne voit pas nécessairement leurs initiatives d'un très bon œil, si locales fussent-elles; et, enfin, elles se posent la question de l'alliance difficile entre d'un côté la fraternité militante du mouvement populaire, et de l'autre la professionnalisation croissante de leur travail.

Les bidonvilles et les municipalités, épicentre de développement de l'organisation communautaire

À la suite d'invasions persistantes de terrains menant à la création d'un bidonville, la seule solution viable pour les gouvernants consiste à reconnaître la légitimité de l'occupation. Cette concession est généralement obtenue à la suite d'une action collective. Une fois libérées de la hantise que provoque l'expulsion périodique, les populations peuvent alors mobiliser leurs ressources pour construire leur communauté locale.

---

22. L. RAZETO *et al.* (1990). *Las organizaciones economicas populares,* Programa de economia del Trabajo (P.E.T.), Santiago, Chili.

Depuis deux décennies, l'organisation communautaire – principalement sous l'impulsion d'ONG, de mouvements liés à l'Église inspirée de la théologie de la libération ou de militants de formation politique de gauche – sert de levier et de point d'appui dans le processus d'organisation communautaire en bidonville.

Le travail d'organisation communautaire s'amorce avec le soutien d'une ONG au moment de l'occupation d'un terrain et dans la lutte pour faire reconnaître, par les autorités en place, la légitimité de l'occupation. Travail qui peut durer des mois, voire des années. Il se transforme peu à peu en soutien au processus d'autoconstruction des communautés locales et il s'articule alors autour des tâches suivantes:

1. imposer des mesures légales qui procurent à la population occupante la sécurité foncière et le soutien pour des travaux d'aménagement (logement, accès à l'eau potable, égouts, toilettes...). C'est là que réside l'importance politique des municipalités;

2. organiser les communautés locales sur la base de la petite propriété familiale. Cela rejoint la culture particulière de populations de souche rurale récente. Par contre, cette petite propriété familiale sera souvent arrimée à l'émergence de pôles d'entraînement communautaire: un centre communautaire et un espace collectif de sports et de loisirs autour desquels se forment des réseaux d'habitations et des services tels des cuisines collectives, un dispensaire et des écoles;

3. encourager la formation d'équipes d'urgence en collaboration avec la municipalité la plus proche pour pallier au plus pressé en matière de soins de santé et de services sociaux;

4. entreprendre des démarches pour obtenir la venue d'ONG spécialisées permettant de soutenir différents projets de développement en matière d'éducation, de création d'emplois, de santé préventive, d'aménagement d'infrastructures...

Généralement, ce processus permet à des communautés locales de commencer à répondre de façon minimale à des impératifs de base en matière de logement, de santé, d'éducation, d'alimentation, d'emploi. Mais ce mouvement n'est pas laissé à lui-même comme s'il s'agissait de créer un espace d'organisation sans perspective, visant simplement l'amélioration temporaire des conditions de vie. Si «toute action communautaire s'enracine dans l'organisation de la survie[23]», elle a aussi

---

23. F. DUBET *et al.* (1988). *Op. cit.*, p. 89.

des visées d'un autre ordre, soit enclencher une dynamique sociopolitique au sein de ces communautés. Les problèmes sont alors posés en termes de pouvoir populaire ou de façon plus spécifique encore, ils doivent déboucher sur la scène politique municipale[24].

De cette dynamique communautaire surgiront de nouveaux acteurs sociaux. Le sursaut est d'abord venu des femmes de ces communautés locales[25]. À ces dernières sont venus se greffer des intervenants professionnels d'un nouveau type, issus des classes moyennes et ayant souvent vécu l'exil ou la semi-clandestinité en raison de leur engagement social antérieur au sein du syndicalisme, de la vie politique ou du mouvement étudiant[26].

LES DÉBATS EN COURS SUR LES ONG ET L'ORGANISATION COMMUNAUTAIRE

Pour certains, il est presque devenu banal de dire que des pratiques d'organisation communautaire à l'échelle locale, même combinées aux initiatives propres du mouvement populaire, ont un impact relativement faible sur le développement d'ensemble de la société étant donné les blocages structurels à caractère macro-économique (dette internationale) et les régimes politiques en place (dictatures militaires).

Mais ce serait une erreur de poser ainsi le problème. Le travail d'organisation communautaire nous semble devoir être évalué comme une action de développement *au long cours*. S'il peut y avoir échec relatif à court terme, car ce travail ne donne pas toujours les résultats immédiats escomptés, il peut cependant y avoir réussite à long terme, en ce sens que des portions significatives des classes populaires entrent dans une dynamique de transformation de leurs conditions et de leur pouvoir social:

> [...] like the War on Poverty in the United States and other participatory development programs, although community development may have failed in the short run, it actually was successful in the long run even though the successes were not exactly what the proponents had expected. The successes were the

24. H. Pease (1989). *Op. cit.*

25. J. M. Rodrigo (1990). *Le sentier de l'audace (les organisations populaires à la conquête du Pérou)*, Paris, L'Harmattan.

    R. y Albertini Haak (1987). *Op. cit.*

26. M. Padron (1982). *Cooperacion al desarrollo y movimiento popular: Las asociaciones privadas de desarollo*, Lima, Pérou, DESCO, p. 83-90.

beginning of political and economic claims by rural people and the lower classes [...] with the result that the welfare of the lower classes has become a permanent part of the political and economic agenda[27].

Le micro-développement peut-il avoir un impact plus large?

C'est l'impact du micro-développement qui est ici remis en question: Est-il condamné, une fois le processus d'organisation d'une communauté bien amorcé, à s'enfermer dans le localisme? Face à la dimension macro-sociale et mondiale de la pauvreté, le micro-développement peut sembler insignifiant; face à la puissance des pouvoirs en place, l'autonomie d'intervention locale prend les airs de l'absence de pouvoir et de la marginalisation; face aux projets étatiques à grand déploiement, le faible coût financier des projets peut avoir les allures du *cheap labor* et de la piètre qualité; face à la solidité apparente des projets étatiques, l'innovation et l'expérimentation peuvent sembler trop provisoires.

À cette question, la réponse qui se construit sur le terrain est la suivante: Les intervenants sociaux travaillent au regroupement des communautés locales en fédérations, tentent d'établir des jonctions avec des mouvements nationaux (coopératifs et syndicaux), font émerger des réseaux nationaux d'ONG et développent des mises en commun et des concertations avec des OCI des pays du Nord.

Quels rapports les ONG nationales peuvent-elles entretenir avec les États?

Ce sont les relations du travail communautaire des ONG avec les États qui ne semblent pas avoir trouvé de réponse finale. Les ONG sont à la croisée des chemins et paraissent s'organiser autour de l'un ou l'autre des deux scénarios suivants:

Ou bien le travail d'organisation communautaire favorise principalement le renforcement de la société civile et des mouvements sociaux[28] avec l'espoir que sur le plan politique un changement se

---

27. Donald E. Voth et M. Brewster (1989). «An overview of international community development», James A. Christenson et Jerry W. Robinson (1989). *Community Development in Perspective*, Iowa, Iowa State University Press, p. 299.

28. Telmo Rudi Frantz (1987). «The role of NGOs in the strengthening of civil society», *World Development, 15*, supplément, p. 121-127.

présente sous la forme d'une prise de pouvoir par des formations politiques de gauche. On peut penser ici aux exemples récents du Brésil avec le Parti des travailleurs ou du Pérou des années 1985-1988 avec la Gauche unie;

Ou bien le travail d'organisation communautaire se développe de façon autonome, indépendamment des possibilités de la gauche de prendre le pouvoir, autour d'un secteur communautaire qui négocie lui-même ses rapports avec l'État[29].

Dans les deux cas, les avantages et les risques sont importants. Le premier scénario offre la possibilité de renforcer l'opposition sociale et politique. Mais ce mouvement ne profite pas vraiment des ouvertures démocratiques pour s'y insérer. Il reste ainsi subordonné à la gauche et à ses stratégies de lutte contre le pouvoir en place.

Le deuxième scénario offre l'avantage d'utiliser au maximum les brèches, la politique prochaine, c'est-à-dire par exemple la montée de municipalités progressistes plutôt que la politique lointaine («le socialisme en l'an 2025»). Mais les risques sont grands de voir l'action du secteur communautaire encadrée par l'État et son rôle devenir celui de palliatif à l'absence de fonction de Welfare State d'un État faible et dépendant des politiques d'ajustement structurel du FMI. Tel est, aujourd'hui, le dilemme auquel sont confrontés ONG et mouvements sociaux de nombreux pays d'Amérique latine.

Quel rôle les ONG latino-américaines peuvent-elles jouer par rapport aux Organismes de coopération internationale (OCI) des pays du Nord?

Les ONG latino-américaines sont la plupart du temps composées d'intervenants professionnels socialement engagés. Le travail qu'elles mettent en route s'apparente largement à celui déployé par les OCI de développement, soit favoriser l'émergence d'une société civile, d'une vie communautaire, d'un mouvement populaire. Néanmoins, elles s'en différencient sous certains aspects.

---

29. Sheldon ANNIS (1987). «Can small-scale development be a large-scale policy? The case of Latin America», S. ANNIS et P. HAKIM (1988). *Direct to the Poor: Grassroots Development in Latin America*, Boulder et Londres, Lynne Rienner Publishers, p. 209-218.

Kenneth L. CHAU et P. HODGE (1985). «The practice of community social work in third world countries», *Theory and Practice of Community Social Work*, New York, Columbia University Press, p. 388-423.

Par-delà l'identité nationale dont elles disposent, nous faisons les propositions suivantes:

D'abord, elles se distinguent des OCI surtout par les relations plus délicates qu'elles doivent entretenir avec leur gouvernement respectif et la cohabitation plus conflictuelle dans laquelle elles s'insèrent. Si elles sont petites et encore marginales, le soupçon de subversivité plane sur elles; si elles sont de taille importante, leur efficacité et leur influence peuvent être redoutées par des administrations locales, régionales ou même nationales. Car très souvent, «non gouvernemental» signifie aux yeux de gouvernements latino-américains «anti-gouvernemental».

Ensuite, par ailleurs, les ONG latino-américaines se voient depuis peu plus directement courtisées par les gouvernements du Nord, ce qui indirectement court-circuite leurs relations avec leurs alliés naturels, les OCI. L'hypothèse du financement direct est donc sur la table des ministères engagés dans la coopération. La coopération étatique y voit des avantages liés notamment à la sous-traitance de leurs grands projets dans ces pays. Par anticipation, on peut alors voir se profiler le risque assez élevé chez ces ONG du Sud d'un contrôle bureaucratique par les gouvernements du Nord. De plus, elles se verront peu comprises et légitimées dans leur rôle d'innovation et d'expérimentation sociale.

Mais du même coup, enfin, des débats surgissent autour du rôle des OCI: Ne doivent-elles pas se centrer sur le travail d'éducation du public de leur pays et faire pression sur leur gouvernement face aux injustices des rapports Nord-Sud? Un problème se profile toutefois à l'horizon: l'éducation et l'information sur le tiers monde prennent tout leur sens dans le Sud, mais à travers des projets concrets, des échanges, des jumelages, des témoignages... Coupés de leur source d'alimentation première et marginalisés par leur gouvernement, les OCI risquent de perdre une fonction essentielle qui leur est dévolue, soit celle d'établir des passerelles entre le Nord et le Sud, entre populations, associations et intervenants. Les OCI, mais aussi les ONG du Sud, risquent tous deux d'y perdre en autonomie d'orientation et en autonomie d'intervention.

Les Organismes de coopération internationale du Nord (OCI) peuvent-ils encore être des partenaires actifs dans l'aide au développement ?

Voilà plus d'une vingtaine d'années que des OCI québécoises et canadiennes soutiennent des ONG de développement en Amérique latine. Évaluer ce travail supposerait des recherches approfondies qui restent à faire. Cependant, il nous est permis, à ce stade-ci, à la lumière d'un certain nombre d'écrits, de témoignages et d'entrevues d'avancer les propositions suivantes:

Premièrement, les pouvoirs publics, «face aux échecs des politiques officielles de développement, face à l'argent gaspillé...», font confiance aux OCI, reconnaissant en eux la capacité de rejoindre les populations les plus pauvres, ce qui est intimement lié à leur spécificité de «têtes chercheuses ouvrant des voies nouvelles que d'autres auront à amplifier [...][30]».

Cette reconnaissance ne signifie pas pour autant que les gouvernements y accordent les budgets nécessaires. Cela ne signifie pas non plus que les OCI ont la naïveté de penser bien faire en petit ce que l'aide gouvernementale est incapable de bien faire en grand.

Deuxièmement, l'aide d'urgence est certes plus populaire auprès des gouvernements – c'est cette forme d'aide qui obtient le plus d'argent du public – et des populations du Nord en général. Mais l'aide au développement n'en est pas moins indispensable pour briser le cercle vicieux de l'urgence, qui commande une autre urgence et une autre... et encore une autre. Charles Condamines, de Frères des hommes (ONG française), dit avec beaucoup de justesse qu'il ne faut pas refuser les «ambulanciers» (aide d'urgence) mais «qu'il ne suffit pas de multiplier les ambulances pour diminuer les accidents de la route, sans jamais s'interroger sur l'état de la chaussée, la formation des conducteurs, la fiabilité des véhicules ou la visibilité de la signalisation [...][31] » .

Troisièmement, l'éducation à la solidarité et à la coopération internationale a sa véritable efficacité à travers le fait de présenter des communautés du tiers monde déjà en marche et insérées dans des démarches collectives (par opposition à la présentation de situations misérabilistes), démarches collectives n'attendant qu'un coup de pouce

---

30. B. HOLZER et F. RENOIR (1989). *Les risques de la solidarité*, Paris, Éd. Fayard, p. 47 et 71.

31. J.-D. BOUCHER (1986). *Volontaires pour le tiers monde*, Paris, Éd. Karthala, p. 148.

pour faire mieux qu'assurer, à bout de bras et de façon essoufflante, la survie de leurs projets[32].

Quatrièmement, il faut distinguer au moins deux types de projets dans lesquels les OCI s'engagent[33]: d'une part, il existe des projets d'animation des populations locales avec participation directe au développement. Ces projets peuvent s'accompagner, par la suite d'un partenariat Sud-Nord et Nord-Sud qui prend la forme d'un soutien financier, d'un jumelage avec des organismes communautaires, des écoles, des municipalités; d'autre part, on retrouve des projets d'accompagnement de type professionnel avec mise à contribution d'une expertise spécifique. Ainsi, des animateurs communautaires ou des agents de développement de projets, des aménagistes ou urbanistes, des travailleurs sociaux, des agronomes encadrent des projets et y favorisent des activités de formation, de recherche et de planification du développement local et régional.

Bref, faire l'examen de l'impact effectif des OCI implique de les situer dans un ensemble plus large, mais en les distinguant bien des politiques gouvernementales de développement et de l'aide d'urgence. Leur originalité peut être tout à la fois mieux circonscrite et mise en relief: elles contribuent à faire émerger des communautés locales solidifiées sur le plan social, économique et politique. Elles peuvent aussi offrir une première garantie de l'insertion de la démocratie dans le développement et, finalement, mieux que d'autres, favoriser un développement qui a des chances de répondre aux aspirations des populations directement concernées.

EN GUISE DE CONCLUSION

L'organisation communautaire en Amérique latine n'érige pas son travail en modèle. Mais quelques repères de son efficacité sociale peuvent être retenus, soit 1) le soutien d'une couche significative d'intellectuels qui n'hésitent pas à s'insérer dans les communautés locales et même à y vivre; 2) le développement par les intervenants communautaires d'institutions qui leur sont propres; 3) des ONG qui ont un itinéraire durable de recherche et d'intervention; et 4) des ONG liées à des mouvements sociaux (syndicats, coopératives...) disposant de traditions d'organisation et de lutte assez consistantes.

---

32. B. HOLZER et F. RENOIR (1989). *Op. cit.*, p. 130.

33. J.-D. BOUCHER (1986). *Op. cit.*, p. 105-123.

Cette pratique s'inscrit dans d'innombrables micro-rapports de force et fait surgir une visée de transformation sociale où l'autonomie, la démocratie, la construction économique et sociale des communautés locales et la défense communautaire constituent des leviers essentiels.

Les ONG de développement sont ce que Boyte appelle si bien «the backyard revolution». Cette révolution communautaire vient en effet combler un vide, celui de certaines causes importantes de la pauvreté et de la misère: la lutte contre la tolérance à l'injustice, le combat quotidien contre l'inertie et le réflexe de la fatalité, la lutte entreprise par ceux-là mêmes qui vivent l'injustice. L'organisation communautaire en Amérique latine donne tout son sens au proverbe irlandais selon lequel «Nul ne commet de plus grande erreur que de ne rien faire en prétextant qu'il ne peut faire qu'un petit peu».

Annexe 1

Méthodologie générale d'intervention en organisation communautaire
(avec application de cette méthodologie à la stratégie du développement local et à celle de l'action sociale)

▼

LOUIS FAVREAU

MÉTHODOLOGIE GÉNÉRALE D'INTERVENTION EN ORGANISATION COMMUNAUTAIRE

Comment s'engage-t-on dans un processus de changement social planifié au sein de communautés locales? Comment procède-t-on? Quelle est la méthode générale d'intervention?

En action sociale comme en développement local (ou communautaire), la méthodologie générale de base est sensiblement la même. Elle comporte quatre étapes distinctes d'un processus dont la logique inhérente est la suivante (voir le tableau 1):

1. l'exploration d'une communauté locale, d'un milieu, par l'insertion dans cette communauté, par l'observation et par l'enquête dans, sur et avec cette communauté. C'est donc dire que l'intervenant social qui fait de l'organisation communautaire travaille à l'identification des problèmes que cette communauté vit, des valeurs auxquelles elle adhère et celles qu'elle dénie, étudie les ressources de ce milieu, analyse les forces en présence en son sein, analyse les obstacles internes et externes à son développement... Bref, ce travail commande un diagnostic d'ensemble de ce milieu;

2. l'organisation et la planification d'actions et d'activités dans et avec le milieu. Ce qui commande des choix à faire et des priorités à débattre et à déterminer;

3. l'élaboration et la réalisation de priorités, ce qui amène à mettre en branle un certain nombre de projets et d'activités;

4. la vérification et l'évaluation des actions entreprises, des choix sous-jacents, des projets réalisés. Et donc la révision des points faibles et des points forts de l'intervention enclenchée.

Voilà, présentée de façon trop schématique, la méthodologie de base lorsqu'on veut initier un changement social *dans* ou *avec* un milieu donné.

Mais la manière de réaliser les principales étapes de l'intervention diffère selon que la stratégie privilégiée est l'action sociale ou le développement local.

Le développement local

Dans le cadre d'une stratégie de développement communautaire, la dynamique d'intervention s'articule autour de l'*addition des forces d'un milieu,* de telle sorte qu'à chacune des phases du processus d'action collective, on ne travaillera pas de la même façon. On peut ici se référer au tableau 2, que nous décrivons brièvement dans ce qui suit et qui s'inspire de l'expérience d'organisation communautaire de Gilles Roy dans le Bas-du-Fleuve[1].

La phase exploratoire du processus de changement: une phase de sensibilisation et de gestation

D'une part, les organisateurs communautaires travaillent surtout à repérer des leaders dans le milieu en vue d'actions éventuelles; d'autre part, ils jouent un rôle d'encadrement et servent de personnes-ressources pour 1) tenter d'articuler les forces vives du milieu entre elles; 2) structurer le processus d'analyse de la situation et des possibilités de la communauté locale; et 3) coordonner le cheminement du dynamisme local.

---

1. G. Roy (1979). «L'animation sociale et la mise en place d'entreprises autogestionnaires: le point de vue d'un animateur», *Animation sociale, entreprises communautaires et coopératives,* Montréal, Éd. Saint-Martin, p. 21-36.

Par exemple, dans l'expérience d'animation du JAL dans le Bas-du-Fleuve, Gilles Roy raconte que le point culminant de cette phase d'exploration est d'avoir réuni 220 personnes dans le cadre d'une session intensive de quatre semaines pour les initier au travail de groupe et à l'analyse de leur milieu.

La phase d'organisation et de planification du processus de changement social: une phase de rassemblement des forces et un travail de structuration de l'action

Par suite de l'identification des besoins urgents, il s'agit: de favoriser une entente collective sur ces besoins, puis de dégager de cette entente une volonté d'agir sur ces problèmes; de fixer collectivement quelques priorités; d'amorcer des mini-projets qui mettront à l'épreuve les habilités et talents de chacun et feront surgir la confiance dans les énergies et les potentialités rassemblées de cette communauté, période intense de bouillonnement d'idées, de suggestions, de rêves qu'il convient d'organiser; d'où la nécessité de mettre en place, au moins de façon provisoire, des comités qui seront structurés plus tard sur une base institutionnelle, lorsqu'ils auront franchi le cap de la simple expérimentation.

La phase de réalisation ou d'exécution proprement dite du processus de changement social

Cette phase consiste à engager la communauté dans un projet clé; identifier et répartir les tâches («The right man at the right place»); organiser et coordonner des groupes de travail; roder et administrer des groupes et organismes qui animent le projet et ses différents volets.

À cette étape du processus, on franchit le cap du risque calculé. Les projets ont été bien étudiés, ils sont complets. On a une bonne idée du temps que cela prend pour les réaliser, des énergies que cela canalise. Si le tout fonctionne bien, les participants s'habituent alors au risque et peuvent même y prendre goût.

Les organisateurs communautaires, à cette étape-ci, prennent soin d'aider les leaders de la communauté locale à bien clarifier toutes les facettes des problèmes, à favoriser la liberté totale d'expression des différents points de vue, à assister les comités et les assemblées dans l'élaboration de compromis et d'un consensus général.

La phase de vérification et d'évaluation du changement initié: une phase de différenciation

Cette phase permet la libre expression des différents points de vue dans le bilan des opérations réalisées puis l'arbitrage et la gestion des conflits. Le rythme de croisière ayant été pris, il est normal que des conflits d'intérêts entre groupes, organismes et entreprises apparaissent. D'où l'importance de développer une bonne capacité de cohabitation. Dans ce cas, la contestation démocratique est un facteur d'évaluation et d'autocritique qui peut être stimulant pour franchir le saut qualitatif qui s'impose à la majorité au cours de débats.

L'action sociale

Dans le cadre d'une stratégie d'action sociale, la démarche diffère de celle que nous venons d'esquisser parce que *tout s'articule autour de l'importance de construire un rapport de forces* qui permettra, à une communauté locale ou à un groupe donné, d'obtenir des autorités en place une réponse à ses revendications. Nous décrivons ici les propositions méthodologiques (voir le tableau 3) qui accompagnent cette stratégie d'intervention et qui s'inspirent notamment de l'expérience d'organisation communautaire d'Alinsky et de César Chavez[2].

La phase exploratoire

Une fois complétés l'identification des problèmes urgents et le repérage de leaders, il faut cibler l'injustice que l'on veut dénoncer et combattre; aussi, l'analyse de la situation commande une connaissance exacte des forces en présence, particulièrement celles de l'adversaire. Elle nécessite aussi l'identification exacte de ses amis et de ses alliés; enfin, certaines règles du jeu doivent être établies. Il faut éviter d'amplifier les faits ou d'en exagérer la gravité. Ce stratagème peut rapidement être saisi par l'adversaire, devenant par le fait même contreproductif. Plusieurs peuvent alors avoir le sentiment de s'être fait manipuler. Il faut donc avoir des preuves solides pour appuyer ce qu'on avance.

Bref, il faut constater les faits, les comprendre, bien connaître les forces en présence et les lois relatives au litige dont il est question.

---

2. J.-M. MULLER (1981). *Stratégie de l'action non violente*, Paris, Seuil/Points.

La phase d'organisation et de planification

Il faut d'abord choisir un objectif atteignable: précis, limité, possible, c'est-à-dire qui ne soit pas démesuré par rapport aux forces dont on dispose; de plus, l'objectif doit apparaître comme une contribution positive à l'avenir de tous dans la communauté locale, en dépit de son caractère de combat contre l'injustice; il faut également entrer en relation directe avec l'adversaire: ouvrir des négociations loyales, ce qui suppose de la «bonne volonté» ou de la «bonne foi» de part et d'autre. Courtoisie mais fermeté et détermination sont de mise. Bonne volonté, certes, mais peu de crédit accordé aux promesses: c'est aux propositions concrètes qu'on accorde de l'importance, car ce qu'on attend de négociations, ce sont des résultats; enfin, si les négociations aboutissent à l'impasse, il y a rupture provisoire des négociations et préparation à une mobilisation de plus grande ampleur.

La phase de réalisation et d'exécution

Lors de cette phase, il faut faire éclater l'injustice sur la place publique par tous les moyens d'information mis à la disposition du groupe en veillant à ce que le sens de l'action entreprise ne soit pas déformé; les groupes, organisations, mouvements et personnalités susceptibles de soutenir l'action doivent être informés; il faut aussi organiser une action d'éclat, qui fait du bruit (une marche, une manifestation...), le tout exigeant un comportement collectif digne, c'est-à-dire évitant de faire de la provocation et de garder dans ses rangs des provocateurs. Cette action permet alors aux protagonistes de savoir combien ils sont, de se connaître, de vaincre la peur, de s'organiser... et de susciter interpellation et inquiétude chez l'adversaire; il faut observer et noter les réactions des différentes forces du milieu; il faut faire des propositions précises en vue d'un règlement négocié du conflit sans oublier de proposer un délai de résolution du problème.

S'il y a échec de ces moyens, il faut dès lors mettre en œuvre des moyens plus persuasifs, des moyens de contrainte – tout en continuant d'informer systématiquement l'opinion publique – tels le retard à payer les loyers, le refus collectif de payer ses impôts, une grève, le boycottage d'un produit...

Mentionnons ici que les coûts sociaux de ces actions sont plus élevés. C'est pourquoi ceux qui décident de se prévaloir de ces moyens doivent en avoir pleinement conscience, y compris des conséquences ultérieures qui risquent de se produire.

Finalement, il faut porter le conflit directement chez l'adversaire: *sit-in*, occupation des bureaux du propriétaire...

La phase de vérification et d'évaluation

Il faut d'abord faire le bilan de ces actions. Ici c'est le rapport de forces qu'il convient d'examiner: S'est-il modifié en faveur du groupe? L'organisation initiatrice de l'action a-t-elle gagné des points? Les membres perçoivent-ils cette mobilisation comme ayant donné lieu à une victoire?

Enfin, si victoire il y a, il faut la faire connaître et la fêter avec tous ceux qui y ont collaboré de près ou de loin, de manière à accréditer aux yeux de toute la communauté qu'il est possible de changer les choses.

CONDITIONS DE CARACTÈRE MÉTHODOLOGIQUE POUR LA RÉUSSITE D'UN TRAVAIL D'ORGANISATION D'UNE COMMUNAUTÉ LOCALE

On a donc vu dans ce qui précède les spécificités et différences entre le développement local et l'action sociale dans leur cheminement méthodologique respectif. On retiendra en complément qu'il y a un certain nombre de conditions qui favorisent la réussite d'une intervention entreprise dans une communauté locale. L'expérience acquise au fil des ans a permis d'identifier un certain nombre de facteurs stimulant l'efficacité sociale de l'organisation communautaire.

Évoquons ici brièvement, et à titre indicatif, les principaux éléments qui, à notre avis, favorisent la réussite de projets d'organisation communautaire:

1. La gravité des problèmes et le *momentum* de changement social:
   a) la gravité des problèmes communs à un ensemble de membres d'une communauté locale ou d'un groupe donné constitue un point de départ obligé. Une opération de clarification des besoins fortement ressentis et exprimant bien la gravité de la situation serviront de déclencheur de l'action collective;
   b) le *timing*, comme disent les Américains, c'est-à-dire le moment approprié, le moment où une communauté locale commence à percevoir que le changement est non seulement souhaitable mais possible. Mais plus encore, le *timing* est le

moment critique qu'il faut mettre à profit. Sinon, il y a risque que ce moment se transforme en occasion ratée à défaut d'avoir été saisi à temps.

2. Des véhicules d'action collective:

   a) un groupe de leaders en mesure de «prendre le volant» au moment où l'action s'engage;

   b) une portion significative de la population qui soutient activement les actions décidées et l'organisation qui en est porteuse;

   c) une majorité dont il est possible de gagner la sympathie ou tout au moins la neutralité dans la réalisation des objectifs mis de l'avant.

3. Une bougie d'allumage: des animateurs, c'est-à-dire des leaders et des intervenants qui savent jouer le rôle de catalyseur pour identifier les problèmes, pour susciter la prise de conscience nécessaire, pour favoriser l'organisation et la mobilisation...

4. Une «carte routière»: un plan d'intervention, des objectifs précis, des moyens pour y arriver, la prévision d'échéances réalistes...

5. L'utilisation des ressorts externes: la capacité d'une communauté locale et de ses intervenants de tabler sur les politiques, programmes, services et ressources des mouvements et surtout des institutions publiques, parapubliques et privées existantes.

6. L'utilisation des ressorts internes: la capacité des intervenants de mettre à profit l'esprit d'initiative et l'audace de leaders sociaux influents dans la communauté de même que le sentiment d'appartenance sociale préexistant.

7. L'information de la communauté, la formation continue de ses leaders, le fonctionnement démocratique de ses structures constituent les principales composantes de l'«essence» qui alimente ce véhicule.

8. Une gestion adéquate de la conduite des organisations mises en place: des protections juridiques tels la constitution en Organismes sans but lucratif (OSBL), un maillage des organismes, c'est-à-dire un réseau formel et informel d'échange et de circulation d'informations entre organismes d'un même milieu et par rapport à l'extérieur.

TABLEAU 1

Étapes du processus d'organisation d'une communauté locale

TABLEAU 2

Processus d'organisation d'une communauté locale
(stratégie de développement local)

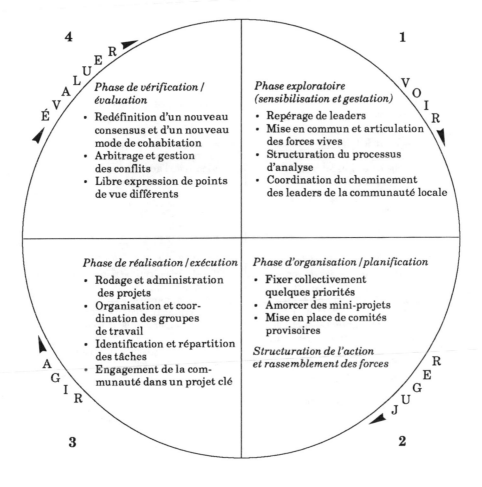

4

R
E
U
L
A
V
É

Phase de vérification /
évaluation

• Redéfinition d'un nouveau
  consensus et d'un nouveau
  mode de cohabitation
• Arbitrage et gestion
  des conflits
• Libre expression de points
  de vue différents

1

Phase exploratoire
(sensibilisation et gestation)

• Repérage de leaders
• Mise en commun et articulation
  des forces vives
• Structuration du processus
  d'analyse
• Coordination du cheminement
  des leaders de la communauté locale

V
O
I
R

Phase de réalisation / exécution

• Rodage et administration
  des projets
• Organisation et coor-
  dination des groupes
  de travail
• Identification et répartition
  des tâches
• Engagement de la com-
  munauté dans un projet clé

A
G
I
R

Phase d'organisation / planification

• Fixer collectivement
  quelques priorités
• Amorcer des mini-projets
• Mise en place de comités
  provisoires

Structuration de l'action
et rassemblement des forces

R
E
G
U
J

3   **2**

TABLEAU 3

Processus d'organisation d'une communauté locale
(stratégie d'action sociale)

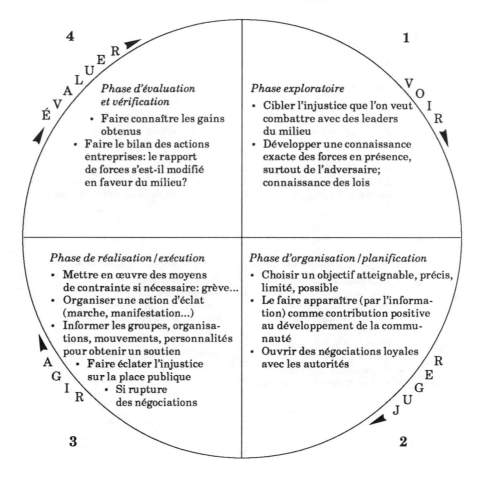

4

É V A L U E R

Phase d'évaluation et vérification

• Faire connaître les gains obtenus
• Faire le bilan des actions entreprises: le rapport de forces s'est-il modifié en faveur du milieu?

1

V O I R

Phase exploratoire

• Cibler l'injustice que l'on veut combattre avec des leaders du milieu
• Développer une connaissance exacte des forces en présence, surtout de l'adversaire; connaissance des lois

Phase de réalisation / exécution

• Mettre en œuvre des moyens de contrainte si nécessaire: grève...
• Organiser une action d'éclat (marche, manifestation...)
• Informer les groupes, organisations, mouvements, personnalités pour obtenir un soutien
• Faire éclater l'injustice sur la place publique
• Si rupture des négociations

A G I R

Phase d'organisation / planification

• Choisir un objectif atteignable, précis, limité, possible
• Le faire apparaître (par l'information) comme contribution positive au développement de la communauté
• Ouvrir des négociations loyales avec les autorités

J U G E R

3

2

L'organisateur communautaire

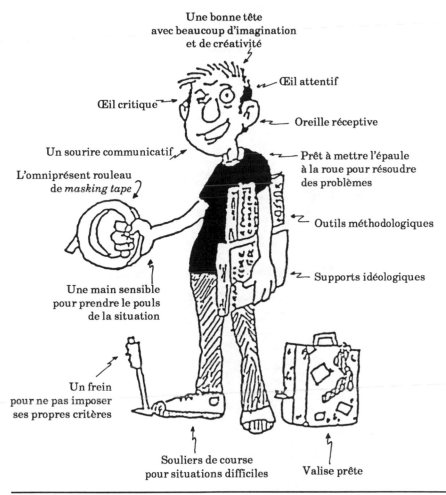

Une bonne tête
avec beaucoup d'imagination
et de créativité

Œil attentif

Œil critique

Oreille réceptive

Un sourire communicatif

Prêt à mettre l'épaule
à la roue pour résoudre
des problèmes

L'omniprésent rouleau
de *masking tape*

Outils méthodologiques

Supports idéologiques

Une main sensible
pour prendre le pouls
de la situation

Un frein
pour ne pas imposer
ses propres critères

Souliers de course
pour situations difficiles

Valise prête

Source: ALFORSA, nom d'un caricaturiste populaire d'Amérique latine.

Bibliographie sélective

▼

Nous vous présentons ici les textes les plus importants (livres et articles) regroupés autour des principaux thèmes de cet ouvrage: 1) histoire et théorie de l'organisation communautaire; 2) principales stratégies d'organisation communautaire, soit le développement local (communautaire), l'action sociale et le planning social; 3) organisation communautaire dans le tiers monde.

On ira aux références bibliographiques spécifiques des collaborateurs et collaboratrices lorsqu'il s'agit de l'organisation communautaire pratiquée dans des champs particuliers (jeunes, communautés locales défavorisées en milieu urbain, semi-urbain ou rural, femmes, personnes âgées, communautés ethniques, groupes d'intérêts...).

Général (théorie et histoire de l'organisation communautaire)

BÉLANGER, P. R., B. LÉVESQUE, R. MATHIEU et F. MIDY (1987). *Animation et culture en mouvement (la fin d'une période?)*, Sainte-Foy, PUQ.

BÉLANGER, P. R. et B. LÉVESQUE (1987). «Le mouvement social au Québec: continuité et rupture (1960-1985)», *op. cit.*, p. 252-266.

BLONDIN, Michel (1968). «Vie urbaine et animation sociale», *Recherches sociographiques, 9,* (1-2), p. 111-119.

BOIVIN, R. (1988). *Histoire de la clinique des citoyens de Saint-Jacques*, Montréal, VLB Éditeur.

BOYTE, Harry C. (1980). *The Backyard Revolution (Understanding the New Citizen Movement)*, Philadelphie, Temple University Press.

CORBEIL, M. (1970). «L'animation sociale au Québec», *Relations, 349,* mai, Montréal.

COX, F., J. ERLICH *et al.* (1979 et 1987). *Strategies of Community Organization*, Itasca, Illinois, Peacok Publishers.

DESLAURIERS, J.-P. *et al.* (1985). *Les générations de groupes populaires de Sherbrooke (1970-1984)*, Université de Sherbrooke, Sherbrooke.

DESLAURIERS, J.-P., J. T. GODBOUT et J.-L. KLEIN (1985). *Les regroupements sociaux et les perspectives de développement autonome régional*, Chicoutimi, Cahiers du GRIR/UQAC.

DORÉ, G. (1985). «L'organisation communautaire: définition et paradigme», *Service social, 34,* (2-3), Université Laval, Québec, p. 210-230.

DOUCET, L. (1985). «L'écodéveloppement: virage ou mirage?», *Service social, 34,* (2-3), Québec, p. 231-248.

_____ (1989). «Les modèles nord-américains: état de la pratique», Y. HURTUBISE et P. PARÉ (1989). *Pratiques d'action communautaire en CLSC*, actes du colloque sur l'action communautaire, Université Laval, Québec.

Favreau, L. (1989). *Mouvement populaire et intervention communautaire (de 1960 à nos jours): continuités et ruptures*, Montréal, Éd. du Fleuve/CFP.

_____ (1990a). «Nouveaux enjeux au sein du mouvement populaire», *Coopératives et Développement, 21,* (2), Sainte-Foy, PUQ/HÉC, p. 5-20.

_____ (1990b). «L'action communautaire au Québec: les transformations en cours», *Revue canadienne de service social, 7,* (2), Ottawa, ACESS, p. 159-169.

FORTIN, A. (1991). «La participation: des comités de citoyens au mouvement communautaire», J. T. GODBOUT (sous la direction de) (1991). *La participation politique (leçons des dernières décennies)*, Québec, IQRC, p. 219-250.

GAGNON, G. et M. RIOUX (1988). *À propos d'autogestion et d'émancipation*, Québec, IQRC.

HAMEL, P. (1991). *Action collective et démocratie locale (les mouvements urbains montréalais)*, Montréal, PUM.

KRAMER, R. et H. SPECHT (1983). *Readings in Community Practice Organization*, New York, Prentice Hall.

LAMOUREUX, H. (1991). *L'intervention sociale collective, une éthique de la solidarité*, Glen Sutton, Éd. Le Pommier.

LANGLOIS, S. *et al.* (1990). *La société québécoise en tendances: 1960-1990*, Québec, IQRC (voir en particulier les chapitres 2 et 10).

LÉONARD, J.-F. et P. HAMEL (1981). *Les organisations populaires, l'État et la démocratie*, Montréal, Nouvelle optique.

LÉVESQUE, B. (1979). *Animation sociale, entreprises communautaires et coopératives*, Montréal, Éd. Saint-Martin.

MAHEU, L. (1983). «Les mouvements de base et la lutte contre l'appropriation étatique du tissu social», *Sociologie et Sociétés, 15,* (1), Montréal.

MÉDARD, J.-F. (1969). *Communauté locale et organisation communautaire aux États-Unis*, Paris, Cahiers de la Fondation de sciences politiques.

ROTHMAN, J. (1979). «Macro social work in a thightening economy», *Social Work, 24*, (4), juillet, p. 274-281, revue de l'Association nationale des travailleurs sociaux (États-Unis).

_____ (1979 et 1987). «Three models of community organization practice, their mixing and phasing», F. COX, J. ERLICH *et al.* (1979 et 1987). *Op. cit.*

TAYLOR, Samuel H. et W. Robert ROBERTS (1985). *Theory and Practice of Community Social Work*, New York, Columbia University Press.

TESSIER, R., Y. TELLIER *et al.* (1990). *Historique et perspective du changement planifié*, Sainte-Foy, PUQ.

VAILLANCOURT, Y. (1988). *L'évolution des politiques sociales au Québec (1940-1960)*, Montréal, PUM.

Développement local (communautaire)

ASSOGBA, Y. (1988). «Stratégie de mise sur pied d'un centre communautaire pour jeunes sans emploi dans l'Outaouais», *Revue canadienne de service social, 5*, Ottawa.

BELLEVILLE, Pierre (1987). «Un ensemble coopératif qui a passé le cap de la crise: Mondragon», *Économie et humanisme, 296*, juillet-août.

CHEKKI, Dan A. (1979). *Participatory Democracy in Action: International Profiles of Community Development*, New Delhi, Inde, Vikas Publishing House.

_____ (1989). *Community Development: Theory and Method of Planned Change*, New Delhi, Inde, Vikas Publishing House.

CHRISTENSON, James A. et Jerry W. ROBINSON (1989). *Community Development in Perspective*, Iowa, Iowa State University Press.

CORPORATION DE DÉVELOPPEMENT COMMUNAUTAIRE DES BOIS-FRANCS (1987). *Fais-moi signe de changement*, actes du colloque provincial sur le développement communautaire, Victoriaville.

DOMMERGUES, P. (1990). «Des Américains en quête d'un nouveau contrat social», *Le Monde diplomatique*, mars.

FAVREAU, Louis (1989a). «L'économie communautaire des quartiers populaires d'un grand centre urbain: le cas de Montréal», *L'autre économie, une économie alternative?*, Sainte-Foy, PUQ, coll. Études d'économie politique.

_____ (1989b). «Mouvement populaire et développement local: le défi de l'économie communautaire», C. GAGNON et J.-L. KLEIN (1989). *Le local en mouvements*, Chicoutimi, GRIR/UQAC, coll. Développement régional.

FONTAN, J.-M. (1988). «Le développement économique communautaire à Montréal», *Possibles, 12*, (2), printemps.

_____ (1990). «Les corporations de développement économique communautaire: une des avenues du mouvement social dans l'économique», *Coopératives et Développement, 21*, (2), Sainte-Foy, PUQ/HÉC.

FORTIN, A. (1985). *Le RÉZO (essai sur les coopératives d'alimentation au Québec)*, Québec, IQRC.

GAGNON, G. (1991). «Demain l'autogestion?», J. T. GODBOUT (sous la direction de) (1991). *La participation politique (leçons des dernières décennies)*, Québec, IQRC.

GAREAU, J.-M. (1990). *La percée du développement économique communautaire dans le Sud-Ouest de Montréal: le programme économique de Pointe-Saint-Charles (1983-1989)*, Montréal, IFDEC.

IFDEC (1989). *Le local en action*, actes d'un colloque international sur le développement local, tenu à Montréal en 1988, Montréal, ANDLP-IFDEC.

JOYAL, A. et H. BHÉRER (1987). *L'entreprise alternative, mirages et réalités*, Montréal, Éd. Saint-Martin.

KLEIN, J.-L. (1990). «Nouveaux mouvements sociaux et développement local», *Coopératives et Développement*, *21*, (2), Sainte-Foy, PUQ/HÉC, p. 21-28.

LACHAPELLE, R. (1990). *Le mouvement communautaire à Sorel-Tracy: éléments pour une stratégie de développement*, Sorel, Éd. Communautés militantes.

LAVILLE, J.-L. (1988). *Les petits boulots au quotidien*, Paris, Syros.

LEMELIN, A. et R. MORIN (1989). *Le développement économique local et communautaire: éléments d'analyse et pistes de réflexion pour une stratégie municipale*, Montréal, INRS et Ville de Montréal.

LÉVESQUE, B. (1979). *Animation sociale, entreprises communautaires et coopératives*, Montréal, Éd. Saint-Martin.

_____ (1989). *L'autre économie, une économie alternative?*, Sainte-Foy, PUQ, coll. Études d'économie politique.

_____ (1985). *Profil socio-économique des coopératives de travail au Québec*, Montréal, UQAM.

MATTHIEU, R., R. BOURQUE, et Y. VAILLANCOURT (1988). *Les entreprises communautaires dans les services sociaux au Québec*, Montréal, UQAM, département de travail social.

MERCIER, C. (1990). «Coopératives, groupes populaires et pratiques émancipatoires: le cas des clubs coopératifs de consommation», *Coopératives et Développement*, *21*, (2), Sainte-Foy, PUQ/HÉC, p. 99-122.

NINACS, W. (1989). «Le développement communautaire dans les Bois-Francs: 20 ans d'expérience!», *Relations*, mars, Montréal.

OUTREQUIN, P., A. POTIER et P. SAUVAGE (1986). *Les entreprises alternatives*, Paris, Syros.

PECQUEUR, B. (1990). *Le développement local*, Paris, Syros/Alternatives.

PERRY, Stewart E. (1987). *Communities on the Way (Rebuilding Local Economies in the United States and Canada)*, New York, State University of New York Press.

ROY, G. (1979). «L'animation sociale et la mise en place d'entreprises autogestionnaires: le point de vue d'un animateur», B. LÉVESQUE (1979). *Animation sociale, entreprises communautaires et coopératives*, Montréal, Éd. Saint-Martin, p. 21-36.

THORDARSON, B. (1990). *Miser sur l'action à la base: les coopératives dans le développement mondial / Banking on the Grass Roots: Cooperatives in Global Development*, Ottawa, Éd. L'Institut Nord-Sud.

Action sociale, éducation populaire et action sociopolitique

ALINSKY, S. (1976). *Le manuel de l'animateur social*, Paris, Seuil/Point.

AMPLEMAN, Gisèle *et al.* (1983). *Pratiques de conscientisation*, Montréal, Nouvelle optique.

_____ (1987). *Pratiques de conscientisation 2*, Québec, Collectif québécois d'édition populaire.

BLANCHARD, M. (1986). *Organisations populaires et transformation sociale*, Cahiers du GRIDEQ, (18), UQAR, Rimouski.

BOYTE, Harry C. (1980). *The Backyard Revolution (Understanding the New Citizen Movement)*, Philadelphie, Temple University Press.

DESLAURIERS, J.-P. *et al.* (1985). *Les générations de groupes populaires de Sherbrooke (1970-1984)*, Sherbrooke, Université de Sherbrooke.

FAVREAU, L. (1987). «Mouvement populaire et animation sociale», P. R. BÉLANGER *et al.* (1987). *Animation et culture en mouvement (la fin d'une période?)*, Sainte-Foy, PUQ, p. 33-42.

_____ (1989). *Mouvement populaire et intervention communautaire (de 1960 à nos jours): continuités et ruptures*, Montréal, Éd. du Fleuve/CFP.

FREIRE, Paulo (1973). *La pédagogie des opprimés*, Paris, Maspero.

GROSSER, Charles F. et J. MONDROS (1985). «Pluralism and participation: The political action approach», Samuel H. TAYLOR et R. W. ROBERTS (1985). *Theory and Practice of Community Social Work*, Columbia University Press. Version française adaptée à la situation québécoise dans COLLECTIF (1990). *S'organiser, s'entraider, s'en sortir*, Montréal, CLSC Hochelaga-Maisonneuve.

LAMARCHE, F. (1969). «Les comités de citoyens: un nouveau phénomène de contestation», *Socialisme*, Montréal.

LAMOUREUX, J., C. MAYER et J. PANET-RAYMOND (1984). *L'intervention communautaire*, Montréal, Éd. Saint-Martin.

MACGRAW, D. (1978). *Le développement des groupes populaires à Montréal (1963-1973)*, Montréal, Éd. Saint-Martin.

MOREAU, Maurice (1987). «L'approche structurelle en travail social: implications pratiques d'une approche intégrée conflictuelle», *Service social, 36*, (2-3), p. 227-247.

MULLER, J.-M. et J. KALMAN (1977). *César Chavez, un combat non violent*, Paris, Fayard/Cerf.

MULLER, J.-M. (1981). *Stratégie de l'action non violente*, Paris, Seuil.

PANET-RAYMOND, Jean (1985). «Nouvelles pratiques des organisations populaires... Du militantisme au bénévolat au service de l'État?», *Service social, 34*, (2-3), p. 340-352.

PERLMAN, Janice E. (1979). «Grassrooting the system», F. COX, J. ERLICH *et al.* (1979). *Strategies of Community Organization*, Itasca, Illinois, Peacok Publishers.

POIRIER, R. (1986). *Qui a volé la rue principale?*, Montréal, Éd. Départ.

QUINQUETON, T. (1989). *Saul Alinsky, organisateur et agitateur*, Paris, Desclée de Brouwer.

QUIRION, H. (1972). «Community organization and political action in Montreal», *Social Work, 17*, (5), p. 85-90.

RENÉ, J.-F. et J. PANET-RAYMOND (1984). *Faut-il brûler les pancartes? Le mouvement populaire aujourd'hui*, Montréal, La Criée et l'ACEF.

VILLENEUVE, P. (1987). «Le Rassemblement populaire de Québec comme véhicule d'un projet alternatif», J.-L. KLEIN *et al.* (1987). *Aménagement et développement: vers de nouvelles pratiques?*, Cahiers de l'ACFAS, (38), p. 91-103.

Organisation communautaire du secteur public (planning social, approche communautaire en CLSC...)

BÉLANGER, P. R. et B. LÉVESQUE (1988). «La gestion du social: des compromis fragiles (une forme mouvementée de gestion du social)», *RIAC, 19*, (59), automne.

BOURQUE, Denis (1985). «L'approche communautaire en CLSC: les enjeux en cause et les conditions requises», *Service social, 34*, (2-3), p. 326-339.

_____ (1987). «L'approche communautaire en CLSC: deux grands courants», *Revue canadienne de politique sociale*, (16-17), p. 118-124.

BRUNET, J. (1987). *Rapport du Comité de réflexions et d'analyse des services dispensés par les CLSC*, Québec, ministère de la Santé et des Services sociaux.

COLLECTIF (1990). *S'organiser, s'entraider, s'en sortir*, Montréal, programmation de l'équipe d'organisation communautaire du CLSC Hochelaga-Maisonneuve.

_____ (1988). «Les CLSC à la croisée des chemins», *Nouvelles pratiques sociales, 1*, (1).

FAVREAU, L. (1988). «Vers de nouvelles figures d'action communautaire», *Nouvelles pratiques sociales, 1*, (1), p. 91-101.

GINGRAS, Pauline (1988). *L'approche communautaire: essai de conceptualisation*, Québec, Centre de recherche sur les services communautaires (Université Laval).

GODBOUT, J. T., M. LEDUC et J.-P. COLLIN (1987). *La face cachée du système*, synthèse critique n° 22, Québec, Commission d'enquête sur les services de santé et les services sociaux.

GODBOUT, J. T. et J. GUAY (1988). *Le communautaire public: le cas d'un CLSC*, Montréal, INRS-Urbanisation, coll. Études et documents, (62).

GUAY, Jérôme et Yolaine LAPOINTE (1985). *Document d'initiation aux types d'intervention communautaire*, Québec, Centre de recherche sur les services communautaires (Université Laval).

HURTUBISE, Y. et P. PARÉ (1989). *Pratiques d'action communautaire en CLSC*, actes du colloque sur l'action communautaire en CLSC, Québec, Centre de recherche sur les services communautaires (Université Laval).

HURTUBISE, Y., G. BEAUCHAMP, L. FAVREAU et D. FOURNIER (1989). *Pratiques d'organisation et de travail communautaires en CLSC*, Montréal, RQIIAC.

LAMOUREUX, J. et F. LESEMANN (1987). *Les filières d'action sociale: les rapports entre les services sociaux publics et les pratiques communautaires*, document n° 24, Québec, Commission d'enquête sur les services de santé et les services sociaux.

OUELLET, Hector (1988). *Le «communautaire» selon la Commission Rochon*, Québec, Centre de recherche sur les services communautaires (Université Laval).

MATTHIEU, R. (1987). «Approche communautaire ou intervention communautaire», *Revue canadienne de politique sociale*, (16), mai.

PANET-RAYMOND, Jean (1987). «Le "Patchwork": illusion ou réalité possible pour les CLSC?», *Intervention*, (79), p. 12-20.

TOUSSIGNANT, Michel (1987). *Utilisation des réseaux sociaux dans les interventions. État de la question et propositions d'action*, document n° 9, Québec, Commission d'enquête sur les services de santé et les services sociaux.

Développement communautaire (dans les pays du tiers monde)

ASSOGBA, Y., L. FAVREAU et G. LAFLEUR (1991). «Coopération internationale: nouveaux défis», *Nouvelles pratiques sociales*, 4, (1), printemps.

ASSOGBA, Y. (1988b). «Le paradigme interactionniste et le processus du développement communautaire: l'exemple des ONG en Afrique», *Revue canadienne d'études du développement*, 9, (1), p. 201-218.

BELLONCLE, Guy (1985). *Participation paysanne et aménagement hydro-agricoles. Les leçons de cinq expériences africaines*, Paris, Karthala.

BOUCHER, J.-D. (1986). *Volontaires pour le tiers monde*, Paris, Karthala.

BUIJSROGGE, Piet (1989). *Initiatives paysannes en Afrique de l'Ouest*, Paris, L'Harmattan.

CAMPFENS, H. (1988). «Forces shaping the new social work in Latin America», *Revue canadienne de service social*, 5, hiver, p. 9-27.

D'ORFEUIL, Henri Rouille (1984). *Coopérer autrement: l'engagement des organisations non gouvernementales aujourd'hui*, Paris, L'Harmattan.

DURNING, Alan B. (1989). «Mobiliser les communautés de base», Lester R. BROWN (1989). *L'état de la planète*, Paris, Economica, p. 253-284.

ELA, Jean-Marc (1982). *L'Afrique des villages*, Paris, Karthala.

FAVREAU, L., L. FRÉCHETTE, R. LACHAPELLE et A. ZAPATA (1992). «Une expérience réussie d'organisation communautaire: Villa el Salvador, Pérou», *Nouvelles pratiques sociales*, 5 (2), printemps.

GUÉNEAU, M.-C. (1988). «L'émergence des ONG du Sud», *Croissance des jeunes nations*, (310), novembre, p. 15-18.

_____ (1986). *Afrique, les petits projets de développement sont-ils efficaces?*, Paris, L'Harmattan.

HOLZER, B. et F. LENOIR (1989). *Les risques de la solidarité*, Paris, Fayard.

KHALLOUF et P. PACAUT (1982). *Nouveaux espoirs de développement chez les pauvres*, Paris, Centurion.

OUEDRAOGO, B. Lédéa (1990). *Entraide villageoise et développement. Groupements paysans au Burkina-Faso*, Paris, L'Harmattan.

PADRON, M. *et al.* (1988). *Las organizaciones no gubernamentales de desarrollo en el Peru*, Lima, Pérou, DESCO.

RODRIGO, J.-M. (1990). *Le sentier de l'audace (les organisations populaires à la conquête du Pérou)*, Paris, L'Harmattan.

SCHNEIDER, B. (1985). *La révolution aux pieds nus*, Paris, Fayard.

UNESCO (1988). *Développement endogène: aspects qualitatifs et facteurs stratégiques*, Paris, UNESCO.

VOTH, Donald E. et Marcie BREWSTER (1989). «An overview of international community development», James A. CHRISTENSON et Jerry W. ROBINSON (1989). *Community Development in Perspective*, Iowa, Iowa State University Press, p. 280-306.

Notices biographiques

▼

Yao Assogba

Yao Assogba est docteur en sociologie. Il est professeur en travail social au département des sciences humaines de l'Université du Québec à Hull. Il enseigne les cours de sociologie et de méthodologie de la recherche. Ses domaines de recherche sont le développement communautaire en Afrique noire francophone et l'organisation communautaire au Québec. Il a publié de nombreux articles scientifiques sur ces deux domaines avec, pour cadre théorique, la sociologie des acteurs.

Laval Doucet

Laval Doucet détient un doctorat en service social de l'Université de Toronto (1978) et une maîtrise en écologie sociale du Goddard College – Vermont (1990). Il enseigne à l'École de service social de l'Université Laval depuis vingt ans. Il a publié des articles en organisation communautaire et en écologie sociale. Son principal champ de recherche est l'organisation communautaire environnementale en CLSC.

Associé à l'Institute for Social Ecology du Vermont depuis 1980, ses travaux ont conduit à la mise sur pied d'un réseau international de professeurs en écologie sociale et d'un Symposium sur l'éducation supérieure et l'écologie, qui se tient annuellement aux États-Unis.

Louis Favreau

Louis Favreau détient un doctorat en sociologie de l'Université de Mont-réal et est spécialisé en sociologie des mouvements sociaux. Organisateur communautaire et éducateur populaire pendant plus de 20 ans, il a œuvré tout particulièrement dans les quartiers populaires de Montréal. Il a également effectué plusieurs séjours de recherche et de coopération en Amérique latine. Depuis 1986, il est professeur en travail social à l'Université du Québec à Hull. Il a publié plusieurs ouvrages et articles sur les mouvements sociaux et l'organisation communautaire. Son dernier livre, publié en 1989, porte sur le mouvement populaire et communautaire (Mouvement populaire et intervention communautaire de 1960 à nos jours). *Ses principaux champs de recherche actuels sont l'organisation communautaire en CLSC, le développement économique et l'organisation communautaire dans les bidonvilles d'Amérique latine.*

Julio Fernandez

Docteur en sciences de l'éducation de l'Université de Louvain, Julio Fernandez est chercheur et professeur à la Faculté d'éducation de l'Université de Sherbrooke. Il œuvre depuis longtemps dans le domaine de l'éducation des adultes.

Il possède une longue expérience de l'éducation populaire, domaine dans lequel il est souvent intervenu et sur lequel il a publié divers textes. Entre autres publications, La boîte à outils du formateur *est un instrument de travail fréquemment utilisé dans les milieux populaires.*

Danielle Fournier

Danielle Fournier possède une maîtrise en service social et est coordonnatrice des stages à l'École de service social de l'Université de Mont-réal. Elle intervient depuis de nombreuses années au sein des groupes populaires et des groupes de femmes.

Lucie Fréchette

Lucie Fréchette possède un doctorat en psychologie. Elle a été psychologue scolaire et communautaire dans Pontiac et a œuvré en intervention sociale dans l'Outaouais pendant de nombreuses années. Elle est profes-

seure à l'Université du Québec à Hull (UQAH) depuis 1976 au département d'éducation puis au département des sciences humaines (en travail social). Ses travaux ont généré des collaborations, outre au Québec, en Europe de l'Est, en Scandinavie et en Amérique latine. Elle dirige depuis 1987 un projet de recherche et d'intervention sociale en bidonvilles à Lima et à Arequipa au Pérou. Elle est de plus engagée dans un travail de coopération au Pérou et au Chili avec son collègue Louis Favreau.

Linda Gagnon

Linda Gagnon détient un baccalauréat en travail social et est intervenante sociale depuis de nombreuses années dans un centre de femmes.

Pauline Gingras

Pauline Gingras a complété une maîtrise en service social et une en sociologie. Elle a été intervenante en CLSC particulièrement auprès des femmes de 1973 à 1990. Parallèlement à cette pratique, elle est chargée de cours, formatrice et chercheure en intervention féministe et en approche communautaire. Elle a publié plusieurs articles et participé à de nombreux colloques sur les mêmes sujets. En 1988, à la demande de la Fédération des CLSC et du Centre de recherche sur les services communautaires, elle produit L'approche communautaire: essai de conceptualisation. En 1990, elle travaille à la rédaction d'un guide de référence pour les intervenantes et intervenants qui assurent les services courants dans les CLSC intitulé La réponse aux demandes individuelles d'aide selon l'approche communautaire. Elle dirige présentement les services professionnels au CLSC de la Basse-Ville de Québec.

Yves Hurtubise

Professeur à l'Université Laval depuis 1976, Yves Hurtubise a fait son baccalauréat et sa maîtrise en service social à l'Université de Montréal et son doctorat en sociologie à l'École des Hautes Études en sciences sociales à Paris. Il enseigne l'organisation communautaire et a mené des recherches sur les coopératives d'habitation et la pratique d'action communautaire en CLSC. Il a milité dans plusieurs groupes populaires dont le comité de citoyens Hochelaga-Maisonneuve, le Groupement des locataires du Québec métropolitain et le Rassemblement populaire de Québec.

André G. Jacob

André G. Jacob est professeur au département de travail social à l'Université du Québec à Montréal. Il détient une maîtrise en travail social et un doctorat en sociologie. Il a travaillé quelques années en coopération internationale (Chili, Argentine, Guadeloupe, Tunisie) et dans le domaine des services sociaux (1969 à 1972) et enseigné deux ans à l'École de service social de l'Université Laval. Depuis 1975, il est impliqué dans le champ de l'immigration et des relations interethniques d'abord à la Commission des droits de la personne du Québec et, depuis 1977, à l'Université du Québec à Montréal. En 1989, il contribue activement à mettre sur pied un certificat de premier cycle en immigration et relations interethniques à l'UQAM. Depuis plusieurs années, il participe régulièrement à la Table de concertation des organismes pour les réfugiés. En 1990, il devient membre du conseil d'administration du Conseil canadien pour les réfugiés. Il a aussi réalisé plusieurs sessions de formation et projets de recherche en milieu autochtone, notamment chez les Attikameks et les Cris.

Réjean Mathieu

Intervenant depuis 1968 dans les milieux communautaires, Réjean Mathieu a d'abord travaillé dans l'Outaouais québécois (comités de citoyens, Conseil de développement social, télévision communautaire, CLSC) et s'est ensuite impliqué dans divers groupes montréalais, surtout dans les domaines de l'aménagement urbain, du chômage et du logement pour personnes itinérantes. Détenteur d'une maîtrise en sociologie (Université du Québec à Montréal), il a également poursuivi des études à la maîtrise en philosophie et complété une licence en théologie (Université d'Ottawa). Il enseigne à l'Université du Québec à Montréal à partir de 1975, d'abord en animation culturelle, puis, depuis 1982, en travail social.

Robert Mayer et Jean Panet-Raymond

Robert Mayer et Jean Panet-Raymond enseignent à l'École de service social de l'Université de Montréal. Ils sont coauteurs de L'intervention communautaire / Community Action *et de nombreux articles et recueils sur le mouvement populaire et l'action communautaire.*

Clément Mercier

En 1966, Clément Mercier complète une maîtrise en service social (Université Laval) et, en 1989, un doctorat en sociologie (Université de Montréal). Depuis 1970, il milite au sein de groupes associés à la protection du consommateur (ACEF, Clubs coopératifs de consommation) et de groupes communautaires (comités de citoyens, radio communautaire). Professeur à l'Université du Québec en Abitibi-Témiscamingue (Rouyn-Noranda) depuis 1976, où il enseigne surtout la recherche et l'analyse des problèmes sociaux, il a fait porter ses recherches sur les conduites de mouvement social observables dans les groupes populaires et communautaires.

William Ninacs

William Ninacs détient une maîtrise américaine en développement économique communautaire. Organisateur communautaire dans la région des Bois-Francs depuis le début des années 70, il a été pendant six ans coordonnateur de la Corporation de développement communautaire de cette région. Il en est aujourd'hui le responsable de la recherche.

Alain Pilon

Alain Pilon est sociologue et chargé de cours en gérontologie sociale et en sociologie à l'Université du Québec à Hull et à l'Université de Montréal depuis 1985. Il complète actuellement un doctorat en sociologie du vieillissement à l'Université de Montréal. Il a été intervenant communautaire auprès d'associations de personnes âgées et a participé, à titre d'agent de recherche, aux travaux de l'Institut de recherche appliquée sur le travail (IRAT) dans le domaine du vieillissement au travail.

Jean-Robert Primeau

Jean-Robert Primeau est organisateur communautaire en CLSC depuis 1975. Depuis la fin des années 60, il a été animateur social, militant politique et syndical. En plus d'études en philosophie, il a complété un baccalauréat en administration des affaires. Son travail au CLSC Hochelaga-Maisonneuve l'a amené à aborder des dossiers tels la santé au travail, la pauvreté, l'emploi, etc.

Jean-François René

Jean-François René s'intéresse à la problématique jeunesse depuis quinze ans. Diplômé en psycho-éducation puis en service social, il complète présentement un doctorat en sociologie qui porte sur la précarité sociale des jeunes adultes d'aujourd'hui. Chargé de cours en travail social à l'UQAM et à l'Université de Montréal depuis 1984, il a également travaillé dans divers groupes communautaires. Il demeure activement impliqué auprès de plusieurs organismes communautaires jeunesse.

Collaborateurs

▼

BÉLANGER, Jean-Pierre, directeur de la recherche à la Fédération québécoise des CLSC.

BOURQUE, Denis, organisateur communautaire au CLSC de Beauharnois.

CADRIN, Raymond, organisateur communautaire au CLSC Rivières et Marées et président du Regroupement québécois des intervenantes et intervenants en action communautaire en CLSC (RQIIAC).

DESLAURIERS, Jean-Pierre, docteur en travail social et professeur en travail social à l'Université du Québec à Hull.

GROULX, Lionel, docteur en sociologie et professeur en travail social à l'Université de Montréal.

KLEIN, Juan-Luis, géographe et professeur au département des sciences humaines à l'Université du Québec à Chicoutimi.

LACHAPELLE, René, organisateur communautaire au CLSC du Havre et chargé de cours en intervention sociale collective à l'Université du Québec à Hull.

LAFLEUR, Guy, journaliste et responsable des programmes à l'Association québécoise des organismes de coopération internationale (AQOCI).

LAFOREST, Jacques, professeur à l'École de service social de l'Université Laval.

LAMOUREUX, Henri, écrivain, organisateur communautaire et chargé de cours en intervention sociale collective à l'Université du Québec à Hull.

LAPERRIÈRE, Anne, professeure au département de sociologie de l'Université du Québec à Montréal.

LAVOIE, Jocelyne, organisatrice communautaire au CLSC Rivière-des-Prairies et professeure en techniques de travail social au cégep de Saint-Jérôme.

Les collaborateurs ont participé à l'évaluation ou à la bonification des textes soumis dans ce livre.

LEGAULT, Gisèle, professeure à l'École de service social de l'Université de Montréal.

LÉPINE, Yolande, organisatrice communautaire au CLSC Bellechasse.

PLAMONDON, Denis, organisateur communautaire et professeur en travail social au département des sciences humaines de l'Université du Québec à Chicoutimi.

ROBERT, Lionel, directeur du service de la planification au CRSSS de Rimouski.

TREMBLAY, Daniel, professeur en sciences sociales au département des sciences humaines de l'Université du Québec à Hull.

VAILLANCOURT, Yves, politicologue et professeur en travail social à l'Université du Québec à Montréal.

VERMETTE, Marcel, organisateur communautaire au CLSC Les Etchemins.

VILLENEUVE, Paul, géographe et professeur au département de géographie de l'Université Laval.